영유아 보육과정

김연진 · 이상희 · 고영자

태영출판사

머리말

영유아 보육에 대한 사회적 관심이 높아져 보육은 국가의 중요 사안 중에 하나가 되었습니다. 그에 따라 보육환경과 보육프로그램의 수준도 높아지고, 전문적인 아동복지 영역의 하나로 자리잡고 있습니다. 특히 영유아보육법을 근간으로 영유아를 위한 보육서비스가 전문화되는 과정에서 3-5세는 어린이 집과 유치원의 교육과정이 누리과정으로 통일되었으며, 표준보육과정이 현실성있게 구성되어, 보육현장의 중요한 지침이 되고 있다.

보육과정은 영유아의 발달과 성장에 중요한 요인인 보육현장에서 보육과정에 대한 이해가 절실히 필요하다. 분절적이고, 기능적인 보육시술이 아니라 체계적인 틀을 바탕으로 영유아 발달과 생활, 보호와 교육을 아우를 수 있는 보육과정이 요구되고 있다. 이러한 전문적인 기술과 태도를 갖춘 보육인력이 필요로 하다. 그에 따라 영유아 보육을 전공으로 하고 있는 예비 보육교사들이 보육과정의 내용을 체계적으로 배워나갈 수 있도록 본 저서를 구성하였다.

본 저서는 누리과정과 표준보육과정의 방향과 보육현장의 상황과 특성을 고려한 지침서로 보육의 사회적 의미와 영유아의 발달에 따른 적합한 보육프로그램과

일과 구성, 환경구성 등에 대해 규모있게 알아볼 수 있는 교재이다. 영유아의 발달적 특성을 알고, 보다 알맞은 보육환경을 제공하고, 인적한경으로서의 보육교사로서 올바른 보육관과 태도를 갖추고, 필요한 전문지식을 익힐 수 있는 대학교재로서 활용되기를 바랍니다.

이 책이 나오기까지 보육현장의 상황을 보여줄 수 있는 귀중한 자료를 협조해 주신 태영출판사 김현태사장님, 정성스럽게 편집을 해 주신 오세복 편집자님을 비롯한 태영출판사 관계자 여러분께 진심으로 감사의 마음을 전합니다.

2015년 6월
저자 일동

차 례

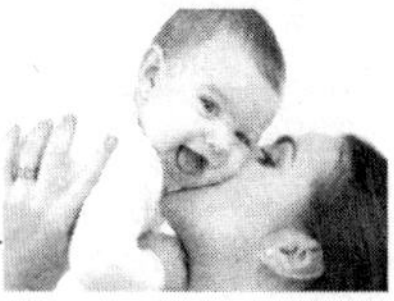

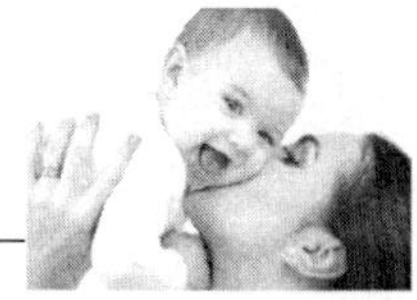

제1장

보육과정의 개념과 기능

1. 보육과정의 개념
2. 보육과정의 필요성
3. 보육과정의 기능

1. 보육과정의 개념

보육에 대한 개념은 사회 발전이나 생활수준의 향상과 더불어 변화되어 왔다. 처음에는 빈민을 구제하거나 여성의 노동력을 확보하는 차원에서 시작하였으나, 차츰 모든 계층의 영유아를 대상으로 하여 가족의 교육 기능을 지원하고, 영유아 생활의 질을 높이려는 방향으로 변화해 가고 있다.

보육의 개념은 학자와 시대 · 상황에 따라 조금씩 변화되어 왔는데, 기존의 탁아라는 용어에서 그 출발점을 찾을 수 있다. '아동을 위탁한다'는 의미의 탁아는 전통적으로 어머니의 역할로 여겨지는 아동의 양육을 개별적인 사유로 인하여 어머니가 자녀를 양육할 수 없을 경우 보호자의 위탁을 받아 아동을 보호하는 보충적, 개별적 차원에서 이루어지는 것을 말한다. 즉, 기존의 탁아 개념은 보육을 아동복지 사업의 일환으로 사회 · 경제적 지위가 낮은 가정을 대상으로 하여 부모의 노동 시간 동안 음식 · 안식처 등과 같은 보호를 제공하는 것으로 보았다.

그러나 부모가 작업 · 질병 또는 그 밖의 사유로 인해 자녀를 돌볼 수 없을 때 하루 중의 일정 시간 동안 가정 밖에서 부모를 보완하여 집단 보호와 지도를 제공하기 위해 조직된 서비스로 정의하여 부모역할의 대리로서가 아니라 보완의 개념으로 보았다.

따라서 보호(care)와 교육(education)이 합쳐진 보육(educare)은 분리될 수 없는 개념이다. 이러한 보육 개념은 사회 · 경제 구조의 변화와 더불어 이루어진 노동력 수급 구조의 변화, 여성의 지위에 대한 새로운 시각 등으로 개별적인 차원에서 벗어난 사회적 · 국가적 차원에서 다루어지게 되었다.

이러한 보육에 대한 보다 확장된 인식의 변화는 <표 1-1>의 내용에서 과거와 현재의 인식을 살펴보면 명확히 나타난다.

표 1-1

보육에 대한 인식의 변화

과거의 인식	현재의 인식
• 보육은 사회적 서비스이다. • 보육은 국가의 책임이다. • 어린이집을 이용하는 사람은 수령인이거나 수혜자이다. • 어린이집은 공공기금으로 이루어진다. • 어린이집 허가제도는 아동을 위한 국가의 법적 규제 장치이다. • 보육 프로그램을 통하여 빈곤가정에서 요구하는 모든 서비스를 전달한다. • 가족의 문제와 무능은 어린이집을 이용하는 사람들의 주요 특징이다. • 어린이집은 가정에 문제가 있을 때 요구되는 '필요악'이다. 어린이집보다는 하루 종일 일하지 않는 부모가 아동을 돌보는 것이 이상적이다. • 어린이집은 학교나 사회적 서비스 체계안에 있어야 한다.	• 대중사회의 공익사업이다. • 부모와 공적 · 사적 지원 체계의 공동 책임이다. • 소비자인 동시에 후원자이다. • 공공기금으로 이루어진 서비스만이 아니다. • 부모들이 보다 나은 어린이집을 선택하는 데 도움을 주기 위해 만들어진 소비자 보호제도이다. • 빈곤가정의 요구뿐만 아니라 사회계층과 무관하게 모든 부모들에게 서비스를 제공한다. • 기본적인 가정 기능의 원활한 수행에 도움이 될 뿐만 아니라 치료적 역할을 하기도 한다. • 모든 가정이 이용할 수 있는 보육 시스템은 공립, 또는 사립기관에 의하여 운영되는 가정어린이집, 민간어린이집, 직장어린이집, 부모협동 어린이집 등 다양한 종류의 보호 형태를 포함한다.

결론적으로 보육이란 영유아들의 보호 및 교육받을 권리와 어머니들의 일할 권리를 보장해 주기 위해 보호적인 측면에서는 영양, 건강, 안전 등을 고려하여 균형 있고 충분한 영양을 공급해 주며 신체적으로나 정서적으로 건강을 유지할 수 있도록 하여 영유아들이 건강하고 안전하게 성장할 수 있도록 도와 주는 것이며, 교육적인 측면에서는 신체적, 정서적, 지적 및 언어적 발달에 기여하여 전인적인 성장을 이룰 수 있도록 다양한 경험을 제공하고 유능하고 존중받는 사람으로서의 자아 존중감을 발달시킬 수 있도록 도와 주는 것이라 할 수 있다.

그러나 보육의 실제를 보호적 측면과 교육적 측면으로 명확히 구분하여 수행하기는 어렵고 실제에 있어서 구분의 실익도 없기 때문에 보호와 교육은 상호작용하면서 통합적으로 나가야 할 것이다.

 2. 보육과정의 필요성

현대 산업사회에 있어서의 여러 가지 사회변화는 가족구조에 많은 영향을 미쳐 왔으며 새로운 보육 수요의 문제를 불러일으켰다. 취업모의 증가, 가족구조의 핵가족화 및 결손가정의 증가, 자녀양육에 대한 가족기능의 약화 등의 사회적 문제들이 등장함에 따라 보육이 사회적 관심사가 되고 있다.

1) 취업모의 증가

영유아의 양육에 영향을 미치는 중요한 사회적 변화 중 첫 번째는 가정 밖에서 직업을 가진 주부의 수가 급격하게 증가하고 있다는 점이다. 이러한 경향은 가히 혁명적이라 할 수 있을 정도이다. 노동시장에서 가장 급신장하는 집단은 학령전 아동, 특히 3세 미만의 자녀를 둔 어머니 집단으로 이러한 경향은 전 세계적으로도 두드러진 현상이다.

2) 가족구조의 변화

우리 나라는 전통적으로 대가족 제도를 유지해 왔다. 그러나 급속한 경제발전을 이룩하면서 선진 산업사회가 겪었던 도시화 · 산업화 및 핵가족화가 심화되고 있다. 이러한 핵가족화로의 가족구조의 변화는 자연 자녀양육 문제를 불러일으키고 있다. 예전처럼 조부모나 형제 자매, 친인척이 자녀를 맡아 주는 관계를 기대할 수 없게 되었기 때문에, 또 조부모나 이웃 어른의 부재(不在)는 그 만큼 자녀양육에 대한 정보를 줄 수 있는 참고 집단이 없어진 셈이기도 하다. 즉, 가족 수가 감소함에 따른 영유아양육의 즉각적인 영향과 장기적 영향의 양면을 생각해 볼 수 있다.

첫째, 대부분의 가족은 이제 서로 비슷한 연령의 자녀 한두 명 밖에 두지 않기 때문에 어린 동생을 볼 수 있는 정도의 언니, 오빠가 가능하지 않은 실정이다.

둘째, 가족 수가 줄어들어 그 만큼 삼촌이나 사촌간의 관계로 축소되어 영유아를 돌볼 수 있는 사람이 줄어든 셈이다.

셋째, 지역 간 영유아의 증가로 그나마 가능한 친 · 인척의 도움조차 받기 어려운 실정이다. 이제 조부모나 이모 등이 함께 살면서 영유아를 돌봐 줄 수 있는 경우는 더욱 드물게 되었다.

넷째, 할머니나 이모 등도 자신의 직업을 가지고, 자신의 집에서 혼자 사는 경우가 늘어나고 있기 때문에 자연히 그들이 영유아를 돌볼 수 있는 가능성도 줄어들고 있다.

그런가 하면 한두 자녀 가정이 되다 보니 자녀들에게 다른 영유아와 어울릴 수 있는 기회를 가정 밖에서 마련하지 않을 수도 없게 되었다.

3) 결손가정의 증가

보육의 필요성을 증대시키는 또 다른 사회적 경향은 이혼에 따른 가족해체를 들 수 있다. 오늘날 미국에서 결혼한 부부의 1/3이 이혼을 하며, 영국 · 캐나다에서도 그 수준이 되어 가고 있다. 매년 미국에서는 80만 명이 이혼을 하며, 그로 인해 백만 명 정도의 영유아가 영향을 받는다. 우리 나라의 경우도 이혼율이 증가하는 추세이다. 여성 취업의 증가와 이혼율의 증가는 영유아가 있는 가정의 경우 더욱 심각한 문제가 된다.

또한 결혼을 하지 않으면서 자녀를 낳고 키우는 여성의 수도 증가되었다. 이들은 이혼모들과 마찬가지로 외로운 부모역할의 어려움을 감소하여야 한다. 이혼모나 혼전 아동을 가진 어머니가 혼자 아동을 키워야 하고 직업도 가져야 하는 상황은 마찬가지이다. 이와 같은 사회 · 경제적 여건의 변화로 인해 보육의 필요성은 더욱더 증가되었다.

영유아를 둔 여성의 취업이 확대되고, 가족제도의 변화와 자녀양육관의 변화 등으로 보육의 인식도 변화하여서 보육을 국가적 책임으로 보던 것에서 지역사회와 부모 공동의 책임과 대중사회의 공익사업으로 저소득층 뿐 아니라 모든 계층으로 보조적 · 소비자적 사업으로 인식하기에 이르렀다.

4) 정책적인 변화

우리 나라의 보육정책은 영유아의 건전한 육성으로 영유아를 건전한 사회구성원으로 육성함과 동시에 맞벌이 세대의 경제적 · 사회적 활동을 지원함으로써 기혼 여성의 취업을 보장하는 측면과 국가의 산업인력을 원활히 수급하여 국가경쟁력을 강화하는 한편 영유아 복지증진을 통한 사회복지제도를 향상시키는데 목표를 두고 있다. 특히 영유아 복지는 비전과 생산성이 있고 투자 가치가 있는 복지제도로서 활성화되고 있다.

3. 보육과정의 기능

보육과정은 영유아와 가정이 도움을 필요로 할 때 사회가 조직적으로 개입하는 하나의 방식으로 작용하며, 보호와 교육을 합리적으로 조화시켜 영유아가 건강한 사회 성인으로 성장할 수 있도록 돕는데 그 목적이 있다.

보호의 책임은 일차적으로 부모에게 있지만 취업, 질병, 보육의 전문성 등 다양한 사유 등으로 인해서 부모가 충분히 보호하고 교육할 수 없을 때에는 이의 보충을 위한 책임이 개인뿐만 아니라 사회와 국가에서 제공되어져야 한다.

영유아보육법 제18조 및 시행규칙 제23조에 의하면 어린이집에서 보육은 영유아의 신체적, 지적, 정서적 및 사회적 발달 등을 도모하는 내용이 포함되어야 하며 부모에 대한 서비스, 지역사회와의 교류 등을 기본원칙으로 하고 있다.

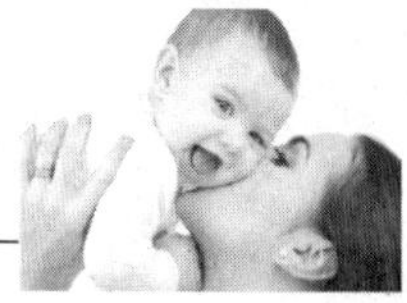

위의 내용을 바탕으로 어린이집의 기능을 다음과 같이 정리해 볼 수 있다.

1) 안전의 기능

영유아 스스로가 자신의 안전을 보호할 수 있는 능력과 기술을 가지도록 지도해야 하며 영유아들이 안전관리의 중요성을 인식하고 실천할 수 있도록 안전에 대한 교육과 훈련을 실시해야 한다.

따라서 어린이집에서는 경찰서나 소방서 또는 관련단체에 협조를 구하여 연 1회 이상 안전교육을 받을 수 있게 한다. 이에 필요한 사항들은 교육 프로그램 속에 반영해야 하며 교통안전, 화재안전, 약물안전, 폭발물 안전, 놀이안전, 놀이기구 사용법, 일상용품사용법, 기관 내외의 위험요소와 주의사항 등이 포함된다.

2) 건강의 기능

영유아의 신체적 건강을 위한 예방적 서비스를 제공하여야 한다. 건강의 기능이란 신체적, 정서적 안녕 뿐만 아니라 고통, 결함(결핍), 질병으로부터의 해방으로 정의될 수 있다. 육체적으로나 정신적으로 아직 성숙되지 못한 영유아의 건강유지는 어린이집의 중요한 기능에 포함하지 않을 수 없거나 영유아가 장애를 가지고 있을 때, 또한 가정환경에 결함이 있을 때, 어린이집은 가정을 대신하여 건강을 유지하는 기능을 수행함으로써 영유아 복지의 증진을 촉진할 수 있다.

3) 교육의 기능

학령전 영유아와 학령아동에게 필요한 보육계획을 수립하여 양육뿐만 아니라 교육을 제공해 주는 역할로, 어린이집은 보호자가 안심하고 노동에 종사하게 되고 질병이 있는 부모에게 요양에 전념할 수 있게 보호하며 영유아를 단순히 돌보는 보호의 개념으로 그치지 않는다. 즉, 아동복지의 이념에 따라 직접적으로 그 발달에 필요한 바람직한 경험이나 활동을 계획하고 영유아의 지적 · 정서적 그리고 신체적 발달을 촉진시켜 주는 교육적 프로그램을 강화 내지 병행하는 등 보호와 교육의 조화를 이루며 변화하고 있다. 따라서 영유아에게 최대의 교육적 기회가 주어질 수 있도록 계획되어야 한다.

4) 가정의 지원 및 보상기능

어린이집은 영유아가 원해서라기보다는 부모의 필요에 의해 대리인으로서의 역할이 요구되는 서비스로 가능한 한 어머니가 자신의 원래의 기능을 회복함으로 영유아에게 최선의 보호가 가정에서 이루어질 수 있도록 아동복지적 측면에서 도움이 동원되어야 한다. 즉, 상담과 지역사회의 자원을 동원하여 공급함으로써 그 기능을 할 수 있다.

5) 사회복지법 측면에서의 예방적 기능

사회 발전이나 경제 발전의 역기능 현상으로 나타나는 부정적 요소들에 대한 보다 적극적이고 예방적인 기능을 한다.

따라서 어린이집은 보다 나은 인격형성을 위해 영유아에게 심신발달에 위협을 주는 경제적 · 심리적 기타 환경적인 장애로부터 보호하고 그들의 건전한 발육을 위하여 모든 가능한 시설과 기회를 제공해야 하는 것으로 이해하게 되었다.

특히 저소득층 영유아를 위해서 사회보장법 측면에서 보상적 기능은 강화되어야 하며, 더욱 활성화되어 이들의 건전한 발달이 도모되어야 한다.

6) 영유아의 욕구에 맞는 프로그램의 기능

어린이집의 대상은 정상 영유아 뿐만 아니라 정서장애영유아, 심신장애영유아, 행동장애영유아 등 특수한 문제를 지닌 계층에서도 도움이 되어야 하며 획일적인 프로그램의 제공보다는 이들 개개인의 욕구에 맞는 프로그램이 보충적으로 주어져야 한다.

7) 지역사회의 효율적인 조직기능

지역사회의 복지 향상은 모든 주민들의 자발적인 참여와 협동성을 전제로 하여 경제적 · 사회적 발전을 추구하는 데 있다.

어린이집은 영유아를 매개로 하여 협동 · 단결하는 장으로써 그 역할을 다하며 이를 기초로 지역주민이 소득수준을 향상시키는 것은 물론이지만 또 한편에 있어서 사회개발을 촉진하여 사회 연쇄성의 개발, 사회적 목표의 개발, 산업의욕의 개발 등을 증대시키는 기능을 가질 수 있다. 이러한 점에서 어린이집은 지역사회 조직의 효율적인 조직화로 지역사회 주민과 밀착이 되어 그 지역을 소단위로 단결시키는 매개역할을 가지게 된다.

그 외에 어린이집의 기능은 가정의 육아상담, 조언, 부모 상호간의 육아방법의 교류, 보육자와 부모, 부모회 등에 대한 사회교육의 기능을 가지고 있으며 저소득층의 건강증진 기능도 가지고 있다. 또한 결핍환경의 영유아를 위한 보상적 조기교육 기능, 건전한 신체적 · 정서적 성장 · 발달을 돕는 좋은 집단 경험의 장으로서의 기능 및 영유아와 가족을 위한 상담서비스의 기능 등을 들 수 있다.

제2장

보육과정의 역사

1. 영유아보육법 제정 이전의 역사
2. 영유아보육법 제정 이후 ~ 표준보육과정 이전
3. 표준보육과정 제정 이후

1. 영유아보육법 제정 이전의 역사

우리 나라의 보육사업은 1921년 태화기독교사회관에서 보육프로그램을 실시하면서 가난한 가정의 유아를 위한 성격을 띠게 되었으나 1961년 영유아복지법이 제정 · 공포되면서 영유아의 복지를 증진하는 방향으로 성격이 변화, 발전되어 왔다.

그러나 취업여성의 양육문제와 핵가족화로 인한 사회적 변화에 탄력적으로 대응하기 위해 그 동안 여러 부처에서 제각기 관리 · 운영되어 오던 보육사업을 보건복지부로 일원화하였고, 종전의 단순한 '탁아'사업에서 보호와 교육을 통합한 '보육'사업으로 확대 · 발전하게 되었다.

이후 어린이집의 양적 발전과 더불어 질적 수준 향상에 대한 요구가 대두되었고 2004년 1월 영유아보육법이 전면 개정되어 보육에 대한 공적 책임 강화를 강조하였으며, 2004년 6월 보육 사무가 보건복지부에서 여성가족부로 이관되었다. 개정된 영유아보육법(2005년 1월 30일부터 시행)에는 보육과정을 개발, 보급하여야 함을 명시하여 보육과정의 시급한 개발을 요구하고 있다.

현재 우리 나라의 많은 어린이집에서는 유아의 발달적 수준에 맞지 않는 교과서식의 단편적 지식이나 지식 제공이 만연하고 있어 어떤 목표를 가지고 영유아를 보육할 것인가에 대한 합의가 이루어지고 있지 않다. 보육의 질적 수준이 지역이나 기관마다 매우 다르고 부모나 사회가 어린이집에서 진행되고 있는 보육목표와 내용이 불투명하다는 인식이 있으며 이것은 곧 어린이집의 보육이나 보육교사에 대한 신뢰 형성에 방해요인이 되고 있다.

따라서 보육과정은 어린이집에서 어떻게 보육하며 어떠한 경험을 제공할 것인가에 대한 국가수준에서의 보편적 내용수준을 결정하여야 한다. 국가적 수준의 보육과정은 개별 영유아의 특성과 교사의 자율성을 무시하지 않으면서도 영유아

의 성장도 경험에 적합하고 우리 나라의 사회 · 문화적 측면을 포함하는 최소한의 내용으로 구성되어야 한다. 이에 보육과정의 발달 배경을 연도별로 정의하면 다음과 같다.

1) 1945년 이전

우리 나라의 보육제도는 해방 이전에 일본의 총독부 관할로 사회복지분야의 지도 및 통제역할로 시작되어 사회복지기관으로서 일본 구호령에 명시되어 법령적 근거가 미비하였다.

1912년 태화기독교사회관에서 빈민 영유아를 위한 구제사업의 일환으로 시작되었으며, 이후 1926년 부산공생탁아소와 대구탁아소의 2개 기관이 배치된 계기로 1939년에는 전국에 관립 1개소, 공립 2개소 등 11개소의 공 · 사립 어린이집에서 435명의 유아가 보육을 받은 것으로 기록되어 있다. 이들 기관은 극빈자녀를 위한 구빈적 성격을 벗어나지 못하였다.

2) 구빈적 보호시기(1945년~1960년)

광복 이후 1960년대까지는 6 · 25전쟁을 전후한 정치적 · 사회적 혼란기로서 정부가 보육사업에 대한 뚜렷한 방침을 세우지 못한 시기였고, 당시 대량으로 발생한 전쟁고아, 기아 등 요보호 영유아에 대한 각종 수용보호기관이 주로 외국인 원조에 의하여 여러 곳에 설치되었으나 이 때의 탁아사업은 예방적 기능보다는 사후처리적이고 구호적인 복지정책이었다. 이러한 기관들을 합리적으로 지도할 행정적 필요에 따라 정부에서 1952년 10월 후생기관 운영 요령을 시달하게 되었다.

그러나 1953년 부산에 시립탁아소가 설치된 것을 비롯하여 주로 빈민층 가정의 자녀를 단순히 보호해 줄 목적으로 설치된 당시의 어린이집들은 육아기관 고아원과 큰 차이가 없이 시대적 요청에 따라 임시 구호적 성격을 강하게 띠고 있어

보육의 제 기능을 다하지 못하였다.

3) 아동복지법 시기(1962년~1982년)

본격적으로 보육사업이 실시된 것은 1961년 아동복리법이 제정 · 공포되면서부터이다. 이 법은 '탁아소'를 법정 아동복지기관으로 인정하고 어린이집의 설치기준, 종사자 배치기준, 보육시간, 보호내용 등을 구체적으로 규정하였다.

1960년에 24개소이던 어린이집은 이후 고아, 기아, 미아의 수용보호를 목적으로 설립된 육아기관 등이 사업목적을 보육사업으로 바뀌면서 계속 증가하여 1966년 말에는 116개소, 1968년에는 202개소에 이르게 되었으며, 보육영유아도 25,433명에 이르렀다.

1960년대 후반에는 경제개발 5개년 계획의 추진으로 도시화, 산업화가 진전되면서 보육수요가 늘어남에 따라 기관이 부족하게 되자 1968년 3월 14일 정부는 아동복리법 시행령에 근거한 「미인가 탁아기관 임시조치령」을 공포하여 민간기관의 설치를 용이하게 하였다. 이를 계기로 종전에 법인체만이 설치할 수 있었던 어린이집의 운영주체를 대폭 완화하여 많은 기관을 인가하였고, '탁아소'라는 명칭도 '어린이집'으로 고쳐 부르게 되었으며, 아울러 주로 외국 원조에 의존하던 이들 기관에 대한 정부지원이 시작되었다.

이러한 과정에서 어린이집이 수적으로 크게 늘어나서 1976년에는 60개소에 이르게 되었으나 보육의 질적인 수준은 매우 미흡하여 여러 가지 부작용과 폐단을 낳게 되었다.

이에 따라 정부는 어린이집의 질적 향상을 제고하기 위한 조치로 1977년 2월 24일 사회복지사업법 시행규칙을 개정하여 어린이집의 법인 전환에 많은 편의를 제공하여 모든 기관의 법인화를 장려하면서 1968년 「미인가 탁아기관 임시조치령」을 폐지하였다. 그러나 법인조치는 사유재산의 법인귀속이 수반되므로 오히려 기관 운영자들의 법인 전환 기피 등으로 어린이집이 수적으로 크게 위축되는 결과를 초래하였다.

한편, 정부는 경제개발 정책의 지속적인 추진으로 보육수요가 계속 늘어남에 따라 1978년 4월 23일 「탁아기관 운영개선안」을 마련하여 어린이집을 일반 영유아에게도 개방하는 대신 이들에게 보육료를 받을 수 있도록 하였다.

이에 따라 극빈 저소득층이 아닌 중산층의 영유아도 어린이집을 이용할 수 있게 되었다.

1981년 4월 13일 「아동복리법」이 「아동복지법」으로 전면 개정됨에 따라 무료 탁아기관은 법인 이외의 자도 신고만으로 기관을 설치 · 운영할 수 있게 되었다.

4) 유아교육진흥법 시기(1982년~1990년)

제5공화국이 출범하면서 유아교육이 크게 강조되어 어린이집 대신에 새로운 영유아교육체제를 모색하게 되었다. 1982년 2월 22일 아동복지법 시행령을 개정하여 어린이집의 설치근거를 삭제하고 내무부가 주관 부서가 되어 1982년 3월 26일 '유아교육진흥 종합계획'이 수립되었다.

정부는 유아교육진흥법을 제정하여 기존에 보건복지부에서 관장하던 691개소의 어린이집, 농촌진흥청에서 관장하던 382개소의 농번기 탁아소, 1980년 12월부터 내무부에서 설치 · 관장하던 263개소의 새마을협동유아원 및 38개소의 민간유아원 등 1,374개소의 보육관련 기관을 '새마을유아원'으로 통합하였다.

새마을유아원에 대한 종합계획 수립, 장학지도, 재정지원, 교사양성, 교재 · 교구개발 보급은 교육부에서, 설치 · 운영 및 행정지도는 내무부에서, 영유아들에 대한 급식 및 보건 · 의료지원은 보건복지부에서 각각 맡도록 하였다.

새롭게 출범한 새마을유아원은 계속적인 양적 확대에도 불구하고 늘어나는 보육수요를 충족시키기에는 기관이 크게 부족하였고, 설치 목적이 맞벌이부부 자녀를 보호하고 저소득층 자녀를 교육하는 역할을 병행하도록 되어 있었으나, 실제 운영에 있어서 많은 경우 종일제가 아닌 반일제로 운영되었으며, 그 내용에 있어서도 기존의 유치원과 유사하여 저소득층 맞벌이 근로자의 보육부담을 덜어주는 데에는 한계가 있었다.

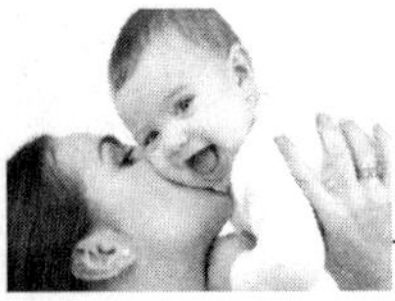

이 과정에서 노동부는 1987년 12월 4일 남녀고용평등법의 제정에 따라 공단지역을 중심으로 근로자 자녀를 위한 21개소의 시범탁아소를 설치하게 되었고, 서울시에서는 1988년 9월 영세민 생활 안정을 돕기 위해 어린이집이 없는 달동네 등 저소득층 밀집지역 33개 지역에 탁아원 140개소를 설치 · 운영하게 되었다.

보건복지부에서는 새마을유아원의 한계를 극복할 수 있는 새로운 대안을 모색할 필요성이 제기됨에 따라 1989년 9월 19일 아동복지법 시행령을 개정하여 1982년 삭제된 어린이집의 설치 · 운영 근거를 부활하고, 1990년 1월 9일 동법 시행규칙을 위한 세부지침인 탁아시설의 설치 · 운영규정(보건복지부 훈령 제586호, 1990. 1. 15)을 마련하여 본격적인 사업을 도모하게 되었다. 그러나 아동복지법 시행령은 기관 설치의 주체가 법인으로 한정되었고 보육사업의 관장 부서가 보건복지부, 내무부, 교육부, 노동부 등으로 다원화되어 있어 예산의 중복투자, 기관과 종사자 기준이 상이하여 많은 제약요인이 있었다. 이에 날로 급증하는 보육수요에 적극적으로 대처하고 체계적으로 효율적인 보육사업의 추진을 위해서는 보육관련 법령의 통합과 주관부서의 일원화 등 보육정책의 일대쇄신이 필요하다는 각 계층의 요구가 점증하기에 이르렀으며 이를 토대로 영유아보육법 제정 이전까지의 보육사를 〈표 2-1〉과 같이 설명할 수 있다.

표 2-1

영유아보육법 제정 이전까지의 보육사

연 도	법 령	관련근거
1962~1981	보건복지부 주관으로 탁아사업 실시(어린이집 691개소 설치 · 운영)	아동복리법
1981. 04. 13	아동복리법을 아동복지법으로 전문개정	아동복지법
1982 이후	어린이집 691개소를 새마을유아원으로 흡수 운영 법제정 · 장학지도는 교육부, 기관운영 · 행정지도는 내무부, 보건의료는 보건사회부	유아교육진흥법
1987. 12. 04	직장탁아제 도입	남녀고용평등법
1989. 09. 19	탁아사업 실시 근거 부활	아동복지법 시행령

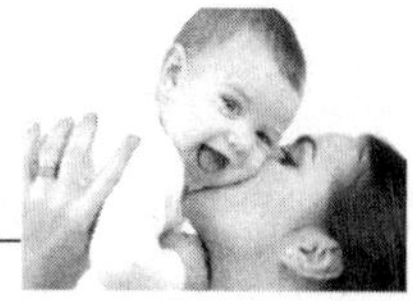

연 도	법 령	관련근거
1990. 01. 15	탁아기관의 설치·운영 근거 부활	탁아기관의 설치 운영 규정
1991. 01. 14	영유아보육법 제정·공포(법률에 의한 보육사업 실시) 보육사업을 보건복지부로 일원화 : 종전 단순 '탁아'에서 '보육'으로 확대	영유아보육법
1991. 08. 01	영유아보육법 시행령 제정·공포	영유아보육법 시행령
1991. 08. 08	영유아보육법 시행규칙 제정·공포	영유이보육법 시행 규칙
1991. 08. 26	탁아기관의 설치·운영 규정 폐지	탁아기관의 설치·운영 규정

2. 영유아보육법 제정 이후~표준보육과정 이전

유아교육진흥법에 의거하여 설치·운영되어 온 새마을유아원이 국민의 점증하는 보육욕구를 충족시킬 수 없는 한계에 직면하게 되자 1990년 11월 내무부, 교육부, 보건복지부 3부 장관은 새마을유아원을 1993년까지 교육법에 의한 유치원이나 어린이집으로 전환하도록 합의하게 되었다.

이와 함께 각 계층의 의견을 폭넓게 수렴한 영유아보육법이 1991년 1월 14일 의원입법으로 제정·공포되어 아동복지법(보건복지부), 유아교육진흥법(내무부, 교육부), 남녀고용평등법(노동부)으로 분산·다원화되어 있던 법체계와 주관부서를 통합·일원화하고, 이어서 동법 시행령('91. 8. 1) 및 시행규칙('91. 8. 1)이 제정됨으로써 보육정책은 기존의 파행적인 운영에서 탈피하여 새로운 발전과 도약의 전기를 마련하게 되었다.

영유아보육법은 그 당시 야당의 「탁아복지법(안)」과 각 계층의 의견을 수렴하여

신영순, 이윤자, 김장숙 의원 외 20인의 이름으로 「유아의 보호교육에 관한 법률(안)」이 1990년 11월 20일 국회에 제출되었으며, 법률 명칭을 「영유아의 보호교육에 관한 법률」에서 「영유아보육법」으로 하고 보육교사의 자격을 직접 법률에서 규정하는 등 몇 가지 수정을 거쳐 확정되었다.

영유아보육법이 지향하는 보육정책의 기본이념은 전통적인 영유아의 가정양육 원칙과 자유민주주의 이념에 따라 보육정책 대상을 보호자가 보호하기 어려운 영아 및 유아(보육위원회 의결을 거쳐 12세까지 연장 가능)로 한정하여 불필요한 국가 개입을 최소화하고 교육법에 의한 유아교육제도와의 구분을 명확히 하였다.

또한, '보호'냐 '교육'이냐로 그 동안 계속되어 온 논란에 종지부를 찍고 보호와 교육을 통합한 '보육'이라는 진일보된 개념으로 전환하였다. 이러한 기본이념에 따라 보육의 내용도 영유아에 대한 교육, 영양, 건강, 안전 등 보호와 교육뿐만 아니라 부모에 대한 서비스와 지역사회와의 교류까지 포괄하는 종합적인 서비스를 제공하도록 하였다. 결국 보육정책을 통하여 아동복지, 여성복지, 가정복지 및 지역사회의 발전을 동시에 도모하려는 생산적인 복지사업을 지양하게 된 것이다.

다음으로 국가와 지방자치단체는 부모와 함께 영유아를 건전하게 보육할 책임을 지도록 명시하였다. 이에 따라 보육에 관한 기획, 조사 등 필요한 사항을 심의하기 위한 중앙보육위원회를 보건복지부에 두고 지방에는 시 · 도 및 시 · 군 · 구에 지방보육위원회를 두도록 하였고, 보육에 대한 정보제공 및 상담을 위하여 시 · 군 · 구에 보육정보센터를 의무적으로 설치 · 운영하도록 하였으며, 저소득층 자녀의 보육비용은 정부가 부담하도록 하여 보육문제에 대한 국가와 지방자치단체의 책임을 강화하였다. 동시에 전통적인 사회복지 정책의 기본이념에 따라 부담능력이 있는 계층의 자녀는 보호자가 보육비용을 부담하도록 하여 영유아에 대한 부모의 책임도 명시함으로써 영유아의 보육문제는 국민 모두에게도 책임을 지도록 하였다.

마지막으로 아동복지법상 사회복지법인 등 비영리법인만이 설치할 수 있도록 되어 있던 어린이집 설치 요건을 완화하여 개인, 기업, 단체까지도 일정한 요건을

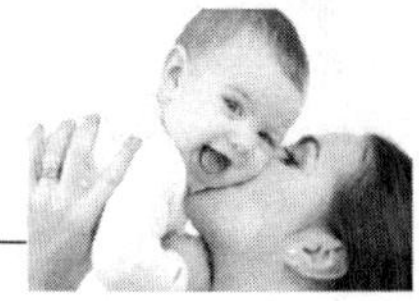

갖추면 보육사업에 참여할 수 있도록 함으로써 보육수요에 비하여 부족한 어린이집의 활성화를 도모하였다.

2001년 정부는 여성경제활동 참가율이 50%를 넘지 못하고, 24~35세 사이의 여성노동자들의 고용단절이 두드러지게 나타나는 현실을 개선하기 위해 모성보호법을 개정하였다. 개정의 내용은 모성보호 강화, 직장과 가정의 양립지원, 그리고 모성보호 비용의 사회분담화 등이 있다. 그 구체적인 실천방안으로는 육아휴직제도, 가족간호휴가제 그리고 직장어린이집 설치 등을 하였다.

2002년에는 노동부와 여성부가 공동으로 보육사업 활성화 방안을 발표하고, 보육사업의 질 개선 및 보육서비스 향상을 위해 노력하였다.

2003년에는 다양한 어린이집 확충과 보육교직원 자질 향상, 어린이집 운영개선, 아동별 지원확대 그리고 우수 프로그램 개발과 보급을 확대하고 보육정보센터 활성화에 노력하였다.

2004년에는 다양한 어린이집 및 서비스의 확충과 저소득층 영유아 등 보육료 지원대상을 확대하고, 영유아보육법 시행령 및 시행규칙 개정을 통하여 보육 서비스의 질 향상을 위하여 노력하였다.

2005년에는 개정 영유아보육법이 실시되어 보육교사자격제도(1, 2, 3 등급)가 실시되고, 국민기초생활보장법에 의한 수급자와 여성가족부령이 정하는 저소득층의 자녀가 우선적으로 어린이집을 이용할 수 있도록 하고 보육비용의 보호자 부담원칙을 삭제하고, 국가와 지방자치단체가 저소득층 보육비용을 부담하도록 하되 지원은 소득수준, 거주지역 등에 따라 차등화를 두도록 하였다.

그리고 보육평가인증제가 도입되는 등 보육의 질적 향상을 위한 발걸음이 시작되는 해로서 우리 나라의 보육 발전에 큰 획을 긋는 역사적인 해라고 할 수 있다.

3. 표준보육과정 제정 이후

2005년 여성가족부가 「표준보육과정」을 연구 · 개발하여서, 2006년 11월 10일에 영유아보육법 시행규칙 제30조 관련 표준보육과정령을 개정하게 되었으며, 이에 2007년 1월 3일 최초의 「표준보육과정의 구체적 보육내용」(여성가족부 고시 제2007-1호)을 고시하였다.

「표준보육과정」이 고시됨에 따라 2007년부터 2세 미만 보육과정, 2세 보육과정, 3-5세 보육과정이 어린이집의 교육과정으로 적용되어 왔으나 점차 급변하는 사회와 보육 여건의 변화에 따라 「표준보육과정」에 대한 부분 개정의 필요성이 대두되게 되었다.

따라서 2010년 6월 '표준보육과정 개정안 연구'가 시작되었고, 2011년 3월 공청회를 거쳐 고시를 앞두고 있었는데, 2011년 5월 2일 국무총리 주재로 어린이집과 유치원에서 이원화로 운영되던 「표준보육과정」과 「유치원교육과정」을 통합한 공통과정을 제정하겠다고 발표가 됨에 따라 '표준보육과정' 개정안 고시는 잠시 유보되었고, 우선 어린이집, 유치원 공통과정인 「5세 누리과정」을 제정하여 2011년 9월에 고시하게 되었다. 2011년 3월 공청회를 거쳐 개정 · 고시 예정이었던 「표준보육과정」에서 5세 유아를 위한 보육내용을 제외시키되 「5세 누리과정」과의 연계를 고려하여 재수정한 후 0-4세 영유아를 대상으로 한 「제2차 표준보육과정」을 2012년 2월에 고시하였다. 「5세 누리과정」 제정에 이어서, 2013년부터 3-4세까지 누리과정을 확대한다는 도입 계획이 발표되었다. 2012년 3월부터 「5세 누리과정」과 연계하여 「3-4세 연령별 누리과정」이 개발되어 2012년 7월에 고시되었고 동시에 기존의 「5세 누리과정」이 개정되었다(보건복지부 고시 제2012-82호). 어린이집 0-5세 영유아의 연속적 경험과 연령간 발달적 연계를 위해서 「제2차 표준보육과정」 중 「3-5세 연령별 누리과정」의 목표와 내용을 고려하여 0-1세 보육과정, 2세 보육과정을 개정하였다. 이에 2013년 1월에 누리과정을 포함하여 「제3차 어린이집 표준보육과정」을 고시하였으며, 2013년 3월부터 전국 어린이집은 0-5세 영유아의 보육을 위해 「제3차 어린이집 표준보육과정」을 적용하여 운영하고 있다(2013, 보건복지부 · 육아정책연구소).

제3장

보육과정의 이론적 배경

1. 보육과정의 철학적 배경
2. 보육과정의 심리학적 배경

1. 보육과정의 철학적 배경

보육의 철학적 기원은 고대 그리스의 플라톤에서 찾을 수 있다. 그 후 코메니우스, 루소, 페스탈로치 등에 의해 보육 사상이 전개되었고 특별히 영유아를 위하여 계획된 보육과정의 개념을 처음으로 전개한 사람은 프뢰벨이다.

그러나 어린이집에서 현재 이루어지고 있는 보육과정의 많은 부분은 1980년대 이후부터 생활중심의 교육, 자연 친화교육이 대표적이라 할 수 있다.

이런 교육방법은 페스탈로치(Pestalozzi)의 생활교육, 노작교육, 직관교육의 철학에 근거한 것이다. 페스탈로치는 생활(生活)이 도야(陶冶)한다는 생활주의와 합자연(合自然)의 교육원칙에 입각하여 직관을 인식의 기초로 인정하는 직관교수의 기초를 만들었다. 즉, 감각적 직관으로부터 개념적 사고[직관(直觀)—유추직관(類推直觀)—개념(槪念)]로 이른다는 법칙을 유도해 냈다. 현재 어린이집 보육과정에서 이루어지는 생활 및 자연체험 중심의 교육은 이러한 직관주의와 연결된다고 할 수 있다.

한편, 페스탈로치의 '자연발달의 원리'를 계승한 프뢰벨이 만들었던 '유치원(kindergarten)' 교육과정과 철학의 기본개념은 사물의 '통합의 개념'이라고 할 수 있다. 교사는 영유아에게 지나치게 인위적으로 무엇을 부과하거나 수정하기보다는 자연 그대로 자랄 수 있도록 도와 주어야 한다고 하였다. 프뢰벨(Fröbel)의 이상주의는 공동육아의 자연친화적인 교육, 통합의 개념, 놀이를 통한 교육, 학습의 자연적인 전개 등과 유사한 철학이다.

듀이(Dewey)의 실용주의는 영유아교육의 철학적 기초를 변화시키는 데 중요한 영향을 미쳤다. 프뢰벨의 이론을 더욱 발전시키고 영유아에 관한 사상에 있어 프뢰벨과 많은 공통점을 가지고 있으나, 프뢰벨의 상징주의를 비판하면서 인간과 환경 간의 사회적 상호작용의 개념을 제시하였다. 교육의 원리로서는 상호작용, 변화, 계속성을 들고 있으며, 교육은 생활이며 성장이고 계속적인 경험의 재구성

인 동시에 사회적 과정이라고 하였다. 듀이의 교육철학은 공동육아의 체험중심의 교육, 생활교육, 공동체교육 등과 관련된다.

한편, 현대의 철학적 경향인 생태주의 철학, 여성주의(feminism), 생태여성주의(eco-feminism), 다문화주의는 공동육아의 자연친화 교육, 성 평등 및 양성 성교육, 반편견 교육, 공동체교육 등과 관련되며, 이런 교육을 할 수 있었던 역사적 동인으로 프레이리의 비판교육이론도 상당한 영향을 미쳤다.

마지막으로, 영유아를 어떤 존재로 볼 것인가 하는 영유아 이해에 대한 관점에서 보면 보육과정은 현상학적 입장과 완전하게 일치하는 것은 아니지만 이에 가깝다. 현상학적 입장은 인간을 가능성의 존재, 정보의 생산자, 주관적 세계에 사는 서로 다른 존재로 보며, 인간은 반드시 전인적으로 연구, 개발되어야 한다고 보는 관점을 견지한다. 결론적으로 볼 때, 보육과정의 철학적 기초는 페스탈로치의 생활주의 교육, 프뢰벨의 이상주의, 듀이의 실용주의, 현상학적 입장, 여성주의 및 생태주의와 같은 현대철학 사조들과 맥락이 맞닿아 있다.

따라서 보육과정의 이념은 이러한 철학들을 차용하되 우리의 실천과 이념적 현실에 맞게 지속적으로 재구성해야 한다. 이는 어느 한 철학을 교조적으로 따르지 않는다는 점에서는 창조적인 작업이고 바람직한 것이다.

그러나 다른 한편으로 보면 혼돈의 과정이며 보육과정의 철학적 기초는 마치 누더기 내지는 조각모음 같다는 생각을 가질 수도 있다. 그러나 보육과정의 교육적 실천 및 방향에는 통합적이며 관계적인 사유의 일관된 흐름과 지향이 있다. 따라서, 어린이집의 보육과정 구성을 위한 철학적 재구성은 조각모음이라기보다는 복잡성의 패턴을 교육적 실천 안에서 찾아내는 일이라고 보면 될 것이다.

1) 프뢰벨(Fröbel)

보육과정의 철학적 기원은 고대 그리스의 철학자이며 사상가인 플라톤(Platon)에서 찾아볼 수 있다. 플라톤이 주장한 아동교육의 목적은 물론 현대 관점과는 많은 차이가 있지만 영유아기를 인간의 성격이 형성되는 중요한 시기로 본 점이나,

영유아기를 외부 자극이 가장 민감하게 기록되는 시기로 본 점 등은 상당한 유사점을 갖고 있다. 또한 그는 동화나 극화할 수 있는 동시, 음악들이 영유아기에 제공되어야 한다는 생각에서 여러 가지 보육에 관한 사상을 전개시켰다.

그 후 코메니우스(Comenius), 루소(Roussean), 페스탈로치(Pestalozzi) 등에 의해 영유아교육에 대한 상상이 전개되어 갔다. 그의 교육과정은 영유아의 본성과 세계관에 기초한 그의 사상을 전개한 것으로 그는 특히 영아의 발달이 단계에 따라 진행된다고 보았으며, 초기 발달단계가 성취된 후에 그 이후의 발달이 이루어질 수 있다고 보았다.

프뢰벨의 교육이념 역시 자연적 개화개념에 바탕을 두었으며 그는 각 영유아의 독특성을 인정하고 각 영유아의 개성을 존중하는 것이 바로 자연적 개화개념이라고 하였다. 특히 프뢰벨은 전통적 교육개념과는 달리 영아들의 자발적인 독특성을 신장시키는 활동으로 놀이의 가치를 높이 평가하였다. 놀이를 단순한 시간 소비라고 생각해 온 전통적인 통념에서 벗어나 놀이에 특별한 의미를 부여한 것이다. 이러한 놀이를 통하여 가장 자연스럽게 아동은 내면적인 충동을 나타내며 동료와의 협동이 이루어진다고 생각하였다.

프뢰벨은 영유아의 놀이 활동의 몰입을 효과적으로 촉진하기 위하여 체계적으로 계획된 교육과정을 개발하였는 데 그의 교육과정은 은물, 작업, 노래, 게임 등으로 구성되어 있다. 은물은 프뢰벨의 대표적인 교구로서 그 중 구형(球形)은 그의 교육사상을 가장 잘 반영하고 있다. 즉 둥근공은 가장 완전한 하나의 전체이며 공 그 자체가 신, 인간과 자연의 통합의 개념을 상징하는 것이었다. 작업은 여러 가지 기능들을 개발하기 위하여 계획된 자료들로 주로 오리기, 그리기, 끼우기 등의 감각 운동기능을 증진시키고자 하였다. 게임과 노래는 율동과 손유희도 함께 다루었으며, 게임의 형태도 주로 원으로 손을 잡고 함으로써 통합의 개념을 나타내려고 하였다.

이와 같이 영유아들에게 신성이 있다고 생각하는 프뢰벨의 아동관은 영유아에 대한 깊은 이해에서 출발한 교육적 통찰이며 영유아의 가장 자연스러운 활동인 놀이를 통하여 아동 속에 내재된 신성을 발현시키고자 한 그의 교육관은 영유아교

육의 발달에 중대한 영향을 미침은 물론 오늘날 우리 나라 교육에 커다란 시사점을 던져 주고 있다.

영유아교육이 발달한 미국과 유럽 등에서도 프뢰벨의 사상은 모든 교육의 시초와 기초 원리를 이루고 있으며 그의 사상은 다음과 같은 몇 가지 주장들이 현대적 · 발생학적 심리학, 사회학, 산업의 진보와 민주주의에 아주 적합하다고 보고 있다.

프뢰벨의 영유아교육 사상은 아동중심의 교육과 아동의 자기표현 및 창조적 자기활동의 원리에서 찾을 수 있다. 또한 놀이의 교육적 가치에 대한 인식과 은물, 즉 놀잇감의 교육적 의의, 노작교육의 정신을 알 수 있으며 그리고 교육에서의 개성과 사회성의 존중, 생활중심의 교육과 창의성, 통일성, 협동교육 원리의 강조 등은 종교의 교육적 기능과 교육의 종교적 측면을 새롭게 인식시켜 주었다.

2) 듀이(Dewey)

현대 교육에 가장 큰 공헌을 남긴 학자인 듀이는 실용주의를 통하여 영유아교육의 철학적 기초를 변화시키는 데 중요한 영향을 미쳤다. 듀이는 1896년 영유아를 위한 실험학교(laboratory school) 교육을 통해 프뢰벨의 상징주의를 비판하면서 영유아교육에서의 영유아와 사회의 상호작용 및 문제해결을 강조하였다. 이와 같은 영유아교육에 대한 듀이의 영향은 영유아 연구 운동과 함께 개혁 교육과정을 구성하도록 이끌었으며 진보주의 교육의 철학적 배경을 이루었다.

그는 자신의 실용주의 철학을 교육에 적용시키면서 교육이란 인간과 사회 혹은 환경과의 부단한 상호작용을 통해 스스로 성장, 발달하는 것으로 보았다. 즉 듀이 철학에서의 핵심적인 개념은 경험으로 설명될 수 있다.

듀이의 철학은 도구주의나 실용주의라고 말할 수 있으며 초자연적인 교리나 전통적 권위를 배제하고 실험적인 실천으로 문제해결을 하며, 그 문제해결이 인간생활의 향상에 얼마나 도움이 되고 공헌하느냐에 관심을 두고 있다. 또한 그는 경험의 중요성을 강조하면서 경험은 인간이 환경과 접촉할 때 생기는 것이며,

이런 경험이 풍부해짐에 따라 우리의 생활이 성장한다고 말하고 있다. 이 경험에서 중요한 것은 맹목적인 시행착오가 아닌 비판력을 가지고 문제해결의 방법을 모색해야 한다는 것이다.

그는 교육 원리로서 상호작용(interaction), 변화(change), 연속성(continuity)을 들고 있으며 교육이란 경험의 계속적인 재구성이라고 보고 있다. 그러므로 경험을 떠난 교육이란 있을 수 없다고 했다. 즉 자기활동에 의해서 스스로 만들어지는 것이 교육이며, 이 활동은 신체적, 정서적, 활동을 포함하는 전인적인 교육이어야 하고 아동중심 교육이어야 한다는 것이다. 그 밖에 그는 노력과 훈련은 흥미와는 대립되는 것으로 생각하기 쉬우나 실제로는 두 가지가 결합된 일체라고 하였다. 영유아의 활동이 스스로 계획을 세우고 그 뜻을 이해하는 것일 때에 흥미를 갖게 되며 그러할 때 노력이 따르기 마련이고 훈련 역시 자율적으로 이루어진다. 그러므로 교사의 임무는 영유아의 학습활동이 아동 스스로에게 의의와 목적의식 등을 부여할 수 있도록 만드는 것에 있다고 보았다.

듀이는 영유아가 선천적으로 사회적 상호작용을 하는 능력, 경험을 통하여 학습하는 능력, 이전의 경험을 나중의 문제에 활용하는 능력을 가지고 있다고 보았으며 이러한 선천적 능력이 향하는 바 대로 지식을 갖추도록 지도하는 것을 교육으로 설명하고 있다. 즉 그는 영유아를 매우 능력 있는 존재, 활동적인 존재, 환경에 능동적으로 적응하는 존재로 파악하고 있음을 알 수 있다. 따라서 듀이가 주장하는 영유아중심 교육은 이러한 영유아의 본성으로부터 출발하여 지식으로 안내하는 교육을 말하는 것이다.

이와 같은 진보주의의 이념은 영유아교육에도 커다란 영향을 미쳤다. 듀이가 강조하는 경험, 흥미, 사회적 적응, 상호작용, 아동중심 교육, 활동중심 교육 등이 영유아교육 과정에 도입되었다. 그의 진보주의 철학은 구체적으로는 영유아들이 흥미로운 자유놀이 활동과 흥미영역, 일상생활에 관련된 여러 가지 활동, 지역사회와의 연계를 위한 현장견학 등을 교육 실제에 도입하는 계기를 마련했다. 한편 듀이의 교육에 대한 많은 관점들은 오늘날 영유아교육에서 추구하고 있는 개방교육 학급에 대한 신념의 선구자적 요소가 되었다. 현대 개방학교의 주요 요소인 학습내용의 연결, 단원식 접근 방법의 활용, 문제해결 활동의 강조 등은 듀이의 개념에서 비롯된 것이라고 볼 수 있다. 1950년대 말엽부터 듀이의 진보주의 교육 사조는 지나치게 아동의 흥미 및 욕구중심으로 흘러가기 때문에 인간의 지능개발에 필요한 교과기능을 경시하였다는 비판을 받아 왔다. 그러나 영유아교육에서는 이런 비난이 있었음에도 불구하고 개방교육체계가 크게 각광을 받았다. 사실상 듀이의 영유아 활동에 대한 신념은 피아제 이론 및 개방교육 프로그램 속에 잘 반영되어 나타나고 있다.

3) 몬테소리(Montessori)

몬테소리는 영유아는 자기 스스로 발달해 갈 수 있는 능력을 가지고 있으며 그것은 영유아 자신으로부터 전개되어지는 과정으로 보았다.

즉, 교사의 역할은 영유아를 성인에게 맞추려는 것이 아니라 자연스러운 분위기에서 관찰한 것에 기초하여 영유아를 교육할 수 있는 환경을 조성하는 것이다. 감각교육이 결국 지적 발달을 이룰 수 있다고 하여 미각, 시각, 청각, 촉각과 같은 감각교육에 중점을 두었다. 또한 실생활 훈련, 읽기, 쓰기, 셈하기 등을 강조하였다.

교육방법은 자연스럽게 터득되는 교육으로써 영유아는 자료와의 상호작용을 통해 시행착오를 거쳐 스스로 잘못을 수정할 수 있게 된다. 이러한 개인적인 활동이 일어나기 위해서는 환경을 준비해 주는 것이 중요한 것으로 '준비된 환경(prepared environment)'이라는 개념을 강조하였다. 다시 말하면 몬테소리 교실은 상당히 개인적이며 영유아가 문제를 선택하고 그 자신의 속도에 맞춰 학습을 진행시키게 되므로 집단 활동은 거의 없고 개인 활동을 강조하면서 잘 준비된 환경 속에서 제한된 자유를 제공한다.

이러한 몬테소리 교구와 교육철학은 교육에 상당한 영향을 미치게 되어 1910년부터 1915년에 많은 토의가 되었으나 1920년 이후부터 점차 쇠퇴하게 되었다. 그 중요한 원인으로는 1900년부터 일어난 개혁유치원의 움직임이 놀이 · 창조성 · 상상력을 강조하고 있었으며 무엇보다도 집단 활동과 사회화를 강조하고 있었으므로 몬테소리 교육의 개인주의적인 개념은 갈등을 불러일으키게 되었다. 헌트는 몬테소리가 현대에 와서 인지이론의 대두와 함께 다시 영유아교육과정에 중요한 위치를 차지한다고 보았다.

몬테소리 이론이 1960년대 이후 다시 교육에 영향을 미치게 되었는데 이것은 인지이론과 많은 유사점을 가지고 있었기 때문인 것으로 평가된다.

2. 보육과정의 심리학적 배경

보육과정은 그 대상이며 학습자인 영유아의 연령과 발달수준, 흥미 요구 등이 잘 반영되어야 하며 영유아에 대한 발달적, 심리적 이해는 교육 프로그램을 구성하고 진행하는데 지속적으로 영향을 주게 된다.

오늘날 영유아의 발달과 학습을 설명하는 심리학적 배경이 되는 이론으로는 성숙이론, 정신분석이론, 행동주의이론, 인지발달이론 등이 대표적 이론이다. 보육과정은 이러한 여러 이론에서 영유아를 이해하는 방법과 입장의 차이에 따라 다양한 보육 프로그램으로 구성되어 운영될 수 있는 것이다.

1) 프로이드(Freud)의 정신분석이론

정신분석이론은 프로이드에 의해 창안된 인간의 성격발달에 관한 이론이다. 프로이드의 주요 관심은 성인의 성격발달이었지만 성인의 성격발달을 이해하기 위해서는 영유아기의 성격발달과 초기 경험의 중요성을 파악해야 한다고 믿었다. 그는 잠재의식이 인간의 행동에 어떻게 영향을 미치는지에 관한 심리성적 이론을 주장하였는데 프로이드는 그의 임상적 사례들을 근거로 영유아의 초기 경험이

이후의 생활에서 나타나는 행동과 성격에 영향을 미친다고 하였다.

프로이드는 성격의 구조를 세 부분, 즉 원초아, 자아, 초자아로 구분했다. 원초아(Id)는 타고날 때부터 존재하며 동기와 욕구의 무의식적 수준이며 충동적 만족을 추구하며 쾌락원리를 통해서 긴장해소라는 일차적 목표를 달성한다.

자아(Ego)는 출생 후 바로 발달하며 이성과 상식과 관련이 있는 정신의 일부분이다. 초기단계의 쾌락자아에서 현실원리에 의해 지배되는 이성적 자아로 진행되며 자아의 쾌락은 외부 현실과 관련해서 실현된다. 따라서 만족을 지연시킬 수 있다.

초자아(Super Ego)는 4~5세쯤에 발달한다. 도덕성이 발달하며 동성의 부모를 동일시한다. 초자아는 분방한 쾌락추구에 반대하는 힘으로 작용하는 에너지다. 프로이드는 초자아와 관련된 정신에너지가 '자아이상' 및 '양심'으로 구성된다고 하였다.

프로이드의 이론에서는 영유아의 정서발달의 중요성을 강조하고 있으며 영유아들의 흥미와 욕구, 발달과 경험 등을 고려한 영유아의 교육프로그램의 구성과 자녀양육의 실제에 중요한 근거를 제공하고 있다. 특히 영유아를 위한 보육에서 시사하는 바는 보육환경이 영유아에게 과도한 긴장이나 스트레스를 주지 않아야 한다는 점, 타인과의 비교보다는 스스로의 성취에 만족감을 갖도록 자아의 성장을 도모해야 한다는 점, 영유아가 드러낸 행동보다는 그 행동의 근원을 이해하도록 노력해야 한다는 점 등이다.

또한 보육에서 놀이의 중요성과 그 역할을 강조하였다는 점, 놀이와 게임을 통해 자신의 내적인 감정, 불안, 긴장 등이 해소되어 건전한 인성발달을 이룰 수 있다고 본 점 등이 보육에 활용되고 있다. 보육활동을 구성할 때도 찰흙놀이, 핑거페인팅, 모래놀이 등 정서적 긴장을 해소할 수 있는 놀이나 가족인형놀이, 소꿉놀이 등을 통해 아동의 내적인 정서 상태를 자유로이 표출하도록 많은 기회를 주어야 한다는 점 등이 보육프로그램에 시사점을 주고 있다.

2) 에릭슨(Erickson)의 사회심리이론

에릭슨(Erickson)은 프로이드의 제자로 프로이드의 심리성적발달이론을 사회심리발달에 대한 이론으로 확장시켰다. 그는 프로이드와는 달리 인간의 성격발달은 각 개인이 접하고 있는 사회적 환경, 즉 사회, 문화 등과의 상호작용을 통하여 이루어지며 특히 자아발달을 강조하였다. 그는 인간의 사회정서발달은 전 생애에 걸쳐 발달된다고 보았으며, 출생에서 노년까지의 8단계 또는 행동의 위기를 경험한다고 서술하였다. 에릭슨의 이론이 교사에게 시사하는 바는 영유아는 평생토록 발달, 변화하는 존재이나 동시에 각 시기마다 그 나름대로의 발달과업이 있다는 것, 영유아기는 신뢰감, 자율성, 주도성 등 건강한 자아발달의 기초가 이루어지는 시기임을 인식해야 한다는 점, 영유아는 가족뿐 아니라 사회, 문화적인 맥락에서 폭넓게 이해되어야 한다는 점 등이다. 특히 영아기에 성인과의 신뢰로운 관계를 형성하지 못하면 성인이 되었을 때의 대인관계에서 신뢰감 형성이 어렵다는 점을 인식할 때 보육교사의 역할을 다시 한번 강조할 수 있겠다.

보육과정의 계획과 운영에서 에릭슨의 이론은 전인적인 존재로서의 아동은 자기의 자원을 강화함으로써 모든 영역에서 성장이 통합적으로 일어난다는 것을 가정하고 있다. 또한 이 이론은 내용중심적 접근보다는 과정중심적 접근의 보육과정을 지향하도록 하며, 영유아의 독립성, 주도성, 근면성, 자율성 등에 강조를 두게 된다. 에릭슨의 이론은 프로이드의 이론과 비교하여 영유아가 또래나 성인과의 관계를 증진할 수 있는 기회를 많이 갖게 하고 교사의 보다 적극적인 역할을 강조하고 있다.

3) 피아제(Piaget)의 인지발달이론

피아제는 인간의 적응과 발달을 인지적 측면에서 연구함으로써 가장 영향력 있는 인지발달이론을 제시하였다. 피아제에 의하면 인간의 인지발달은 자연적인 성숙과 환경의 상호작용에 의해 발달한다. 그 과정은 질적으로 다른 4단계를 순서적으로 거친다고 하였고 그 속도는 영유아들마다 약간의 차이가 있으나 거의 문화적 보편성을 나타낸다고 하였다.

또한 피아제는 인간에게 있어 지식의 본질과 근원은 무엇이며 지식을 어떻게 구성해 가는가를 규명하고자 했다. 피아제의 이론은 보육과정에서 다음과 같은 시사점을 주고 있다.

첫째, 영유아의 축소된 성인으로 보지 않고 성인과 전혀 다른 존재로 인식한다. 즉 영유아의 사고는 성인의 사고와는 질적으로 다르므로 영유아가 자신의 방식대로 사고하고 지식을 구성하도록 기회를 충분히 제공해야 할 것이다.

둘째, 영유아는 학습에 적극적으로 참여할 때 배울 수 있다.

셋째, 영유아기에는 구체적인 사물과 다양한 성인과의 경험을 통해 학습이 이루어지므로 영유아가 스스로 학습할 자료와 기회를 충분히 제공해 주어야 한다.

넷째, 아동이 경험하는 환경의 질이 지식의 구성과 인지발달 수준에 중요한 역할을 하므로 풍부한 환경을 구성해 주고 영유아의 과거 경험과 근접한 경험을 마련해 주어 관련을 갖도록 해 준다.

다섯째, 놀이는 영유아의 학습과 지식 획득과정에서 중요한 매체가 된다.

교사는 위와 같은 내용에 기초하여 다음과 같은 내용들을 교육현장에서 적용해 볼 수 있다. 우선 영유아 스스로의 탐색과 조작으로 인지구조의 변화를 가져오게 하며, 영유아의 현재 발달수준이나 영유아가 어떻게 무엇을 생각하고 있는지를 잘 파악하고 이를 위해 영유아를 잘 관찰해야 한다. 영유아가 인지 갈등을 일으키는 적절한 정도의 새로운 사물과 질문을 제시하는 것, 영유아의 흥미와 교사의 흥미를 계속 상호 교류하는 것, 너무 지나치게 영유아를 더 성숙된 단계로 이끌어 가지 않는 것 등을 적용해야 할 것이다.

4) 보울비(Bowlby)의 애착이론

보울비는 애착발달 단계에 대해 기술하였는데 생후 3개월까지는(1단계) 애착대상이 따로 고정되어 있지 않았다고 하였다. 이 시기의 영아는 어떠한 얼굴에 대해서도 미소를 지으며, 누구라도 곁에서 떠나가 버리면 운다. 그러나 생후 3개월에서 6개월까지(2단계)에 이르면, 낯익은 사람에게 초점을 맞춘다. 영아의 애착행동은 몇몇 익숙한 사람에게만 한정되며 낯선 사람에 대해서는 경계를 하게 된다. 그 후 3단계(6개월~3세)에 이르면, 영아는 보다 활동적이 되어 이리저리 기어다니게 되고 애착대상을 가까이 하는데 좀 더 적극적인 역할을 하며 부모가 갑자기 떠나려 하면 뒤따라가는 반응을 보인다. 또한 3세 이후부터는 4단계로 영유아는 부모의 목표나 감정, 입장을 이해하여 자기의 행동을 부모에 맞추기 시작하여 보다 복잡하고 풍부한 관계가 성립된다.

애착이란 영아가 그 양육자에게 형성하는 애정적인 결속이나 정서적 유대를 말하는 것으로 여러 상황과 시간에 걸쳐 지속되는 행동특성이다. 이러한 애착의 요구는 영아에게 있어 본능적이고 자연스런 요구의 하나로 애착의 상태는 요구의 대상, 표현되는 행동양식, 요구의 강도에 따라 달라질 수 있다. 보울비는 생애 초기에 이루어지는 어머니와 영아 간의 결속을 애착으로 설명하면서 애착이론을 발전시켰다.

보울비는 정신분석학적 전통에서 영아-어머니 간의 관계에 대해 주로 대상관계나 의존성으로 설명하는데 대해 이러한 관점이 실제로 어머니에 대한 영아의 결속의 본질을 이해하는 데 적합하지 않다고 믿었다.

생의 초기에 어머니와 아기가 친근한 유대관계를 어떻게 하느냐에 따라 이후의 정서발달에 영향을 준다는 애착이론을 주장하여 영아는 자신의 생존을 위협받을 때 가까운 양육자에게 보호를 받아야 하고 이러한 동기에서 형성된 생존을 위한 반응이 애착기제로 발달한다고 하였다.

영아교육 프로그램에서는 애착이론의 중요성을 강조할 때 교사의 역할에 대해 재조명하고 영아반 교사는 영아와 관계를 맺고 애착을 형성하기 위해 정서적인 측면을 고려해야 할 것이다.

영아가 맺는 교사와의 안정적 또는 불안정한 애착의 질은 영아와 성인 간의 개별적이고 독특한 상호작용에 의해 결정되게 된다. 그러므로 영아는 한 교사에게

특별한 애착을 형성할 수 있도록 안정적이고 연속적인 교사역할이 수행되어야 할 것이다.

영아교육에 있어서 가장 중요한 질적 측면은 교사가 영아와 형성하는 정서적인 결속이므로 영아에게 조화롭고 부드러운 파트너가 될 수 있도록 신체적으로도 따뜻하고 친밀한 관계를 맺고 영아가 보내는 신호에 민감하게 반응해 줄 수 있어야 한다. 즉 교사와 영아가 신뢰로운 관계를 유지하는 것은 영아에게 또래와의 긍정적인 관계를 이루고 나중에 교사와 협동적인 관계를 형성하고 성숙한 놀이를 하기 위해 필요한 삶의 기반과 의지를 제공하는 것이다.

5) 콜버그(Kohlberg)의 도덕성 발달이론

피아제의 이론을 확대하여 도덕성의 인지발달이론을 확립한 이론가가 콜버그다. 콜버그는 피아제의 2단계 구조설이 도덕적 행동과 관련된 인지구조를 너무 단순화시킨 것으로 보고, 사회 문화적 보편성을 지닌 인지구조의 확인과 그 발달단계의 확인에 몰두하게 된 결과, 피아제가 주로 영유아를 연구의 대상으로 한 것에서 성인까지 확대하였으며, 일련의 도덕적 갈등상황에 대한 개인의 판단과 추론내용을 근거로 도덕성 발달을 3수준 6단계로 확대하여 제시하였다.

그의 이론은 기본적으로 피아제(Piaget)의 인지발달이론을 근거로 하여 콜버그는 피아제가 도덕성을 타율적 도덕성과 자율적 도덕성으로 양분한 것은 도덕성 발달을 지나치게 단순하게 본 것이라고 생각하고, 피아제가 주로 영유아를 연구의 대상으로 한 것에서 성인까지 확대하여 도덕성 발달을 3수준 6단계로 확대하여 제시하였다. 콜버그는 그의 도덕성 연구에서 질문지를 사용하였는데 콜버그는 질문에서 단순하게 "예" 혹은 "아니오"라는 응답에 관심을 둔 것이 아니라 왜 그렇게 생각하는지에 대한 도덕적 논리에 관심을 두었다.

또한 콜버그 이론의 특징은 다음과 같다.

첫째, 단계들이 불변의 연쇄를 이루고 있다는 것이다. 극단적으로 신체적, 정신적, 손상을 입은 경우를 제외하고 사람은 반드시 순서에 따라 각 단계를 거쳐 간다. 다시 말해서 도덕발달은 다른 모든 발달처럼 일정한 원칙을 가지고 진행되므로 하룻밤 사이에 지고의 도덕군자로 변신할 수 없다는 의미이다.

둘째, 단계들은 계층적 통합을 이루고 있다는 것이다. 낮은 단계는 높은 단계의 도덕적 추론을 이해하지 못하지만, 높은 단계는 낮은 단계의 도덕적 추론을 포괄하고 이해한다. 단계의 이동은 도덕적 추론을 구성하고 있는 일련의 인지적 구조가 재조정되는 것을 의미한다.

셋째, 발달은 인지적 불균형이 생성될 때 발생한다. 도덕적 난관에 부딪혔을 때 그것을 해결하려는 인지적 판단이 서지 못한 상태를 불균형이라 한다. 이러한 딜레마적 상황에서 현재의 인지적 판단으로 해결하지 못하는 경우 새로운 인지적 구조로 전환하여 해결해 나가는 것이 발달의 특성이다.

6) 비고츠키(Vygotsky)의 사회적 구성주의이론

비고츠키 이론에서의 기본 전제는 인간의 독특한 고등정신 활동은 사회적이고 문화적인 상황들에서 시작되었고, 구성원들에 의해 공유되고 있다는 점이다. 이러한 관점에서 사고란 개인의 두뇌나 정신에 의해 제한받는 것이 아니라 다른 사람의 정신과 결합되어 있다고 할 수 있다. 즉 인지는 하나의 심오한 사회적 현상으로서, 사회적 경험은 자신이 접하고 있는 세계에 대해 사고, 해석하는 방식을 형성하는 것이다. 이렇듯 비고츠키의 이론은 교육과 사회 · 문화적 환경과의 상호작용을 중요시하고 있기 때문에 사회 · 문화적 이론으로도 일컬어진다. 인지는 주어진 상황에 영향을 받으며, 특정한 활동들과 사회적 경험들에서 얻어진 의미에서 생기게 된다. 즉 사회 · 문화적 이론에 의하면 영유아기의 사고의 형식들이 이전에 믿어져 왔던 것보다 훨씬 더 특정한 상황과 문화적 조건의 산물임을 알 수 있다.

또한 비고츠키는 영유아의 인지발달에 있어 일방적으로 교사가 영유아에게 지식을 전달하는 것이 아닌, 영유아의 능동적인 대화와 공동 행동 등의 참여를 통해 영유아의 사고를 자극하고 고무하며 발달을 유도해야 함을 말하였다.

따라서 이러한 비고츠키의 이론은 현장에서 토론이나 문제해결의 기회를 확대

함으로써 적용될 수 있을 것이다. 비고츠키의 이론을 교육 현장에서 적용하기 위한 몇 가지 사례들을 볼 수 있다.

첫째, 의견 나누기를 통한 교사와 영유아 간, 그리고 영유아와 영유아 간의 상호작용의 촉발이다.

둘째, 문제해결을 통한 정신기능에 대한 의식적인 자각의 발달을 꾀하는 것이다.

셋째, 근접발달지역을 통한 영유아의 인지발달의 마지막은 사회 · 문화적 접근을 통한 지역 공동체와 교사, 영유아 간의 상호작용을 들 수 있다. 교사와 영유아 사이의 의사소통을 최대화함으로써 영유아의 인지적 발달을 발달시켰다.

또한 비고츠키의 사상은 교육에 관여하는 영유아, 교사, 학부모, 지역사회, 국가 등의 모든 구성원들에게 큰 시사점을 안겨 준다. 우리는 영유아의 적극적인 학습에의 참여와 그것을 실현하기 위해 발판을 마련해야 할 교사 또는 부모의 중요성, 또한 그러한 안내자들에게 도움을 제공해야 할 지역사회와 국가의 중요성들을 깨달아야만 한다.

그의 사상이 완벽한 교육적 체계라고 할 수는 없지만, 적어도 비고츠키가 우리에게 이야기하는 바는 명백하다. 영유아와 교사, 부모, 영유아와 영유아의 끊임없는 상호작용이 있을 때에 영유아의 학습효과가 극대화될 수 있다는 것이다.

그러므로 교사들은 영유아의 학습을 극대화될 수 있는 상황을 위한 구체적인 수업 계획을 꾸준히 연구해야 할 것이다.

또한 영유아들 간의 상호 협력관계를 통한 학습에 관심을 가지고, 혼합 연령 집단과 같은 영유아끼리의 상호작용을 통한 학습의 극대화를 꾀할 수도 있어야겠다. 영유아와 영유아는 서로 경쟁하는 사이가 아니라 서로의 학습에 발판을 마련해 줄 수 있는 또 하나의 훌륭한 비계 설정자가 될 수 있다.

7) 생태학적 접근이론

일생 전체에 초점을 둔 발달심리의 연구는 펄 발테스(Paul Baltes)와 워너 샤이에(Warner Schaie)를 중심으로 한 일련의 연구자들에 의해 제시되었다. 이들은 영유아기와 청년기에서의 변화 과정을 중시하고 이후 시기의 발달을 생태학적인 것으로 보았던 전통적인 발달 관점을 수정하여, 발달의 변화는 일생에 걸쳐 여러 시기에 나타나며 그 방향도 여러 가지로 나타난다는 주장을 펼쳤다. 이들은 또한 대부분의 현대 발달심리이론의 관점과 유사하게, 심리적 사상이 드러나는 사회 역사적 맥락의 분석을 강조하였다. 특히, 이 관점은 발달과정에서 형성하는 사회관계나 개인의 인생사에서의 경험 그리고 역사적 변화가 심리사회 발달에 미치는 영향을 강조하였다.

따라서 일생 전체에 초점을 두는 아동발달학자들은 나중의 경험에 크게 영향을 미치는 초기 특질을 밝혀 내며 특히 발달을 불안정하게 변화시키는 개인의 특성에 관심을 두었다. 예를 들면, 일생 전체를 보는 관점에 따르면 지능은 여러 가지 심리능력의 복합체로서 일부는 생애 초기에 나타났다가 약해지기도 하며 어떤 것은 중년기와 노년기에 강하게 나타나기도 한다는 것이다. 이 연구자들은 시대와 연령, 그리고 성별에 따른 효과뿐 아니라 역사적 사건들이 어떻게 개인의 발달에 영향을 미치는가도 연구하였다.

이러한 일생 전체 이론에 영향을 받아 등장한 것이 '생태학적 접근(ecological approach)'이다. 이 접근에 따라 발달을 보는 관점은 각 연령에 있는 사람들이 자신의 환경 속에서 어떻게 상호작용하는가를 보아야 한다고 강조하면서 아동발달 이론에 새로운 방향을 제시하였다. 유리 브론펜브레너(Urie Bronfenbrenner)에 의해 제시된 이 관점은 인간 행동을 볼 때, 사람들이 자신이 자라고 살아가는 환경 속에서 또는 변화하는 환경 속에 자신의 삶을 어떻게 조절하는가에 초점을 둔다. 생태적인 관점에서, 아마 가장 중요한 발견은 상호작용에 관한 것이다. 전통적인 실험 연구에서는 행동에 관한 하나의 변인을 분리해 내고 다른 모든 변인들을 통제하여 고려하지 않으려고 하는데 반해, 생태적 연구법은 현실적으로 가능한 많은 변인들을 통제하여 고려의 대상으로 삼으려고 한다.

예를 들면, 브론펜브레너는 영유아의 사회화를 연구하는 영유아발달학자는 전통적인 연구와 마찬가지로 그 영유아가 속한 사회계층을 통제하나 연구 설계에는 가족구조, 영유아 양육형태(가정 또는 어린이집) 등의 요인들도 포함시킨다는 것이다.

'생태주의(ecological view)'는 인간은 발달과정에서 다양한 환경들과 복잡한 상호작용 과정을 거치며, 발달과정에서 경험하는 다양한 환경의 맥락들이 인간의 변화에 영향을 미친다는 것을 강조하고자 하는 영유아발달 연구에서의 새로운 노력의 표현이라 할 수 있다.

제4장

보육과정의 유형

1. 표준보육과정의 이해
2. 0-1세 표준보육과정
3. 2세 표준보육과정
4. 3-5세 누리과정

한 국가의 보육과정은 그 나라 보육의 방향을 규정하고, 나아가 미래의 국가경쟁력인 능력 있는 민주시민 양성의 초석이 되기 때문에 선진국들은 국가수준의 보육과정 개발과 개선에 꾸준한 노력을 기울여 오고 있다.

우리 나라는 늦었지만 만 0세에서 5세까지 폭넓은 6개 연령층 유아를 위한 국가적 수준의 표준보육과정이 2005년 11월 연구 발표됨으로써 보육의 표준을 제시하게 되었다.

여기서는 표준보육과정의 원안을 바탕으로 표준보육과정의 배경, 필요성, 기본원리, 추구하는 인간상을 알아보고 표준보육과정의 목적 및 목표 그리고 표준보육과정을 운영할 때 알아야 할 운영지침을 소개하고 있다.

1. 표준보육과정의 이해

1) 도입의 배경

우리 나라의 보육사업은 1921년 서울 태화기독교사회관에서 탁아프로그램을 실시하면서 시작되어 오늘날까지 양적인 발전과 더불어 질적인 수준 향상에 대한 요구가 대두되었다. 개정된 영유아보육법이 2005년 1월 30일 시행되면서 보육에 대한 공적 책임 강화를 강조하였다. 또한 동법에서 여성가족부 장관은 표준보육과정을 개발 · 보급하여야 함이 명시되어 표준보육과정의 개발을 요구하였다.

우리 나라의 많은 어린이집에서는 유아의 발달적 수준에 맞지 않는 단편적 지식이나 기능위주의 교육이 만연하고 있고 보육이 나아가야 할 방향과 목표를 제시하지 못하고 있다. 또한 보육의 내용이나 수준이 지역이나 기관마다 다르고 불투명함도 보육수요자인 학부모들로부터 보육이나 보육교사에 대한 신뢰형성에 방해 요인이

되고 있다.

따라서 국가수준에서 보육의 목적과 보편적 내용 등 보육이 나아가야 할 방향을 설정하여 각 어린이집에서 영유아를 어떻게 기르며 어떤 경험을 제공할 것인가에 대한 표준보육과정을 연구하여 발표하게 되었다.

2) 표준보육과정의 필요성

표준보육과정은 보육을 통해 기르고자 하는 인간상인 자율적이고 창의적인 민주시민을 양성하는 기반이 된다. 여성가족부(2005)에서는 표준보육과정의 필요성을 ① 법적 필요, ② 시대적 · 사회 문화적 필요, ③ 2만 8천여 어린이집의 보편적 보육목표에 대한 지침 필요, ④ 발달이 급격한 영유아기의 세분화된 보육목표의 필요, ⑤ 출생에서 5세까지 영유아기 경험의 연계성과 계열성 필요, ⑥ 양육의 사회화에 대한 다양한 관점의 합의 필요, ⑦ 영유아의 심신 건강 및 더불어 살아가는 삶의 강조가 필요, ⑧ 영유아중심으로 직접 체험을 통해 제공되는 총체적 경험 강조의 필요를 들어 표준보육과정의 필요성을 설명하고 있는데 이를 구체적으로 살펴보면 다음과 같다.

(1) 법적 필요

1991년 제정되고 2004년 1월 전문 개정된 영유아보육법 제29조 2항에 '여성가족부 장관은 표준보육과정을 개발 · 보급'(제29조 2항) 해야 하고 어린이집은 '표준보육과정에 따라 영유아를 보육하도록 노력하여야 한다.'(제29조 3항)라는 조항에 따라 국가수준의 보육지침을 개발할 필요성이 있다.

(2) 시대적 · 사회 문화적 필요

출생 후부터 어린 시기의 영유아가 무엇을 경험하고 어떻게 성장 · 발달할 것인가

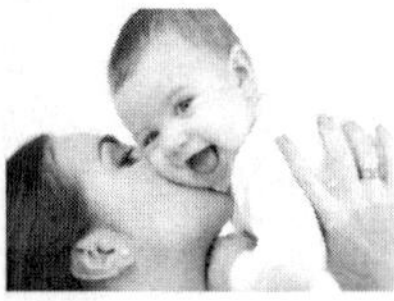

에 대한 국가의 믿음과 가치는 시대적 · 사회 문화적 환경에 따라 달라져 왔다. 최근 우리 나라 사회는 첨단기술의 발달, 지식 정보화 사회로의 변화, 국가의 경쟁력에 있어 인적 자원의 중요성 강조, 가족 구조의 변화 및 저출산 사회로의 진입 등 이전 사회와는 다른 급격한 발전과 변화가 그 특징이라 할 수 있다. 이러한 우리 사회의 시대적 요구는 그 동안에 바람직하다고 여겨오던 가치나 기술, 지식들의 재점검을 필요로 하고 있다. 특히 저출산 사회에서 나라의 미래를 책임져 나갈 유아를 한 명이라도 낙오되지 않고 이들의 잠재력, 창의력 및 인성을 개발하는 것은 국가적인 긴급한 과제라 할 수 있다.

(3) 2만 8천여 어린이집의 보편적 보육목표에 대한 지침 필요

최근 15년 사이에 우리 나라 어린이집은 급격한 양적 성장을 하여 왔다. 어린이집의 증가는 일하는 여성의 사회 · 경제적 지위 향상에는 커다란 기여를 하였으나 정작 그 어린이집에 재원하고 있는 영유아가 '과연 무엇을 경험해야 바람직한가?'에 대한 보편적 지침을 합의하는 데는 노력을 기울여 오지 못한 것이 사실이다. 현재 2만 8천여 어린이집이 궁극적인 보육의 원리와 목표는 멀리한 채, 부모들을 현혹하는 사교육 활동들을 진행하는 부작용을 낳는 등 영유아나 부모에게 부담을 줄 수도 있음을 볼 때 표준보육과정 개발의 필요성이 시급해진다. 여성 경제활동의 보조 수단으로서의 보육 개념이 아니라 영유아를 위한, 영유아가 중심이 되는 총체적 경험에 대한 합의가 무엇보다도 필요하다.

(4) 발달이 급격한 영유아기의 세분화된 보육목표의 필요

영유아는 만 5세 미만의 취학전 영유아를 지칭한다(영유아보육법 제2조 1항). 이 시기의 영유아는 모든 발달영역에서 변화가 급격히 이루어지는 시기이다. 현재 다양한 어린이집이 늘어나고 종일제 어린이집의 특성을 포괄하는, 특히 만 3-5세 영유아와 발달적으로 매우 차이가 나는 만 3세 미만 영아의 보육목표와 내용을 개발할 필요가 있다.

(5) 출생에서 5세까지 영유아기 경험의 연계성과 계열성 필요

어린이집은 출생에서부터 5세까지의 영유아를 보육하는데 이들에게 제공되는 내용들은 각 발달시기에 적합하면서도 그 다음 단계의 발달과 연계되어야 한다. 뿐만 아니라 영유아가 경험하는 지식과 기술은 계열성이 있어야 하며, 영아기에 습득되어야 할 발달과제나 경험은 영유아기에 기초가 되고, 그 이후의 삶에 누적적 영향을 미치게 되므로 중요하게 고려되어야 한다.

(6) 양육의 사회화에 대한 다양한 관점의 합의 필요

영유아를 사회에서 양육하는 일은 가족의 몫인 동시에 다양한 사회구성원의 신념, 전문적 이론과 실천적 지식이 수렴되어야 할 필요성이 있다. 가족 내 주 양육자뿐 아니라 어린이집 내 교직원의 실천적 관점, 그리고 영유아에 대한 과학적 연구를 담당하는 아동학자, 보육학자, 유아교육학자, 여성학자, 아동간호학자, 의료전문가, 사회복지학자들의 여러 이론적 관점이 포함되어야 한다.

(7) 영유아의 심신 건강 및 더불어 살아가는 삶의 강조가 필요

복잡하고 불안전한 사회 환경으로 인해 영유아는 실내에 더 오래 머물게 되고 TV, 컴퓨터나 수많은 놀잇감을 접하므로 인해 자연이나 인간과의 상호작용 기회가 줄어들고 있다. 또한 핵가족이나 한부모 가족, 취업모가 증가하면서 영유아는 과거보다 더 어린 시기부터 자신의 발달적 필요보다는 성인의 요구로 인해 집단생활을 경험하기도 한다. 이러한 영유아를 둘러싼 생태학적 환경은 영유아의 심리적, 신체적 편안함과 즐거움을 위협하고 이기심이나 자율성 부족, 산만한 주의집중력 등의 문제를 야기할 수 있다.

미래사회에 공헌하고 다른 사람과 함께 살아가는 성숙되고 창의적 인간으로 성장하기 위해서는 생의 초기인 영유아기부터 심신이 건강하고 더불어 사는 태도와 기술

이 강조되어야 할 필요가 있다.

(8) 영유아중심으로 직접 체험을 통해 제공되는 총체적 경험 강조가 필요

최근 우리 사회에서는 영어, 한글, 한자 등 초등학교 교과목식으로 분절하여 가르치고 교사 주도의 특기 활동을 제공하는 어린이집이 많다. 이러한 경험들은 영유아가 스스로 지식을 구성하며 자신만의 독특한 흥미를 개발하는 과정을 무시함으로써 수동적이고 의존적이며 행동통제를 못하는 영유아로 성장시킬 수 있다. 영유아는 자신의 학습 속도에 따라 직접 환경을 만지고 체험하되 신체, 언어, 사회, 정서, 인지의 총체적 측면을 고루 경험할 수 있도록 격려되어야 한다. 또한 연령별로 중요 발달과제가 다르므로 영유아에 대한 발달적 지식을 알고, 소집단이나 개별적으로 이들의 잠재력을 최대한 지원해 주는 교사의 역할은 더욱 강조되어야 한다.

3) 표준보육과정의 기본원리

표준보육과정에서 기본적으로 전제한 영유아에 대한 관점, 영유아와 환경과의 관계, 학습과 발달에 대한 관점 등을 바탕으로 하는 표준보육과정의 기본원리는 다음과 같다.

① 모든 영유아는 어떤 상황이나 환경에서도 자신의 발달과 경험을 스스로 구성해 갈 수 있는 능력이 있다.

② 영유아의 발달이나 경험은 사회, 언어, 인지, 정서, 신체 측면이 서로 상호 연결되어 다차원적으로 관련되며 발달한다. 따라서 한 영역의 발달이나 경험만을 강조해서는 바람직한 성장을 이룰 수 없으며 심신의 건강 및 안전에 대한 생활이 기본적으로 지원되어야 한다.

③ 영유아는 자신의 학습속도와 기질, 상황, 사전경험, 환경에 따라 개인차를 나타내며 이런 개인차를 고려해 줄 때 자신의 잠재력을 최대한으로 발휘한다.

④ 영유아 개인의 성장과 경험에 중요한 영향을 미치는 요인들은 보육환경과 보육

교사 뿐 아니라 또래, 가족 및 지역사회 구성원이다. 환경은 영유아의 발달에 적합하고 우리 나라 사회 문화에 적합하며 개별적 흥미가 고려될 때 영유아에게 더 바람직한 영향을 미친다.

⑤ 영유아는 자신의 선택에 의해 놀이를 할 때, 그리고 주변 환경을 직접 탐색하도록 격려될 때 관련된 지식, 기술 및 태도를 가장 잘 습득할 수 있다.

⑥ 질적으로 우수한 교사는 자연스런 상황에서 영유아에게 다양한 경험 기회를 제공하고 편안하고 안전하게 보호하며 영유아가 또래나 교구들과의 상호작용을 통해 새로운 지식이나 기술을 습득할 수 있도록 세심한 관찰로 개별적으로, 민감하게 지원하는 역할을 한다.

4) 표준보육과정이 추구하는 인간상

표준보육과정을 통해 궁극적인 목적으로 추구하는 인간상은 다음과 같다.

(1) 심신이 건강하고 행복한 사람

건강한 신체와 심리적 안정감을 유지하고 주변상황과 생활에서 행복감을 느끼는 사람이 되도록 한다.

(2) 자율적이고 창의적인 사람

자신이 하고자 하는 일을 스스로 선택하며 실천하고 기존과 다른 관점에서 자신의 독특한 생각과 탐색을 즐기는 사람이 되도록 한다.

(3) 자신과 타인을 존중하고 배려하는 사람

자신과 다른 사람의 생각과 느낌을 존중하고 배려하며 기본예절을 지키는 사람이 되도록 한다.

(4) 자연과 우리 문화를 사랑하는 사람

주변의 자연환경과 자원을 사랑하고 아끼며 우리 나라 문화에 대한 이해를 바탕으로 소중함을 알고 자긍심을 가지는 사람이 되도록 한다.

(5) 다양성을 인정하는 민주적인 사람

열린 사고를 바탕으로 외모, 인종, 종교, 성, 연령, 가족구조, 출신지역, 사회 경제적 지위, 장애, 문화 등에 대한 편견 없이 서로의 다름을 인정하고 사회공동체가 추구하는 가치를 인정하는 사람이 되도록 한다.

5) 표준보육과정의 기본전제

(1) 영유아는 개별적인 특성을 지닌 고유한 존재이다.

모든 영유아는 타고난 기질이나 유전적 특성, 발달 속도 등 여러 측면에서 개인차를 지닌 존재이다. 따라서 영유아 개개인이 독특하고 고유한 존재로 존중받을 때 최적의 발달을 이룰 수 있다. 집단 내 영유아 모두 서로 다른 개별적 특성을 지니고 있음을 잘 알고 이를 고려하는 것이 중요하다.

(2) 영유아는 연령에 따라 발달적 특성이 질적으로 다르다.

영유아는 연령에 따라 질적으로 다른 특성을 가지고 발달해 간다. 인간은 출생 후 신체, 인지, 언어, 사회, 정서적 측면과 뇌와 신경계 등 생물학적 측면에서 양적, 질적 변화를 거듭해 간다. 영유아가 성장하면서 손과 발이 점점 커지고 몸무게가 늘어나는 것이 양적 변화라면, 혼자 앉다가, 서고 걷고 뛰기가 가능해지는 것이 질적인 변화라고 할 수 있다. 출생 후 영유아는 모든 발달 영역에서 세밀하게 분화가 이루어지고 기능이 복잡해진다. 영유아는 성장과 발달이 과정에서 성인과는 질적으로 다른 변화를 나타내므로 영유아의 사고, 느낌, 언어, 신체, 사회적 관계 등이 성인의 것과는 근본적으로 다르다는 것을 전제하는 것이 중요하다.

(3) 영유아는 그 자체로서 존중받아야 하는 존재이다.

영유아는 외모, 인종, 종교, 성, 연령, 가족구조, 출신지역, 사회 경제적 지위, 장애, 문화 등에 대한 어떠한 편견 없이 영유아 그 자체로서 존중되어야 하며, 가능한 최대한의 발달과 학습이 보장되어야 한다.

(4) 영유아는 직접적으로 경험할 때 의미 있는 지식, 기술 및 바람직한 태도를 형성해 간다.

영유아기는 살아가는 데 필요한 지식뿐 아니라 기술, 태도가 형성되는 중요한 시기이다. 지식이란 생각이나 개념, 아이디어 같은 영유아가 직접 경험을 통해서 얻게 되는 정신적 내용물이다. 기술이란 자르기, 그리기 등과 같이 분명히 관찰되는 행동이다. 바람직한 태도는 호기심, 몰입, 열정, 예의 등과 같이 어떤 상황 시 영유아가 나타내는 긍정적인 반응이라고 할 수 있다. 태도는 점진적으로 반복 경험되면서 긴 시간을 두고 형성된다. 영유아가 친근한 환경에서 자신의 오감각을 사용하여 직접적으로 다양한 경험에 참여를 많이 할수록 영유아는 자신에게 의미있는 지식뿐 아니라 기술, 바람직한 태도를 점차 형성해 나간다.

(5) 영유아는 일상생활이 편안하고 학습과 경험이 놀이중심으로 이루어질 때, 최대의 능력이 발휘된다.

영유아의 발달과 학습은 일상 경험을 통해서 다양하게 이루어지며 이전의 발달과 학습은 이후에 연속적으로 영향을 준다. 영유아의 발달과 학습은 편안한 일상생활이 유지되고 심리적으로 안전한 환경에서 보다 의미있고 점진적으로 이루어진다. 영유

아가 자신의 현재 발달수준에 적합한 다양한 경험에 능동적으로 직접 참여하는 것이 중요하다. 놀이는 자발적이고 내적 동기를 가지고 반복하도록 하며 지속적인 즐거움을 영유아에게 제공한다. 따라서 놀이는 영유아의 의미있는 학습과 경험을 이끄는 가장 중요한 방법이다. 어린이집에서의 경험이 교사 지시적이거나 대집단 중심으로 이루어지는 것이 아니라 영유아 중심의 주도적 놀이로 이루어질 때 영유아는 새로운 학습과 다양한 경험을 의미있게 지속적으로 해 나갈 것이다.

(6) 영유아는 민감하고 반응적인 성인과의 신뢰로운 관계 속에서 최적의 발달을 이룬다.

영유아는 부모뿐 아니라 어린이집 교사와 신뢰롭고 긍정적인 관계 속에서 정서적 안정감을 느끼고 새로운 사물이나 환경 탐색을 시도하며 또래나 다른 성인과의 긍정적 관계로 확장해 나간다. 교사가 영유아의 생각이나 행동, 정서, 표현 방식 등을 민감하게 파악하며 적절하게 반응할 때, 영유아는 심리적으로 안전하게 느끼며 자신에게 필요한 지식, 기술, 태도 등을 가장 잘 형성해 간다.

(7) 영유아가 속한 가정, 지역사회가 함께 협력할 때 영유아에게 가장 긍정적인 영향을 미친다.

영유아는 주변 환경과 사람으로부터 직 · 간접 영향을 지속적으로 받으며 성장한다. 어린이집이 영유아의 부모와 가족, 지역사회와 긴밀히 협력하고, 서로 신뢰할 때 영유아에게 긍정적인 영향을 미치게 된다. 어린이집 교사는 영유아의 성장과 발달에 대해 지속적으로 기록하고 이를 토대로 부모와 관련 내용을 서로 나눈다. 부모는 가정에서의 영유아 행동이나 습관을 살펴 교사와 정보를 교환함으로써 영유아의 성장, 발달에 함께 협력한다.

6) 표준보육과정의 구성방향 및 체제

(1) 구성방향

표준보육과정의 구성방향은 다음과 같다.

① 영유아의 발달 특성과 개인차를 고려하여 연령 및 수준별로 구성한다.
② 어린이집에서 편안하고 행복한 일상생활이 되도록 중점을 두어 구성한다.
③ 질서, 배려, 협력 등 기본생활습관과 바른 인성을 기르는 데 중점을 두어 구성한다.
④ 자율성과 창의성을 기르는 데 중점을 두고, 전인발달을 이루도록 구성한다.
⑤ 사람과 자연을 존중하고, 우리 문화를 이해하는 데 중점을 두어 구성한다.

(2) 구성체제

표준보육과정은 영유아의 발달 수준을 고려하고 교사의 지원과 환경구성에서의 질적 차이를 반영하여 다음과 같이 구성한다.

① 어린이집 표준보육과정은 0-1세 보육과정, 2세 보육과정, 3-5세 보육과정으로 구성한다.
② 어린이집 표준보육과정은 영역, 내용범주, 내용, 세부내용으로 구분하고, 내용 간에 연계가 이루어지도록 구성한다.
③ 세부내용이라 함은 0-1세 보육과정, 2세 보육과정에서는 수준별 세부내용을 의미하고 3-5세 보육과정에서는 연령별 세부내용을 의미한다.
④ 0-1세 보육과정은 기본생활, 신체운동, 의사소통, 사회관계, 예술경험, 자연탐구의 6개 영역을 중심으로 구성한다.
⑤ 2세 보육과정은 기본생활, 신체운동, 의사소통, 사회관계, 예술경험, 자연탐구

의 6개 영역을 중심으로 구성한다.

⑥ 3-5세 보육과정은 신체운동 · 건강, 의사소통, 사회관계, 예술경험, 자연탐구의 5개 영역을 중심으로 구성한다.

⑦ 3-5세 보육과정은 초등학교 교육과정과의 연계성을 고려하여 구성한다.

7) 표준보육과정의 목적과 목표

(1) 목적

표준보육과정의 궁극적인 목적은 영유아의 심신의 건강과 전인적 발달을 도와 행복을 도모하며 민주시민의 기초를 형성하는 것이다. 즉 0-5세 영유아의 심신의 건강과 전인적 발달을 도와 행복을 도모하며 민주시민의 기초를 형성하는 것을 목적으로 한다.

(2) 목표

① 0–1세 보육과정

- 건강하고 안전한 일상생활을 경험한다.
- 감각 및 기본 신체운동 능력을 기른다.
- 말소리를 구분하고 의사소통의 기초를 마련한다.
- 친숙한 사람과 관계를 형성한다.
- 아름다움에 관심을 가진다.
- 보고, 듣고, 만지면서 주변 환경에 관심을 가진다.

② 2세 보육과정

- 건강하고 안전한 생활습관의 기초를 마련한다.
- 감각, 신체조절 및 기본운동 능력을 기른다.
- 의사소통 능력의 기초를 기른다.
- 나를 인식하고 다른 사람과 더불어 생활하는 경험을 한다.

- 아름다움에 관심을 가지고 예술경험을 즐긴다.
- 주변 환경에 호기심을 갖고 탐색하기를 즐긴다.

③ 3–5세 보육과정

- 기본운동 능력과 건강하고 안전한 생활 습관을 기른다.
- 일상생활에 필요한 의사소통 능력과 바른 언어 사용 습관을 기른다.
- 자신을 존중하고 다른 사람과 더불어 생활하는 능력과 태도를 기른다.
- 아름다움에 관심을 가지고 예술경험을 즐기며, 창의적으로 표현하는 능력을 기른다.
- 호기심을 가지고 주변세계를 탐구하며, 일상생활에서 수학적 · 과학적으로 생각하는 능력과 태도를 기른다.

8) 표준보육과정의 편성과 운영

(1) 편성

표준보육과정의 편성은 다음을 고려하여 편성한다.

- 어린이집의 운영시간에 맞추어 편성한다.
- 표준 보육과정에 제시된 각 영역의 내용을 균형 있게 통합적으로 편성한다.
- 영유아의 발달 특성 및 개인차, 경험을 고려하여 놀이를 중심으로 편성한다.
- 영유아의 일과 중 일상생활을 포함하여 편성한다.
- 어린이집과 보육실의 특성에 따라 융통성 있게 편성한다.
- 성별, 종교, 신체적 특성, 가족 및 민족 배경 등으로 인한 편견이 없도록 편성한다.

(2) 운영

- 보육계획(연간, 월간, 주간, 일일 계획 등)에 의거하여 운영한다.
- 실내 · 외 환경을 다양한 흥미 영역으로 구성하여 운영한다.

• 영유아의 능력과 장애 정도에 따라 조정하여 운영한다.
• 부모와 각 기관의 실정에 따라 부모교육을 실시한다.
• 가정과 지역사회와의 협력과 참여에 기반하여 운영한다.
• 교사 재교육을 통해 어린이집 표준보육과정 운영을 개선해 나간다.

9) 교수 · 학습 방법과 평가

(1) 교수 · 학습 방법

다음과 같은 사항을 고려하여 교수 · 학습이 이루어지도록 한다.

• 주도적인 놀이를 중심으로 교수 · 학습활동이 이루어지도록 한다.
• 흥미를 중심으로 활동을 선택하고 지속할 수 있도록 한다.
• 생활 속 경험을 소재로 하여 지식, 기술, 바람직한 태도를 기르도록 한다.
• 교사와 신뢰감을 형성하고 개별적인 활동이 이루어지도록 한다.
• 교사, 환경, 또래와 능동적인 상호작용이 이루어지도록 한다.
• 주제를 중심으로 여러 활동이 통합적으로 이루어지도록 한다.
• 만 0-1세아, 만 2세아는 일상생활 및 개별활동, 휴식 등이 균형 있게 이루어지도록 한다.
• 만 3-5세아는 실내 · 실외활동, 정적 · 동적활동, 대 · 소집단활동 및 개별활동, 일상생활 및 휴식 등이 균형 있게 이루어지도록 한다.

(2) 평가

평가는 어린이집의 보육과정 운영에 대한 평가와 영유아를 대상으로 하는 평가로 이루어진다.

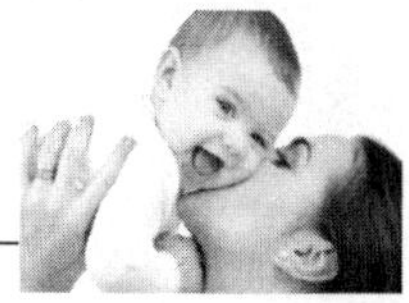

① 운영 평가

• 어린이집 표준보육과정의 목표와 내용에 근거하여 보육내용이 적절히 편성 · 운영되는지 평가한다.

• 어린이집 표준보육과정의 운영 내용 및 활동이 영유아의 발달 수준과 흥미, 요구에 적합한지 평가한다.

• 영유아의 발달수준, 흥미, 요구에 적합한 경험 및 학습을 촉진할 수 있는 다양한 활동과 교수 · 학습 방법이 계획되고 통합적으로 운영되는지 평가한다.

• 일과 운영 및 보육활동 구성 시 놀이 활동과 일상생활 활동의 양과 내용이 영아 및 유아 각 연령의 발달에 적합하게 계획되고 운영되는지 평가한다.

• 만 0-1세아, 만 2세아는 집단 활동보다 개별적인 상호작용과 교수법을 중심으로 상호작용이 진행되는지를 평가한다.

• 어린이집 표준보육과정 운영 평가 결과를 수시로 반영하여 보육과정 운영 계획을 수정 · 보완하거나 다음 연도의 계획 수립 및 운영에 반영하는지 평가한다.

② 영유아 평가

• 어린이집 표준보육과정의 목표와 내용에 근거하여 영유아의 특성과 변화 정도를 평가한다.

• 지식, 기술, 태도 등을 평가한다.

• 일상생활과 보육과정 활동 전반에 걸쳐 평가한다.

• 관찰, 활동 결과물 분석, 부모면담 등 다양한 방법을 사용하여 종합적으로 평가하고, 그 결과를 기록한다.

• 평가 결과는 영유아에 대한 이해와 어린이집 표준보육과정운영 개선 및 부모면담 자료로 활용한다.

2. 0-1세 표준보육과정

0-1세 표준보육과정의 영역별 구체적인 목표와 내용은 다음과 같다.

1) 0-1세 보육과정의 영역별 목표

(1) 기본생활

건강하고 안전한 일상생활을 경험한다.

- 건강하고 편안한 일상생활을 경험한다.
- 안전한 생활을 경험한다.

(2) 신체운동

감각 및 기본 신체운동 능력을 기른다.

- 감각기능을 발달시키고 자신의 신체를 탐색한다.
- 대 · 소근육을 조절하고 걷기 등의 능력을 기른다.
- 규칙적으로 신체활동에 참여한다.

(3) 의사소통

말소리를 구분하고 의사소통의 기초를 마련한다.

- 주변의 소리와 말소리 듣기에 관심을 보인다.
- 표정, 소리, 몸짓으로 자신의 생각과 느낌을 표현한다.
- 짧은 그림책이나 친숙한 환경 인쇄물에 관심을 가진다.

• 끼적이기에 관심을 가진다.

(4) 사회관계

친숙한 사람과 관계를 형성한다.

• 자신과 다른 사람을 구별된 존재로 인식한다.
• 기본 정서를 표현하고 다른 사람의 감정에 주의를 기울인다.
• 안정적인 애착을 형성하고 또래나 교사와 함께 지낸다.

(5) 예술경험

아름다움에 관심을 가진다.

• 자신의 신체와 주변의 감각 자극에 호기심을 가지고 반응한다.
• 소리와 움직임으로 반응하고, 단순한 미술을 경험하며, 모방 행동을 즐긴다.
• 친근한 소리나 노래를 즐겨 듣고, 자연물, 사물, 주변 환경에 관심을 가진다.

(6) 자연탐구

보고, 듣고, 만지면서 주변 환경에 관심을 가진다.

• 주변 사물에 대한 탐색을 시도한다.
• 주변에서 일어나는 수학적 상황을 지각한다.
• 감각과 조작을 통하여 주변 사물과 자연환경에 대해 지각한다.

2) 0-1세 보육과정의 영역별 내용

(1) 기본생활

① 내용체계

<table>
<tr><th>내용범주</th><th>내용</th></tr>
<tr><td rowspan="3">건강하게 생활하기</td><td>몸을 깨끗이 하기</td></tr>
<tr><td>즐겁게 먹기</td></tr>
<tr><td>건강한 일상생활하기</td></tr>
<tr><td rowspan="2">안전하게 생활하기</td><td>안전하게 지내기</td></tr>
<tr><td>위험한 상황에 반응하기</td></tr>
</table>

② 세부내용

<table>
<tr><th>내용범주</th><th>내용</th><th>1수준</th><th>2수준</th><th>3수준</th><th>4수준</th></tr>
<tr><td rowspan="10">건강하게 생활하기</td><td rowspan="3">몸을 깨끗이 하기</td><td colspan="4">몸이 깨끗해졌을 때 기분이 좋음을 안다.</td></tr>
<tr><td colspan="4">도움을 받아 손을 씻는다.</td></tr>
<tr><td></td><td colspan="3">도움을 받아 이를 닦는다.</td></tr>
<tr><td rowspan="3">즐겁게 먹기</td><td>편안하게 안겨서 우유(모유)를 먹는다.</td><td>이유식에 적응한다.</td><td>고형식에 적응한다.</td><td>다양한 음식을 먹어 본다.</td></tr>
<tr><td colspan="2"></td><td colspan="2">도구로 음식을 먹어 본다.</td></tr>
<tr><td colspan="4">즐겁게 먹는다.</td></tr>
<tr><td rowspan="4">건강한 일상생활하기</td><td colspan="4">수면을 충분히 취한다.</td></tr>
<tr><td colspan="4">편안하게 쉰다.</td></tr>
<tr><td colspan="4">하루 일과에 편안하게 참여한다.</td></tr>
<tr><td colspan="2"></td><td colspan="2">배변 의사를 표현한다.</td></tr>
</table>

<table>
<tr><th>내용범주</th><th>내용</th><th>1수준</th><th>2수준</th><th>3수준</th><th>4수준</th></tr>
<tr><td rowspan="4">안전하게 생활하기</td><td rowspan="3">안전하게 지내기</td><td colspan="3">안전한 상황에서 놀이한다.</td><td>놀잇감을 안전하게 사용한다.</td></tr>
<tr><td colspan="4">안전한 장소에서 놀이한다.</td></tr>
<tr><td colspan="4">차량 승하차 시 안전 장구를 착용한다.</td></tr>
<tr><td>위험한 상황에 반응하기</td><td></td><td>위험하다는 말에 반응을 보인다.</td><td colspan="2">위험하다고 알려주면 주의한다.</td></tr>
</table>

(2) 신체운동

① 내용체계

내용범주	내용
감각과 신체 인식하기	감각적 자극에 반응하기
	감각기관으로 탐색하기
	신체 탐색하기
신체조절과 기본운동하기	신체 균형잡기
	대근육 조절하기
	소근육 조절하기
	기본운동하기
신체활동에 참여하기	몸 움직임 즐기기
	바깥에서 신체 움직이기
	기구를 이용하여 신체활동 시도하기

② 세부내용

내용범주	내용	1수준	2수준	3수준	4수준
감각과 신체 인식하기	감각적 자극에 반응하기	시각, 청각, 촉각, 후각, 미각으로 자극을 느낀다.			
		시각, 청각, 촉각, 후각, 미각으로 자극에 반응한다.			
	감각기관으로 탐색하기	감각기관으로 주변 환경을 탐색한다.			
	신체 탐색하기	손과 발 등을 바라보며 탐색한다.	주요 신체 부분의 움직임을 탐색한다.		
신체조절과 기본운동하기	신체 균형잡기	몸의 균형을 잡기 위한 자세를 시도한다.	붙잡고 서 있기 등의 자세를 취한다.	안정되게 서 있기 등의 자세를 시도한다.	
	대근육 조절하기	뒤집기 등 몸을 조절하여 위치를 바꾼다.	누웠다 앉기 등 몸의 움직임을 조절한다.		
	소근육 조절하기	보이는 물체에 손을 뻗는다.	눈과 손을 협응하여 소근육을 활용해 본다.		
	기본운동하기	배밀이 등 이동운동을 시도한다.	기기, 걷기 등 이동운동을 시도한다.	걷기 등 이동운동을 시도한다.	
		팔 다리 뻗기, 흔들기 등 제자리 운동을 시도한다.		서 있기, 앉기 등 제자리 운동을 시도한다.	
신체활동에 참여하기	몸 움직임 즐기기	몸을 활발히 움직인다.		몸의 움직임을 다양하게 시도한다.	
	바깥에서 신체 움직이기	규칙적으로 바깥환경을 경험한다.		규칙적으로 바깥에서 신체활동을 한다.	
	기구를 이용하여 신체활동 시도하기		간단한 기구를 이용하여 신체활동을 시도한다.		

(3) 의사소통

① 내용체계

내용범주	내용
듣기	주변의 소리와 말소리 구분하여 듣기
	경험과 관련된 말 듣고 알기
	운율이 있는 말 듣기
	말하는 사람을 보기
말하기	발성과 발음으로 소리내기
	표정, 몸짓, 말소리로 말하기
	말할 순서 구별하기
읽기	그림책과 환경 인쇄물에 관심 가지기
쓰기	끼적이기

② 세부내용

<table>
<tr><th>내용범주</th><th>내용</th><th>1수준</th><th>2수준</th><th>3수준</th><th>4수준</th></tr>
<tr><td rowspan="6">듣기</td><td rowspan="3">주변의 소리와 말소리 구분하여 듣기</td><td colspan="3">여러 가지 소리와 말소리 듣기에 흥미를 보인다.</td><td>친숙한 낱말의 발음에 흥미를 보인다.</td></tr>
<tr><td colspan="4">익숙한 목소리를 듣고 그것에 반응한다.</td></tr>
<tr><td colspan="2"></td><td colspan="2">높낮이와 세기 등 말소리의 차이에 반응한다.</td></tr>
<tr><td rowspan="2">경험과 관련된 말 듣고 알기</td><td colspan="4">눈 앞에 보이는 경험과 관련된 말에 반응한다.</td></tr>
<tr><td></td><td colspan="3">자신의 이름이 불리면 듣고 반응한다.</td></tr>
<tr><td>운율이 있는 말 듣기</td><td colspan="4">운율이 있는 짧은 말소리를 관심 있게 듣는다.</td></tr>
</table>

<table>
<tr><th>내용범주</th><th>내용</th><th>1수준</th><th>2수준</th><th>3수준</th><th>4수준</th></tr>
<tr><td rowspan="7">더불어 생활하기</td><td rowspan="2">안정적인 애착형성하기</td><td>양육자와 시선을 맞춘다.</td><td colspan="3">양육자에게 적극적으로 관심과 욕구를 표현한다.</td></tr>
<tr><td colspan="2">주변의 친숙한 사람의 얼굴과 목소리를 인식한다.</td><td colspan="2">주변의 친숙한 사람에게 애정을 표현한다.</td></tr>
<tr><td>또래에 관심갖기</td><td colspan="4">다른 영아와 함께 지내는 것을 경험한다.</td></tr>
<tr><td>자신이 속한 집단 알기</td><td colspan="2">담임교사를 구별한다.</td><td colspan="2">자기 반에서 지내며 안정감을 가진다.</td></tr>
<tr><td rowspan="2">사회적 가치를 알기</td><td colspan="2"></td><td colspan="2">친숙한 물건의 자리를 안다.</td></tr>
<tr><td colspan="4">만나고 헤어지는 인사를 해 본다.</td></tr>
</table>

(5) 예술경험

① 내용체계

<table>
<tr><th>내용범주</th><th>내용</th></tr>
<tr><td>아름다움 찾아보기</td><td>예술적 요소에 호기심 가지기</td></tr>
<tr><td rowspan="4">예술적 표현하기</td><td>리듬 있는 소리로 반응하기</td></tr>
<tr><td>움직임으로 반응하기</td></tr>
<tr><td>단순한 미술 경험하기</td></tr>
<tr><td>모방행동 즐기기</td></tr>
<tr><td>예술 감상하기</td><td>아름다움 경험하기</td></tr>
</table>

② 세부내용

<table>
<tr><th>내용범주</th><th>내용</th><th>1수준</th><th>2수준</th><th>3수준</th><th>4수준</th></tr>
<tr><td rowspan="2">아름다움 찾아보기</td><td rowspan="2">예술적 요소에 호기심 가지기</td><td colspan="4">주변의 소리와 움직임에 호기심을 가진다.</td></tr>
<tr><td colspan="4">주변 환경에서 색, 모양에 호기심을 가진다.</td></tr>
<tr><td rowspan="6">예술적 표현하기</td><td rowspan="2">리듬 있는 소리로 반응하기</td><td colspan="2">리듬 있는 소리에 관심을 가진다.</td><td colspan="2">노래를 부분적으로 따라 부른다.</td></tr>
<tr><td colspan="2">리듬과 노래에 소리로 반응한다.</td><td colspan="2">리듬과 음높이에 맞추어 소리를 낸다.</td></tr>
<tr><td rowspan="2">움직임으로 반응하기</td><td colspan="4">손발 흔들기와 몸 움직임으로 반응한다.</td></tr>
<tr><td colspan="2"></td><td colspan="2">간단한 도구를 활용하여 움직인다.</td></tr>
<tr><td>단순한 미술 경험하기</td><td colspan="2"></td><td colspan="2">감각적으로 단순한 미술경험을 한다.</td></tr>
<tr><td>모방행동 즐기기</td><td colspan="2">소리나 얼굴 표정, 몸 움직임 등을 모방한다.</td><td colspan="2">단순한 모방 행동을 놀이처럼 즐긴다.</td></tr>
<tr><td rowspan="2">예술 감상하기</td><td rowspan="2">아름다움 경험하기</td><td colspan="2">일상생활에서 반복되는 소리와 노래에 관심을 가진다.</td><td colspan="2">일상생활에서 리듬 있는 소리와 노래를 즐겨 듣는다.</td></tr>
<tr><td colspan="4">일상생활에서 자연이나 사물의 아름다움을 경험한다.</td></tr>
</table>

(6) 자연탐구

① 내용체계

<table>
<tr><th>내용범주</th><th>내용</th></tr>
<tr><td rowspan="2">탐구하는 태도 기르기</td><td>사물에 관심 가지기</td></tr>
<tr><td>탐색 시도하기</td></tr>
<tr><td rowspan="4">수학적 탐구하기</td><td>수량 지각하기</td></tr>
<tr><td>주변 공간 탐색하기</td></tr>
<tr><td>차이를 지각하기</td></tr>
<tr><td>간단한 규칙성 지각하기</td></tr>
</table>

내용범주	내용
과학적 탐구하기	물체와 물질 탐색하기
	주변 동식물에 관심 가지기
	주변 자연에 관심 가지기
	생활도구 탐색하기

② 세부내용

<table>
<tr><th>내용범주</th><th>내용</th><th>1수준</th><th>2수준</th><th>3수준</th><th>4수준</th></tr>
<tr><td rowspan="2">탐구하는 태도 기르기</td><td>사물에 관심 가지기</td><td></td><td colspan="3">주변 사물에 관심을 가진다.</td></tr>
<tr><td>탐색 시도하기</td><td>나와 주변 사물을 감각으로 탐색한다.</td><td colspan="3">주변의 사물에 대해 의도적인 탐색을 시도한다.</td></tr>
<tr><td rowspan="5">수학적 탐구하기</td><td>수량 지각하기</td><td></td><td>있고 없는 상황을 지각한다.</td><td>'있다'와 '없다'를 구별한다.</td><td>'한 개'와 '여러 개'를 구별한다.</td></tr>
<tr><td rowspan="2">주변 공간 탐색하기</td><td></td><td colspan="3">도움을 받아 주변의 공간을 탐색한다.</td></tr>
<tr><td colspan="4">주변 사물의 모양을 지각한다.</td></tr>
<tr><td>차이를 지각하기</td><td colspan="2"></td><td colspan="2">주변 사물의 차이를 지각한다.</td></tr>
<tr><td>간단한 규칙성 지각하기</td><td colspan="2"></td><td colspan="2">일상과 놀이에서 간단한 규칙성을 경험한다.</td></tr>
<tr><td rowspan="5">과학적 탐구하기</td><td>물체와 물질 탐색하기</td><td colspan="4">일상생활 주변의 몇 가지 친숙한 것들을 양육자와 함께 탐색한다.</td></tr>
<tr><td>주변 동식물에 관심 가지기</td><td colspan="2"></td><td colspan="2">주변 동식물의 모양, 소리, 움직임에 관심을 가진다.</td></tr>
<tr><td rowspan="2">주변 자연에 관심 가지기</td><td rowspan="2"></td><td colspan="3">생활 주변의 자연물을 감각으로 느껴본다.</td></tr>
<tr><td colspan="3">바람, 햇빛, 비 등을 감각으로 느껴본다.</td></tr>
<tr><td>생활도구 탐색하기</td><td colspan="2"></td><td colspan="2">도움을 받아 생활도구를 탐색한다.</td></tr>
</table>

3. 2세 표준보육과정

2세 표준보육과정의 영역별 구체적인 목표와 내용은 다음과 같다.

1) 2세 보육과정의 영역별 목표

(1) 기본생활

건강하고 안전한 생활습관의 기초를 마련한다.

- 건강한 생활습관의 기초를 경험한다.
- 안전한 생활습관의 기초를 경험한다.

(2) 신체운동

감각, 신체조절 및 기본운동 능력을 기른다.

- 감각능력을 기르고, 자신의 신체 움직임을 탐색한다.
- 안정된 자세로 대·소근육을 조절하고 기본운동 능력을 기른다.
- 규칙적으로 신체활동에 참여한다.

(3) 의사소통

의사소통 능력의 기초를 기른다.

- 다른 사람의 말과 짧은 이야기 듣는 것을 즐긴다.
- 자신의 생각과 느낌을 말로 주고받기를 즐긴다.
- 그림책이나 환경 인쇄물에 관심을 가지며 글의 내용에 흥미를 가진다.

• 글자 형태 끼적이기에 관심을 가진다.

(4) 사회관계

나를 인식하고 다른 사람과 더불어 생활하는 경험을 한다.

• 자기 존중감을 형성한다.
• 자신의 감정을 알고 다른 사람의 감정에 반응을 보인다.
• 가족을 사랑하고 또래, 교사와 즐겁게 지내며 간단한 규칙 등을 지킨다.

(5) 예술경험

아름다움에 관심을 가지고 예술경험을 즐긴다.

• 주변 생활에서 예술적 요소를 발견하고 흥미롭게 탐색한다.
• 간단한 리듬이나 노래, 움직임, 자발적인 미술활동을 자유롭게 시도하고 모방이나 상상놀이로 표현한다.
• 주변의 환경과 자연 및 다양한 표현에서 예술적 요소를 관심 있게 보고 즐긴다.

(6) 자연탐구

주변 환경에 호기심을 갖고 탐색하기를 즐긴다.

• 호기심을 가지고 주변 세계에 대해 다양하게 탐색한다.
• 주변에서 경험하는 수학적 상황을 인식한다.
• 다양한 탐색을 통하여 주변 사물과 자연환경을 인식한다.

2) 2세 보육과정의 영역별 내용

(1) 기본생활

① 내용체계

내용범주	내용
건강하게 생활하기	몸을 깨끗이 하기
	바르게 먹기
	건강한 일상생활하기
	질병에 대해 알기
안전하게 생활하기	안전하게 놀이하기
	교통안전 알기
	위험한 상황알기

② 세부내용

내용범주	내용	1수준	2수준
건강하게 생활하기	몸을 깨끗이 하기	스스로 손과 몸 씻기를 시도한다.	
		스스로 이 닦기를 시도한다.	
	바르게 먹기	음식을 골고루 먹는다.	
		도구를 사용하여 스스로 먹는다.	
		정해진 자리에서 먹는다.	
	건강한 일상생활하기	일과에 따라 규칙적으로 잠을 잔다.	
		정해진 시간에 알맞게 휴식한다.	
		하루 일과에 즐겁게 참여한다.	
		정해진 곳에서 배변한다.	화장실에서 배변한다.
	질병에 대해 알기	질병의 위험을 안다.	

<table>
<tr><th>내용범주</th><th>내용</th><th>1수준</th><th>2수준</th></tr>
<tr><td rowspan="5">안전하게 생활하기</td><td rowspan="2">안전하게 놀이하기</td><td colspan="2">놀이기구나 놀잇감을 안전하게 사용한다.</td></tr>
<tr><td colspan="2">안전한 장소에서 놀이한다.</td></tr>
<tr><td>교통안전 알기</td><td>교통수단의 위험을 안다.</td><td>교통수단의 위험을 알고 조심한다.</td></tr>
<tr><td rowspan="2">위험한 상황알기</td><td>위험한 상황과 위험한 것을 안다.</td><td>위험한 상황과 위험한 것을 알고 조심한다.</td></tr>
<tr><td colspan="2">위험한 상황 시 어른의 지시에 따른다.</td></tr>
</table>

(2) 신체운동

① 내용체계

<table>
<tr><th>내용범주</th><th>내용</th></tr>
<tr><td rowspan="3">감각과 신체 인식하기</td><td>감각능력 기르기</td></tr>
<tr><td>감각 기관 활용하기</td></tr>
<tr><td>신체를 인식하고 움직이기</td></tr>
<tr><td rowspan="4">신체조절과 기본운동하기</td><td>신체 균형잡기</td></tr>
<tr><td>대근육 조절하기</td></tr>
<tr><td>소근육 조절하기</td></tr>
<tr><td>기본운동하기</td></tr>
<tr><td rowspan="3">신체활동에 참여하기</td><td>신체활동에 참여하기</td></tr>
<tr><td>바깥에서 신체활동하기</td></tr>
<tr><td>기구를 이용하여 신체활동 하기</td></tr>
</table>

② 세부내용

내용범주	내용	1수준	2수준
감각과 신체 인식하기	감각능력 기르기	다양한 감각적 차이에 반응한다.	
	감각 기관 활용하기	감각기관으로 주변 환경을 탐색한다.	
	신체를 인식하고 움직이기	신체 각 부분의 명칭을 안다.	
		신체 각 부분의 움직임을 탐색한다.	
신체 조절과 기본 운동하기	신체균형잡기	안정된 자세를 취하려고 시도한다.	
	대근육 조절하기	팔, 다리, 목, 허리 등 움직임을 조절한다.	
	소근육 조절하기	눈과 손을 협응하여 소근육을 조절해본다.	
	기본운동하기	걷기, 계단 오르기 등 이동운동을 한다.	
		제자리에서 몸을 움직여본다.	
신체 활동에 참여하기	신체활동에 참여하기	신체활동에 자발적으로 참여해 본다.	
	바깥에서 신체활동하기	규칙적으로 바깥에서 신체활동을 한다.	
	기구를 이용하여 신체활동하기	간단한 기구를 이용하여 신체활동을 한다.	

(3) 의사소통

① 내용체계

<table>
<tr><th>내용범주</th><th>내용</th></tr>
<tr><td rowspan="4">듣기</td><td>말소리 구분하여 듣고 의미알기</td></tr>
<tr><td>짧은 문장 듣고 알기</td></tr>
<tr><td>짧은 이야기 듣기</td></tr>
<tr><td>말하는 사람을 주의 깊게 보기</td></tr>
<tr><td rowspan="3">말하기</td><td>낱말과 간단한 문장으로 말하기</td></tr>
<tr><td>자신이 원하는 것을 말하기</td></tr>
<tr><td>상대방을 바라보며 말하기</td></tr>
<tr><td>읽기</td><td>그림책과 환경 인쇄물에 흥미 가지기</td></tr>
<tr><td>쓰기</td><td>끼적이며 즐기기</td></tr>
</table>

② 세부내용

<table>
<tr><th>내용범주</th><th>내용</th><th>1수준</th><th>2수준</th></tr>
<tr><td rowspan="6">듣기</td><td rowspan="2">말소리 구분하여 듣고 의미알기</td><td>친숙한 낱말의 발음에 흥미를 보인다.</td><td>친숙한 낱말의 발음에 관심을 가지고 듣는다.</td></tr>
<tr><td colspan="2">다양한 말소리의 차이를 구분한다.</td></tr>
<tr><td rowspan="2">짧은 문장 듣고 알기</td><td>낱말을 듣고 친숙한 사물과 사람을 찾아본다.</td><td>일상생활과 관련된 친숙한 낱말을 듣고 뜻을 이해한다.</td></tr>
<tr><td colspan="2">친숙한 짧은 문장을 듣고 반응한다.</td></tr>
<tr><td>짧은 이야기 듣기</td><td colspan="2">짧은 이야기와 노랫말 등을 즐겁게 듣는다.</td></tr>
<tr><td>말하는 사람을 주의 깊게 보기</td><td colspan="2">말하는 사람의 표정, 몸짓, 억양 등을 주의 깊게 보고 듣는다.</td></tr>
</table>

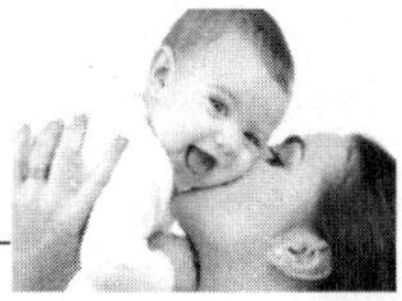

내용범주	내용	1수준	2수준
말하기	낱말과 간단한 문장으로 말하기	눈앞에 보이는 친숙한 사물의 이름을 발음해본다.	친숙한 낱말을 발음해 본다.
		일상생활에서 경험한 새로운 낱말에 관심을 가진다.	
		일상생활의 반복적인 일이나 친숙한 상황을 한 두 낱말이나 간단한 문장으로 말해본다.	
	자신이 원하는 것을 말하기	표정, 몸짓, 말소리로 의사표현을 한다.	
		자신이 원하는 것을 한 두 낱말로 말해본다.	자신이 원하는 것을 낱말이나 짧은 문장으로 말해본다.
	상대방을 바라보며 말하기	말할 순서에 상대방을 바라보며 말을 주고 받는다.	
읽기	그림책과 환경 인쇄물에 흥미 가지기	그림책과 환경 인쇄물에 있는 그림과 내용에 관심을 가진다.	
		친숙한 그림과 환경 인쇄물을 보고 읽는 흉내를 내 본다.	
		선호하는 그림책들을 읽어주면 집중하여 듣는다.	
쓰기	끼적이며 즐기기	의도적으로 끼적인다.	
		자기 이름 끼적이기에 관심을 가진다.	

(4) 사회관계

① 내용체계

내용범주	내용
나를 알고 존중하기	나를 구별하기
	좋아하는 것 해보기
나와 다른 사람의 감정 알기	나의 감정을 나타내기
	다른 사람의 감정에 반응하기

<table>
<tr><th>내용범주</th><th>내용</th></tr>
<tr><td rowspan="4">더불어 생활하기</td><td>내 가족 알기</td></tr>
<tr><td>또래와 관계하기</td></tr>
<tr><td>자신이 속한 집단 알기</td></tr>
<tr><td>사회적 가치를 알기</td></tr>
</table>

② 세부내용

<table>
<tr><th>내용범주</th><th>내용</th><th>1수준</th><th>2수준</th></tr>
<tr><td rowspan="3">나를 알고 존중하기</td><td>나를 구별하기</td><td colspan="2">나와 다른 사람의 모습을 구별한다.</td></tr>
<tr><td rowspan="2">좋아하는 것 해보기</td><td colspan="2">내가 좋아하는 것을 찾아본다.</td></tr>
<tr><td>좋아하는 놀이나 놀잇감을 선택해 본다.</td><td>스스로 선택한 놀이나 놀잇감을 즐긴다.</td></tr>
<tr><td rowspan="2">나와 다른 사람의 감정 알기</td><td>나의 감정을 나타내기</td><td colspan="2">여러 가지 감정을 말과 행동으로 나타낸다.</td></tr>
<tr><td>다른 사람의 감정에 반응하기</td><td colspan="2">다른 사람이 나타내는 여러 가지 감정에 반응을 보인다.</td></tr>
<tr><td rowspan="4">더불어 생활하기</td><td>내 가족 알기</td><td>내 가족에게 애정을 표현한다.</td><td>내 가족에게 다른 사람과는 구별된 특별한 감정을 갖는다.</td></tr>
<tr><td rowspan="2">또래와 관계하기</td><td>또래에게 관심을 보인다.</td><td>또래의 모습과 행동을 모방한다.</td></tr>
<tr><td>또래의 이름을 안다.</td><td>또래가 있는 곳에서 놀이를 한다.</td></tr>
<tr><td>자신이 속한 집단 알기</td><td>자신이 속한 반과 교사를 안다.</td><td>자신이 속한 반의 활동에 즐겁게 참여한다.</td></tr>
</table>

내용범주	내용	1수준	2수준
	사회적 가치를 알기	도움 받아 물건을 정리한다.	스스로 물건을 정리한다.
		자기 순서를 안다.	순서를 기다린다.
		바른 태도로 인사한다.	
		간단한 약속을 지킨다.	

(5) 예술경험

① 내용체계

내용범주	내용
아름다움 찾아보기	예술적 요소 탐색하기
예술적 표현하기	리듬 있는 소리와 노래로 표현하기
	움직임으로 표현하기
	자발적으로 미술활동하기
	모방과 상상놀이하기
예술 감상하기	아름다움 즐기기

② 세부내용

내용범주	내용	1수준	2수준
아름다움 찾아보기	예술적 요소 탐색하기	주변 환경에서 나는 다양한 소리와 움직임을 탐색한다.	
		주변 환경에서 색, 모양을 탐색한다.	
예술적 표현하기	리듬있는 소리와 노래로 표현하기	친근한 노래를 따라 부른다.	
		신체, 사물, 리듬악기 등을 이용하여 간단한 리듬과 소리를 만든다.	

내용범주	내용	1수준	2수준
	움직임으로 표현하기	노래나 리듬에 맞춰 몸으로 표현한다.	
		간단한 도구를 활용하여 몸으로 표현한다.	
	자발적으로 미술활동하기	자발적으로 그리기, 만들기를 한다.	
		간단한 도구와 미술재료를 다룬다.	
	모방과 상상놀이하기	모방행동을 놀이처럼 즐긴다.	일상생활 경험을 상상놀이로 즐긴다.
예술 감상하기	아름다움 즐기기	자연이나 생활의 소리나, 움직임, 친근한 음악과 춤을 관심 있게 듣거나 본다.	
		일상생활에서 자연과 사물의 아름다움에 관심을 가지고 즐긴다.	
		자신과 또래가 표현한 노래, 춤, 미술품 등에 관심을 가지고 즐긴다.	

(6) 자연탐구

① 내용체계

내용범주	내용
탐구하는 태도 기르기	호기심 가지기
	반복적 탐색 즐기기
수학적 탐구하기	수량 인식하기
	공간과 도형에 관심 가지기
	차이에 관심 가지기
	단순한 규칙성에 관심 가지기
	구분하기
과학적 탐구하기	물체와 물질 탐색하기
	주변 동식물에 관심 가지기
	자연을 탐색하기
	생활도구 사용하기

② 세부내용

<table>
<tr><th>내용범주</th><th>내용</th><th>1수준</th><th>2수준</th></tr>
<tr><td rowspan="2">탐구하는 태도 기르기</td><td>호기심 가지기</td><td colspan="2">주변 사물과 자연 세계에 호기심을 가진다.</td></tr>
<tr><td>반복적 탐색 즐기기</td><td colspan="2">관심 있는 사물을 반복하여 주도적으로 탐색하기를 즐긴다.</td></tr>
<tr><td rowspan="9">수학적 탐구하기</td><td rowspan="3">수량 인식하기</td><td colspan="2">많고 적음을 구별한다.</td></tr>
<tr><td>두 개 가량의 수 이름을 말해본다.</td><td>세 개 가량의 구체물을 말하며 세어본다.</td></tr>
<tr><td colspan="2">구체물을 일대일로 대응해본다.</td></tr>
<tr><td rowspan="2">공간과 도형에 관심 가지기</td><td colspan="2">나를 중심으로 익숙한 위치, 장소를 인식한다.</td></tr>
<tr><td colspan="2">주변 사물의 모양에 관심을 가진다.</td></tr>
<tr><td>차이에 관심 가지기</td><td colspan="2">주변 사물의 크기(속성의 차이)에 관심을 가진다.</td></tr>
<tr><td>단순한 규칙성에 관심 가지기</td><td colspan="2">주변에서 단순하게 반복되는 규칙성에 관심을 가진다.</td></tr>
<tr><td>구분하기</td><td colspan="2">주변 사물의 같고 다름에 따라 구분한다.</td></tr>
<tr style="display:none"><td></td></tr>
<tr><td rowspan="6">과학적 탐구하기</td><td>물체와 물질 탐색하기</td><td colspan="2">친숙한 물체와 물질을 능동적으로 탐색한다.</td></tr>
<tr><td>주변 동식물에 관심 가지기</td><td colspan="2">주변 동식물의 모양, 소리, 움직임에 관심을 가진다.</td></tr>
<tr><td rowspan="2">자연을 탐색하기</td><td colspan="2">돌, 물, 모래 등의 자연물을 탐색한다.</td></tr>
<tr><td colspan="2">날씨를 감각으로 느낀다.</td></tr>
<tr><td rowspan="2">생활도구 사용하기</td><td colspan="2">생활 속에서 간단한 도구에 관심을 가진다.</td></tr>
<tr><td colspan="2">간단한 도구를 사용한다.</td></tr>
</table>

4. 3-5세 누리과정

2013년 3월부터 시행된 「3-5세 연령별 누리과정」은 어린이집의 보육과정과 유치원의 유아교육과정을 통합하고 초등학교 교육과정과 연계하여 새롭게 구성한 교육과정이다. 「3-5세 연령별 누리과정」은 3-5세 유아의 심신의 건강과 조화로운 발달을 도와 바른 인성을 갖춘 민주시민의 기초를 형성하는 것을 목적으로 하며, 0-2세 표준보육과정 및 초등학교 교육과정과의 연계를 강화하고 있다. 특히 바른 생활습관 형성을 위한 기본생활습관을 강조하고, 남을 배려하고 존중하며, 더불어 함께하는 다양한 내용으로 구성하여 '누리과정부터 인성교육을 강화'하고 있다. 이는 최근 사회적 문제가 되고 있는 학교폭력이 유아기의 사소한 따돌림 등으로부터 시작될 수 있고, 초·중·고교에서의 폭력성으로 습관화될 수 있다는 우려에 대처하기 위한 것이다. 또한 건강한 몸과 마음을 기르도록 다양한 신체활동 참여를 강화하고, 유아 단계에 맞는 인터넷·미디어 중독 예방, 녹색성장교육 및 다른 문화에 대한 이해 등의 내용도 추가하였다. 「3-5세 연령별 누리과정」은 1일 3~5시간을 기준으로, 유연하고 탄력적으로 편성·운영할 수 있도록 하여 어린이집과 유치원 모두 공통과정을 최대한 충실히 운영하도록 하고 있다. 「3-5세 연령별 누리과정」은 신체운동·건강, 의사소통, 사회관계, 예술경험, 자연탐구 5개 영역으로 구성된 보육·교육과정 제공하도록 구성되어 있으며, 각 영역별 내용체계와 세부내용은 다음과 같다.

3-5세 누리과정의 영역별 구체적인 목표와 내용은 다음과 같다.

1) 3-5세 연령별 누리과정의 구성방향과 목적 및 목표

(1) 구성방향

① 질서, 배려, 협력 등 기본생활습관과 바른 인성을 기르는 데 중점을 두어 구성한다.
② 자율성과 창의성을 기르는 데 중점을 두고, 전인발달을 이루도록 구성한다.
③ 사람과 자연을 존중하고, 우리 문화를 이해하는 데 중점을 두어 구성한다.
④ 만 3~5세아의 발달 특성을 고려하여 연령별로 구성한다.
⑤ 신체운동 · 건강, 의사소통, 사회관계, 예술경험, 자연탐구의 5개 영역으로 구성한다.
⑥ 초등학교 교육과정과 0~2세 표준보육과정과의 연계성을 고려하여 구성한다.

(2) 목적

누리과정은 만 3~5세 유아의 심신의 건강과 조화로운 발달을 도와 민주시민의 기초를 형성하는 것을 목적으로 한다.

(3) 목표

① 기본운동 능력과 건강하고 안전한 생활습관을 기른다.
② 일상생활에 필요한 의사소통 능력과 바른 언어 사용 습관을 기른다.
③ 자신을 존중하고 다른 사람과 더불어 생활하는 능력과 태도를 기른다.
④ 아름다움에 관심을 가지고 예술 경험을 즐기며, 창의적으로 표현하는 능력을 기른다.
⑤ 호기심을 가지고 주변 세계를 탐구하며, 일상생활에서 수학적 · 과학적으로 생각하는 능력과 태도를 기른다.

2) 편성과 운영

(1) 편성

① 1일 3-5시간을 기준으로 편성한다.
② 5개 영역의 내용을 균형 있게 통합적으로 편성한다.
③ 유아의 발달 특성 및 경험을 고려하여 놀이를 중심으로 편성한다.
④ 반(학급) 특성에 따라 융통성 있게 편성한다.
⑤ 성별, 종교, 신체적 특성, 가족 및 민족 배경 등으로 인한 편견이 없도록 편성한다.
⑥ 일과 운영 시간에 따라 심화·확장할 수 있도록 편성한다.

(2) 운영

① 연간, 월간, 주간, 일일 계획에 의거하여 운영한다.
② 실내·외 환경을 다양한 흥미 영역으로 구성하여 운영한다.
③ 유아의 능력과 장애 정도에 따라 조정하여 운영한다.
④ 부모와 각 기관의 실정에 따라 부모교육을 실시한다.
⑤ 가정과 지역사회와의 협력과 참여에 기반하여 운영한다.
⑥ 교사 재교육을 통해서 누리과정 활동이 개선되도록 운영한다.

(3) 교수·학습 방법

① 놀이를 중심으로 교수·학습활동이 이루어지도록 한다.
② 유아의 흥미를 중심으로 활동을 선택하고 지속할 수 있도록 한다.
③ 유아의 생활 속 경험을 소재로 하여 지식, 기능, 태도 및 가치를 습득하도록 한다.

④ 유아와 교사, 유아와 유아, 유아와 환경 간에 능동적인 상호작용이 이루어지도록 한다.

⑤ 주제를 중심으로 여러 활동이 통합적으로 이루어지도록 한다.

⑥ 실내 · 실외활동, 정적 · 동적 활동, 대 · 소집단활동 및 개별활동, 휴식 등이 균형 있게 이루어지도록 한다.

⑦ 유아의 관심과 흥미, 발달이나 환경 특성 등을 고려하여 개별 유아에게 적합한 방식으로 학습하도록 한다.

(4) 평가

① 누리과정 운영 평가

- 운영 내용이 누리과정의 목표와 내용에 근거하여 편성 · 운영되었는지 평가한다.
- 운영 내용 및 활동이 유아의 발달수준과 흥미 · 요구에 적합한지를 평가한다.
- 교수 · 학습 방법이 유아의 흥미와 활동의 특성에 적합한지를 평가한다.
- 운영 환경이 유아의 발달특성과 활동의 주제, 내용 및 효율성 등을 고려하여 구성되었는지를 평가한다.
- 계획안 분석, 수업 참관 및 모니터링, 평가척도 등 다양한 방법을 활용하여 평가한다.
- 운영 평가의 결과를 반영하여 운영계획을 수정 · 보완하거나 이후 누리과정 편성 · 운영에 활용한다.

② 유아 평가

- 누리과정 목표와 내용에 근거하여 유아의 특성과 변화 정도를 평가한다.
- 유아의 지식, 기능, 태도를 포함하여 평가한다.
- 유아의 일상생활과 누리과정 활동 전반에 걸쳐 평가한다.
- 관찰, 활동 결과물 분석, 부모면담 등 다양한 방법을 사용하여 종합적으로 평가

하고, 그 결과를 기록한다.
- 유아 평가 결과는 유아에 대한 이해와 누리과정 운영 개선 및 부모 면담 자료로 활용할 수 있다.

3) 3-5세 누리과정의 영역별 목표 및 내용체계와 세부내용

(1) 신체운동 · 건강

신체운동 · 건강 영역은 유아가 자신의 신체를 긍정적으로 인식하고 신체활동에 즐겁게 참여함으로써 유아기에 필요한 기본운동 능력과 기초 체력을 기르고, 건강하고 안전한 생활을 실천하는 능력과 태도를 기르기 위한 영역으로 다음과 같은 목표를 지닌다.

① 목표

기본운동 능력과 건강하고 안전한 생활습관을 기른다.
- 감각 능력을 기르고, 자신의 신체를 긍정적으로 인식한다.
- 신체를 조절하고 기본운동 능력을 기른다.
- 신체활동에 즐겁게 참여한다.
- 건강한 생활습관을 기른다.
- 안전한 생활습관을 기른다.

② 연령별 세부내용 체계

내용범주	내용	세부내용		
		3세	4세	5세
신체 인식하기	감각능력 기르고 활용하기	감각적 차이를 경험한다.	감각적 차이를 구분한다.	감각으로 대상이나 사물의 특성과 차이를 구분한다.
		감각기관을 인식하고, 활용해 본다.	여러 감각기관을 협응하여 활용한다.	여러 감각기관을 협응하여 활용한다.

내용범주	내용	세부내용		
		3세	4세	5세
	신체를 인식하고 움직이기	신체 각 부분의 명칭을 알고, 움직임에 관심을 갖는다.	신체 각 부분의 특성을 이해하고 활용하여 움직인다.	신체 각 부분의 특성을 이해하고 활용하여 움직인다.
		자신의 신체를 긍정적으로 인식하고 움직인다.	자신의 신체를 긍정적으로 인식하고 움직인다.	자신의 신체를 긍정적으로 인식하고 움직인다.
신체 조절과 기본 운동하기	신체 조절하기	신체균형을 유지해 본다.	다양한 자세와 움직임에서 신체균형을 유지한다.	다양한 자세와 움직임에서 신체균형을 유지한다.
		공간, 힘, 시간 등의 움직임 요소를 경험한다.	공간, 힘, 시간 등의 움직임 요소를 활용하여 움직인다.	공간, 힘, 시간 등의 움직임 요소를 활용하여 움직인다.
		신체 각 부분의 움직임을 조절해 본다.	신체 각 부분을 협응하여 움직임을 조절한다.	신체 각 부분을 협응하여 움직임을 조절한다.
		눈과 손을 협응하여 소근육을 조절해 본다.	눈과 손을 협응하여 소근육을 조절해 본다.	눈과 손을 협응하여 소근육을 조절해 본다.
	기본 운동하기	걷기, 달리기 등 이동운동을 한다.	걷기, 달리기, 뛰기 등 다양한 이동운동을 한다.	도구를 활용하여 여러 가지 조작운동을 한다.
		제자리에서 몸을 움직여 본다.	제자리에서 몸을 다양하게 움직인다.	걷기, 달리기, 뛰기 등 다양한 이동운동을 한다.
신체 활동에 참여하기	자발적으로 신체 활동에 참여하기	신체활동에 자발적으로 참여한다.	신체활동에 자발적이고 지속적으로 참여한다.	제자리에서 몸을 다양하게 움직인다.
		다른 사람과 함께 하는 신체 활동에 참여한다.	다른 사람과 함께 하는 신체 활동에 참여한다.	신체활동에 자발적이고 지속적으로 참여한다.
	바깥에서 신체 활동하기	규칙적으로 바깥에서 신체 활동을 한다.	자신과 다른 사람의 운동능력의 차이에 관심을 갖는다.	다른 사람과 함께 하는 신체활동에 참여한다.
	기구를 이용하여 신체활동하기	여러 가지 기구를 이용하여 신체활동을 한다.	규칙적으로 바깥에서 신체 활동을 한다.	자신과 다른 사람의 운동능력의 차이를 이해한다.

내용범주	내용	세부내용		
		3세	4세	5세
건강하게 생활하기	몸과 주변을 깨끗이하기	손과 이를 깨끗이 하는 방법을 알고 실천한다.	여러 가지 기구를 이용하여 신체활동을 한다.	규칙적으로 바깥에서 신체 활동을 한다.
		주변을 깨끗이 한다.	손과 이를 깨끗이 하는 방법을 알고 실천한다.	여러 가지 기구를 이용하여 신체활동을 한다.
	바른 식생활하기	음식을 골고루 먹는다.	주변을 깨끗이 하는 습관을 기른다.	스스로 몸을 깨끗이 하는 습관을 기른다.
		몸에 좋은 음식에 관심을 갖는다.	음식을 골고루 먹는다.	주변을 깨끗이 하는 습관을 기른다.
		바른 태도로 식사한다.	몸에 좋은 음식을 알아본다.	적당량의 음식을 골고루 먹는다.
	건강한 일상생활하기	규칙적으로 잠을 자고, 적당한 휴식을 취한다.	음식을 소중히 여기고 식사예절을 지킨다.	몸에 좋은 음식을 선택할 수 있다.
		하루 일과에 즐겁게 참여한다.	규칙적으로 잠을 자고, 적당한 휴식을 취한다.	음식을 소중히 여기고 식사예절을 지킨다.
		스스로 화장실에서 배변한다.	하루 일과에 즐겁게 참여한다.	규칙적으로 잠을 자고, 적당한 휴식을 취한다.
	질병 예방하기	질병의 위험을 알고 주의한다.	바른 배변습관을 가진다.	하루 일과에 즐겁게 참여한다.
		날씨에 맞게 옷을 입는다.	질병을 예방하는 방법을 알고 실천한다.	규칙적인 배변습관을 가진다.
안전하게 생활하기	안전하게 놀이하기	놀이기구나 놀잇감, 도구를 안전하게 사용한다.	날씨와 상황에 알맞게 옷을 입는다.	질병을 예방하는 방법을 알고 실천한다.
		안전한 놀이장소를 안다.	놀이기구나 놀잇감, 도구를 안전하게 사용한다.	날씨와 상황에 알맞게 옷을 입는다.
		TV, 인터넷, 통신기기 등을 바르게 사용한다.	안전한 장소를 알고 안전하게 놀이한다.	놀이기구나 놀잇감, 도구의 바른 사용법을 알고 안전하게 사용한다.

내용범주	내용	세부내용		
		3세	4세	5세
	교통안전 규칙지키기	교통안전 규칙을 안다.	TV, 인터넷, 통신기기 등의 위해성을 알고, 바르게 사용한다.	안전한 장소를 알고 안전하게 놀이한다.
		교통수단을 안전하게 이용한다.	교통안전 규칙을 알고 지킨다.	TV, 인터넷, 통신기기 등의 위해성을 알고, 바르게 사용한다.
	비상 시 적절히 대처하기	학대, 성폭력, 실종, 유괴상황을 알고 도움을 요청한다.	교통수단을 안전하게 이용한다.	교통안전 규칙을 알고 지킨다.
		재난 및 사고 등 비상 시 적절하게 대처하는 방법을 안다.	학대, 성폭력, 실종, 유괴상황 시 도움을 요청하는 방법을 알고 행동한다.	교통수단을 안전하게 이용한다.

(2) 의사소통

의사소통 영역은 언어의 기본 형태인 구어와 문어를 활용하여 나와 다른 사람의 느낌이나, 생각, 경험을 상황과 상대방에 알맞게 소통할 수 있는 능력을 기르는 영역이다. 또한 말과 글의 관계를 알고 읽기와 쓰기에 흥미를 가져 언어 사용을 즐기도록 하는 영역으로 다음과 같은 목표를 지닌다.

① 목표

일상생활에 필요한 의사소통 능력과 바른 언어 사용 습관을 기른다.

- 다른 사람의 말을 주의 깊게 듣는 태도와 이해하는 능력을 기른다.
- 자신의 생각과 느낌을 말하는 능력을 기른다.
- 글자와 책에 친숙해지는 경험을 통하여 글자 모양을 인식하고 읽기에 흥미를 가진다.

• 말과 글의 관계를 알고 자신의 생각, 느낌, 경험을 글로 표현하는 데 관심을 가진다.

② 연령별 세부내용 체계

내용범주	내용	세부내용		
		3세	4세	5세
듣기	낱말과 문장 듣고 이해하기	낱말의 발음에 관심을 가지고 듣는다.	낱말의 발음에 관심을 가지고 듣는다.	낱말의 발음에 관심을 가지고 비슷한 발음을 듣고 구별한다.
		일상생활과 관련된 낱말과 문장을 듣고 뜻을 이해한다.	일상생활과 관련된 낱말과 문장을 듣고 뜻을 이해한다.	다양한 낱말과 문장을 듣고 뜻을 이해한다.
	이야기 듣고 이해하기	다른 사람의 이야기를 관심 있게 듣는다.	다른 사람의 이야기를 듣고 이해한다.	다른 사람의 이야기를 듣고 이해한다.
	동요, 동시, 동화 듣고 이해하기	동요, 동시, 동화를 다양한 방법으로 듣고 즐긴다.	이야기를 듣고 궁금한 것에 대해 질문한다.	이야기를 듣고 궁금한 것에 대해 질문한다.
	바른 태도로 듣기	말하는 사람을 바라보며 듣는다.	동요, 동시, 동화를 다양한 방법으로 듣고 즐긴다.	동요, 동시, 동화를 다양한 방법으로 듣고 이해한다.
말하기	낱말과 문장으로 말하기	친숙한 낱말을 발음해 본다.	전래 동요, 동시, 동화를 듣고 우리말의 재미를 느낀다.	전래 동요, 동시, 동화를 듣고 우리말의 재미를 느낀다.
		새로운 낱말에 관심을 가진다.	다른 사람의 이야기를 주의 깊게 듣는다.	다른 사람의 이야기를 끝까지 주의 깊게 듣는다.
		일상생활에서 일어나는 일들을 간단한 문장으로 말한다.	친숙한 낱말을 정확하게 발음해 본다.	정확한 발음으로 말한다.
	느낌, 생각, 경험 말하기	자신의 느낌, 생각, 경험을 말해본다.	다양한 낱말을 사용하여 말한다.	다양한 낱말을 사용하여 상황에 맞게 말한다.

내용범주	내용	세부내용		
		3세	4세	5세
	상황에 맞게 바른 태도로 말하기	상대방을 바라보며 말한다.	일상생활에서 일어나는 일들을 간단한 문장으로 말한다.	일상생활에서 일어나는 일들을 다양한 문장으로 말한다.
		바르고 고운 말을 사용한다.	자신의 느낌, 생각, 경험을 말한다.	자신의 느낌, 생각, 경험을 적절한 낱말과 문장으로 말한다.
읽기	읽기에 흥미 가지기	주변에서 친숙한 글자를 찾아본다.	주제를 정하여 함께 이야기를 나눈다.	주제를 정하여 함께 이야기를 나눈다.
		읽어 주는 글의 내용에 관심을 가진다.	이야기를 지어 말한다.	이야기 지어 말하기를 즐긴다.
	책 읽기에 관심 가지기	책에 흥미를 가진다.	듣는 사람의 생각과 느낌을 고려하여 말한다.	듣는 사람의 생각과 느낌을 고려하여 말한다.
		책의 그림을 단서로 내용을 추측해 본다.	차례를 지켜 말한다.	때와 장소, 대상에 알맞게 말한다.
쓰기	쓰기에 관심 가지기	말을 글로 나타내는 것에 관심을 보인다.	바르고 고운 말을 사용한다.	바르고 고운 말을 사용한다.
		자기 이름의 글자에 관심을 가진다.	주변에서 친숙한 글자를 찾아본다.	주변에서 친숙한 글자를 찾아 읽어 본다.

(3) 사회관계

사회관계 영역은 유아가 자신을 알고 소중하게 여기며 가족, 또래와 함께 원만하게 지내는 방법뿐 아니라 공동체에서 함께 살아가는 방법을 익히고 사회에 관심을 가지며 적응해 나갈 수 있는 기초능력과 인성을 기르기 위한 영역으로 다음과 같은 목표를 지닌다.

① 목표

자신을 존중하고 다른 사람과 더불어 생활하는 능력과 태도를 기른다.

- 자신을 소중히 여기며 자율성을 기른다.
- 자신과 타인의 감정을 알고, 자신의 감정을 적절하게 표현하고 조절한다.
- 가족과 화목하게 지내며 서로 협력한다.
- 친구, 공동체 구성원들과 서로 돕고, 예의 · 규칙 등 사회적 가치를 알고 지킨다.
- 우리 동네, 우리 나라, 다른 나라에 관심을 가진다.

② 연령별 세부내용 체계

내용범주	내용	세부내용		
		3세	4세	5세
나를 알고 존중하기	나를 알고, 소중히 여기기	나에 대해 관심을 갖는다.	나에 대해 알아본다.	나에 대해 알아본다.
		나와 다른 사람의 차이에 관심을 갖는다.	나와 다른 사람의 차이점을 알아본다.	나와 다른 사람의 신체적, 사회적, 문화적 차이를 존중한다.
		나를 소중하게 여긴다.	나에 대해 긍정적으로 생각하고 나를 소중하게 여긴다.	나에 대해 긍정적으로 생각하고 나를 소중하게 여긴다.
	나의 일 스스로 하기	내가 할 수 있는 일을 알아본다.	내가 할 수 있는 일을 해 본다.	내가 할 수 있는 일을 스스로 한다.
		내가 하고 싶은 일을 선택해 본다.	하고 싶은 일을 계획하고 해 본다.	하고 싶은 일을 계획하고 해 본다.
나와 다른 사람의 감정 알고 조절하기	나와 다른 사람의 감정 알고 표현하기	자신에게 여러 가지 감정이 있음을 안다.	자신의 감정을 알고 표현한다.	자신의 감정을 알고 표현한다.
		다른 사람의 감정에 관심을 갖는다.	다른 사람의 감정을 안다.	다른 사람의 감정을 알고 공감한다.
	나의 감정 조절하기	자신의 감정을 조절해 본다.	자신의 감정을 조절해 본다.	자신의 감정을 상황에 맞게 조절한다.
가족을 소중히 여기기	가족과 화목하게 지내기	가족의 소중함을 안다.	가족의 소중함을 안다.	가족의 의미와 소중함을 안다.

내용범주	내용	세부내용		
		3세	4세	5세
	가족과 협력하기	가족 구성원을 알아본다.	가족 구성원의 역할에 대해 알아본다.	가족과 화목하게 지낸다.
		가족을 위하여 내가 할 수 있는 일을 알아본다.	가족을 위하여 내가 할 수 있는 일을 알아보고 실천한다.	다양한 가족구조에 대해 알아본다.
다른 사람과 더불어 생활하기	친구와 사이좋게 지내기	친구와 함께 놀이한다.	친구와 협동하며 놀이한다.	가족은 서로 도와야 함을 알고 실천한다.
		나와 친구의 의견에 차이가 있음을 안다.	친구와의 갈등을 긍정적인 방법으로 해결한다.	친구와 협동하며 놀이한다.
	공동체에서 화목하게 지내기	교사 및 주변 사람과 화목하게 지낸다.	도움이 필요할 때 다른 사람과 도움을 주고받는다.	친구와의 갈등을 긍정적인 방법으로 해결한다.
	사회적 가치를 알고 지키기	다른 사람의 소유물을 존중한다.	교사 및 주변 사람과 화목하게 지낸다.	다른 사람과 도움을 주고받고, 서로 협력한다.
		약속과 규칙을 지켜야 함을 안다.	정직하게 말하고 행동한다.	교사 및 주변 사람과 화목하게 지낸다.
사회에 관심 갖기	지역사회에 관심 갖고 이해하기	우리 동네의 이름을 안다.	다른 사람의 생각, 행동을 존중한다.	정직하게 말하고 행동한다.
		우리 동네 사람들에 관심을 갖는다.	친구와 어른께 예의 바르게 행동한다.	다른 사람을 배려하여 행동한다.
	우리나라에 관심 갖고 이해하기	우리나라를 상징하는 것에 관심을 가진다.	다른 사람과 한 약속이나 공공규칙을 지킨다.	친구와 어른께 예의 바르게 행동한다.
		우리나라의 전통놀이와 풍습에 관심을 갖는다.	자연과 자원을 아끼는 습관을 기른다.	다른 사람과 한 약속이나 공공규칙을 지킨다.

(4) 예술경험

예술경험 영역은 유아가 친근한 주변 환경에서 발생하는 소리, 음악, 움직임과 춤, 모양과 색 등의 미술 요소에서 아름다움을 느끼고, 또래와 교사, 부모, 지역사회의 주민이나 작가가 표현한 예술작품을 가까이 접하면서, 이를 탐색하고 창의적으로 표현하는 것을 즐기며 감상하기 위한 영역으로 다음과 같은 목표를 지닌다.

① 목표

아름다움에 관심을 가지고 예술 경험을 즐기며, 창의적으로 표현하는 능력을 기른다.

- 자연과 주변 환경에서 발견한 아름다움과 예술적 요소에 관심을 갖고 탐색한다.
- 자신의 생각과 느낌을 음악, 움직임과 춤, 미술, 극놀이를 통해 창의적으로 표현하는 것을 즐긴다.
- 자연과 다양한 예술 작품을 감상하며, 풍부한 감성과 심미적 태도를 기른다.

② 연령별 세부내용 체계

내용범주	내용	세부내용		
		3세	4세	5세
아름다움 찾아보기	음악적 요소 탐색하기	다양한 소리, 음악의 셈여림, 빠르기, 리듬 등에 관심을 갖는다.	다양한 소리, 음악의 셈여림, 빠르기, 리듬 등에 관심을 갖는다.	다양한 소리, 악기 등으로 음악의 셈여림, 빠르기, 리듬 등을 탐색한다.
	움직임과 춤 요소 탐색하기	움직임과 춤의 모양, 힘, 빠르기 등에 관심을 갖는다.	움직임과 춤의 모양, 힘, 빠르기 등에 관심을 갖는다.	움직임과 춤의 모양, 힘, 빠르기, 흐름 등을 탐색한다.
	미술적 요소 탐색하기	자연과 사물의 색, 모양, 질감 등에 관심을 갖는다.	자연과 사물의 색, 모양, 질감 등에 관심을 갖는다.	자연과 사물에서 색, 모양, 질감, 공간 등을 탐색한다.
예술적 표현하기	음악으로 표현하기	간단한 노래를 듣고 따라 부른다.	노래로 자신의 생각과 느낌을 표현한다.	노래로 자신의 생각과 느낌을 표현한다.
		전래동요를 즐겨 부른다.	전래동요를 즐겨 부른다.	전래동요를 즐겨 부른다.
		리듬악기로 간단한 리듬을 표현해 본다.	리듬악기를 연주해 본다.	리듬악기를 연주해 본다.
		간단한 리듬과 노래를 즉흥적으로 만들어 본다.	간단한 리듬과 노래를 즉흥적으로 만들어 본다.	리듬과 노래 등을 즉흥적으로 만들어 본다.
	움직임과 춤으로 표현하기	신체를 이용하여 주변의 움직임을 자유롭게 표현한다.	신체를 이용하여 주변의 움직임을 자유롭게 표현한다.	신체를 이용하여 주변의 움직임을 다양하게 표현하며 즐긴다.

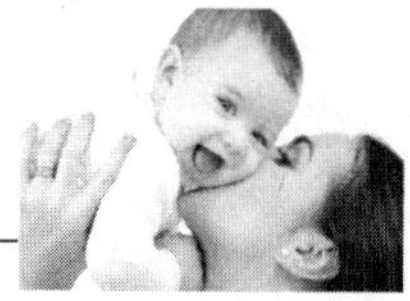

내용범주	내용	세부내용		
		3세	4세	5세
		움직임과 춤으로 자신의 생각과 느낌을 표현한다.	움직임과 춤으로 자신의 생각과 느낌을 표현한다.	움직임과 춤으로 자신의 생각과 느낌을 표현한다.
		도구를 활용하여 다양한 움직임으로 표현한다.	도구를 활용하여 다양한 움직임으로 표현한다.	다양한 도구를 활용하여 창의적으로 움직인다.
	미술활동으로 표현하기	다양한 미술활동을 경험해 본다.	다양한 미술활동으로 자신의 생각과 느낌을 표현한다.	다양한 미술활동으로 자신의 생각과 느낌을 표현한다.
		미술활동에 필요한 재료와 도구에 관심을 가지고 사용한다.	협동적인 미술활동에 참여한다.	협동적인 미술활동에 참여하여 즐긴다.
	극놀이로 표현하기	일상생활의 경험을 극놀이로 표현한다.	미술활동에 필요한 재료와 도구를 다양하게 사용한다.	미술활동에 필요한 재료와 도구를 다양하게 사용한다.
	통합적으로 표현하기	예술활동에 참여하여 표현과정을 즐긴다.	일상생활의 경험이나 간단한 이야기를 극놀이로 표현한다.	경험이나 이야기를 극놀이로 표현한다.
예술 감상하기	다양한 예술 감상하기	다양한 음악, 춤, 미술작품, 극놀이 등을 듣거나 본다.	소품, 배경, 의상 등을 사용하여 협동적으로 극놀이를 한다.	소품, 배경, 의상 등을 사용하여 협동적으로 극놀이를 한다.
		나와 다른 사람의 예술 표현을 소중히 여긴다.	음악, 움직임과 춤, 미술, 극놀이 등을 통합하여 표현한다.	음악, 움직임과 춤, 미술, 극놀이 등을 통합하여 표현한다.
	전통예술 감상하기	우리나라의 전통예술에 관심을 갖는다.	예술활동에 참여하여 표현과정을 즐긴다.	예술활동에 참여하여 창의적으로 표현하는 과정을 즐긴다.

(5) 자연탐구

자연탐구 영역은 유아가 자신을 둘러싸고 있는 주변 세계에 대해 호기심을 가지고 궁금한 것을 해소하기 위해 탐구하며, 일상생활에서 부딪치는 현상이나 문제해결을 통해 수학적 · 과학적으로 생각하는 기초 능력과 태도를 기르기 위한 영역으로 다음

과 같은 목표를 지닌다.

① 목표

호기심을 가지고 주변 세계를 탐구하며, 일상생활에서 수학적 · 과학적으로 생각하는 능력과 태도를 기른다.

- 주변의 사물과 자연 세계에 대해 알고자 하는 호기심을 가지고 탐구하는 태도를 기른다.
- 생활 속의 여러 상황과 문제를 논리 · 수학적으로 이해하고 해결하기 위한 기초능력을 기른다.
- 주변의 관심 있는 사물과 생명체 및 자연현상을 탐구하기 위한 기초능력을 기른다.

② 연령별 세부내용 체계

내용범주	내용	세부내용		
		3세	4세	5세
탐구하는 태도 기르기	호기심을 유지하고 확장하기	주변 사물과 자연세계에 대해 호기심을 갖는다.	주변 사물과 자연세계에 대해 지속적으로 호기심을 갖는다.	주변 사물과 자연세계에 대해 지속적으로 호기심을 갖고 알고자 한다.
	탐구과정 즐기기	궁금한 점을 알아보는 과정에 흥미를 갖는다.	궁금한 점을 알아보는 탐구과정에 관심을 가지고 참여한다.	궁금한 점을 알아보는 탐구과정에 참여하고 즐긴다.
수학적 탐구하기	수와 연산의 기초개념 알아보기	생활 속에서 수에 관심을 갖는다.	일생생활의 문제를 해결하는 과정에서 탐색, 관찰 등의 방법을 활용해 본다.	탐구과정에서 서로 다른 생각에 관심을 갖는다.
		구체물 수량의 많고 적음을 비교한다.	생활 속에서 사용되는 수의 여러 가지 의미를 안다.	일상생활의 문제를 해결하는 과정에서 탐색, 관찰, 비교, 예측 등의 탐구기술을 활용해 본다.

내용범주	내용	세부내용		
		3세	4세	5세
		다섯 개 가량의 구체물을 세어보고 수량에 관심을 갖는다.	구체물 수량에서 ‘같다’, ‘더 많다’, ‘더 적다’의 관계를 안다.	생활 속에서 사용되는 수의 여러 가지 의미를 안다.
	공간과 도형의 기초개념 알아보기	나를 중심으로 앞, 뒤, 옆, 위, 아래를 알아본다.	열 개 가량의 구체물을 세어 보고 수량을 알아본다.	구체물 수량의 부분과 전체 관계를 알아본다.
		물체의 모양에 관심을 갖는다.	위치와 방향을 여러 가지 방법으로 나타내 본다.	스무 개 가량의 구체물을 세어 보고 수량을 알아본다.
	기초적인 측정하기	두 물체의 길이, 크기를 비교해 본다.	기본 도형의 특성을 인식한다.	구체물을 가지고 더하고 빼는 경험을 해 본다.
	규칙성 이해하기	생활주변에서 반복되는 규칙성에 관심을 갖는다.	기본 도형을 사용하여 여러 가지 모양을 구성해 본다.	위치와 방향을 여러 가지 방법으로 나타내 본다.
	기초적인 자료 수집과 결과 나타내기	같은 것 끼리 짝을 짓는다.	일상생활에서 길이, 크기, 무게 등을 비교해 본다.	여러 방향에서 물체를 보고 그 차이점을 비교해 본다.
과학적 탐구하기	물체와 물질 알아보기	친숙한 물체와 물질의 특성에 관심을 갖는다.	생활주변에서 반복되는 규칙성을 알아본다.	기본 도형의 공통점과 차이점을 알아본다.
	생명체와 자연환경 알아보기	나의 출생과 성장에 대해 관심을 갖는다.	반복되는 규칙성을 인식하고 모방한다.	기본 도형을 사용하여 여러 가지 모양을 구성해 본다.
		주변의 동식물에 관심을 가진다.	필요한 정보나 자료를 수집한다.	일상생활에서 길이, 크기, 무게, 들이 등의 속성을 비교하고, 순서를 지어 본다.
		생명체를 소중히 여기는 마음을 갖는다.	한 가지 기준으로 자료를 분류해 본다.	임의 측정 단위를 사용하여 길이, 면적, 들이, 무게 등을 재 본다.

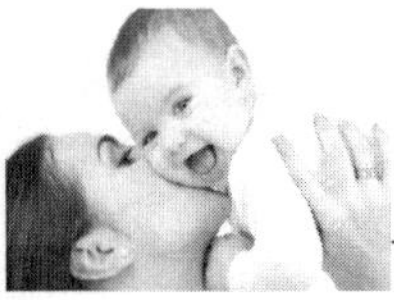

내용범주	내용	세부내용		
		3세	4세	5세
	자연현상 알아보기	돌, 물, 흙 등 자연물에 관심을 갖는다.	친숙한 물체와 물질의 특성을 알아본다.	생활주변에서 반복되는 규칙성을 알고 다음에 올 것을 예측해 본다.
		날씨에 관심을 갖는다.	물체와 물질을 여러 가지 방법으로 변화시켜 본다.	스스로 규칙성을 만들어 본다.
	간단한 도구와 기계 활용하기	생활 속에서 간단한 도구와 기계에 관심을 갖는다.	나의 출생과 성장에 대해 관심을 갖는다.	필요한 정보나 자료를 수집한다.
		도구와 기계의 편리함에 관심을 갖는다.	관심 있는 동식물의 특성을 알아본다.	한 가지 기준으로 분류한 자료를 다른 기준으로 재분류해 본다.

제5장

보육과정의 계획 및 운영

1. 영유아의 발달 특성
2. 보육계획 및 운영
3. 보육활동

어린이집에서의 보육서비스는 잘 짜여진 보육프로그램 계획을 바탕으로 실제로 영유아 및 부모를 대상으로 계획된 바를 실천하는 전 과정을 말한다. 이를 보육과정이라 할 때, 보다 체계적이고 보육서비스의 대상에 맞는 계획이 설계되고, 계획한 목적을 달성하기 위한 실천적인 노력이 필요하다.

이를 위해 본 장에서는 보육과정을 구성하고, 실행하는 과정에 대해 살펴보고, 보다 영유아에게 적합한 보육과정을 이루어 가는 내용에 대해 알아보고자 한다. 보육과정에서 요구되는 내용이 무엇이며, 보육과정의 내용을 구체적으로 실현하기 위한 조치에 대해 알아보고, 필요한 사항을 기억하여 보육현장에 적용하도록 한다.

먼저, 본 장에서는 보육의 대상인 영유아의 발달적 특성을 살피고, 영유아의 발달에 적합한 체계적인 보육프로그램 계획 및 운영에 대해 알아보도록 하겠다.

1. 영유아의 발달 특성

영유아의 발달적 특성은 연령에 따라 극명하게 차이가 난다. 이러한 발달적 특성을 이해하는 것으로 보육과정의 설계는 시작된다. 각 연령별로 발달영역인 신체, 인지, 언어, 사회, 정서적 특성을 인지하여 보다 적합한 보육과정을 설계하는 것이 중요하다.

1) 영아기 발달

(1) 만 0세

출생에서 1년 동안은 생애 중에 가장 큰 변화를 보이는 시기이다. 출생에서

6개월간은 영아의 주의집중과 운동기능이 매우 한정적이고, 감각적인 반응을 제한적으로 아는 시기이다. 머리가누기, 뒤집기, 엎드리기, 발잡기, 사물잡기 등의 신체운동 능력이 하나 둘 보이면서 운동기술을 익혀 가는 단계이다. 7개월이 넘어가면서는 이유식도 안정적이게 되고 스스로 앉는 능력이 발달하고 사물을 쥐는 것도 어렵지 않으며, 손동작이 점차 세밀해지고, 11개월 이후에는 혼자 일어설 수 있는 특징도 보이게 된다. 대근육 활동이 점차 늘어가면서 활동반경을 넓이고, 소근육 운동을 정교하게 시도하려는 의지와 함께 운동능력도 향상된다. 소근육의 발달과 협응능력을 발달시키기 위한 채우기, 끼우기, 집어넣기와 같은 조작활동을 시도하기도 한다. 언어발달에 있어서도 쿠잉과 옹알이를 하던 수준에서 보다 음성언어에 가까운 소리값을 갖게 되고, 언어적, 비언어적 의사소통을 시도하고, 사회적 언어에도 눈을 뜨게 된다. 인지적인 부분에서도 익숙한 행동이나 상황에 대한 이해가 생기고, 숨기거나 없어진 물건에 대한 위치 및 자리도 파악할 수 있으며, 목적을 위해 어떤 도구와 수단을 착안해 시도할 수 있다.

(2) 만 1세

만 1세 단계에서는 12개월에서 18개월까지의 특성을 살펴보면, 신체운동발달에서 영아는 불안정하지만 걷기가 가능하고, 도움을 받으면서 계단 및 경사로 등을 걸어갈 수 있다. 소근육의 발달로 블록을 이용해 만들기를 시도하고, 공을 원하는 방향이나 장소로 던지기를 시도한다. 손목을 이용해 뚜껑을 돌려 여는 동작도 가능한 때이다. 언어, 인직발달에서는 영아 자신의 의사를 표현하고, 상징적 사고를 보이기 시작하는 단계로 상상놀이를 최초로 시도하는 연령단계이기도 하다. 원인과 결과를 연결지어 생각할 수 있으며, 한 상황을 예측하고 처리하는 것을 시도하는 놀이도 가능한 때이다. 사회성과 관련해서 안정된 애착을 보이는 동시에 사회적 행동으로 인사하기, 스킨십하기 등의 행동을 할 수 있다. 또래에 대한 개념이 생기면서 그들과 같이 무언가를 시도하고, 참여하는 것을 시작하는 연령단계이다(이순형 · 권기남, 2008).

이후 단계에서는 협응력과 균형감각이 증진되어 운동기술이 안정된 시기이며, 뛰어오르기, 계단 올라가기 등의 이동기술이 활발하게 나타날 수 있다. 그러나 운동기술이 제한적이고 판단력이 부족하여 안전사고에 노출될 경우도 많다. 이 시기는 피아제의 인지발달이론에서의 전조작기가 시작되는 시기이므로 구체적인 사물과의 상호작용을 통한 탐색활동을 즐기는 시기이다. 또한 언어발달에서 2-3개의 단어를 결합한 구와 문장을 구사할 수 있으며, 자신의 의사를 전달하기 위한 의지를 갖고 있다. 약 50개의 단어를 말할 수 있으나 조사나 동사의 어미, 전치사 등을 생략하면서 필요한 단어만을 나열하기도 한다. 사회성 발달에서는 자기중심적인 사고를 주로 하지만 상황과 상대의 입장에 대한 이해도 늘어 사회적 상호작용이 가능하며, 상상놀이의 하나로 상황에 관한 이야기를 듣기도 한다. 소유에 대한 인식이 생기면서 자신의 것에 대한 애착이 생기고, 소속감을 알게 된다. 그로 인해 여러 또래와 같이 놀잇감을 가지고 놀이할 때의 분쟁이 생기기도 한다. 상황적 파악능력보다 소유욕과 놀이에 대한 의지에 비해 문제해결을 위한 소통능력이나 맥락을 이해하는 능력이 부족하기 때문이다.

(3) 만 2세

만 2세가 되면서는 눈과 손의 협응력이 더 좋아지며, 물건을 의도적으로 사용하고, 집중력과 함께 어떤 상황과 사물을 길게 응시하고, 주의를 길게 보이기도 한다. 친숙한 사람을 알아보고, 그와 정서적인 교류로 안정감을 느끼기도 하고, 자신의 신체 및 신변에 대해 말로 표현할 수 있다. 책을 주의해서 볼 수 있고, 책읽는 것을 좋아하기도 한다. 300개의 단어를 사용할 수 있으며, 3-4개의 단어를 조합하여 문장형식을 이룰 수도 있다. 인지, 언어발달의 통합적인 발달로 질문이 많아지는 시기이다. 일상적인 활동이나 사물의 변화에 대해 관심을 보이면서 "왜?"라는 질문이 늘어난다. 사회성 발달에서는 감정이입과 선호가 분명하게 나타나며, 집안일을 돕는 것에 관심을 보이며, 일상활동을 인형으로 모방활동을 보이기도 한다. 상황을 자신이 생각하고, 예전에 경험했던 바대로 이루어지길 바라면서

그렇게 되지 않을 때에는 심리적으로 불편해하면서 시정을 요구한다. 언어발달이 향상되면서 사회적 상호작용을 하지만 또래와의 협동놀이나 활발한 놀이를 하지는 않는다. 사회적인 규칙을 하나 둘 알아가면서 필요한 행동을 시도하는 수준이기도 하다.

2) 유아기 발달

(1) 만 3세

만 3세부터는 유아기로서 이들의 발달적 상황에 맞는 보육과정을 설계한다. 만 3세는 운동능력이 발달하여 보다 정확하고, 안정적인 대근육활동을 할 수 있으며, 다양한 운동경험을 통해서 운동능력을 신장시키고, 자신의 의지와 상황에 맞는 운동행동을 보일 수 있다. 그와 관련해 소근육활동도 보다 섬세하게 할 수 있으며, 종이접기가 가능하고, 의도한 모형을 만들어 내고 장식, 표현활동에도 관심을 갖는다. 인지발달이 보다 현실적인 상황을 이해할 수 있는 능력으로 성장하면서 놀이에서도 설정된 놀이 상황이 현실감 있으며, 수수께끼, 추측하기, 이야기의 긴장감 등을 갖는 놀이 및 상호작용을 좋아한다. 또한 주어진 규칙이나 상황에 따라 놀잇감, 사물 등을 색, 모양, 크기 등으로 분류할 수 있다. 수세기도 가능하면서 5-10까지를 셀 수 있으며, 사물을 나열하여 규칙성을 만들어 낼 수도 있다. 이와 함께 언어발달에서도 현재 함께하지 않은 사물과 사람에 대해 설명하고, 이야기할 수 있으며, 간단한 질문에 적절한 대답을 할 수 있다. 또한 언어적 의사소통을 통해 타인의 행동에 변화를 주거나 자신이 원하는 행동을 타인이 하도록 촉진하기도 한다. 언어적 규칙과 문법을 지도하면서 시정하고, 기억해서 실행착오를 줄여 나갈 수 있다. 사회성 발달에서는 우호적인 태도를 보이고, 자주 웃고, 타인을 기쁘게 해 주는 것에 관심을 갖는다. 예외적 상황에 대해 당황하지 않고, 맥락에 따라 규칙과 약속이 변할 수도 있음을 조금씩 이해하기도 한다. 또래와 가장놀이를 할 수 있으며, 자신보다 어리거나 아픈 유아에게 애정을 보일 수 있다.

(2) 만 4세

만 4세는 운동능력의 발달로 평형감과 균형감을 나타낼 수 있다. 한 발로 5초 동안 서 있을 수 있고, 보다 긴 선을 그릴 수 있다. 시각능력이 발달되어 정확성이 높아지고, 계단을 오를 때에도 손잡이를 잡거나 도움을 받는 것이 필요하지 않게 된다. 인지발달에서는 수, 모양, 크기 등의 변별이 정확해지고, 논리적인 사고행동을 보이기도 한다. 인과관계에 대한 유추가 가능하면서 이야기의 이해능력이 높아지고, 상황 파악능력 또한 발달해 간다. 언어발달에서도 구사하는 단어의 수가 1,000개를 넘기면서 언어적 상호작용하는데 불편함이 없으며, 자신의 감정, 상황, 생각 등을 표현하고, 표현된 타인의 언어적 표현도 좀더 확장된 이해를 보이기도 한다. 그와 함께 언어유희를 즐길 수 있는 인지, 언어발달이 이루어졌으며, 쓰기발달도 시행착오를 통해 증진될 수 있다. 사회성 발달에서는 타인의 정서를 이해할 수 있으며, 자신의 감정 및 정서 상태를 말로 표현할 수도 있다. 그와 함께 또래와의 놀이가 활발해지고, 다양한 놀이상황을 연출할 수 있기도 하다. 하지만 또래에 대한 인식이 발달되면서 비교하거나 판단하는 것으로 인한 질투심 또한 발달하여 분쟁이 생기기도 한다. 협동놀이가 미숙하여 또래와의 마찰이 생기지만 규칙을 이해하고 실행할 수 있는 능력을 갖추기도 했다.

(3) 만 5세

만 5세는 만 4세보다 보다 긴 시간 동안 운동조절 능력을 보일 수 있으며, 지각발달로 인해 그림을 똑같이 그리고, 묘사하는데 정교함이 생긴다. 계단을 뛰어오르고 내리기를 하며, 음악에 맞추어 몸동작을 하는데 만 4세보다 뛰어난 능력을 보이기도 한다. 인지발달과 관련해서 만 5세 유아는 판게임을 즐겨하고, 규칙에 따라 점수를 계산하고, 힌트와 함정을 구분하여 적절히 자신의 승리를 위해 사용해야 하는지를 알 수 있다. 신체, 인지발달로 인해 조형물과 구조물을 보다 실물에 가깝게 구성하고, 정교한 표현과 연출도 가능하다. 실험을 예측하고,

규칙에 따라 실험과정을 실행해 갈 수 있다. 언어발달로 인해 동화, 동시, 노랫말 등을 읽고, 감상하고, 느낌을 언어로 표현할 수 있다. 또래와의 긴 대화가 가능하며, 쓰기발달에서도 다양한 글자, 낱말을 쓸 수 있기도 하다. 또한 이야기 꾸미기가 가능하여 동화를 이용한 다양한 활동 등도 가능한 때이다. 사회성 발달로 사회적 기술이 보다 증가되었고, 사회적 규칙과 약속을 지키려고 노력하는 모습을 보인다. 친구들과 협동놀이를 할 수 있으며, 언어적 상호작용으로 문제를 해결하고자 한다.

2. 보육계획 및 운영

보육과정을 순조롭게 진행하기 위해서는 보육대상에 대한 이해를 바탕으로 한 체계적인 계획이 필요하다. 이를 위해 보육담당자인 교사는 담당 영유아의 수준에 맞는 보육프로그램을 연간, 월간, 주간, 일일 단위로 계획하고, 그 계획에 따라 보육과정을 실행해 간다.

보육교사는 보육활동 계획에 대한 이해를 분명히 하여 실천적인 보육과정을 위해 보육활동 계획이 체계적으로 이루어지도록 해야 한다. 그러기 위해서는 보육활동 계획의 의미와 기능에 대해 숙지하고 그에 맞는 보육활동 계획을 실천해야 할 것이다. 보육활동 계획은 다음과 같은 역할과 기능을 한다(오성삼 외, 1998). 첫째, 보육교사에게 보육과정의 내용을 탐색할 수 있는 좋은 기회를 준다. 둘째, 보육활동의 방향과 목표, 활동 내용과 방법에 대해 스스로 점검할 수 있는 기회를 준다. 셋째, 영유아가 앞으로 경험하게 될 보육활동을 순차적으로 제시하여 어떤 보육활동을 하는지 안내한다. 넷째, 보육활동 계획은 보육교사의 지도내용과 영유아의 활동을 예측하고 안내하는 지침이 된다. 다섯째, 영유아의 보육목표의 달성도를 평가할 수 있는 척도를 제시한다. 여섯째, 보육교사의 보육내용, 수업상황 등을 개선하는데 도움을 준다. 일곱째, 보육교사의 보육활동을 효과적으로 실행할 수 있게 한다.

위와 같은 보육활동 계획의 기능을 인식하여 보육현장에서 보육활동에 대한 계획을 충실히 할 것이 요구된다. 보육활동 계획은 연간, 월간, 주간, 일일로 구분하며 보육활동 계획이 각각의 단위별로 어떻게 계획되어야 하는지는 다음과 같다.

1) 연간보육계획 및 운영

연간보육계획은 해당 연도에 영유아와 교사가 보육프로그램을 어떻게 진행할 것인지를 안내하는 것이다. 즉 3월부터 다음 해 2월, 총 12개월 동안 각 연령과 반별로 주제활동 및 행사 등을 어떤 흐름에 맞추어 진행할 것인지가 나타나 있는 계획서이다. 연간보육계획안에 들어가야 하는 내용은 복잡하지 않으나 영유아를 담당하는 교사와 어린이집을 운영하는 원장 및 영유아의 학부모에게는 보육프로그램 전반을 살필 수 있는 중요한 자료이다. 다음은 연간보육계획안을 작성할 때 고려해야 할 점이다.

① 일년간 진행될 보육활동의 주제를 신중하게 설정해야 한다. 월 단위로 진행될 보육활동의 주제는 유아의 발달적 특성과 수준을 고려해야 한다. 그리고 각각의 주제가 유아의 흥미와 관련이 있는지, 유아의 생활과 관련된 주제인지, 유아에게 지식과 기술, 태도를 발달시키는데 도움이 되는 것인지, 다양한 영역에서 깊이있는 학습이 가능한 주제인지, 지역사회의 문화와 가치가 반영된 것인지, 특별한 국가행사나 지역행사와 관련된 것인지, 질병이나 자연재해, 중대사건 등의 시사성을 지닌 것인지 따져 보아야 한다. 이를 통해 영유아에게 적합한 주제를 제시할 수 있으며, 주제중심 보육활동의 의미를 살릴 수 있다(정용부, 2012).

② 연간보육계획안은 보육철학에 근거한 내용으로 본 원의 보육목적에 부합한 내용으로 구성되어야 한다. 단순히 개별적으로 영유아에게 의미있는 주제이고,

흥미를 유발할 수 있는 내용의 주제를 선정하고, 보육계획안을 구성하기보다 보육운영의 청사진을 보여줄 수 있는 내용으로 계획안을 작성해야 한다. 이러한 작업의 가장 기본은 보육활동이 이루어지는 어린이집의 가치와 보육철학이 담겨질 수 있는 내용으로 해야 할 것이다.

③ 연간보육계획은 월별에 맞춘 주제활동이 제시되지만 각각의 주제들이 시기적 흐름과 보육적 이해를 돕기 위해 연계성과 계열성을 갖추는 것이 필요하다.

④ 연간보육계획은 임의적으로 월별로 주제를 선정하지만 영유아의 수준과 주제별 특징을 고려하여 활동기간을 주제마다 산정하는 것이 필요하다. 주제중심활동의 효과를 높이기 위해 주제의 범위와 양에 맞춘 활동기간이 의도적으로 계획하는 것이 필요하다(오성삼 외, 1998).

⑤ 어린이집에서 주제와 관련해, 또는 시기와 주변 여건에 따라 계획하고 있는 여러 행사를 기록하여, 보육교사가 보육활동을 운영하는데 있어 원 전체의 행사와 각 반마다의 일정을 적절하게 맞출 수 있도록 한다.

위와 같이 연간보육계획을 설정할 경우, 연간보육계획안의 효과를 높이고, 월간보육계획 및 주간보육계획시 연계성 있고, 체계적인 흐름을 이어갈 수 있을 것이다. 다음은 연령별 연간보육계획안의 예시들이다.

표 5-1

만 1세 영아반 연간보육계획안의 예

2012년도 만 1세 영아반 연간보육계획안					
월	주 제	소주제	목 표	원내행사	견 학
1	느껴 보아요	– 온몸이 간질간질 – 말랑말랑 미끌미끌 – 무슨 맛일까? – 킁킁 냄새가 나요 – 신나는 악기 연주회	• 여러 가지 감각 놀이를 통해 오감각을 발달시킨다.	• 생일잔치 • 인형극 관람 • 세배하는 날	• 실내 놀이동산

2012년도 만 1세 영아반 연간보육계획안					
월	주 제	소주제	목 표	원내행사	견 학
2	달라진 내 모습 어때요?	- 내 나이는 몇 살? - 혼자서도 잘해요 - 이만큼 자랐어요 - 즐거웠던 우리반	• 자신의 성장을 기뻐하고 형님반에 가는 것에 대해 기대하며 준비할 수 있도록 돕는다.	• 수료 • 생일잔치 • 인형극 관람 • OT	
3	어린이집에 왔어요	- 어린이집에 왔어요 - 엄마와 기분좋게 헤어져요 - 나는 이슬, 이슬반이예요 - 신나고 즐겁게 놀아요	• 새로운 환경과 교사에 대한 애착을 형성하고 어린이집 생활에 적응한다.	• 학부모 상담 • 생일잔치 • 인형극 관람	
4	친해져 볼까?	- 여러 가지 놀잇감이 있어요 - 알콩달콩 동화 이야기 - 내가 좋아하는 장난감 - 담고 쏟아요	• 놀잇감을 탐색하며 어린이집 생활에 필요한 규칙을 이해하도록 돕는다.	• 신체검사 • 마사지(주 1회) • 생일잔치 • 인형극 관람	
5	나, 여기 있어요!	- 내 이름을 부르면 대답해요 - 내 얼굴 - 내 몸을 움직여 봐요 - 내 옷, 내 기분 - 엄마, 아빠를 사랑해요	• 나의 몸에 대해 알고 긍정적인 자아개념을 형성한다.	• 산책 • 어린이날 축하행사 • 생일잔치 • 인형극 관람	
6	우리 동물원에 놀러 오세요	- 어흥! 호랑이와 사자 - 멍멍이와 야옹이 - 깡충깡충 토끼와 엉금엉금 거북이 - 어항 속 금붕어와 나무 위의 참새가족	• 여러 가지 동물에 관심을 갖고 사랑하는 마음을 갖는다.	• 장미축제 • 생일잔치 • 인형극 관람	• 테마동물원 견학
7	와! 여름이다	- 아이 더워라 - 첨벙첨벙 시원한 물놀이 - 달콤한 아이스크림 - 깨끗하게 씻어요	• 여름철 놀이를 통해 감각을 발달시키고 즐거운 경험을 하게 한다.	• 물놀이 • 생일잔치 • 인형극 관람	• 이청사 공원
8	새콤 달콤 과일	- 새콤달콤 포도 - 씨가 쏙쏙 노란 참외 - 커다란 줄무늬 수박 - 울퉁불퉁 멋진 토마토	• 여러 종류의 과일에 흥미를 느끼고 생김새, 맛 등에 대해 알 수 있다.	• 산책 • 물놀이 • 생일잔치 • 인형극 관람	

2012년도 만 1세 영아반 연간보육계획안					
월	주 제	소주제	목 표	원내행사	견 학
9	자동차 놀이	– 붕붕 자동차 – 칙칙폭폭 기차 – 날아라 비행기 – 둥둥 배가 떠가요	• 여러 가지 탈것들에 대해 관심을 갖는다.	• 산책 • 민속의 날 • 생일잔치 • 인형극 관람	• 직동 근린공원
10	동글동글 동그라미	– 통통통 공놀이 – 두둥실 두둥실 풍선 – 뛰뛰빵빵 자동차 바퀴 – 훌라후프에 쏘옥!	• 동그라미가 다양한 모양으로 활용되는 것을 알 수 있다.	• 산책 • 풍선의 날 • 개인상담 • 인형극 관람	
11	색깔나라	– 빨간 단풍잎, 노란 은행잎 – 재미있는 물감놀이 – 색깔 보물찾기 – 알록달록 삐에로 친구	• 여러 가지 색깔을 만나 자유롭게 표현해 볼 수 있다.	• 인형의 날 • 생일잔치 • 추수감사절 • 인형극 관람	
12	아이 추워! 겨울이래	– 호호 추운 겨울날 – 멋진 눈사람 – 산타 할아버지가 오신대요	• 겨울철 날씨 변화에따른 자연현상의 변화에 관심을 갖고 놀이한다.	• 산타행사 • 생일잔치 • 인형극 관람	

출처 : 혜원어린이집(2010).

표 5-2

만 2세 영아반 연간보육계획안의 예

2012년도 만 2세 영아반 연간보육계획안			
월	생활주제	소주제	연간행사
3	어린이집 적응하기	• 어린이집에 왔어요 • 엄마와 헤어질 수 있어요 • 배변의사 표현하기 • 맛있게 먹어요	• 입학식 • 건강검진 • 부모면담
4	놀잇감, 바깥놀이	• 놀잇감을 탐색해요 • 놀잇감을 바르게 사용해요 • 놀잇감을 제자리에 놓아요 • 바깥놀이터는 재미있어요	• 텃밭 가꾸기 • 팔달산 나들이

2012년도 만 2세 영아반 연간보육계획안			
월	생활주제	소주제	연간행사
5	나와 우리 가족	• 내 몸을 살펴보아요 • 나는 느낄 수 있어요 • 우리 가족을 소개해요 • 엄마 아빠 놀이를 해요 Ⅰ • 엄마 아빠 놀이를 해요 Ⅱ	• 어린이날 행사 • 인형극 관람 • 봄소풍 • 팔달산 나들이
6	동물	• 여러 가지 동물이 있어요 • 동물원 동물 • 동물을 흉내내요 • 동물을 사랑해요	• 과천 어린이동물원 견학 • 동물병원 견학 • 팔달산 나들이
7	재미있는 물놀이	• 씻기놀이를 해요 • 물놀이가 재미있어요 Ⅰ • 물놀이가 재미있어요 Ⅱ • 여름을 건강하게 지내려면	• 광교산 나들이
8	더워요	• 더워요 • 여름벌레는 무엇이 있을까? • 여름과일은 무엇이 있을까? • 엄마, 아빠랑 다녀왔어요	• 팔달산 나들이
9	자동차놀이	• 여러 가지 자동차 • 자동차놀이를 해요 Ⅰ • 자동차놀이를 해요 Ⅱ • 여러 가지 탈것들	• 삼성 자동차 박물관 • 교통공원 • 부모면담 • 팔달산 나들이
10	자연과 놀이해요	• 흙놀이 • 나뭇잎놀이 • 염색놀이	• 생태공원 견학 • 팔달산 나들이 • 중점프로그램 발표 전시회
11	우리 이웃	• 우리 동네 돌아보기 • 병원놀이 • 미용실놀이 • 시장놀이 • 우리를 도와 주시는 분들	• 우리 동네 돌아보기 (미용실, 병원, 시장 등) • 소방서 견학 • 팔달산 나들이
12	추워요	• 날씨가 추워요 • 옷차림이 달라요 • 눈이 내려요 • 산타 할아버지가 오신대요	• 베어캐슬 견학 • 산타잔치

2012년도 만 2세 영아반 연간보육계획안			
월	생활주제	소주제	연간행사
1	내 친구	• 내 친구를 소개해요 • 친구와 함께해요 • 친구와 사이좋게 지내요 • 여자 친구와 남자 친구	• 수료사진 • 뮤지컬 관람
2	형, 언니가 되었어요	• 혼자서도 잘해요 • 나이가 한 살 더 많아졌어요 • 형, 언니가 되었어요	• 이슬반 돌아보기 • 수료식

출처 : 혜원어린이집(2010).

표 5-3

만 4세 누리과정 연간보육계획안의 예

월	주 제	주	소 주 제
3	어린이집과 친구	1	어린이집의 환경
		2	어린이집에서의 하루
		3	어린이집에서 만난 친구
		4	함께 만드는 어린이집
4	봄	1	봄의 변화
		2	봄의 풍경
4–5	동식물과 자연	1	동식물과 우리생활, 궁금한 동식물
		2	식물과 우리생활, 궁금한 동식물
		3	자연과 더불어 사는 우리
5	나와 가족	1	나의 몸과 마음
		2	소중한 나
		3	소중한 가족
		4	가족의 생활과 문화
6	우리동네	1	우리 동네 모습, 우리 동네 생활
		2	우리 동네 사람들
		3	우리 동네 전통과 문화

월	주 제	주	소 주 제
6–7	건강한 안전	1	즐거운 운동과 휴식 깨끗한 나와 환경
		2	맛있는 음식과 영양
		3	안전한 놀이와 생활
7	여름	1	여름의 날씨와 물놀이
		2	여름 풍경
7–8	교통기관	1	여러 가지 육상 교통기관
		2	고마운 육상 교통기관
		3	항공/해상 교통기관
		4	즐거운 교통생활
8–9	우리나라	1	우리나라 사람들의 생활
		2	우리나라의 놀이와 예술
		3	우리나라의 역사, 우리나라의 자랑거리
9	세계 여러 나라	1	세계 여러 나라 사람들의 생활
		2	세계 여러 나라의 문화유산
		3	세계 여러 나라와의 교류, 세계의 자연과 사회현상
10	가을과 열매	1	가을 풍경(1권)
		2	가을의 변화
		3	풍성한 가을
		4	추석과 놀이
		5	가을 나들이
11	환경과 생활	1	물과 우리생활
		2	돌 · 흙과 우리생활
		3	바람 · 공기와 우리생활
		4	빛과 우리의 생활, 소리와 우리의 생활
12	겨울과 놀이	1	겨울 날씨(1권)
		2	겨울 풍경(1권)
		3	감사와 사랑을 나눠요
		4	건강한 겨울나기
		5	신나는 겨울놀이

월	주 제	주	소 주 제
1	생활도구	1	다양한 생활 도구
		2	생활도구를 움직이는 힘
		3	생활도구로서의 미디어, 미래의 생활도구
2	형님이 되어요	1	많이 컸어요
		2	동생들에게 알려 주어요
		3	형님이 될 준비를 해요
		4	즐거웠던 우리 반

출처: 누리과정 지침서(2013).

한편, 영유아의 연간보육계획은 부모참여 및 부모교육과 관련된 사항을 첨부할 수 있다. 가정 및 지역사회와 연계된 보육활동을 지향하는 보육과정에서는 부모를 대상으로 실시하는 부모참여활동 및 부모교육에 대한 연간활동을 계획하기도 한다. 다음은 부모참여 계획과 부모교육 계획안의 예이다.

표 5-4

부모참여 연간보육계획안

월	내 용
1	부모 만족도 조사
2	재원생 · 신입생 오리엔테이션 및 각 반 학부모 간담회
3	신학기 부모면담
	부모님과 함께하는 식수행사
4	현장학습 부모 자원봉사
5	어린이날 행사 부모참여
	봄 소풍 부모 자원봉사
	가정의 달 부모 자원봉사(일일교사)
	영유아 행동지도방안 부모면담
6	단오제 부모참여
	부모 참여 자원봉사

월	내 용
7	혜원 가족 여름캠프
10	부모참여 오름 등반
	영유아 작품 전시회(프로젝트) 후 학부모 소모임
11	고구마 캐기 행사
12	부모면담 및 재원확인
2011/1	부모 만족도 조사
2	졸업 및 수료식 / 학부모 간담회

출처: 혜원어린이집(2010).

표 5-5

부모교육 연간보육계획안

월	내 용
2	나 스스로 할 수 있도록 나를 도와 주세요
	건강하고 안전한 먹거리(공개)
3	먹기 싫어하는 우리 아이유형에 따른 해결법
4	구당 김남수 선생의 침뜸 이야기
5	자녀와 함께 저축하기
6	그림책 읽어 주는 7가지 원칙
7	곡물 이야기
8	절제절약 "EM과 쌀뜨물로 환경을 살리자"
9	자녀 양육태도 알아보기
10	컴퓨터만 하는 우리 아이 어떻게 해야 하나요
	아이의 숨은 능력을 끌어 내는 코칭 대화(공개)
11	절제절약 "재활용 비누 만들기"
12	좋은 그림책 고르기
2011/1	친구가 좋아요

월	내 용
2011/2	뇌가 좋아지는 시간
	자연건강법으로 아이 키우기(공개)

출처: 혜원어린이집(2010).

2) 월간보육계획 및 운영

월간보육계획은 연간보육계획안에 미리 선정된 주제에 대한 구체안이라고 볼 수 있다. 한 가지 주제에 대한 소주제로 하위 영역의 주제관련 소주제를 작성하고, 구체적으로 주간단위로 소주제 활동으로 무엇을 할 것인지에 대한 계획안이다. 월간보육계획안에는 주간별로 해당되는 소주제를 적고, 각 주마다의 보육목표를 설정한다. 보육목표를 달성하기 위해 주제와 관련한 보육활동의 활동명을 영역별로 작성한다. 즉 하루의 보육일과를 일상영역과 놀이활동영역, 실외활동, 가족 및 지역사회 연계활동, 기본생활습관 등으로 구분하고, 해당 영역에 맞는 보육활동 및 놀이활동을 명시하는 것이다.

이러한 월간보육계획안은 주간마다의 주된 활동을 제시하지만 이러한 주제와 활동은 연계될 수 있어야 하며, 전체적인 주제활동을 실현하는데 있어 흐름이 있어야 한다. 또한 한 주에 이루어질 놀이활동, 보육활동, 가정 및 지역사회 연계활동 등은 각 영역의 독특성도 있지만 소주제와 관련된 활동이어야 하며, 영역간에도 전반적인 흐름이 맞게 구성되어야 한다.

보육계획안을 작성할 때는 다음과 같은 내용을 기억해야 한다. 다음의 내용은 월간, 주간, 일일보육계획 모두에 해당되는 사항이기도 하다. 첫째, 주제를 항시 고려해야 한다. 연간보육계획안에서 선정한 주제에 대해 충분히 숙지한 교사는 주제활동의 의의와 각 주제의 특성을 영유아에게 지식과 태도, 기술적인 측면에서 접근할 수 있도록 주제를 놓치지 않고 인식하면서 계획안들을 작성해야 한다.

둘째, 보육의 목표를 달성하도록 활동내용을 구성해야 한다. 주제에 해당되는

보육목표가 달성될 수 있는 방법과 지침을 고려하여 보육활동의 목표가 달성될 수 있도록 활동 내용과 방법을 구체화하는 것이 필요하다.

셋째, 보육활동을 구성할 때, 보육활동들 간에 연계성과 활동의 확대가 가능한 것인가를 고려한다. 즉 개별활동만으로 주제를 알아가는 활동으로 충분하지 않으므로 개별활동이 진행되는 상황을 고려하여 활동들을 연계하고, 확대할 수 있는 것인가를 따져 보면서 각 활동의 내용을 구성하는 것이 필요하다.

넷째, 보육활동들은 영유아의 흥미와 발달적 요구에 적합한 것을 선정한다. 보육의 주체자인 영유아가 이해하고, 활동할 수 있는 내용으로 활동내용을 구성해야 한다. 그러므로 영유아를 평소에 관찰하여 그들의 발달적 요구와 수준을 파악하여 그에 맞는 활동안을 구성하도록 한다.

다섯째, 보육활동들은 균형감있게 제시되어야 한다. 여기서의 균형감은 활동내용이 정적인 활동, 동적인 활동간의 균형감, 실내 · 외의 활동 구성의 균형감, 대 · 소집단, 개인간의 활동 균형감, 교사와 영유아 주도 정도의 균형감으로 설명할 수 있다. 즉 한 가지 영역에 치우친 보육활동이 되지 않도록 적절한 기준을 선정하여 보육활동을 계획할 때 균형감이 유지되도록 해야 한다.

월간보육계획안은 다음의 예시를 참고할 수 있다.

표 5-6 만 1세 영아반 월간보육계획안의 예

주제: 새로운 것도 좋아요(총 4주)					
		1주	2주	3주	4주
소주제		함께 놀아요		선생님이 좋아요	
등원 및 맞이하기		"사랑해"라고 말하기			
기본생활 및 안전		선생님과 함께 다녀요			
일상생활	점심 및 간식	그릇에 있는 음식을 먹어요			
	낮잠	바깥 소리를 들으며 잠을 자요			

	기저귀 갈이 및 배변	용변 후 물을 내려요			
실내자유놀이	신체	이불 썰매를 타요	둘이 손잡고 앉고 서고	선생님 발등 타고 '뒤뚱뒤뚱'	뚱딴지 사이소
	언어	하나 둘 셋, 찰칵	친구의 노래를 들어요	선생님 그림 위에 끼적여요	동그라미 뒤에 누구일까요?
	감각/탐색	목도리 줄다리기 해요	귤을 먹어요	새로운 반으로 놀러가요	손과 몸으로 인사를 나눠요
	역할/쌓기	생일축하 놀이를 해요	음식상을 차려요	벽돌무늬블록으로 선생님과 집을 만들어요	블록으로 아기침대를 만들어요
실외놀이		친구와 손을 잡고 걸어요		솜방망이로 두드려요	
귀가 및 가족연계		새로운 반을 둘러봐요.			
비고					

출처: 표준보육과정 만 1세 (2013).

표 5-7

만 2세 영아반 월간보육계획안의 예

주		1	2	3	4
소주제		즐거운 추석이예요	흙놀이	염색놀이	나뭇잎놀이
등원 및 맞이하기		아침에 먹고 온 음식 이야기하기	날씨에 대하여 이야기하기	옷차림과 날씨 변화에 대하여 이야기나누기	자기 옷장에 옷 넣기
오전자유선택활동	언어 책보기	• 추석에 먹는 음식이야기하기 • 동화 - 아빠, 달 따줘 • 그림책 - 우산 하나로 달에가 볼까?	• 동시 - 흙 • 그림책 - 노랑노랑 민들레	• 동화 - 풀씨야, 풀씨야 • 그림책 - 풀꽃 - 꿈 속에 숨었지	• 내가 알고 있는 나뭇잎 찾아보기 • 그림책 - 옷을 갈아입은 나무
	조작 탐색	• 송편 속에 들어가는 재료 맛보기 (콩, 깨, 밤 등) • 돌멩이 집게로 옮기기	• 흙점토 탐색하기 (손, 발로 탐색하기) • 흙점토 두드리기, 밀기, 찍기	• 꽃잎 빻아보기 • 색물 탐색하기, 색물그림	• 같은 색 나뭇잎 모으기 • 크기대로 놓아보기

	미술	• 창호지에 사인펜으로 그리고 물칠하기	• 손가락으로 그리기 • 흙물로 그림 그리기 • 점토에 다양한 재료 꽂아 꾸미기	• 한지 물들이기 • 습자지 염색하기	• 나뭇잎 왕관 만들기 • 나뭇잎 스크래치 • 나뭇잎 찍기
	소꿉놀이	• 한복 입어 보기 • 차례상 차리기 (밀가루 반죽으로 송편 만들어 놀이하기)	• 젖은 흙으로 다양한 음식 만들기 • 흙으로 성 쌓기	• 색깔쌀로 상차리기 • 밀가루점토 색입히기 • 색밀가루 점토로 음식 만들기	• 낙엽떡 놀이 • 자연물로 이용하여 집 꾸미기
	음률	• 새노래 – 달	• 전래동요 – 두꺼비	• 음악감상 – 꼬방꼬방 • 새노래 – 색깔놀이	• 새노래 – 도토리 • 음악놀이 – 낙엽을 밟으며
	대근육	• 줄에 매단 제기 차보기 • 한삼끼고 흔들어 보기	• 모종삽으로 흙파기	• 발로 밟아요 (염색하기)	• 떨어지는 나뭇잎잡기 • 게임 – 나무에 색을 입혀요
전이활동		• 동시 – 팔월 한가위 • 국악 들어 보기 (강강수월래)	• 마른 흙, 젖은 흙살펴보기 • 과학동화 – 흙	• 염색재료 탐색하기 • 그림동화 – 빨갛게 물들었어요	• 동시 – 바사삭 바사삭 • 동화 – 나뭇잎의 여행
실외 자유놀이		• 강강수월래 (손잡고 돌아보기) • 젖은 모래 묻혀서떡 만들기	• 진흙으로 내 몸에 그림그리기 • 두꺼비 노래부르며 두꺼비집 짓기	• 광목천 염색하기 • 황토염색	• 나뭇잎, 열매로 소꿉놀이하기 • 몸으로 나뭇잎 표현하기
기본 생활습관		어린이집에서 만나는 어른들께 인사하기	바지 혼자 입어 보기	비누칠하여 손씻기	스스로 코 닦아 휴지통에 버리기
중점활동		• 송편빚기	• 조물조물 흙놀이	• 오감각 – 색깔 쌀놀이 • 산책 – 내 옷에 색을 입혀요	• 산책 – 뒹굴뒹굴 나뭇잎놀이 • 자연물로 만들어요
행사			이천 흙놀이 공원 견학		팔달산 산책

출처 : 혜원어린이집(2012).

표 5-8

만 4세 유아반 월간보육계획안의 예

주		1주	2주	3주	4주
소주제		내가 좋아하는 동식물	식물과 우리 생활	동물과 우리생활	자연과 함께 살기
등원 및 맞이하기		인사해요.	등원시 보았던 나무 모습말하기	동물원에 가본 이야기하기	교실안의 식물과 인사하기
자유선택활동	언어	이름 따라쓰기	식물카드 만들기	동물 수수께기	동물농장 말놀이
	쌓기 역할	강아지집 만들기	꽃가게 놀이	동물원 꾸미기	동물병원 놀이
	수조작	색깔 같은 나뭇잎 찾기	수세미 패턴놀이	동물 우리 찾기	동물 먹이주기 (판 게임)
	과학	좋아하는 식물 그래프 만들기	강낭콩 키우기	동물 먹이 관찰하기	숲속의 색 찾기
	음률	작은 동물원 악기연주	열매악기	놀아줄게 깽깽	자연의 소리 감상
	미술	동물 목걸이 만들기	꽃모빌 만들기	손바닥 동물원 꾸미기	나뭇잎 도장찍기
대 · 소 집단 활동	이야기나누기	내가 좋아하는 동식물 애완동물 소개하기	우리반 나무 정하기 식물이 하는 일 도움이 되는 식물	동물의 생활 동물원에 가려면	숲에서 놀아요. 만약 내가 동물이라면
	동화 동시 동극	나무는 좋다 누구야 누구	(동화) 숲속놀이터 (동화) 잭과 콩나무	(동시) 동물 친구들 (동화) 은혜 갚은 호랑이	(동화) 브레멘 음악대
	조형	명화감상-파적도	솔잎으로 그리기	명화감상-손바닥 동물원	숲 속 만들기 (조형)
	음률	작은 동물원 (새노래)	나팔꽃 (새노래)	음악감상-쇼팽 강아지 왈츠	코끼리와 거미줄 (새노래)

	신체		나무 찾기게임	동물 모습 흉내내기	자연의 소리 표현하기
	요리		과일카나페		꼬치 만들기
실외놀이		꽃구경 나들이	열매를 찾아라!	개미 따라다니기	강아지풀이랑 놀자
기본생활습관		애완동물 사랑하기	숲을 지켜요	동물원에서의 약속을 지켜요	자연의 소중함 알기
귀가		화분 들여놓고 귀가하기	꽃에 물주고 귀가하기	고마운 교통경찰관	불이 났을 때 도와줘요
지역사회 연계		동식물원 견학하기, 동물병원 다녀오기			

출처 : 진호유치원(2013).

3) 주간보육계획 및 운영

주간보육계획은 한 주 동안의 보육활동을 한눈에 볼 수 있다. 보육활동의 목표를 시작으로 월요일부터 토요일까지의 주제활동의 구체적인 내용을 담고 있는 계획안이다. 주간보육계획안의 활동명은 구체적인 활동내용이 예측될 수 있는 내용으로 명시하여 날마다의 보육활동이 무엇인지 이해할 수 있도록 해야 한다. 주간계획안은 매일의 일정이 나타난 것으로 보육교사와 학부모 모두에게 하루하루의 어린이집 생활을 예측할 수 있는 자료이기도 하다.

그러므로 주간보육계획안은 주제활동의 구체안으로서 주제의 보육목표가 달성될 수 있고, 영유아의 일과를 살필 수 있는 예측가능한 자료가 되도록 구체적이며, 영유아의 보호와 교육, 생활습관, 식간식 등에 대한 내용을 담고 있어야 한다. 이러한 주간보육계획안은 가정에 배포되어 앞으로의 한 주 생활을 부모가 알고, 필요한 정보와 사안에 대한 가정연계가 이루어질 수 있도록 해야 할 것이다.

표 5-9

만 2세 영아반 주간보육계획안의 예

주제: 알록달록 색

목표: 염색의 아름다움을 알고, 염색놀이를 할 수 있다.

활동 \ 요일		월	화	수	목	금
등원 및 맞이하기		옷차림과 날씨 변화에 대하여 이야기나누기				
전이활동		염색재료 탐색하기			그림동화–빨갛게 물들었어요	
오전 자유 선택 활동	언어 책보기	동화–풀씨야 풀씨야		그림책–풀꽃, 꽃 속에 숨었지		
	조작 탐색	꽃잎 빻아보기			색물 탐색하기, 색물그림	
	미술	한지 물들이기		습자지 염색하기		
	소꿉 쌓기	색깔쌀로 상차리기		밀가루점토 색입히기 색밀가루 점토로 음식 만들기		
	음률 대근육	음악감상–꼬방꼬방		새노래–색깔놀이		
중점활동		오감각놀이–색깔 쌀놀이, 산책활동–내 옷에 색을 입혀요				
실외자유놀이		광목천 염색하기, 황토염색				
기본생활습관		비누칠하여 손씻기				
행사						

출처 : 혜원어린이집(2012).

표 5-10

만 3세 유아반 주간보육계획안의 예

* 주 제 : 건강과 안전
* 소 주 제 : 즐거운 운동과 휴식
* 실시기간 : 7월 1주

구분		월	화	수	목	금	토
기본생활		쓰레기는 쓰레기 통에 버리기					
등원		오늘 기분이 어떤지 이야기하기					
오전 자유 선택	쌓기 놀이 영역	운동경기장을 만들어요			쉴 수 있는 잠자리를 만들어요		

활동	역할놀이 영역	우리가족 운동하는 날			아기를 재워요		
	미술 영역	운동기구 만들기		신문지로 공을 꾸며요			
	언어 영역	'나의 하루' 책 만들기			'자장자장' 잘 자요		
	수과학·조작 영역	수: 우리 들이 좋아하는 운동 경기		수: 나의 하루			
		과학 : 여러 가지 공			과학 : 낮에 할 수 있는 일, 밤에 할 수 있는 일		
	음률 영역	음악에 맞춰 신나게 걸어요		이렇게 해봐요			
대·소 집단 활동		동시 : 키가 쑥쑥 몸도 튼튼	게임 : 동글동글 공을 전달해요	이야기나누기 : 즐거운 마음을 전해주는 공	현장체험 : 공원에서 운동해요.	음악 : 꿈나라에서 우리 만나요	
실외활동		재미있게 걸어요			나무그늘에 앉아 쉬어 보기		
점심 및 낮잠		양치 컵에 물 받아서 사용하기					
오후 자유선택활동		징검다리 건너기			베개 베고 '자장자장'		
귀가 및 가정과의 연계		아빠와 스트레칭해 보기					
비고		〈동화〉 즐거워서 깔깔깔, 개구리 그웬돌린과 함께 수영 배우기					

출처: 누리과정 지침서(2013).

4) 일일보육계획 및 운영

일일보육계획은 하룻동안 이루어지는 모든 활동들을 순서적으로 기록한 계획안으로서 짜임새 있게 계획하여 하루의 일과운영이 안정적으로 이루어질 수 있도록 하는 것이 중요하다. 이를 위해 보육교사는 영유아의 등원에서부터 하원에 이르기까지 시간대별로 이루어지는 보육활동에 대해 시간과 내용, 구체적인 보육활동에 대한 내용을 상세하게 기록하여 계획한다. 이러한 계획은 보육일지와도

관련이 있어 실제로 영유아의 보육활동이 어떻게 운영되었는지를 판단하는데 기본이 되는 자료가 된다.

일일보육계획안 매일의 상황을 고려한 내용이어야 한다. 즉 영유아의 발달적 상황과 하루의 건강상태, 기분 및 정서상태를 고려하여 일과운영을 실시해야 한다. 그러므로 영유아의 상황을 염두하여 미리 작성하고, 날씨 및 계절적 특성, 가정과 지역사회의 사회적 관계에 대한 내용도 고려하여 진행될 수 있다. 이러한 보육의 특성을 이해하여 보육활동계획에서는 융통성과 상황적응력이 가미될 수 있도록 작성해야 할 것이다. 주제활동을 진행하는데 있어, 가장 중요한 것은 영유아의 안전과 보육활동에 대한 의지이므로 이를 위해 보육교사는 보육활동의 융통성과 일관성을 골고루 충족시키고자 노력해야 할 것이다. 일일보육계획의 예는 다음과 같다.

표 5-11 만 2세 영아반 일일보육계획안의 예

일일보육계획 및 일지 2010년 5월 3일 월요일 **반 연령 : 만 2세			작성자	원장
생활주제	나	**소 주 제**	몸을 움직이고 느껴봐요	
목 표	다양한 활동을 통해 신체를 자유롭게 움직여 보고 감각능력을 발달시켜 자신의 신체를 조절하고 기본 운동능력을 기를 수 있도록 한다.			
시 간	**주요 일과**	활동내용	**준비물 및 유의점**	**실행 및 평가**
7:30 ~08:40	등원 및 인사 나누기	• 밝은 미소로 영아를 맞이하고 기분과 건강상태를 확인한다. • 원아수첩과 가방을 확인한다. • 영아는 자신의 가방과 겉옷을 사물함에 바르게 정리한다.	원아수첩 사물함	
8:40 ~9:40	자유선택 활동	• 교구할 때의 약속을 이야기한다. • 영역들을 둘러보며 영아가 원하는 교구를 선택하여 자유롭게 활동한다. – 수 · 조작 : 키 재어보기 – 역　　할 : 음식 차리기	각 영역별 교구 매트	

		– 쌓　　기 : 종이블록으로 내키만큼 쌓아보기 – 언　　어 : 누가누가 잠자나 　　　　　　머리 어깨 무릎 발 – 탐　　색 : 촉감놀이 발판걷기 – 음　　률 : 그대로 멈춰라 – 미　　술 : 마음대로 그려요 • 영아들이 어려워하는 부분은 적절하게 도움을 준다.		
09:40 ~09:50	화장실다녀 오기 및 손씻기	• 화장실을 이용한 후 손을 씻는다.	비누, 수건	
09:50 ~10:10	오전 새참 및 정리 정돈	• 영아들은 책상 자리에 바르게 앉는다. • 교사가 이름을 부르면 간식그릇을 갖고 간다. • 간식기도를 한 후 간식을 먹는다. • 다 먹은 영아는 간식 그릇을 정리한다. ♡ 오전 간식 : 사과	간식그릇, 수저	
10:10 ~10:30	대소 그룹 활동	– 출석을 불러 본다. – 인사노래를 하고, 오늘에 날짜와 날씨를 안다. – 영아들에 손톱과 발톱이 길었는지 확인하고 잘라 준다. 〈 이야기 나누기 – 코코코 놀이 〉 –영아들과 함께 자신의 눈, 코, 입을 찾아보도록 한다. –'사과 같은 내얼굴' 노래를 부르며, 눈, 코, 입을 짚어 보도록 한다. –교사는 코코코 말하며 신체부위를 찾는 놀이를 영아들에게 이야기해 준다. T: 얼굴에는 눈, 코, 입, 눈썹 그리고 또 뭐가 있는지 말해 볼까요? T: 코코코~ 하고 말하면서 우리 몸에는 어떤 곳이 있는지 찾아보는 놀이를 할거예요. – 코코코 놀이를 빠르게 또는 느리게 하여 놀이를 영아와 함께 해 본다. – 이번엔 코코코 한 다음 선생님이 말하는 곳을 잘 찾아보자. – 영아들도 교사의 역할처럼 놀이해 보도록 유도하고, 활동이 끝나면 다음 활동으로 진행한다.	출석부, 손톱깍이	

10:30 ~11:30	실외자유 놀이	– 교사가 준비한 실외놀이를 한다. 〈실외놀이 – 맨발로 사뿐사뿐〉 – 다른 놀이를 하고 싶은 영아는 자유롭게 놀 수 있도록 한다. – 우천시 실내활동으로 대처한다. 〈대체활동 – 개구리처럼 높이높이〉	실외놀이도구, 신문지	
11:30 ~11:40	화장실다녀오기 및 손씻기	• 화장실을 이용한 후 손을 씻는다.	비누, 수건	
11:40 ~12:30	점심 및 이닦기	• 자기자리에 바르게 앉는다. • 교사가 식판을 나누어 준다. • 점심 기도 후 점심을 먹는다. • 다 먹은 영아는 식판 정리를 한다. • 식사를 먼저한 영아부터 화장실에서 소변을 본 후 이를 닦는다. ♡ 점심: 현미잡곡밥, 팽이버섯된장국, 고등어구이, 오이무침, 김치	식판, 숟가락, 포크, 칫솔, 치약, 컵	
12:30 ~14:20	낮잠 준비 및 낮잠	• 매트, 베개, 이불을 펴고 낮잠준비를 한다. • 영아의 이름을 호명하면 영아는 자신의 베개를 찾아 눕는다. • 교실 조명을 끄고, 조용한 음악을 틀어 주어 영아가 편안한 분위기에서 잠을 잘 수 있도록 도와 준다.	매트, 베개, 이불, 오디오, CD	
14:20 ~14:40	정리 정돈 및 화장실 다녀 오기	• 일어난 영아 순서대로 침구를 정리한다. • 화장실을 이용한 후 손을 씻는다.	비누, 수건	
14:40~ 15:00	오후 새참 및 정리정돈	• 영아들은 책상 자리에 바르게 앉는다. • 교사가 이름을 부르면 간식그릇을 갖고 간다. • 간식 기도를 한 후 간식을 먹는다. • 다 먹은 영아는 간식 그릇을 정리한다. ♡ 오후 간식 : 닭야채죽, 깍두기	간식그릇	
15:00 ~15:30	자유선택 활동	• 교구 할때의 약속을 이야기한다. • 영역들을 둘러보며 영아가 원하는 교구를 선택하여 자유롭게 활동한다. – 수 · 조작 : 키 재어보기	각 영역별 교구, 매트	

		– 역　　할 : 촉각음식 차리기 – 쌓　　기 : 종이블록으로 내키만큼 쌓아보기 – 언　　어 : 누가누가 잠자나 머리 어깨 무릎 발 – 탐　　색 : 촉감놀이 발판걷기 – 음　　률 : 그대로 멈춰라 – 미　　술 : 마음대로 그려요 • 영아들이 어려워하는 부분은 적절하게 도움을 준다.		
15:30 ~15:45	하루 평가 및 화장실 다녀 오기	• 조용한 놀이를 하며, 순차적으로 귀가할 수 있도록 돕는다. • 영아의 몸 상태를 확인한 후, 옷을 바르게 입고 가방을 챙긴다. • 화장실을 이용한 후 손을 씻는다	원아수첩, 비누, 수건	
15:45 ~ 17:00	귀가 지도 및 자유 선택 활동	• 교구할 때의 약속을 이야기한다. • 영역들을 둘러보며 영아가 원하는 교구를 선택하여 자유롭게 활동한다. – 수 · 조작 : 키 재어보기 – 역　　할 : 촉각음식 차리기 – 쌓　　기 : 종이블록으로 내키만큼 쌓아보기 – 언　　어 : 누가누가 잠자나 머리 어깨 무릎 발 – 탐　　색 : 촉감놀이 발판걷기 – 음　　률 : 그대로 멈춰라 – 미　　술 : 마음대로 그려요 • 영아들이 어려워하는 부분은 적절하게 도움을 준다.	각 영역별 교구, 매트, 머리빗, 원아수첩	
17:00 ~19:30	통합 보육 및 귀가	– 영아의 몸 상태를 확인한 후, 옷을 바르게 입고 가방을 챙긴다. – 부모님이 오시는 영아는 부모님이 오시는 대로 귀가 지도한다.	머리빗, 원아수첩	

출처: 혜원어린이집(2012).

표 5-12

만 4세 유아반 일일보육계획안의 예

2014년 만 4세 유아반 일일보육계획안 **월 00일 수요일	
주 제	우리나라
목 표	다양한 전통놀이를 경험하고, 전통놀이의 즐거움을 안다.
활 동	활동내용 및 방법
8:00~09:00 등원	• 유아와 인사 나누며 반갑게 맞이한다. • 유아의 건강상태와 기분을 살핀다.
09:00~09:30 오전 간식	• 감사하는 마음으로 바르게 앉아 먹는다. • 다 먹은 후 그릇은 스스로 분리 · 정리한다.
09:30~09:40 정리정돈 화장실 다녀오기	• 그릇을 정리하고 화장실에서 손을 씻는다.
09:40~10:40 실내 자유선택활동	• 흥미영역을 둘러보고 오늘의 놀이를 계획한다. – 언어표현 : 이서방 이서방 – 쌓기활동 : 산가지 놀이 – 조형활동 : 제기 만들기 – 음률활동 : 새노래–새야 새야 – 조작활동 : 전통문양퍼즐 맞추기 – 과학활동 : 팽이 돌리기 • 활동이 끝나면 놀잇감을 제자리에 정리한다.
10:40~10:50 정리정돈	• 쓰레기를 줍고 화장실을 다녀온다.
10:50~11:20 대 · 소집단 활동	동화 : 전래놀이와 관련된 동화 듣기 • 교사 주위로 모여 앉는다. • 출석점검 및 인사를 나눈다. • 새노래–'이서방 이서방'을 부르며 주의를 환기시킨다. • 동화 : 전래놀이와 관련된 동화를 듣는다. – 동화를 듣고 난 후 알게 된 사실을 서로 이야기 나눈다. – 동화를 듣고 난 후 확장활동으로 그림그리기나 동시짓기를 한다.

11:20~12:00 실외자유놀이	전래놀이–두꺼비 집짓기 • '두꺼비 집짓기' 놀이를 하기 위해 모래놀이장으로 모여 앉는다. – 손등 위에 모래를 올려 두드리며 '두껍아 두껍아' 노래를 부르며 두꺼비 집을 짓는다. – 유아가 만든 두꺼비집을 친구들의 것과 비교해 본다.
12:00~12:10 대 · 소변 지도	• 손을 깨끗이 씻고 화장실을 다녀온다.
12:10~13:00 점심식사	• 차례대로 줄을 서서 직접 배식을 받거나 도우미를 활용하여 점심을 배식 받는다. • 감사하는 마음으로 맛있게 먹는다. • 칫솔에 치약을 스스로 짜보고, 이를 바르게 칫솔질한다.
13:00~13:30 휴식	• 편안한 자세로 여유있는 시간을 갖는다. • 조용한 놀이를 하면서 소화시킨다.
13:30~15:00 낮잠	• 각자의 침구에서 휴식하거나 낮잠을 잔다. • 조용하고 아늑한 분위기에서 낮잠을 잔다.
15:00~15:30 기상 및 정리정돈	•잠을 깨고, 옷을 갈아입는다. • 침구를 정리하고, 화장실에 다녀온다.
15:30~16:00 오후 간식	• 차례대로 간식을 받는다. • 감사하는 마음으로 바르게 앉아 먹는다. • 다 먹은 후 그릇은 스스로 분리 · 정리한다.
16:00~16:30 오후 대 · 소집단 활동	전래동요 "할머니 고개" • 전래동요를 듣고 따라 불러 본다. • 노랫말에 따라 동작을 만들어 본다. • 전래동요를 감상하고 느낌을 몸으로 표현해 본다.
16 : 30~17 : 30 오후 실내자유 선택활동	• 자기가 흥미 있고 관심 있어 하는 영역에서 놀이한다. – 언어표현 : 이서방 이서방 – 쌓기활동 : 산가지 놀이 – 조형활동 : 제기 만들기 – 음률활동 : 새노래–새야 새야 – 조작활동 : 전통문양퍼즐 맞추기 – 과학활동 : 팽이 돌리기 • 놀이가 끝나면 스스로 놀잇감을 제자리에 정리한다.
17:30~17:50 정리정돈	• 쓰레기를 줍고 화장실을 다녀온다.

17:50~18:20 평가 및 귀가준비	• 하루일과를 돌아보고 평가하는 시간을 갖는다. • 내일의 일정에 대하여 알아본다.

출처: 혜원어린이집(2012).

3. 보육활동

하루하루 이루어진 보육활동들은 보육과정의 주된 내용이라고 볼 수 있다. 잘 짜여진 매일의 보육활동에 대한 이해를 바탕으로 보육활동을 전개하는 데 요구되는 사항에 대해 보육교사는 숙지하고 있어야 한다.

영유아의 보육활동은 등원에서부터 시작하여 하원으로 마무리되는데 그 동안의 하루의 일과가 어떻게 이루어지는지를 분명하게 이해하여 보육활동을 알맞게 전개해야 한다. 보육활동의 의미와 특성을 이해하여, 각각의 보육활동에서 달성되어야 할 내용을 실현하는 것이 중요하다. 다음은 보육활동을 일과순으로 나열한 것으로 각 활동에 대한 내용이다.

1) 등원

영유아의 보육활동은 등원으로 시작된다. 어린이집에 들어오는 순간부터 보육활동이 시작되는 것이다. 영유아의 등원은 영유아가 부모와 어린이집에 오는 것도 있지만 차량운행을 통해 등원하는 수도 많으므로 보육교사의 등원은 차량안내 및 지도에도 보육활동계획이 요구된다.

영유아가 차량이나 도보로 등원하게 되면, 보육교사 및 원장은 반갑게 영유아를 맞이하면서 영유아의 건강상태를 시진하고, 정서 상태를 파악해야 한다. 이를 위해 부모의 이야기나 메모, 편지 등을 살펴서 영유아에 대한 정보를 수집하여 하루 일과운영에 반영하도록 한다. 그리고 보육활동의 시작을 명랑하고 활기차게 시작할 수 있도록 밝은 분위기를 만들어 주고, 안정된 마음으로 하루를 계획하고 시작할 수 있게 안내와 지도를 실행한다. 또한 집에서 가져온 개인 용품이나 준비물 등을 확인하고, 교실입장과 관련한 정리정돈과 놀이계획, 신체활동 준비 등을 준비하도록 한다.

2) 실내 자유선택활동

영유아의 자유선택활동은 영유아 모두가 교실에 구성된 흥미영역에서 자유롭게 놀이하는 것으로, 주제와 관련된 교재 · 교구와 활동자료를 각자의 의사와 흥미에 맞게 선택하여 활동을 실행하는 것이다. 이를 원활하게 진행하기 위해 영아의 경우 교사가 소그룹이나 일대일로 영아와 놀이방법 및 놀잇감을 소개하고 활용하는 방법을 안내한다. 유아의 경우 등원 시간에 미리 자유선택활동을 계획하여 자신의 관심에 맞는 놀이활동을 계획하고 실행하고 평가하는 과정을 경험할 수 있도록 한다. 이를 통해 자유선택활동의 교육적 효과를 높이고, 영유아 주도의 보육활동으로서의 자유선택활동 가치가 실현될 수 있게 한다.

보통 영아의 경우 40-50분 정도, 유아의 경우 1시간에서 1시간 반 정도 자유선택활동이 이루어질 수 있도록 하여 여유있게 주제관련 놀이활동을 골고루 해 볼 수 있도록 한다. 그와 함께 보육교사는 교실 전체를 조망하면서 담당 영유아의 놀이상황을 파악하고, 그에 맞는 적절한 놀이참여자, 조력자, 관찰자의 역할을 수행하도록 한다. 자유선택활동에서 찾을 수 있는 영유아의 정보를 놓치지 않고 수집하여 보다 적절한 보육환경을 만들고 보육활동을 실행할 수 있음을 기억해야 한다.

3) 정리정돈

자유선택활동 및 각각의 활동 다음으로는 정리정도 시간이 배치된다. 일과운영상 10분가량 배치된 정리정돈은 전후 활동에 따라 시간이 조정된다. 정리정돈은 영유아가 기존의 하던 활동을 마무리하고 놀잇감 및 놀이장소를 정리하는 것이다. 이러한 활동은 영유아의 기본생활습관에 영향을 미치는 것으로 중요하게 이루어져야 할 것이다.

영유아의 생활지도시 청결과 정리정돈, 위생관리적 차원에서 자신과 주변을 정리정돈하는 것은 표준보육과정과 누리과정에 명시된 내용이다. 이에 따라 보육교사는 여유있게 정리정돈을 제대로 실시할 수 있도록 안내하고, 정리정돈의 방법을 설명하고, 직접 정리정돈하는 모습을 보여 영유아가 방법을 익히고, 습관으로 바른 행동을 갖출 수 있도록 하는 것이 필요하다.

4) 화장실 다녀오기 및 손씻기

기저귀를 착용하는 만 1세의 경우에도 화장실을 다녀오고, 손씻기 활동은 주된 보육활동으로 진행되어야 할 내용이다. 자신의 위생관리를 영유아가 습관적으로 실행할 수 있도록 하는 것으로 화장실 사용법과 안전지침을 알려주고, 필요한 상황에서는 교사가 영유아의 용변처리와 위생관리를 직접해 주기도 하면서 일상적인 보육활동을 진행한다. 이러한 보육활동은 정리정돈과 함께 지속적인 관리와 지도가 필요하므로 장기간에 걸친 생활지도임을 알고, 조급하게 진행하지 않도록 한다.

5) 대 · 소집단 활동

대 · 소집단 활동은 보육활동에서 구체적이고 직접적인 주제활동이라고 볼 수 있다. 영유아의 인원에 맞추어 대집단, 소집단으로 이루어지는 활동은 보육교사가 주제활동을 직접적으로 실행하는 시간이다. 영유아 그룹의 선정은 보육활동의 내용에 따라 선택적으로 진행하는 것이지만, 각 연령의 특성과 반별 특성을 고려하여 집단의 규모를 선정하는 것이 필요하다.

대 · 소집단 활동시간에는 주로 이야기 나누기, 동화 · 동시 읽기 및 이해하기, 동극활동, 음률활동, 신체표현, 게임, 실험 및 관찰, 평가 등이 이루어진다. 보육교사의 교수능력이 나타나는 본 활동에 대해 보다 구체적인 활동계획을 통해 준비하고, 원활한 활동이 진행될 수 있도록 날씨와 영유아의 건강 및 정서상태 등을 고려하여 실행한다.

6) 간식 및 점심 식사

간식 및 점식 식사시간은 영유아에게 영양가 있는 음식을 제공하는 시간이다. 어린이집에서 시간대에 맞추어 음식을 제공하는 것은 생리적 욕구를 충족시키는 것 이상의 의미가 있다. 가정양육을 대체하는 보육서비스는 영유아의 생존권을 보장한다는 차원에서 좋은 먹거리를 제때에 알맞게 제공해야 한다. 또한 일상적으로 진행되는 식사시간을 통해 영유아에게 음식섭취에 대한 즐거운 경험을 제공하고, 식사 예절 및 영양관련 식생활지도가 이루어지는 시간이다. 이러한 복지 및 교육적 차원의 의의를 되새기면서 보육교사는 보육활동으로서의 간식 및 점심 식사시간을 운영해야 한다.

한편 영유아의 위생관리로 식사 후 이닦기를 실행한다. 영유아의 구강관리를 위해 연령별 필요한 도구를 준비해 놓고, 알맞은 지도방법으로 구강 청결을 유지시켜야 한다. 또한 영유아의 신체발달에 따라 스스로 이닦기를 할 수 있도록 방법을 알려주고, 교사 또한 시범을 보이면서 필요한 보육활동을 적극적으로 실시한다.

7) 낮잠 및 휴식

하루종일 어린이집에 머무르는 영유아에게는 낮잠 및 휴식 일과가 포함되어야 한다. 건강한 발달을 도모하기 위한 기본은 건강한 신체일 것이다. 또한 안전한 보육활동을 진행하기 위해서도 영유아의 건강상태를 고려해야 할 것이다. 이러한 이유로 어린이집의 일과에는 낮잠 및 휴식이 계획되어야 한다. 영유아가 안정적인 분위기, 조용한 상태로 편안하게 쉴 수 있는 시간을 제공함으로써 발달에 적합한 보육과정을 운영하는 것이다. 아늑한 분위기에서 청결한 자신의 침구를 가지고 낮잠을 자고, 쉴 수 있도록 보육교사는 일과 중에 낮잠 준비를 계획하고, 실행하는 것이다. 이 때 영유아의 낮잠 요구가 다를 수 있으므로 단체 보육하는 가운데에서도 개별 영유아의 특성과 생리적 욕구에 부응할 수 있도록 노력해야 할 것이다.

8) 실외활동

보육일과의 균형성을 맞추기 위해서는 실내활동과 함께 실외활동을 충실히 진행하는 것이 중요하다. 영유아의 보육시간이 길어지면서 안전상의 이유로 실내 보육 시간이 길어진다. 실내활동의 장점을 취하는 것과 함께 실외활동의 의미를 경험할 수 있는 기회를 제공하는 것이 중요하다.

그러므로 보육교사는 일과운영에 있어 실외활동, 바깥놀이활동에 대한 시간을 명시하고, 날씨와 계절적 아름다움을 만끽할 수 있는 시간과 주제에 따른 실외활동을 계획하여 운영하는 것이 필요하다. 영유아의 건강과 즐거운 보육생활을 위해서 보다 치밀하게 실외활동을 계획해야 할 것이다. 단순히 실외활동이 바깥 놀이터에서 영유아의 자유로운 신체활동, 놀이활동 만으로 이루어져서는 곤란하다. 주제를 알아보는 보육활동의 하나로 실외에서 이루어질 수 있는 활동을 계획할 수 있으며, 자연과 주변환경을 접하면서 주제중심적 보육활동을 실행할 수 있는 내용이어야 한다.

9) 귀가

영유아의 하루일과가 끝나고 가정으로 돌아가는 시간인 귀가시간에는 보육활동의 주체자인 영유아와 함께 하루의 일과를 정리하는 시간이기도 하다. 바로 집에 가는 시간이 아니라 영유아의 수준에 따라 자신들의 하루일과를 회상하고, 정리하면서 자신의 생활을 점검하는 습관을 가질 수 있도록 한다. 또한 부모에게 일과에서 특이점이나 영유아의 정보를 제공하고, 가정과 연계할 수 있는 부분을 공유하도록 한다. 보육교사는 가정으로 돌아가는 영유아에게 제공해야 할 가정통신문이나 작품, 안내사항들을 전달할 수 있도록 하고, 하루를 마무리할 수 있도록 안내한다.

제6장

보 육 환 경

1. 영유아를 위한 보육환경 구성
2. 영아 보육환경의 구성
3. 유아 보육환경의 구성

1. 영유아를 위한 보육환경 구성

1) 보육환경의 의의

영유아를 대상으로 하는 보육과정에는 보육환경에 대한 관리도 포함된다. 보육활동 전반에 대한 내용에서는 보육환경에 대한 중요성도 강조되고 있다. 인간생애에서 영유아기의 발달적 중요성이 강조되면서 이들이 생활하는 어린이집의 환경이 중요하게 다루어지고, 사회 문화적, 인적환경으로서의 보육환경에도 많은 관심과 노력이 필요함을 인식하고 있다. 이에 대해 본 장에서는 보육과정을 살피는 내용으로 영유아의 보육환경의 의미와 특징을 알아보고, 연령별 적합한 보육환경이 무엇인지 알아보고자 한다.

영유아기의 발달을 도모하는 보육환경의 중요성은 영유아의 신체적 발달의 안정성과 교육적 수단으로 인식하지만 보다 장기적인 영향력으로서 보육환경은 영유아의 가치관과 세계관, 주변환경과의 상호작용에 영향을 미치므로 더욱 의미가 있다. 즉 영유아의 놀이환경이 얼마나 안전한가, 어느 정도의 면적과 공간을 확보하느냐는 또래와의 놀이상호작용에 영향을 미치고, 영유아의 놀이행동에 자극을 준다는 것이다. 이것은 영유아가 환경과 관계맺는 방식에 영향을 미치고, 특정행동의 기준이 되는 가치관을 심어줄 수 있는 것이다. 그러므로 영유아의 보육환경은 보다 세심하게 다루어져야 하고, 생존차원을 넘어 보다 사회 문화적 관점에서 보다 인간적인 환경구성에 관심을 두어야 할 것이다.

이와 함께 보육환경을 보육활동에 집중하여 그 의미를 설명하면 다음과 같은 기회와 가능성을 제시하므로 보육과정에서 다루게 된다. 첫째, 보육환경은 영유아를 보다 자율적이고 독립적인 존재로 성장할 수 있는 가능성을 갖는다. 둘째, 보육환경은 영유아가 지역사회의 구성원으로서 그 역할에 관심을 두고, 실천할

수 있는 대안을 찾을 수 있는 존재로 성장하게 할 수 있다. 셋째, 보육환경은 영유아를 문제해결자로서 자신의 역량을 키울 수 있는 기회를 제공한다. 이러한 보육환경의 기능과 가능성을 염두하여 보육환경을 구성할 필요가 있겠다.

2) 보육환경의 구성 원리

영유아의 보육활동에 중요한 역할을 하는 보육환경은 다음과 같은 측면에서 구성되어야 한다.

첫째, 공간을 고려해야 한다.

보육환경은 물리적 환경으로서 그 개념이 먼저 이루어진다. 물리적 환경으로서 어떠한 공간을 마련하였으며, 공간배치가 어떠한지는 보육환경의 질적인 부분의 가장 기초가 된다. 영유아의 능동적 참여를 원한다면 가장 먼저 보육환경의 공간이 영유아의 욕구를 충족시킬만큼 확보된 공간인지를 살펴야 한다. 그리고 보다 인간적인 공간배치로 영유아의 발달적 특성을 고려한 공간배치가 이루어져 영유아의 행동과 동선에 친화적인 공간이 구성되어야 할 것이다. 또한 공간은 인테리어를 포함하는 것으로 영유아의 정서, 사회적 발달에 긍정적인 영향을 미칠 수 있는 경관을 마련하는 것이 필요하다. 그러므로 보육환경의 구성 원리에서 공간은 인간의 행동을 이해하고, 환경과 적극적인 접촉이 가능할 수 있는 물리적 배경을 마련하는 것이라고 볼 수 있다(심성경 외, 2008).

둘째, 교구와 조화를 이루어야 한다.

영유아가 생활하는 보육환경은 그들의 발달을 도모하고, 안전하게 일상적인 생활이 이루어질 수 있도록 하는 다양한 교구와 생활용품이 함께 한다. 영유아의 흥미와 관심을 높일 수 있는 교구와 도구를 선별해서 안전하게 배치할 수 있는 것 또한 보육환경 구성에서 중요시하는 부분이다.

교구를 선정하고, 배치하는데 있어 영유아의 보육환경의 큰 맥락을 놓치지 않아야 할 것이다. 즉, 영유아 보육에 필요한 교구라는 것은 주관적인 판단과 인식에서 시작될 수 있다. 보육활동의 주체인 영유아를 고려하여, 그들의 발달적 욕구를 충족시킬 수 있는 적절한 교재 · 교구를 골라 알맞은 방법과 시기에 제시하는 것이 필요하다. 이것은 교구들간의 관계를 고려하고, 개인이 아닌 그룹으로 보육하는 어린이집의 구조적 특성을 인식하여 여러 명의 영유아가 동시에 활용하게 되는 교구임을 인식하여 조화로운 교구 제공 및 보육환경이 구성되어야 한다.

셋째, 상호작용에 가치를 두어야 한다.

보육환경은 살아있는 존재들의 터전이다. 즉 각자의 의지와 요구가 동시다발적으로 이루어지는 활동의 장이 보육환경이라는 것이다. 그러므로 보육환경은 환경에 있는 영유아들과 교사, 교구 등의 관계망을 살필 수 있어야 한다. 보육과정에서는 강조하는 상호작용은 보육환경 구성에도 중요한 요소이다(서영숙 외, 2012). 그래서 보육교사들은 상호작용을 적극적이고, 편안하게 자주 이루어질 수 있는 보육환경이 될 수 있도록 고려해야 한다. 환경과 영유아가 함께 하루하루를 만들어 간다는 측면에서 상호작용의 의미와 가치를 이해한 환경구성이 요구되는 것이다. 언어적, 비언어적 상호작용이 다양하고 안전하게, 유쾌하게 이루어져 사회적 환경으로서의 보육환경의 쓰임이 부각될 수 있는 환경구성이 필요하겠다.

2. 영아 보육환경의 구성

인간의 생애 초기 발달은 전 생애에 걸쳐 영향을 미치므로 중요한 시기로 인식되고 있다. 영아기 발달에 적합하고, 영유아가 안전하면서도 그들의 발달적 과업 등을 잘 달성해 갈 수 있는 보육환경이 무엇인지 알아야 한다. 능동적으로 영아 자신이 그들의 발달을 도모해 갈 수 있을 정도의 적합한 영아 보육환경을 이해하고, 환경구성을 실현할 수 있어야 바람직한 보육과정을 실행해 간다고 할 수 있을 것이다.

1) 영아 보육환경의 조건

빠른 발달의 속도를 보이는 영아기는 영아 개인이 스스로 움직이거나 활동하는 데 제약적인 발달적 특성을 고려해야 한다. 잘 움직이지 못하는 영유아가 인간으로서의 운동성과 신체발달을 도모해 갈 수 있는 적합한 환경에 대해 보육교사는 분명한 이해를 해야 한다. 이와 관련해 영아들에게 적합한 보육환경은 다음과 같은 조건들을 충족해야 한다.

첫째, 영유아기의 발달상황에 적합해야 한다. 신체발달에 있어 빠른 변화를 보이는 영아기의 특성을 고려하여, 영아의 대근육발달을 키우고, 안전하게 신체운동 능력을 키워갈 수 있는 환경이 필요한 것처럼, 영아기의 발달적 특성에 알맞은 보육환경이 되도록 최선의 노력을 해야 한다.

둘째, 영아 보육환경은 안전성을 강조해야 한다. 영아기의 특성상 안전에 대한 인식이 분명하지 않고, 안전대처 능력이 부족하므로 사전에 안전사고를 예방하고, 안전한 분위기에서 자신의 욕구를 해결해 갈 수 있는 조건이 이루어져야 한다.

셋째, 발달을 도모할 수 있는 환경이어야 한다. 발달에 적합한 환경과 발달을 도모하는 환경은 약간의 구분이 필요한 내용이다. 즉 자신이 할 수 있는 능력보다 앞단계의 발달을 이루어 가기 위한 노력이 필요한 것처럼, 비고츠키가 언급한 근접발달지대의 유용성이 실현될 수 있는 보육환경이어야 한다는 것이다. 보다 높은 수준의 과업을 달성할 수 있도록 시도하고, 연습할 수 있는 기회를 제공할 수 있는 환경이어야 한다.

넷째, 영아 보육환경은 애착심을 줄 수 있어야 한다. 생애 초기에는 자신이 속한 사회를 지각하고, 존재감을 확인해 가면서 자아를 발달시켜 간다. 발달능력으로는 미숙한 영아가 자신이 생활하는 공간에서 안정감을 갖고, 친밀함을 누릴 수 있는 환경이 되어야만 학습과 교육 또한 가능하다. 그런 입장에서 볼 때 영아가 친밀감을 갖고, 보육환경에 적응하고, 생활해 갈 수 있는 애착심이 생기는 환경이 되도록 해야 할 것이다.

2) 영아반 실내 보육환경의 구성

영아반의 실내 보육환경은 안전성과 청결에 중점을 두고 일상생활영역과 놀이영역을 구성해야 한다. 특히 보육환경에 배치할 교구들은 내구성을 기본으로 안전하고 청결한 교구들로 배치하여야 한다. 청결을 유지, 관리하기 위해서 세척하기 용이하고, 관리하기 손쉬운 소재로 만들어진 놀잇감이 필수적이다.

영아반의 보육환경에서 놀이영역은 신체운동영역, 인지영역, 사회성 영역으로 살펴볼 수 있다. 신체발달을 도모하기 위한 신체운동영역은 영아의 대근육운동을 도모할 수 있는 교구가 배치되어 있고, 운동성을 자유롭게 펼칠 수 있는 공간이 확보되어야 한다. 기기, 걷기, 뛰기, 오르기 등이 신체운동영역에서 이루어질 수 있도록 신경을 써야 할 것이다. 또한 영아의 소근육 발달과 조작능력을 신장시키기 위해서 손으로 할 수 있는 작업이 가능한 교구를 배치하고, 손을 활용해서 놀이할 수 있는 놀잇감 등을 비치하도록 한다.

다음으로 영아의 인지발달을 도모하는 영역으로 인지영역에 해당되는 것으로 감각탐색영역, 창의영역이 있다. 이들 영역에서는 신체활동이 활발해지는 것을 바탕으로 인지능력을 결합해 갈 수 있도록 환경구성을 해야 한다. 사물과 환경을 탐색하고, 각 사물의 특성을 감각적으로 알아보고, 영아가 실현해 볼 수 있는 감각활동을 시도할 수 있는 교구재가 구비되어야 한다. 이 영역에서의 놀이를 통해 영아는 사물의 특징을 이해하고, 탐색과정을 통해 탐구능력과 방법을 하나씩 습득해 갈 것이다.

사회성 영역은 의사소통영역과도 관계있는 영역이다. 보육교사와 다양한 상호작용이 이루어지고, 사회적 관계를 시도해 가는 활동이 가능한 영역인 것이다. 이야기를 주고받고, 책을 읽고, 듣고, 안정감을 갖고 의사소통 방식을 체험해 갈 수 있는 영역으로 구성해야 한다.

다음은 영아반에 구비할 수 있는 교구 · 교재이다. 다음 〈표 6-1〉의 내용을 참고하여 영아반 실내 보육환경을 구성할 수 있겠다.

표 6-1

영아기 발달에 적합한 교구 · 교재

발달영역	교구 · 교재
신체발달	자동차, 트럭, 다양한 크기의 부드러운 공, 굴러가는 장난감, 큰 종이상자, 가볍고 부드러운 소재의 블록, 매트, 체육활동 짐(gym)
언어발달	종이 도서, 천 도서, 다양한 재질의 도서, 흔들의자, 소파, 쿠션, 손인형, 손가락 인형, 동물 인형, 친숙한 대상의 사진, 그림, 카세트
인지발달	리듬막대, 리듬악기, 북, 리본끈, 스카프, 누르면 소리나는 놀잇감, 필기도구, 큰 구슬, 조각 개수 1-2개인 퍼즐, 비밀상자, 팥주머니, 밀고 당기는 놀잇감, 큰 사이즈의 레고블록
사회발달	봉제인형, 모자, 전화기, 병원놀잇감, 인형침대, 인형유모차, 부엌놀잇감, 가방

일상생활영역-개인사물함

일상생활영역-싱크대 및 샤워실

탐색조작영역

언어영역

신체운동영역

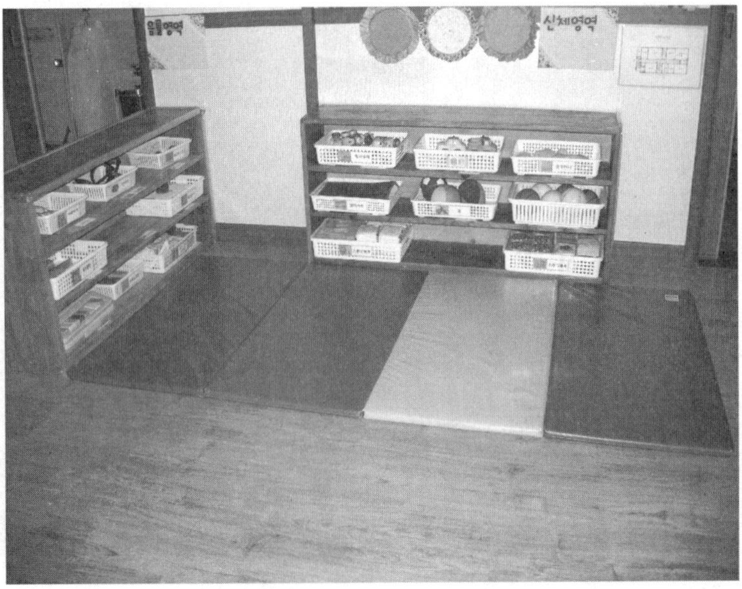

쌓기영역

역할영역

3) 영아반 실외 보육환경의 구성

어린이집에서 영아들만을 위한 실외 보육환경을 구성하기 쉽지 않지만, 이상적으로는 영아기의 특성에 맞는 실외 보육환경 구성에 관심을 두어야 한다. 영아를 위한 실외 보육환경은 먼저 대근육활동이 이루어질 수 있는 환경이 구성되어야 한다. 실내 보육환경에서 실행하기 어려운 대근육 활동과 운동을 실행할 수 있는 환경이 필요하다. 영아의 대근육활동과 운동을 할 수 있는 복합놀이기구와 공간을 제공한다.

또한 대근육활동을 하는 가운데 영아가 잠시 쉴 수 있고, 조용한 놀이가 이루어질 수 있도록 활동 공간을 제시한다. 건강상의 이유나 영아의 신체발달 수준, 관심에 따라 정적인 활동 또한 실외에서 가능하도록 공간을 마련하는 것이 필요하다.

마지막으로 영아를 위한 실외 보육환경에는 동식물을 관찰하고, 기를 수 있는 영역이 구성될 수 있다. 자연의 아름다움과 생명체의 특징 등을 알아보고, 심미감과 탐구심을 자극할 수 있는 공간구성이 조성되는 것이 필요하다.

휴식 공간

복합놀이기구

대근육 공간

화단 및 텃밭

2. 유아 보육환경의 구성

1) 실내 보육환경의 구성 원리

유아를 위한 보육환경의 구성은 유아의 연령, 발달특성, 반의 인원수에 맞추어 공간을 구성한다. 공간 구성시 일반적으로 흥미영역별로 나누게 되는데 주로 이동성 있는 교구장이나 칸막이, 사물함 등을 이용하여 영역 구성을 하게 된다. 여기서는 Frost의 환경구성 원리를 기초로 건조하고 조용한 곳, 건조하고 활동적인 곳, 조용하고 물이 있는 곳, 활동적이고 물이 있는 곳의 네 가지 공간으로 구분하였다.

보육실의 흥미영역별 공간구성은 이 네 가지 구성원리에 기초하여 영역을 배치한다. 이렇게 배치함으로써 활동과 활동 간에 독립성을 유지해 줄 수 있게 된다. 예를 들면, 조용한 활동과 활동적인 활동, 물을 사용하는 활동과 그렇지 않은 활동들을 한쪽에 따로 배치하면 서로 방해되지 않는다. 일반적으로 3-5세 유아를 위한 실내 흥미영역은 쌓기영역, 역할영역, 조형영역, 조작영역, 음률영역, 언어영역, 수영역, 과학영역, 컴퓨터영역 등이 보편적이며 이는 주제나 계절에 따라 변화할 수 있다.

2) 실내 보육환경의 구성

3-5세 유아를 위한 실내 보육환경 구성은 유아의 발달 수준에 맞는 교육환경과 일상생활영역으로서 그 구성이 영아와 차별화된다. 영아기보다 자율성을 갖고 보다 적극적으로 놀이하면서 자신의 궁금증과 주제활동에 관한 정보를 접할 수

있는 유아에게 적절한 환경구성은 유아보육에 중요한 사안이다. 이러한 유아반의 실내환경은 유아의 연령, 발달단계, 인원수, 유아의 흥미에 따라 재구성될 수 있다. 일반적으로 구성되는 교실 내 영역은 언어영역, 쌓기영역, 음률영역, 수조작영역, 미술영역, 역할영역, 과학영역 등으로 구성할 수 있다.

다음 〈표 6-2〉는 각 영역에서 갖추어야 할 교재 · 교구 목록이다.

표 6-2

흥미영역별 교재 · 교구 내용

흥미영역	교재 · 교구
언어	카펫, 안락의자, 매트리스, 베개, 책의 겉장이 보이는 책꽂이, 주제에 관한 책, 카세트, 테이프, CD, 손인형, 필기도구(연필, 지우개, 매직펜), 가위, 펀치, 스템플러, 컴퓨터 프린트
쌓기	카펫, 테이프(영역구분용), 유니트 블록 세트, 속이 빈 블록, 꾸미기용 품목(레고, 색벽돌), 인물소품, 동물 소품, 교통기관 소품, 인형집 가구
음률	작은 낙하산, 리듬악기, 스카프, 테이프, 카세트, 키보드, 깃발
수조작	판게임, 구슬꿰기, 숫자판, 퍼즐, 로토게임, 끼우기 블록, 기억하기 게임판, 모자이크와 패턴 블록, 단추, 열쇠 끼우기, 인형가구, 소형 가족센트 인형, 퀘즈네어 막대
미술	미술용 깔개, 그리기 용품(이젤, 물감, 그릇, 붓, 신문지 등), 건조대, 풀, 본드, 크레용, 도화지, 찰흙, 점토, 펀치, 종이접시, 색지, 토시, 핑거페인트
역할	탁자, 의자, 인형침대, 싱크대, 화장대, 여러 가지 옷, 가방, 신발, 악세서리, 모자, 냉장고, 난로, 주방용품, 전화, 주제별 소품상자(가게놀이, 병원놀이, 미용실놀이 등)
과학	돋보기, 저울, 자석, 계절별 자연물, 그릇, 공구, 고장난 가전제품(기계), 과학도서

언어영역

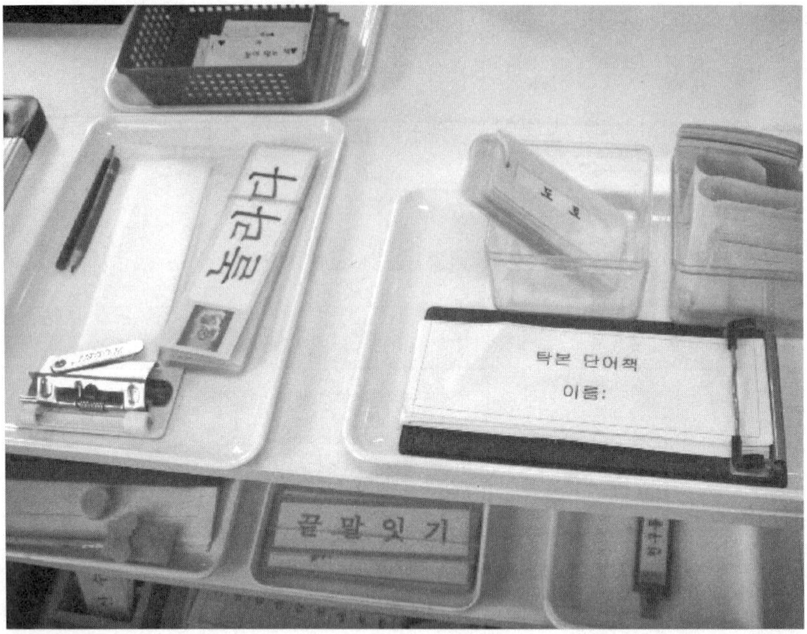

쌓기영역

음률영역

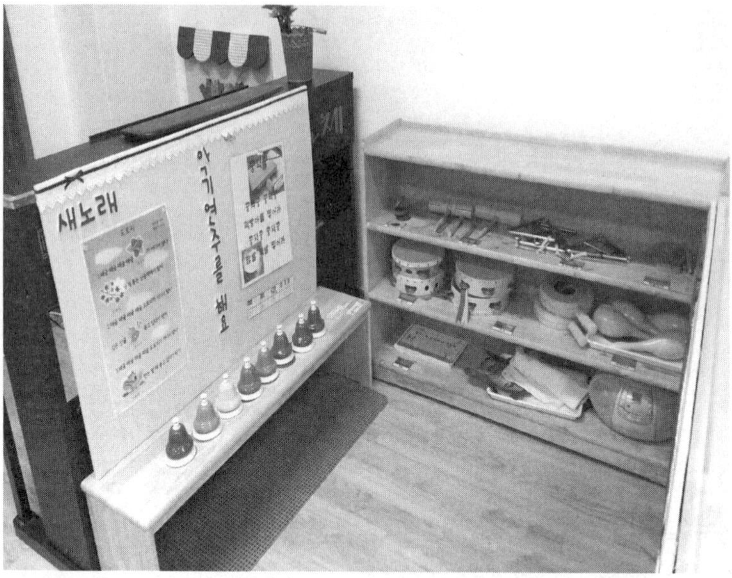

수조작영역

역할영역

과학영역

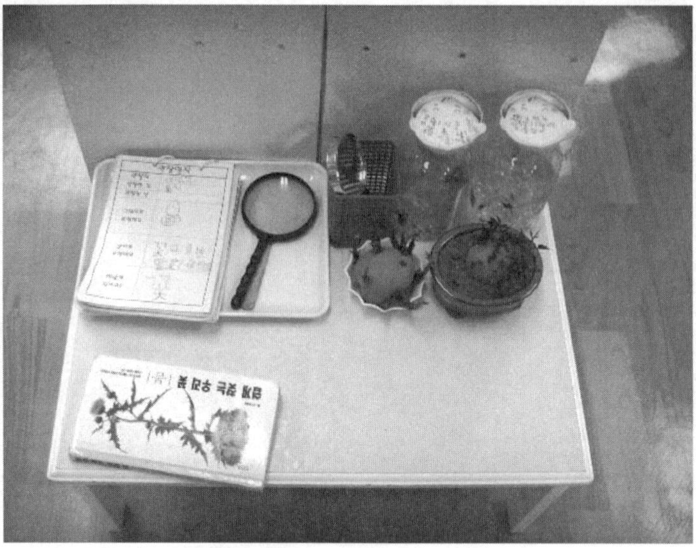

3) 실외 보육환경의 구성

유아를 위한 실외 보육환경 유아의 신체발달의 에너지를 발산하고, 섬세한 운동신경과 신체조절 능력을 키울 수 있는 시간을 제공하는 곳이며, 계절과 날씨, 자연의 아름다움을 경험할 수 있는 곳이다. 이를 위해 실외 보육환경은 다양한 구성영역이 필요하고, 개별 어린이집에서 모두 갖추기 어렵다면 지역사회와 연계하여 공간을 활용할 수 있다. 실외 보육환경은 신체운동영역, 물놀이영역, 모래놀이영역, 동물사육장, 식물 재배지, 휴식 및 조용한 활동영역, 창고 등으로 구성할 수 있다. 각 영역은 안전성을 바탕으로 각 영역별 독특성을 발휘할 수 있는 공간이 되어야 한다.

신체운동영역의 경우 달리기, 오르기, 던지기, 걷기 등의 신체활동을 도모할 수 있는 복합놀이기구와 탈것이 있으며, 주제에 따라서 운동기구 등을 다양하게 제시한다. 특히 줄넘기와 자전거 타기를 통해 유아의 운동기술 능력과 체육활동의 즐거움을 경험할 수 있는 기회를 제공할 수도 있다. 또한 모래물놀이영역을 구성하여 모래놀이를 통한 정서적 해소 및 다양한 구성을 자유롭게 할 수 있는 놀이시간을 제공한다. 이를 위해 모래놀이터의 안전과 청결, 유쾌하게 놀이할 수 있는 안전규칙 등을 유아에게 알려 스스로 조절하면서 안전하게 놀이할 수 있도록 할 수 있다. 이와 함께 물과 모래를 병행해서 놀이할 수 있는 장소와 설비가 구비되며, 다양한 소품을 이용해서 놀이할 수 있는 플라스틱 재질의 도구 등을 제시한다.

이와 함께 실외환경에 동식물을 기르는 공간을 제시할 수 있다. 유아에게 각 동물의 한 살이와 생태적 정보를 파악할 수 있고, 동식물을 사랑할 수 있는 기회를 제공하기 위해서 실외환경에 동식물의 공간을 마련할 수 있다. 텃밭 가꾸기, 자연친화적인 보육프로그램을 구성할 때에는 실외환경으로 조성된 텃밭과 동식물 기르기 공간을 활용할 수 있다. 그리고 이러한 영역의 필요한 교구와 어린이집에서 사용하는 여러 공구와 기타 물품을 보관할 수 있는 실외창고 또한 안전하게 관리해야 하는 실외환경 중의 하나로 꼽을 수 있다.

자연영역

복합놀이기구

휴식공간

제7장

보육프로그램의 유형

1. 프뢰벨의 가베(Gabe) 프로그램
2. 프로젝트 접근법
3. 레지오 에밀리아 프로그램
4. 발도르프 프로그램
5. 생태교육 프로그램
6. 다문화 보육프로그램

1. 프뢰벨의 가베(Gabe) 프로그램

프뢰벨(Fröbel)에 의해 1837년 제작된 가베는 오늘날에도 세계 각국의 유아교육 현장에서 가장 우수한 교육 놀잇감으로 인정받고 있으며 널리 보급되고 있다. 가베는 이미 완성되어 있는 교구가 아니라 모든 사물 형태의 기본적인 조건인 면이나 점, 선만으로 구성되어 있기 때문에 유아들이 이것을 가지고 자기가 만들려고 생각한 것을 만들었다가 다시 부수면 원래의 기본형이나 소재로 돌아가기 때문에 유아들은 새로운 것을 더욱 새롭게 만들어 낼 수 있다.

프리드리히 프뢰벨의 가베는 형체, 면, 선, 점의 네 가지 영역으로 나뉘며 3차원의 세계(형체)에서, 2차원의 세계(면), 1차원의 세계(선)의 순으로 배열되었는데, 이것은 감각으로 세계를 관찰하는 정신구조에 바탕을 두고 있다.

가베는 어디까지나 유아 자신을 위한 것이며 유아가 그것을 가지고 스스로 놀고 배우기 위한 것이다. 가베놀이를 하면 유아는 무의식 속에 사물의 안과 밖을 인식하게 될 뿐만 아니라 자기 자신의 환경을 발견하고 자신의 창조력을 인식하게 된다. 다시 말해 가베는 단순히 유아의 신체를 육성하고 강화하는 것 뿐만 아니라 심정의 발전과 정신의 도야와 내적 감각의 각성을 촉진하는 내면적인 것에 중점을 두고 있다. 그러므로 이러한 내적인 것을 달성하기 위해서는 외부에 표현하여야 하는데, 즉 무에서 유를 창조하기 위한 재료가 될 수 있는 것이 바로 '가베'이다. 국내에는 1980년대 초에 한국 프뢰벨이 일본식 표기인 '은물'이라는 이름으로 도입되었다. 그러나 가베 열풍이 분 것은 제7차 교육과정이 시행되면서부터 초등학교 수학과정 대부분을 가베로 풀 수 있다는 것이 알려지면서 아예 가베는 선택이 아닌 필수로 자리잡고 있는 추세다. 점, 선, 면 등으로만 구성된 교구 자체는 추상적 도형 형태라 단순하지만 그 안에서 굉장히 많은 부분을 끌어낼 수 있다는 것이 다른 교구와 차별화되는 가베만의 장점이라 할 수 있으며, 가베교육을 할

때 가장 중요한 점은 이름을 알려주고 외우는 것이 아니라 만져 보고 느껴 보는 즐거운 놀이로 접근하는 것이 유아들이 호기심을 갖게 하는 방법이다. 가베를 사용하는 교육과정을 보면 유아의 교육활동이기에 주로 미술활동인 만들기와 그리기로 표현되어진다.

가베는 단순한 나무토막으로 된 교구지만 이를 통해 창의성, 공간 지각력, 미적 창의력 등을 체계적으로 학습할 수 있어 요즘 유아교육의 필수도구로 자리잡고 있으며 생후 24개월부터 9세까지 다양한 개념을 학습할 수 있다.

1) 프뢰벨의 가베교육의 기본적 입장

프뢰벨에 의하면, 신은 인간을 신 자신의 형상을 본 떠 창조하였기 때문에 교육은 인간에게 잠재되어 있는 신적 요소를 계발하여 신성을 드러나게 하는 일이다. 다시 말해 교육은 인간을 지도하여 신의 정신을 인식하게 하고 스스로 헌신하는 방법을 가르치는 일이며, 자연과 신에 대한 인식과 통찰을 통하여 삶에 대한 신뢰와 용기를 갖게 하고 신과 일치하도록 돕는 일이라고 보고 있다.

프뢰벨의 교육개념은 인간의 내적 본성을 발현하는 것으로 보는 입장이며, 즉 교육의 진정한 목적은 인간의 내부의 것을 끄집어 내는 것이라고 생각하였다.

프뢰벨은 인간은 신의 성품대로 창조되었기 때문에 자기결정력에 의해 신성을 알고 느낄 수 있어서, 자기의 선택과 결정에 의하여 자신의 본성을 나타내고 발달시킬 수 있다고 하였다.

또 교육할 시기에 대해서는 아직 눈에 보이지 않는 자궁에 있을 때부터 이미 신의 본질적 차원에서 배려되고 보육되지 않으면 안 된다고 하였다.

프뢰벨은 인간을 만물 중의 최고의 것으로 보았고 인간은 자기의 감정, 의지, 사고를 인식하는 특수한 능력을 가지고 있으며, 인간이 다른 사물과 구분짓는 것이 인간의 의식이기 때문에 인간의 교육은 인식하고 사유하는 존재인 인간을 자극하고 지도하여 인간이 가지고 있는 내적인 법칙, 즉 신적인 것을 인식하게 하여 스스로 밖으로 충분히 표현하여 순수하고 완전하게 실현할 수 있는 방법과 수단을 제공해 주는 일이라고 하였다. 프뢰벨은 신성을 유아의 호기심과 활동성 및 창조적 욕구로 보기 때문에 유아의 행위는 모두 창조적인 것이며, 창조적인 행위는 동시에 자기 속에 숨어 있는 신적인 것으로써 자기표현이라고 하였다.

프뢰벨은 인간의 과제는 내적인 것을 밖으로 하는 것과 외적인 것을 안으로 하는 것으로 규정하였으며, 통일을 위한 전체 법칙을 인식하고 의식화하며 이 법칙의 근거와 본질, 법칙의 작용과 관련을 통한 전체를 인식하는 것이 교육이라고 보았다. 그러나 프뢰벨은 인간은 내적인 것을 밖으로 표현함으로써 자신의 내적 본질을 실현한다고 본다. 유아기의 유아는 자신의 내면을 밖으로 표현하려는 자기 활동적 힘을 가지고 있으며, 유아가 가지고 있는 내적 싹이나 내적 힘은 놀이를 통하여 성장의 힘으로 작용한다고 본다.

프뢰벨은 이러한 의식발전의 원리로서 유아가 가지고 있는 신성한 싹을 자유롭고 자발적으로 자라도록 하며, 창조의 본성과 자연성에 적합한 놀이와 작업을 중요하게 생각하였다. 유아의 활동충동, 표현충동, 창조충동을 이끌어 내려면 무엇보다도 놀이를 하도록 유도하고 지도하는 것, 또 즐겁게 놀이하는 동시에 유아의 능력을 발전시키는 것이 중요하다고 보았다.

2) 프뢰벨의 가베교육의 교육적 가치

킨더가르텐(Kindergarten)이란 이름으로 1840년 프뢰벨에 의해 독일에서 처음 시작된 유치원은, 1873년 미국에 공립 유치원을, 영국과 프랑스에는 유치원을 설립하는데 기인하였으며, 이탈리아의 몬테소리(Montessori) 여사의 어린이집 설립 및 감각 교구를 이용한 교육 등에 영향을 주었다.

이렇게 프뢰벨에 의해 설립된 유치원은 1세기 반이 지난 오늘날 세계 각국에서 취학전의 교육기관으로서는 없어서는 안 될 교육시설이 되었다.

프뢰벨은 당시 어른들이 유아의 본래의 모습을 무시하고 어른의 기준으로 유아를 길들이고, 가르치는 것을 보고 유아교육의 개혁에 나섰다. 프뢰벨은 어린 시절의 보육이나 교육은 무엇보다도 유아의 놀이나 작업을 통해 이루어져야 한다고 보고, 스스로 연구 고안하여 가베를 제작하였다. 가베는 어디까지나 유아 자신을 위한 것이며, 유아가 그것을 가지고 스스로 놀고 배우기 위한 일련의 교육 놀이 기구였다.

이러한 가베의 교육적 가치에 대한 가치는, 가베의 수학적 엄밀성, 가베의 상징성, 가베의 연속성 및 가베놀이를 통한 정신적 심성의 풍부함 등을 가베의 가치로 들 수 있다. 프뢰벨에 의하면, "신은 인간을 신 자신의 형상을 본떠 창조하였기 때문에 교육은 인간에게 잠재되어 있는 신적 요소를 계발하여 신성을 드러나게 하는 일이다."라고 하였다. 앞에서도 언급했듯이 유아에게 잠재되어 있는 내적인 요소를 '정원에 뿌려진 씨앗'으로 비유하여 교육을 통해 내적인 본성을 최대한 발휘 · 발전시킬 수 있다고 하였다. 다시 말해, 인간 내부의 것을 끄집어 내는, 인간의 내적 본성을 발현하는 것으로 보는 입장이다.

그러므로 프뢰벨의 교육목적은 신성한 삶을 충실히 표현하는데 있다. 즉, 자발적으로 자신의 능력을 충분히 개발하고 원만하게 사회적인 관계를 맺을 수 있는 인간을 만들며 또한 미래를 예측하고 의무와 특권을 인식하며 인류의 개선에 기여할 수 있는 인간의 세상을 만드는 데 있다.

이러한 프뢰벨의 교육관은 유아들의 가베놀이를 통해 그대로 나타내어진다. 프뢰벨 가베의 특색을 살펴보면 첫째로, 다른 놀잇감이나 교육 기구와는 달리 모든 사물 형태의 기본적인 조건인 면이나 점, 선만으로 구성되어 있는 기하학적인 것이라는 점에 있다.

둘째는, 유아들에게 놀이를 통해 수나 언어의 학습 기회를 준다는 점이다.

셋째는, 가베를 통하여 유아는 일상생활과 관계있는 모양, 즉 그들이 날마다 체험한 것을 만들어 낼 수 있다는 점이다.

마지막으로는 이러한 기본적인 형태인 가베를 가지고 아름다운 모양을 표현할 수 있다는 점이다.

또한 교육방법 면에 있어서는 교육이 인간에게 내재한 신성을 자연스럽게 발견하는데 가능한 방해받지 않도록 하는 것을 목표로 해야 한다는 루소로부터 시작된 소극적 교육이라는 개념을 프뢰벨은 발달 순응적 교육(Nachgehend Erziehung)이라는

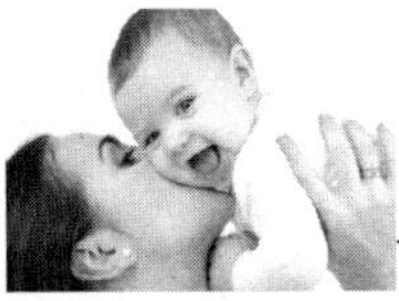

개념으로 전개시켰다.

그의 교육방법이 모두 발달 순응적 교육에 기초하고 있으므로 모든 교수, 교육, 그리고 교훈은 그 근본 특징에 있어서 필연적으로 발달 순응적이어야 하며 결코 명령적, 규정적, 간섭적 이어서는 안 된다고 하였다.

여기서 말하는 발달 순응적 교육이란 단순히 수동적인 태도를 취하는 것을 의미하는 것이 아니라, 끊임없이 유아에 대한 주의와 보호를 하면서 필요할 때는 곧바로 적극적이고 능동적인 작용을 할 수 있는 태세를 갖추고 있어야만 교육적 방법이 된다는 것이다.

이렇듯 유아에게 주어진 놀잇감은 놀이의 대상물인 동시에 보다 깊은 정신적 의미가 내포되어 있다. 유아가 놀잇감을 가지고 놀이를 함으로써 자기의 심적 기증을 형성하고 세계상을 형성하는 것이 프뢰벨의 가베가 가지고 있는 특성이라 할 수 있다

3) 가베의 구성내용

프뢰벨의 교육적인 놀잇감인 가베는 대단히 인상적인 기본원리로 구성되어 있다. 먼저 가베를 모두 형체, 면, 선, 점의 4가지 영역으로 나누었으며 재구조라는 종합의 영역을 추가하였다. 이 형체에서 점까지의 배열은 3차원의 세계(형체), 2차원의 세계(면), 1차원의 세계(선) 순으로 감각에 의하여 세계를 관찰하는 정신구조에 바탕을 두어 배열하였고 마지막으로 이념의 세계(점)는 통일성에 해당하는 것이며 이것을 종합하여 프뢰벨 가베의 구성과 특징과 교육효과를 알아보면 〈표 7-1〉과 같다.

표 7-1

프뢰벨 가베의 구성과 특징의 교육효과

가 베		설 명
제1가베	구 성	지름 5cm의 끈 없는 면실공 6개, 끈 있는 면실공 6개(빨강, 노랑, 파랑, 주황, 초록, 보라)
	특 징	프뢰벨은 유아에게 가장 이상적인 놀잇감으로 단순하고 기본적인 형태의 공을 제시하였다. 공은 그 자체가 완전, 통일, 균형의 원리를 상징하고 있으며, 모든 형상의 기본조건인 점, 선, 면을 포함하는 형태이다. 또한 공의 매력은 움직임에 있으며, 유아가 성장하면서 신체운동이 자유스럽게 되면 움직이는 일에 흥미를 느끼게 되고 이러한 활동을 통해 유아는 신체의 발달과 지적으로도 발달하게 된다. 또한 부드럽고 둥근 공을 쥐고, 흔들고, 돌리고 만지면서 형태에 대한 인지력도 생기게 된다.
	교육효과	공의 성질을 안다. 정서적으로 안정되고 원만한 인격을 양성한다. 유아의 자발적인 활동을 촉진시키고 잠재된 재능을 이끌어 낸다. 모방놀이를 통해 사물의 특징과 성질을 인식한다. 색깔, 수, 방향, 도형 개념을 인지한다.
제2가베	구 성	지름 5cm의 구, 고리 달린 구, 5cm의 원기둥, 고리 달린 원기둥, 한 변의 길이가 5cm인 정육면체, 고리 달린 정육면체 기둥연결 막대 1개, 끈 3개, 기둥 2개, 짧은 놀이막대 2개
	특 징	제2가베의 구는 1가베의 공이 지니고 있는 형태적인 미와 정신적인 미를 한층 잘 나타내고 있으며, 구는 전체가 곡선과 면 그리고 점으로 되어 있어 동적인 성질을 띠고 있지만 정육면체는 6개의 면과 12개의 변 그리고 8개의 모서리를 지니고 있어서 항상 정지 상태이다. 원기둥은 곡면이 있어 굴러 가는 구의 성질이 있고 평면도 있어 세워 놓으면 서 있는 정육면체의 성질도 함께 가지고 있는 중간체라고 할 수 있다. 물체를 회전시키면 여러 가지 모양의 변화를 일으키는데 이 때 생기는 모양은 정지해 있는 모양과 같은 구도 있지만 전혀 다른 모양을 나타내는 것도 있다. 유아는 이 세 가지 형체를 가지고 놀이하면서 기본적인 형태의 성질을 배우고 유사점과 차이점을 비교하게 된다.
	교육효과	구, 원기둥, 정육면체의 특징과 성질을 이해한다. 회전놀이를 통해 사물의 탐구심을 키운다. 동적인 사물과 정적인 사물의 특성과 차이점을 안다. 자발적인 활동과 지능 계발을 촉진시킨다. 세 가지 도형의 공통점과 차이점을 안다.

제3가베	구 성	한 변의 길이가 2.5cm인 작은 정육면체 8개
	특 징	제2가베까지 사물의 겉모양을 다루었지만 차츰 사물의 내부까지도 알고자 하는 욕망이 생기게 된다. 그래서 스스로 분리하면서도 자연스럽게 표현할 수 있고 또 원래의 형태로 조립하기도 하고 늘어놓기도 할 수 있는 구체적인 교구의 필요성을 느끼고 2가베의 분리를 선택하였다. 이렇게 분리된 8개의 작은 정육면체를 가지고 여러 가지 물건들을 창작하면서 공간과 면의 크기에 대해서도 배울 수 있다.
	교육효과	정육면체를 이해한다. 다양한 언어를 사용하여 언어적 지능을 높일 수 있다. 나눔과 결합을 통해 수리적 능력을 증진시킨다. 사물의 구성요소를 이해한다. 전체와 부분의 이해를 통해 집단과 개인의 의미를 알고 사회성을 키운다.
제4가베	구 성	가로 2.5cm, 세로 5cm, 높이 1.25cm의 작은 직육면체 8개
	특 징	제4가베는 2가베의 정육면체를 자르는 방법을 달리하여 8개의 직육면체로 나눈 교구로 부분의 모양이 직육면체이기 때문에 서로 다른 세 가지 면과 모서리를 지니고 있다. 그래서 더 다양하고 실제에 가까운 건축놀이 표현이 가능해졌다. 제4가베는 유아의 다양한 경험으로 인해 알고자 하는 욕구와 사고력, 상상력이 발달하게 되며, 자발적인 활동을 활발하게 할 수 있는 교육적인 놀잇감이다.
	교육효과	자르는 법에 의해 정육면체의 새로운 내적 힘을 안다. 공간에 대한 이해력을 높인다. 창작을 통해 창의력과 상상력을 기른다. 사고력과 인식력을 증진시키고 지적 활동을 활발하게 한다. 직육면체를 이해한다. 비교를 통한 수리력을 증진시킨다.
제5가베	구 성	한 변의 길이가 2.5cm인 정육면체 21개, 큰 삼각기둥 6개, 작은 삼각기둥 12개
	특 징	유아에게 지금보다 더 복잡하고 아름다우며 실제에 가까운 것을 만들도록 하기 위하여 큰 삼각기둥이나 작은 삼각기둥과 같은 새로운 모양이 보태진 것이며, 삼각기둥으로는 직각 이외에도 직각보다 작은 예각을 알게 하고 면에 있어서도 정사각형 외에 직사각형과 삼각형을 경험하게 한다. 제5가베는 미적인 건축 가베로서 또한 홀수와 짝수가 섞여 있는 수적인 가베로서 유아의 미적 감정을 양성하고 자유 창작의 힘을 발전시키며 지적, 정신적 발달을 도모하는 데 매우 적절한 놀잇감이다.

	교육효과	건축물 조형을 통해 예술적인 미적 감각을 키운다. 삼각형과 삼각기둥의 성질을 이해하고 각의 개념을 안다. 순서의 개념을 이해하고 논리적이고 수학적인 사고능력을 기른다.
제5B 가베	구 성	한 변의 길이가 2.5cm인 정육면체 12개, 한쪽 모서리가 없는 요선정육면체 8개, 반원기둥 12개, 작은 삼각기둥 12개
	특 징	제5B가베는 5가베를 변형시킨 것으로 다양한 건축물을 경험한 유아들에게 더 웅장한 건축양식의 경험을 주기 위해 제작된 놀잇감이다. 정육면체의 모서리를 잘라 내어 만든 반원기둥 2개를 합치면 2가베에서 경험한 원기둥이 되고 이것은 우아하고 견고한 건축물을 가능하게 한다. 모서리를 둥글게 잘라 낸 요선정육면체는 모서리가 잘려진 부분을 가운데로 하고 두 개를 붙여 놓으면 다리모양이 되어 건축물 구성에 유용하게 활용된다. 유아들은 정해진 규칙이 아닌 스스로 구성하고 판단하여 규칙을 만들어 가는 과정을 통해서 더욱 발전적인 형태의 건축물을 만들 수 있다.
	교육효과	구성을 통해 언어적 표현능력을 이끌어 낸다. 지적 욕구를 충족시키고 폭넓은 경험의 기회를 부여한다. 수학적 능력과 공간 구성력을 발달시킨다. 원과 반원, 원기둥과 반원기둥의 성질을 이해한다. 대칭의 의미를 안다.
제6가베	구 성	가로 2.5cm, 세로 5cm, 높이 1.25cm의 작은 직육면체 18개, 가로 2.5cm, 세로 2.5cm, 높이 1.25cm의 작은 직육면체(받침) 12개, 가로 1.25cm, 세로 5cm, 높이 1.25cm의 긴 직육면체(기둥) 6개
	특 징	제6가베는 제4가베의 직육면체에서 발전된 교구로 18개의 직육면체와 그 직육면체를 세로로 자른 폭 1.25cm, 길이 5cm, 높이 1.25cm의 기둥 6개와 제4가베의 직육면체를 가로로 자른 폭 2.5cm, 길이 2.5cm, 높이 1.25cm의 받침 12개로 이루어져 있다. 건축물을 구성할 수 있는 최소의 숫자로 6개의 기둥을 만들었고 기둥의 역할을 돕는 받침 12개를 만들어 공간을 마음대로 활용할 수 있어서 건축놀이에 변화를 줄 수 있는 교구이며, 기둥과 받침이라는 새로운 재료를 가지고 공간이 충분하고 미적이며 실제에 가까운 건축을 할 수 있다.
	교육효과	받침과 기둥을 이용한 건축을 통해 논리적이며 계획적인 사고력을 키운다. 창의력과 상상력을 키울 수 있다. 자유로운 건축을 통해 공간의 미를 알게 하고 논리적 사고력을 키운다. 풍부한 상상력과 창작력을 기른다.
제7가베	구 성	정사각형 72개, 이등변삼각형 72개, 정삼각형 72개, 직삼각형 72개, 둔각삼각형 72개, 원 72개, 반원 72개, 마름모 72개

	특 징	제7가베는 형태를 구성하는 최대의 요소인 면을 나타낸 가베이다. 정사각형, 이등변삼각형, 직각삼각형, 정삼각형, 둔각삼각형, 마름모, 원과 반원의 구성으로 놀이의 활발한 확장과 여러 가지 다양한 도형의 발견 및 새로운 도형 형태의 호기심을 충족시켜 8가지 모양의 평면도형으로 구성되었다.
	교육효과	색채감과 미적 감각을 발달시킨다. 여러 종류의 도형의 성질을 이해하고 수리적 능력을 키운다. 면의 성질을 이해할 수 있다. 구체적인 입체의 면을 분해한 추상적인 면의 형태를 안다. 입체도형과 평면도형의 관계를 알 수 있다.
제8가베	구 성	2.5cm 막대 100개, 5cm 막대 100개, 7.5cm 막대 100개, 10cm 막대 100개, 12.5cm 막대 100개, 15cm 막대 100개
	특 징	제8가베는 정육면체와 면을 모서리와 선으로 나타내고 있다. 선은 무한한 길이를 나타낼 수 있지만 여기에서는 정사각형의 한 변의 길이인 2.5cm를 기본으로 그 길이의 1배, 2배, 3배, 4배, 5배, 6배되는 막대를 만들었고 서로 비교, 교차하는 놀이를 통해 길이와 기수, 분수 등 수학적인 지식을 명확히 인식할 수 있다.
	교육효과	두 직선이 만날 때 각이 생긴다는 것을 안다. 선을 이용한 물체를 표현하므로 미적 정서를 함양한다. 길고 짧음을 명확히 이해한다. 선분과 직선, 반직선의 개념을 안다. 물체의 윤곽을 명확히 인식시킨다.
제9가베	구 성	지름 2.5cm 원 64개, 지름 3.5cm 원 64개, 지름 5cm 원 64개, 지름 2.5cm 반원 64개, 지름 3.5cm 반원 64개, 지름 5cm 반원 64개
	특 징	제9가베는 1가베와 2가베에서 이미 경험한 원을 구체적인 곡선으로 만들어진 것이다. 곡선은 구부러진 원을 말하며, 세 가지 크기의 고리와 세 가지 크기의 반 고리로 구성되어 동물이나 꽃, 사람의 얼굴 등 둥근 모양의 사물을 구체적이고 사실적으로 표현할 수 있는 교구이다. 또한 9가베는 나무로 만들어져 차가운 느낌보다는 따뜻한 느낌을 주며 곡선 윤곽으로 되어 있는 여러 가지 물건 또는 곡선으로 만들어지는 아름답고 추상적인 무늬를 만들 수 있다.
	교육효과	곡선의 미를 통해 창의력과 미적 감각을 키우고 표현력을 향상시킨다. 면을 분해한 곡선의 성질을 알게 한다. 구의 한 성질을 구체화해서 경험시킨다. 직선과 곡선, 원과 반원, 지름과 반지름의 관계를 이해한다. 곡선으로 표현할 수 있는 다양한 사물을 표현해 본다.
제10가베	구 성	지름 10cm, 높이 5mm인 작은 알갱이 800개

	특 징	제10가베는 입체를 구성하는 최초의 요소이며 그 이상으로는 분해될 수 없는 점을 나타내는 교구이다. 선은 두 점 사이를 연결하면 생기고, 세 점 이상의 점을 선으로 연결하면 면이 되고 그 면이 모여서 입방체를 이루게 되는 사실을 경험하게 된다. 입체감을 최소로 하여 만든 점에서 출발하여 전체와 부분, 위치, 수량, 길이와 크기를 표현할 수 있게 된다.
	교육효과	입체도형과 평면도형, 점, 선, 면의 관계를 이해한다. 손근육을 발달시킨다. 집중력과 인내심을 기른다. 색채감각을 키울 수 있다. 모든 형태가 점에서 시작한다는 사실을 알 수 있다. 언어적 능력을 향상시킨다.

〈표 7-1〉에서 볼 수 있듯이 가베는 단순한 것에서 복잡한 것으로, 구체적인 것에서 추상적인 것으로, 가벼운 것에서 무거운 것으로, 잘 알려진 것에서 덜 알려진 것으로 나아간다.

프뢰벨은 가베를 통해 유아의 발달을 형체에서 면으로, 면에서 선으로, 선에서 점으로의 과정으로 설명했으며 이는 다시 점에서 선으로, 선에서 면으로, 면에서 형체로 통합의 과정을 경험할 수 있다.

제1가베가 가장 일반적인 생의 범주를 발전시키고, 이어 제2가베가 그것을 공간적 형태의 다양성으로 이끈다면 제3가베에서는 비로소 프뢰벨의 놀이정신을 규정하는 신비한 수학적 법칙성과 아름다움으로 나타난다.

인간의 모든 힘은 규칙적인 진행을 거쳐야 한다는 입장에서 프뢰벨의 3-6가베까지는 생활의 형식에서 시작해 미의 형식을 거쳐 인식의 형식에 이르며 생활의 형식에서는 유아가 분리된 육면체(나무토막)를 가지고 쌓기 형태를 표현하는 것이 중요하다. 그러나 놀이를 시작하기 전에는 이전의 형태로 책상 위에 놓아 두어서 유아들이 전체를 볼 수 있도록 해야 한다.

미의 형식에서는 분해된 육면체를 서로 다르게 배열해서 별무늬, 방석무늬, 풍차무늬 등 여러 가지 아름다운 형태를 만들어 내고 눈에 보이는 미의 형식에 숨어 있는 깊은 의미를 느낄 수 있다.

인식의 형식에서는 이제까지 놀이도구를 다루는 데서 경험했던 간단한 수학적 연관성을 완전한 명확성으로 밝히는 것이 중요하다. 즉 하나의 육면체는 더 작은 육면체로 분해할 때 여러 가지로 분해할 수 있다는 방향성이 중요시된다.

이처럼 구성된 내용의 가베는 교육프로그램이나 놀이법에 있어서 고정되어 있지 않고 무한한 발전과 창조의 가능성을 가지고 끊임없이 개발되고 있으며 보다 교육적으로 가치 있고 유아가 만족할 만한 가베 교육이 될 수 있도록 돕기 위한 교육내용은 유아들이 자발적으로 즐겁게 놀도록 궁리하고 이를 위해 내용의 주입이나 전달이 주가 아닌, 유아의 자발적 활동에서 기인한 자기표현을 중시하고 유아들의 발전이나 창조에 대하여 함께 감동해 줄 수 있는 교사가 되도록 한다. 즉 유아의 질문이나 상상력, 색다른 생각과 그 가치를 인정하고 존중한다. 그리고 모든 활동은 체험한 것을 근거로 하여 새로운 것으로 나아가도록 배려하며 간단한 놀이부터 조금씩 어려운 것으로 나아갈 수 있도록 단계적으로 전개한다. 또한 유아들의 발달이나 흥미의 정도를 잘 관찰하여 특성에 맞게 교육하고 가베에 대한 흥미를 지속시키기 위해 다양한 활동을 계획하고 동기를 부여하며 가베는 레고처럼 고정되어 있지 않아 쌓거나 만들기를 하는 도중 어려움이 있을 수도 있다. 여러 가지 교육적 가치도 있으나 이로 인해 유아가 실패에 대한 두려움을 갖지 않도록 배려하고 칭찬과 격려를 아끼지 않는다. 마지막으로 스스로 정리하는 습관을 익히도록 돕는 것을 들 수 있다.

2. 프로젝트 접근법 프로그램

프로젝트 접근법에서 '프로젝트'란 '한 명, 소집단 또는 반 전체 아동이 수행하는 특정 주제에 대한 깊이 있는 연구'로서 프로젝트 진행은 아동의 흥미, 교사의 지원 및 안내에 따라 역동적으로 수업이 이루어지게 하는 교육방법을 말한다.

프로젝트 활동은 정해진 활동이 정해진 시간에 이루어지는 것이 아니다. 그러나 그렇다고 해서 전혀 비구조적인 상태에서 활동이 이루어지는 것도 아니다. 토의, 현장 활동, 표현, 조사, 전시라는 요소를 중심으로 프로젝트 각 단계의 특성에 따라 활동이 진행되는 것이다.

프로젝트 수업이란 특정 주제에 대한 심층적 연구로서 소집단(전체 또는 개인)의 유아들이 협력하여 학습할 가치가 있는 특정 주제에 대하여 교사의 지도와 안내를 받으며 공동으로 그리고 심층적으로 연구하는 "목적–지향적 수업활동"이다. 예를 들면, 곤충, 소리 등과 같은 특정 주제를 선정하여 교사의 지도와 안내를 받으며 유아들이 깊이 있는 공동 연구를 하는 것이다.

프로젝트의 수업은 교사가 제시한 문제에 대한 정답을 찾는데 있는 것이 아니라, 유아와 교사 또는 유아–교사가 함께 어떤 주제가 제시하고 있는 문제에 대한 해답을 얻고자 적어도 1주일 이상 지속적으로 탐구할 수 있을 만큼 의미 있는 주제를 가지고 공동 연구를 하고 협력하는 과정에서 그 주제에 대해 보다 많은 것을 깊이 있게 학습해 나가는데 초점을 둔다.

1) 프로젝트 접근법 프로그램의 개념과 철학

캐츠(Katz)와 챠드(Chard, 1989)는 '프로젝트 접근법'을 설명하면서 이는 '한 명 또는 그 이상의 유아가 어떤 주제를 깊이 있게 탐구하는 활동'이라고 정의하며 교사 주도의 체계적인 학문적 교수와 전적으로 유아의 흥미에 의존하는 놀이중심의 유아교육을 연결시켜 주는 접근법으로서 프로젝트 접근법이 적당하다고 주장하였다.

즉 이 접근법이 유아의 지적 발달과 사회적 발달을 증진시키며 유아들의 자발적 놀이와 교사에 의한 체계적인 교수를 통합하고 상호 보완해 줌으로써 유아들의 자발적 놀이와 교사에 의한 체계적인 교수를 통합하고 상호 보완해 줌으로써 균형 있는 교육과정을 운영할 수 있다는 것이다.

프로젝트 접근법은 유아 스스로 질문을 하게 하고 문제를 추측함과 동시에 그들의 주위환경에서 중요한 현상을 인식하도록 하며 목적 달성을 위한 열망과 새로운 기술습득에 대한 열정을 쏟도록 하는 방법이다.

그 접근법은 활동 영역별로 분리된 활동이 아니라 프로젝트 활동을 수행하는 과정을 통하여 읽기, 쓰기, 셈하기 등의 지식과 기술을 통합적으로 획득하도록 짜여진 활동이다. 또한 프로젝트 접근법에서는 유아들이 유아교육기관에서 경험을 통해 일상적인 생활의 경험이 지역사회에서의 경험들을 연결시키도록 하며 교사, 유아, 부모와 같이 참여하고 탐색하도록 함으로써 그들의 문화를 함께 공유할 수 있도록 한다.

2) 프로젝트 접근법 프로그램의 특성

(1) 융통성 있는 진행

어린이집에서는 대체로 일주일을 단위로 한 단원을 계획하여 각 영역별로 관련된 활동을 진행한다. 경우에 따라서는 2주일이 걸리는 경우도 있으나 그리 흔한 것은 아니다. 그래서 연간계획과 월간계획, 그리고 주간계획이 학기 초에 먼저 확정된다.

반면 프로젝트 접근법은 유아가 중심이 되며 교사와 더불어 논의를 통해 주제가 선정되기 때문에 과제에 따라 1주일 안에 끝나기도 하고 넉 달씩 걸리기도 한다. 이는 프로젝트에 대한 아동의 지속적인 흥미 정도가 중요한 변수로 작용하기 때문이다. 또한 그 프로젝트에서 알아보고자 하는 주제의 난이도나 교사의 선경험에 의한 판단여부에 따라 달라진다.

매일의 프로젝트 수행시간의 양도 융통성이 많다. 가령 요일에 따라서 특별활동이 있는 날은 하지 못할 수도 있으며 또 어떤 날은 하루 종일 프로젝트에 매달려 있을 수도 있다.

(2) 깊이 있는 탐구 활동(현장견학과 관찰, 실험)

프로젝트 접근법에서 깊이 있는 활동을 위해 사용하는 방법이 현장견학이다. 프로젝트 접근법에서 이루어지는 견학이란 선정된 주제에 대한 이해를 깊게 하는 데 목적이 있다. 그렇지만 이동수단, 거리, 시간, 통행하는 성인의 수 등과 같은 일반적인 견학시의 고려사항이나 주의사항이 마찬가지로 적용된다. 다만 프로젝트를 위한 견학에서 더욱 강조되는 것은 무엇을 보고 올 것인가에 대한 철저한 준비이다.

유아가 무엇을 볼 것인지, 또는 자기가 알아보고자 하는 것에 대한 개념적 윤곽, 다시 말해 자기 나름대로의 가설을 가지고 보는 것이 견학의 의미를 더한다.

그러므로 유아들은 미리 자기가 탐구해야 될, 알아보고 싶은 내용을 수첩에 기록하고 길을 떠나야 한다. 혹은 견학 전에 견학장소에 있을 것으로 예측되는 여러 사물이나 사람의 역할에 대한 상상도를 그려보는 것도 괜찮다. 방앗간을 견학하기 전에 방앗간에 있는 물건, 기계, 사람들에 대해 그려본 후 견학장소에서 직접 비교해 볼 수 있다. '공' 프로젝트 중 유아들은 축구공의 생김새와 공 속에 들어 있는 것, 공을 부풀리는 방법들에 대해 궁금해하며 문제해결을 위해 문방구를 방문해 볼 수 있다.

(3) 활발한 상호작용

유아들은 다른 또래들과의 상호작용을 통해 다른 사람의 관점을 이해하고 자기가 가지고 있는 개념을 수정하기도 하고 새로운 인식을 하기도 한다. 또 사회적 위계질서와 사람들 사이의 관계에 대해 학습할 수 있다. 다른 유아들과의 커뮤니케이션을 통해 다른 유아 자신의 지식을 알 수 있을 뿐 아니라 다른 유아와 함께 구성해 나갈 수 있다. 이를 지식의 공동구성이라 한다. 유아는 새로이 접하는 사회적 현상에 대해 자기 나름대로의 가설을 가지게 되는데 또래아의 대화를 통해 그 가설의 종류를 풍부하게 할 수 있으며 또한 가설검증에 대한 다양한

예측을 할 수 있다. 또래는 유아에게 인지적 갈등을 야기시키는가 하면 반대로 유아 자신이 생각을 설명해 주려고 노력하는 과정에서 자신의 생각을 자기가 더 선명히 이해하고 새로이 조직해 갈 수도 있다.

또한 교사는 유아의 현재 수준보다 조금 높은, 적절한 정도의 차이가 있는 문제를 제시하여 또래와 함께 공동으로 해결해 가도록 상황을 설정하고 지원해 주어 유아의 근접발달영역을 자극시켜 간다.

특히 프로젝트 시작 단계에서는 소집단(3-4명)으로 한 가지 주제에 대해 상호작용을 하는데 이 때 아동은 자기 나름의 인지지도를 구성하고 그 위에 또래의 의견을 통해 주제에 대한 심도 깊은 논의를 더해 간다.

다양한 표현 및 표상 활동 유아는 자신의 생각을 가시화하는 과정을 통해 자신이 가지고 있는 이론에 허점이 있음을 발견하게 되고 다른 가설을 구상하게 된다. 유아의 표현 활동은 이처럼 자신의 생각을 아는 것 뿐 아니라 다른 유아에게 전달할 수도 있으며 교사와 학부모가 유아의 현재의 사고수준을 이해하도록 돕기도 한다. 그래서 교사는 다른 교육계획 수립에 참고할 수 있다.

흔히 미술활동의 목표를 감정을 표현하고 심미적 안목을 기르는 것으로 본다면 프로젝트식 접근에서는 알아보기 위해 그리는 것이며 경험한 것을 재고찰하는 주제 및 현상에 대한 이해를 깊게 하는데 활용한다.

유아가 지니는 그림을 그리거나 만들어 보기, 비디오나 사진으로 찍어 보기, 구조물 만들기, 아동의 사진을 이용하여 전시하기, 분류, 단면도, 플로차트, 수형도, 매트릭스, 시간표, 막대그래프, 찰흙으로 꾸미기, 정밀묘사 등의 표상활동을 많이 사용한다.

(4) 일과 구성

프로젝트 접근법을 실행한다면 하루일과 중 언제, 어떻게 해야 하는가 하는 문제가 있다. 이는 프로젝트 접근법으로 프로그램을 전체적으로 이끌어 가느냐 아니면 부분적인 프로젝트 활동을 하는가의 문제와 상관이 있다. 전자는 프로젝트 활동을 위한 모든 활동이 하루일과에 잘 배분되어야 하고 후자는 자유선택활동 시간 중 하나의 영역으로 또는 일과를 끝낸 방과 후의 시간으로 계획될 수 있을 것이다. 그러나 어느 경우든지 유아의 기본적 욕구를 배려하는 시간(간식, 화장실 다녀오기, 휴식)과 자유놀이나 실외놀이 등이 계획되어 너무 집중적인 활동만으로 하루를 지내지 않도록 하는 것이 중요하다.

3) 프로젝트 접근법 프로그램의 내용

(1) 생활과 분리되지 않은 통합교육

프로젝트란 그냥 유아의 자발적인 선택에 의한 즐거운 자유놀이가 아니라 유아와 교사가 설정된 주제를 탐색해 가는 가운데 유아가 자기 주변의 사람, 사물들 간의 관계를 좀 더 구체적으로 깨쳐 가는 과정이다.

프로젝트 접근법에서 추구하는 점 가운데 하나는 유아교육기관이 곧 생활이라고 보는 것이다. 유아들이 교육기관 경험은 생활로부터의 도피가 아니라 교육기관 밖에서 다시 시작하는 설계이며, 매일의 생활경험이다. 다른 모든 곳에서처럼 교육기관 생활도 집중하고 노력하고 도전하고 몰입할 것을 요구한다.

(2) 교육과정의 균형을 이루는 교육

프로젝트 접근법은 기존의 모든 교육방법을 대체하여 모두 프로젝트식으로 이끌어 가는 것이 아니라 기존 교육의 한 의미 있는 부분이 된다. 프로젝트 프로그램은 교사가 지도하는 활동이라는 점에서는 구조화된 수업이지만 프로젝트를 제시하는 것이 전적으로 교사에 의해 이루어지는 것이 아니라 아동의 의견을 충분히 고려한 것이므로 덜 구조화되고 더 비공식적인 수업이 될 수 있다고 하였다.

프로젝트 접근법은 유아가 자발적 놀이를 통해서 또는 체계적 교수법을 통해서 배우는 것을 보완하고 고양시키도록 한다. 따라서 프로젝트 접근법을 통해 보육과정의 활동이 전체적으로 균형을 이룰 수 있다.

(3) 공동체 정신을 살리는 교육

프로젝트 접근법은 아동들이 같은 주제로 서로 상호작용함으로써 교실을 한 공동체로서 경험하게 한다. 실제로 한 주제가 선정된 뒤, 모든 유아들이 주제와 관련된 의문점과 질문을 해결해 나가는 모습은 마치 정상의 한 점을 향해 달음질치며 모이는 모습을 연상케 한다.

공동체 정신은 모든 유아들이 단체생활에 기여하도록 용기를 북돋워 주고 기대할 때 창조된다. 프로젝트 작업은 협동정신이 발휘되도록 많은 기회를 제공하여 교사와 또래에게서 피드백을 받고 또래를 보조하고 격려하는 능력을 증진하고 서로 간에 모델의 역할을 하기도 한다.

3. 레지오 에밀리아 프로그램

1) 사회 · 문화 · 역사적 배경

레지오 에밀리아 프로그램에 대한 이해는 이탈리아와 레지오 에밀리아 시의 사회 · 문화 · 역사적 맥락에 대한 이해 없이는 불가능하다.

이 접근법은 교육프로그램이 사회 · 문화적 맥락의 산물이며 그러한 맥락 속에서 고려되어야 함을 강조하고 있다. 레지오 에밀리아 시는 이탈리아 북부의 레지오로마냐 지역에 위치한 시로 진보적이고 사회주의적인 성향이 강하며 공업과 상업의 중심에 있는 중소 도시로써, 여성의 인권보장, 남녀의 고용평등, 교육개혁, 교사 단체의 활동 등 다양한 방면의 개혁이 시도되어 왔다. 레지오 에밀리아 교육은 공동생활과 문화의 나눔을 강조하는 지역사회 모델, 확대가족 모델의 교육이라고 볼 수 있다.

2) 레지오 에밀리아 프로그램의 특징

레지오 에밀리아 보육은 진보적인 사고와 연구, 실험에 뿌리를 둔 교육으로 지속적인 직위 훈련으로 유지되고 있다.

다양한 매체를 이용하여 장·단기간 동안의 표상을 통한 주제의 깊이 있는 학습에 초점을 둔다. 주제는 교사와 유아들에 의해 발생되고 유아의 현재 관심에 의존한다.

3) 이론적 배경

레지오 에밀리아는 일반 교육프로그램과는 달리 교육에 헌신한 교사와 부모들의 영감과 교육적인 직관으로 시작되었다.

특정 교육이론을 기반으로 개발되었다기보다는 교육현장에서 교사와 부모들이 경험을 통해 구성한 지식을 기존의 이론을 통해 확인하는 방식으로 발전되어 왔다.

레지오 에밀리아에서는 유아교육기관을 교사와 유아가 생활과 관계를 공유, 통합하고 가정과 지역사회로 확장해 나가는 곳으로 보기 때문에 유아를 중심으로 유아, 교사, 가족을 교육의 3요소로 간주하고 이들 간의 관계에 기초한 교육, 의사소통, 상호작용을 강조한다.

4) 아동관

유아를 어떤 존재로 보는가 하는 교육철학은 레지오 접근법의 근거이기도 하다. 레지오 에밀리아에서 유아를 바라보는 관점은 레지오에서 강조하는 유아에 대한 이미지에 잘 나타나 있다. 레지오 접근법은 유아를 풍요롭고 강하게 보는 이미지를 가지고 있다. 이들은 태어날 때부터 자신의 생각과 이론이 있다고 생각하기 때문에 교사가 무엇인가를 담아 주어야 하는 존재가 아니라고 믿는다. 교사 · 부모를 포함한 또래와의 관계 속에서 주고받음으로써 지식을 구성해 나간다고 생각했다.

또한 교사는 유아들이 교육적이고 보호적인 공간에서 타인과의 관계를 형성해 나가며 양질의 행복한 삶을 즐기고 유지하도록 도와 주어야 한다고 믿는다.

5) 상징화를 통한 다양한 상징화

레지오 프로그램을 실시하는 교육자들은 학습과 발달의 과정을 기술하거나 프로젝트를 계획하거나 또는 교육에 대해 말할 때 직선적이기보다 나선형적인 방식으로 사고한다는 것이 특징이다. 일정기간 동안 한 가지 상황이나 개념을 언어로 토의하고 그림으로 그리고 조사한 후 다시 그리고 탐색하고 대상물을 복사하여 가상의 모형을 만드는 등의 다상징적 과정을 거치면서 유아가 자신의 현재 가설, 아이디어, 이론을 표상하고 재표상하고 있다.

6) 지역사회 중심의 운영과 부모의 참여

레지오 에밀리아 프로그램은 부모와 지역사회의 참여를 교육의 필수조건으로 생각하고 있다.

특히 학교–도시위원회가 유아교육기관을 민주적으로 운영하기 위해 형성되었는 데, 이 위원회에는 부모, 교사, 시민, 지역사회의 여러 집단이 참여해서 교육의 모든 측면을 함께 의논 · 결정한다.

7) 교사

교사가 유아를 이해하려고 장기간 노력하는 것이 레지오 에밀리아 프로그램의 핵심요소이다.

교사들은 교육과정을 계획하고 실행하기 위해 유아들을 잘 관찰할 수 있는 능력을 키워야만 한다.

교육 조정자는 다른 조정자들과 함께 유아 센터 전반에 관련된 정책이나 문제를 토론하거나 교사의 현직교육을 계획 · 실행, 임무배정, 일의 양과 시간 조정, 설비, 보수, 교사가 각 가정과 상호관계를 맺는 것을 지원해 준다.

담임교사는 2명의 교사가 팀이 되어 학급을 3년간 담당한다. 동반자, 양육자, 안내자의 역할, 학습자 또는 연구자로서의 태도를 가지고 교육에 임한다. 미술을 전공한 교사로 담임교사와 협력하여 교육과정의 개발과 기록 작업을 함께 한다.

4. 발도르프 프로그램

1919년 독일의 사상가인 루돌프 슈타이너에 의해 처음으로 시작된 발도르프학교는 오늘날까지 많은 어려움에도 불구하고 전 세계 74여 개 나라에 걸쳐 740여 개의 학교, 1400여 개의 유치원, 어린이집 600여 개의 관련시설이 설립되어 운영되고 있으며 지금도 조금씩 늘어나고 있다. 또한 1996년도에 스위스에서 열렸던 세계 교육부 장관들의 회의에서 바람직한 교육의 모델로서 발도르프학교가 선정되었고 유네스코의 지원, 연구대상에 속하게 되었다는 것은 나름대로 그 성과가 인정받았다고 볼 수 있다.

발도르프 프로그램은 루돌프 슈타이너의 인지학에 근거를 두고 일상적인 생활에서 교사와 유아들과의 진정한 만남을 바탕으로 하고 있다. 현재 전 세계에 설립되어 있는 발도르프학교와 유아교육기관들은 인간의 본질적인 성장 및 발달을 교육의 근본으로 삼고 아동기를 보호하는 데 책임감을 지닌 사람들이 그 뜻을 함께 하고 있다.

슈타이너는 인간의 건강한 성장 · 발달을 7년 주기로 설명하고 있는데, 그 첫

7년 주기의 유아기의 유아들에게는 세계의 어느 곳에서나 보편적으로 걷고, 말하기를 시작하며, 사고하기, 상상력과 의지력의 발달이 이루어지고 있다. 교사의 과제는 바로 이러한 유아들의 발달단계를 동반하면서 유아들의 성장 · 발달의 힘과 앞으로 전개되는 전 생애를 위한 능동적인 힘을 기르는데 책임감을 가지고 진지하게 유아들과 생활하는 것이다.

발도르프 프로그램은 유아교육기관에서는 유아들의 건강한 성장 · 발달을 위한 생활공간이라는 점에서 모방과 모범을 통한 학습, 상상력의 발달, 리듬 있는 생활, 감각교육을 소중하게 여기고 있다. 따라서 유아들로 하여금 '가르침' 보다 교사의 예술적이고 창의적인 생활태도에 의해 진지한 삶을 경험할 수 있게 하며, 인형극과 동화의 세계를 많이 접할 수 있고, 리듬적인 활동 뿐만 아니라 호흡을 하듯 자신의 내면을 펼치고 외부로부터 자신을 끌어들일 수 있는 외적인 활동과 내적인 활동이 반복되는 생활과, 자연물로 된 놀잇감으로 자연의 창조적인 힘을 마음껏 느끼게 하고 있다. 또한 아동기를 보호하는 범주에서 부모와의 협력 작업을 통해 시대 및 사회적 요구와 부모의 요구 및 욕구를 승화하고, 성인들이 먼저 끊임없는 자기교육을 함으로써 유아들을 위한 바람직한 관계인의 역할을 수행하고 있는 것이다.

1) 발도르프 교육의 사상적 배경

발도르프학교의 초대 교장이었던 슈타이너(Steiner)는 그의 독특한 '인지학'에 기초하여 발도르프학교의 교육사상을 정립하였다. 이를 후에 독일 교육학계에서는 '발도르프 교육학'이라고 칭하기도 하였다.

따라서 발도르프학교의 교육과정과 교육방법의 사상적 배경을 연구한다는 것은 곧 슈타이너의 교육사상을 연구하는 것을 의미하며, 이를 위해서는 슈타이너가 그의 교육사상을 정립하게 되는 삶의 과정, 즉 생애와 사상의 배경부터 살펴보는 것이 도움이 될 것이다.

슈타이너(Steiner)의 생애 중, 특히 발도르프학교 운영의 근저에 깔려 있는 철학

적 배경인 인지학이 성립되고 발전하는 시기는 크게 세 단계로 나누어 볼 수 있다.

그 첫 번째 단계는 1902년에서 1909년 동안으로 이 시기에는 슈타이너의 내적 경험이 개념적인 형태의 책으로 나타난다. 이 시기 동안 슈타이너는 「신지학」(Theosophy, 1904), 「고등세계의 지식 : 어떻게 초감각적 세계의 인식을 획득할 것인가?」(Knowledge of the Higher World : How is it Achieved?, 1909), 「신비학 개론」(Occult Science, 1909) 등 자신의 내적 경험을 과학적으로 체계화시킨 책들이 출간되었다.

1910년에서 1916년까지 7년 동안 인지학은 발달 제2기를 맞는다. 이 때는 예술적인 특성이 강조되는 시기로 네 편의 신비극(The Portal of Initiation, The Souls' Probation, The Guardian of the Threshold, The Souls' Awakened)을 직접 만들었으며, 오이리트미도 이 때 만들어지는 등 내적 경험이 예술적인 형태로 나타나는 것을 볼 수 있다.

세 번째 단계는 1917년에서 1923년 동안으로 슈타이너의 정신세계에 관한 내적 경험이 사회의 구체적인 활동으로 나타나는 시기로 인지학 발달의 제3기라고 할 수 있다. 1919년 발도르프학교를 세워 교육 분야에 자신의 생각을 실천하는 것은 물론 과학, 의학, 예술, 농학 등의 분야에도 인지학적 성과가 적용되기 시작한다.

슈타이너는 그의 생애 동안 수십 권의 주요 저서와 약 6000회의 회의 및 강연을 하는 등 매우 열정적인 삶을 살다가 1925년 3월 30일 괴테아눔에 있는 작업실에서 생을 마감하게 된다. 슈타이너의 강연은 잘 정리되어 354권의 슈타이너 전집으로 출판되었다.

앞에서 살펴본 바와 같이 슈타이너는 그의 일생 동안 매우 다양한 세계를 깊이 있게 접하며 전문가적인 지식과 경험을 가지고 살아왔기 때문에 그를 한 마디로 표현한다는 것은 쉬운 일이 아니다. 그래서 그에게는 '철학자'(philosopher), '정신과학자'(spiritual scientist), '정신적 교사'(spiritual teacher), '기독교 신비주의자'(Christian mystic), '교육자'(educator), '비교주의자'(esotericist), '예술가', '건축가', '극작가', '화가', '시인' 그리고 '선구자'라는 다양한 수식어가 따른다. 이처럼 슈타이너에 대한 다양

한 표현이 가능한 것은 그가 어느 한 분야에만 정통한 것이 아니라, 많은 분야에 걸쳐 전문가 이상의 깊이 있는 지식과 경험을 갖고 있었기 때문이다.

슈타이너는 양극화된 이분법적 문명에 길들여진 사고를 보완하는 데 관심을 갖고 예술, 과학, 종교의 연결을 시도하는 인식론적 이론인 '인지학'을 창시하여 예술, 과학, 종교의 상호작용을 볼 수 있고, 우주 속에서 인간과 세상이 상호작용하는 전체로서의 인간성을 볼 수 있는 방법을 연구하였다.

'인지학'(Anthroposophy)은 그리스어 'Anthropos(인간)'와 'Sophia(지혜)'를 합성한 말로서, 문자 그대로는 인간에 대한 지혜를 의미하나, 슈타이너에게 있어서는 인간이 자신의 인간성을 의식하도록 인간 영혼에게 지혜를 부여하는 것을 의미하는 역동적인 개념으로 이해되고 있다. 슈타이너는 올바른 교육을 위해서는 인간에 대한 올바른 인식에 기초를 두어야 하며, 인간에 대한 올바른 인식을 위해서는 무엇보다도 인간 본성의 겉표면 밑에 숨겨져 있는 본성이 밝혀져야만 한다고 보았던 것이다.

2) 발도르프 프로그램의 교육 목적 및 목표

발도르프 교육의 목적은 유아를 강하고, 건강하게 자유로운 영혼과 명석한 정신을 가지게 하는 것이다. 전인적인 유아를 기르기 위해서는 머리, 마음, 손을 교육해야 하고, 유아의 사고능력, 감정능력, 의지능력의 발달에 도움을 주어야 한다. 슈타이너에 의한 인간중심의 새로운 교육원리는 인간의 의지(Wollen), 사고(Denken) 그리고 느낌(Fuehlen)이 조화된 인성교육을 핵심으로 하고 있다. 특히 출생에서 7세까지의 유아기는 항상 생애 전체와의 관계로 보고 교육의 목적으로 '자유'를 역설하였다.

슈타이너의 교육목표는 기존의 사회질서를 위하여 인간은 무엇을 알아야 하며 무엇을 할 수 있어야 하는가를 묻지 말고 그 인간에게 어떤 소질이 있으며 무엇이 그 곳에서 개발될 수 있을 것인가를 물어야 한다. 이렇게 될 때 자라나는 세대로부터 항상 새로운 힘이 사회질서에 공급될 수 있고, 또 이 질서 속에서 자신이 만들어 내는 질서 속에 살아 있게 될 것이다. 발도르프 교육의 목표는 인간의 내적 자유를 통하여 자아를 실현하고, 인간의 삶을 풍요롭게 해 주는 교육이라고 강조한다.

그리고 유아들의 발달을 바로 이해한 위에 유아를 강하고 건강하게 자유로운 영혼과 명석한 정신을 가지게 길러, 세계와의 관계형성과 자신에 대한 이해를 깊이 하는 것이고 원만한 인간관계의 형성과 한 인간으로 자신의 삶을 펼쳐 갈 수 있는 능력을 개발하는 것이며, 신체와 영혼과 정신이 조화를 이루어 발달하는 것이다.

3) 발도르프 프로그램의 기본원리

교육학 이론에서 아동발달에 대하여 일반적으로 거론되고 있는 것에는 아동의 유전적인 측면, 인적 환경을 포함한 교육환경, 그리고 이들과의 상호작용 측면이 있다.

그러나 슈타이너는 한 유아가 이 세상에 태어나는 것은 천상의 세계에서 이 지구상에서 이루고자 하는 나름대로의 과업을 가진 "개별성"(individualitaet)으로서 지구상의 육신을 도구로 삼아 태어나는 인간의 본질적인 측면을 강조한 바 있다. 바로 그 과업의 실현, 즉 인간으로서의 삶을 살아갈 수 있게 하기 위해 우리 부모는 개별성에 육신을 선사하였으며, 인간적인 환경과 상호작용이라는 여건을 마련해 주어야 한다는 것이다. 슈타이너는 인간으로 되어 가기 위한 존재인 유아의 주변에는 반드시 인간의 사회가 있어야 하며, 인간과의 상호작용 측면에 있어서 특별히 모방과 모범을 중요시하고 있다. "물리적 육체"가 형성되는 0-7세의 유아들은 주로 모방을 통하여 학습을 하고 있기 때문에 모방의 대상이 되는 주변환경과 관계인(부모, 교사)의 영향을 대단히 중요하게 지적하고 있다. 영유아기 유아가 모방하는 존재임을 설명하기 위해 언어습득 과정과 신체발달 및 형성과정을 들어 보겠다. 언어습득은 자연과학적으로 그저 언어를 복제하듯이 이루어지는 것이 아니라, 성대에 소리가 새겨지면서 동시에 모방의 대상을 영적으로 받아들인다는 것이다. 또한 성인이 되어서 외국어를 배울 때와는 달리 특별히 가르쳐 주지 않아도 유아가 일상생활에서 자연스럽게 발음을 정확히 배울 수 있는 것은 바로 성대 구조가 소리에 적당하도록 형성되기 때문이다.

인간은 동물과 달리 태어나면서 인간으로서의 완전한 형태를 갖추고 태어나지 못한다. 영아기(0-3세)에 머리 부분이, 유아기(3-5세) 때에는 몸통 부분이, 취학전인 5-7세경에는 신진대사 부분과 사지 부분이 시차적으로 발달하여, 비로소 "사람다운" 신체를 지니게 된다. 그런데 언어습득에서 유아가 가장 사랑하는 사람의 언어를 주로 모방하듯이, 신체발달 및 근육발달 또한 유아가 가장 사랑하는 사람의 움직임을 모방함으로써 이루어진다. 예를 들어, 아버지의 걸음걸이를 아들에게서 발견할 수 있다. 즉, 인간은 동물과는 달리 인간이 없는 환경에서는 "인간답게" 성장할 수 없다는 것이다. 슈타이너는 영아가 세상에 완전히 열려 있고 그 세상 안에서 모방을 통해 배워 가는 과정을 이렇게 표현하였다("유아가 자신을 세상 안으로 형성하며, 세상을 자신의 내면에 형성한다.")라고 교육적인 의미에서 모방은 학습의 '본원적인 형태'로서 유아가 건강하게 모방할 수 있는 주변 환경과 어른의 모범적인 생활태도가 중요하다고 한다. 왜냐하면 유아는 성인의 영혼 깊숙이 있는 곳까지 볼 수 있기 때문이다. 교사와 부모는 유아의 물리적 육체가 건강하게 탄생되도록 "보호막"을 형성하여 모태와 같은 교육환경을 형성해야 한다. 따라서 발도르프 프로그램에서는 교사는 가르치지 않고 진지한 자세로 삶에 필요한 작업을 하고, 유아들이 모방을 통해 계절, 일상생활을 체험하면서 자신의 신체 형성에 충분히 몰두할 수 있게 하고 있다. 왜냐하면 개념적인 것은 영유아기 때 이미 신체적으로 경험한 행위에 연결되면서 발달하기 때문이다.

4) 발도르프 프로그램의 교육내용

발도르프의 교육활동은 자유놀이와 집단활동의 형태로 이루어진다.

자유놀이 시간에 유아들에게 다양한 예술적 활동을 할 수 있는 기회가 주어지며 집단활동 시간에는 노래, 손유희, 이미지 게임 등이 주어지고, 노래와 시는 통합된 교육과정의 일부이다.

독일 발도르프교육 프로그램을 적용한 유치원의 일일계획표 및 주간활동을 살펴보면 〈표 7-2〉와 같다.

표 7-2

독일 발도르프 유치원의 일일계획표 및 주간활동

시 간	활동내용
07:10~09:30	**등원 및 자유놀이** 교사와 만남(인사와 간단한 일상 대화 나누기) 간식준비(교사와 실습교사)에 원하는 유아는 참여
09:30~09:50	**정리정돈** 화장실 가기, 손씻기
09:50~10:10	**아침모임** 다같이 손잡고 노래 부르며 넓은 공간으로 이동, 오이리미트미나 라이겐, 동극 등(오이리트미 시간에는 외부 강사가 주 1회 옴)
10:10~10:30	**간식** 오늘 간식 내용에 대해 교사가 말하고, 유아의 기호와 양에 따라 배분, 교사의 기도 후 '맛있게 드세요'라고 말한 후 먹는다.
10:30~12:00	**바깥놀이**(발도르프의 교육특성상 바깥놀이의 비중이 높음) 그래서 1시 30분 정도 진행 모래놀이, 정원 가꾸기, 채소 가꾸기, 나무토막 자르기 등
12:00~12:20	**화장실 가기, 손씻기**
12:20~12:30	**동화듣기** 같은 동화를 2~3주 정도 듣게 된다.
12:30~13:00	**점심식사** 그날의 식단표에 따라 식사
13:00~	**귀가** 점심식사 후 유아를 불러서 누구의 부모님이 오셨는지 이름을 부르도록 한다. 부모님이 온 유아는 선생님께 인사 후 귀가, 부모님이 안 오신 유아는 그림을 그리고, 종일반 유아는 낮잠을 자게 한다.

주간활동	· 07~09:30 블록놀이, 천과 끈놀이, 소꿉놀이, 극놀이 등 · 월 : 그리기(원하는 유아는 일주일 내내 할 수도 있음) · 화 : 직접 빵굽기 · 수 : 오이리트미(Eurythmie), 율동 및 신체표현 시간에 함 · 목 : 왁스를 녹여 양초 만들기 · 금 : 수채화 그리기 · 토 : 대청소, 놀잇감, 선반, 그릇 등을 닦고 정리하기

(1) 생활리듬

유아들은 인간의 삶의 리듬을 바탕으로 연, 월, 주, 하루의 일과를 보내고 있다. 우리 나라의 경우 설, 보름, 추석 등의 민속 명절과 다양한 풍습이 담긴 절기나 계절의 변화를 해마다 반복하여 체험할 수 있게 할 수 있다. 유아들에게 상상력의 발달과 안정감을 주고 반복의 즐거움을 느낄 수 있도록 2-4주 동안 같은 시간에 같은 동화를 들려주고, 주기적으로 그리기, 아침식사 만들기, 다양한 조형작업을 하는 예술적인 활동, 인형극, 라이겐(Reigen: 시, 노래와 율동이 담긴 리듬적인 놀이)을 하고 있다. 예술적인 작업은 주로 자유놀이 시간에 진행되어, 유아들의 자율적인 참여를 통하여 유아 내면으로부터 우러나오는 의지와 인위적이지 않은 모방이 함께 작용할 수 있도록 한다. 낮잠 자기와 식사 및 간식시간은 중요한 하루 일과로서, 편안히 잠을 잘 수 있고, 영양과 건강을 고려한 자연식품을 섭취하게 할 뿐 아니라 즐거운 식사문화를 경험할 수 있는 환경과 분위기 형성에 많은 노력을 기울이고 있다.

(2) 라이겐(Reigen)

리듬 있는 생활과 관련하여 리듬적인 활동의 하나인 라이겐은 교사가 짓거나 기존의 유아들을 위한 운율이 담겨 있는 시, 노래, 동화의 내용으로 유아들과 함께 자연현상이나 인간의 문화적인 행위를 신체적인 움직임으로 표현하는 것을 말한다. 이것은 TV, 컴퓨터, 비디오 등 신체적인 활동을 점차 앗아가는 현대사회

에서 야기될 수 있는 유아들의 내적 · 신체적 움직임의 저해현상을 치료하는 의미를 가지고 있다. 유아들의 의미 있는 신체적인 움직임은 이후 문자 교육(쓰기)이나 수 및 기하학 교육에 필요한 기초적인 능력이 발달된다.

(3) 예술작업

예술작업은 주로 교사에 의해 이루어지며 인형 만들기, 절기(계절)음식 만들기, 수놓기, 조각, 바느질, 유아들을 위한 놀잇감 만들기, 명절이나 풍습, 기타 특별한 날을 준비하는 과정 등을 하게 되는데, 유아들은 교사의 진지한 예술활동을 통해 인간생활에 필요한 모든 문화적인 행위, 조형과정을 직접 또는 간접적으로 체험함으로써 노동의 가치, 물건이 생산되어 가는 과정, 인간에 의해 만들어진 물건의 소중함과 자연과 더불어 사는 삶을 배우게 된다.

교사는 자신의 전 작업 과정을 면밀히 계획하고 구성하여 혼란스러움과 해치우는 식의 작업이 아닌 진지한 삶의 하나로 표현하여야 하며, 유아들의 자발적인 참여를 위해 유아들을 위한 재료가 담긴 바구니를 항상 준비하여 둔다.

유아들은 모방과 상상력을 통해 스스로 조형작업을 할 수 있으므로 교사는 유아들의 모방을 염두에 두고 작업에 임하되(예: 바늘에 실 꼬이기), 교사가 지시하는 대로의 결과물을 요구하지 않는다.

(4) 동화 및 이야기 들려주기, 인형극

동화에는 몇 가지 나름대로의 규칙이 있다. 그것은 인간과 현실세계를 상징적으로 반영한 것으로 선과 악(영웅과 악인 또는 선함과 잔인함), 지상의 세계와 이상의 세계, 슬픔과 기쁨 등의 양극이 등장한다.

동화는 유아들의 특성을 이해하고 유아들은 동화를 이해할 수 있지만 어른들은 동화의 논리를 이해할 수 없기 때문에(유아들이 세계와 일치감을 가지고 있는 것과는 달리 어른은 논리적인 사고를 통해 동화를 이해하기 때문) 어른들은 이러한 동화의 의미를 알아야 한다. 동화의 유형은 유아들의 특성과 기호와 어울리는 삼륜행(옛날 옛날 옛적에),

시간과 공간의 초월성, 1차원적 세계(현실과 비현실이 일치된 세계), 시작과 끝의 전형적인 유형, 시적 표현("Der Wind, der Wind, das himmlische Kind"), 주인공 유아의 고립성(유아들의 혼자 스스로 해 보고 싶어하는 욕구와 일치한다), 열악한 영역(공감은 항상 가장 가난하고 바보스러운 자에게서 나온다는 원리) 등의 특성을 지니고 있다.

동화 중 특히 전래동화는 유아들의 영적인(seelisch) 영양이 되고 있다. 인간의 삶을 권선징악으로 표현하고, 유아들의 심리적 갈등과 현상을 상징적으로 나타내고 있는 동화의 원리는 성인들의 논리로 이해할 수 없는 유아들에게 적절한 형태와 의미를 지니고 있다.

동화 자체가 포함하고 있는 도덕적 · 교육적 의미를 보존하고 유아들 스스로의 상상력에 의해 다시 한번 재창조될 수 있도록 하기 위해, 이야기는 그림을 동반하지 않고 교사가 직접 들려주고 있으며, 이야기가 끝난 후에도 '교육적' 목적에 의한 교화나 교훈을 하지 않는다. 같은 이야기를 2주일간 계속 들려주어도 유아들의 상상력은 항상 발휘된다. 인형극을 위한 인형 또한 등장인물의 성격묘사를 위한 과장된 모습을 띄지 않고 색깔에 의해 상징적인 표현을 하고 있으며, 간단한 얼굴 모습으로 유아들로 하여금 구체적인 것을 스스로 상상할 수 있도록 한다. 특히 교사는 동화에 나오는 상징적인 의미와 등장인물에 대해 스스로 충분히 공감하고 상상함으로써 이야기를 들려주고 인형도 제작해야 한다.

(5) 놀잇감

놀잇감들은 기능이 정해져 있거나 플라스틱으로 만들어진 기존의 생산품들이 아닌 크고 작은 천, 조개껍질, 나무토막, 돌, 말린 과일, 씨앗 등의 자연물과 자연소재로 된 조각품, 인형, 그릇 등이 제공되어, 유아들 스스로 상상력과 조형능력을 가지고 다양한 놀이를 할 수 있게 한다. 이러한 놀이를 통해 유아들은 가장 자연스러운 방법으로 자연과학, 수, 기하학, 언어 등을 실험하고 발달시키고 있다.

(6) 그리기

그림은 주로 밀납으로 만들어진 크레용과 물감을 이용한다. 그리기는 유아의 내적인 표현이며 색깔의 본질적인 체험이기 때문에 어떤 주제를 과제로 제시하지 않고, 교사가 모범이 되어 진지하게 그림그리기를 하되, 선을 사용하기보다 면으로부터 형태가 드러나는 그림을 그림으로써 유아들로 하여금 생동감 있는 그리기를 체험할 수 있도록 한다.

또한 넓은 붓으로 색깔놀이를 하며 색과 일치되는 내적 경험을 촉진해 주고, 결과에 대하여 느낌으로 이해하도록 한다. 색깔은 주로 노랑, 파랑, 빨강이 주어지며, 서로 섞임으로 여러 가지 색을 창조해 나가는 경험을 한다. 우리 성인은 문명의 발달과 유행의 유혹에 의해 색의 본질적인 느낌을 잃어버렸다. 유아들의 색깔에 대한 경험을 보다 풍요롭게 하기 위해 성인이 먼저 색에 대한 느낌을 되찾는 것은 교사에게 주어진 과제이기도 하다.

(7) 노래

슈타이너는 유치원에서 초등학교 2학년 유아에게 적당한 음악은 5도의 음정으로 된 팬타토닉이 좋다고 했다. 팬타토닉은 레, 미, 솔, 라, 시로 이루어졌으며, 반음이 들어 있지 않아 유아에게 부적당한 감상성이 배제되어 있다. 또한 유아기의 영혼이 아직 지상의 대지에 완전히 발을 딛고 서 있지 못하는 시기에 있으므로 꿈을 꾸는 듯한, 끝이 없는 듯한 음(예: 라로 시작해서 라로 끝나는 노래)으로 이루어진 노래가 적당하다고 한다. 그에 적당한 악기로 슈타이너는 라이어를 개발하였으며, 어린이 하프를 사용하기도 한다. 그에 반해 옥타브로 된 음과 독립된 소리를 내는 악기들은 9세 이상의 유아에게 적당하다고 한다.

(8) 계절탁자

계절탁자란 계절의 변화에 따른 자연의 변화와 인간 삶의 모습이 담겨진 각종 자연물과 교사가 직접 만든 인형 등으로 꾸며진 탁자를 의미한다.

겨울에는 앙상한 나뭇가지에 하얀 눈이 덮여 모든 지상의 생물들이 자신 내부로 움츠리고 있는 모습을, 봄에는 파릇파릇 새싹이 돋으며 만물이 잠에서 깨어나

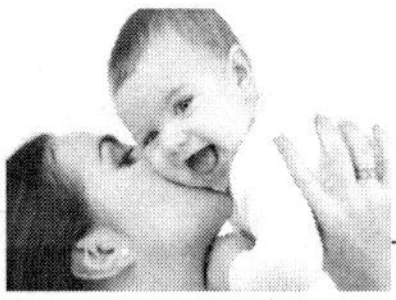

생동하기 시작하는 모습을, 여름에는 왕성한 자연의 힘을, 가을에는 다양한 곡물과 과실이 인간의 삶을 풍요롭게 하고 있는 모습을 보면서 유아들은 자연의 변화와 흐름을 통한 사랑과 인간 문화의 원천적인 힘을 경험하게 된다. 이렇게 계절탁자는 계절과 절기의 흐름, 문화적 행사(축제)의 분위기를 교실 안 가득히 채워 주는 환경구성의 중심이 되어, 시기에 적절한 라이겐, 동화, 예술적인 조형작업을 하나로 만들어 준다.

(9) 부모와 교사의 협력 작업

부모와의 협력 작업은 유아교육기관에 대하여 알게 되고 교육적 의문점을 서로 나눌 수 있는 부모회로부터 시작한다. 부모회에서는 여러 가지 테마가 다루어지는데, 유아들의 사회적 관계, 축제나 행사 같은 조직적인 문제 등을 함께 의논하게 된다.

독일의 경우 각 그룹에 2명의 부모와 교사들이 심의회의 일원이 되며, 부모회보다 더 많은 모임을 갖고, 부모회에 제의하게 될 테마를 정한다. 특별히 관심 있는 교육적 테마(예: 회화, 조소, 수공예 등)는 전문가를 초청하여 부모를 위한 강연을 듣기도 한다. 일반적으로 발도르프 유아교육기관의 교사들은 발도르프 학교에서와 마찬가지로 하나의 "동료협의체(Kollegium)"에 의하여 원장, 원감이 따로 없고 종적인 관계가 아닌 평등한 관계에서 모든 일을 의논하고 결정하고 있으며 사무직이 따로 있다면 행정적인 일을 맡아 교육의 전반적인 업무를 지원하고 있을 뿐이다.

(10) 발도르프 프로그램이 주는 시사점

첫째, 발도르프 프로그램은 교육과정이나 교육프로그램에 따라 교사의 '가르침'을 통한 교육의 외적 측면이 강조되는 전통적인 교육방법과는 달리, 유아의 본질적인 성장 · 발달을 기초로 한 인간의 내적 교육이라는 점에서, 교육에 변화를 주고자 하는 교사에게 근거제시를 명확하게 할 수 있게 한다.

여기에서 근거제시란 유아의 건강한 성장 · 발달이며 미래의 삶을 준비하는 힘을 길러 주는 데에 있다. 발도르프 프로그램은 기억력을 강요하는 공부를 멀리 하고, 예술적으로 자극하며 놀이를 하게 함으로써, 유아의 고유의 재주와 본성(인간의 본질)을 이끌어 내어 주고, 육체적 조직을 강화시키며 자신의 의지를 통제하는 것을 배우게 하는 것이다. 이렇게 자란 유아들은 학교에 가서 더욱 집중을 잘할 수 있고 학교 공부를 할 준비를 하게 된다. 왜냐하면 후의 인생에서 요구되어지는 힘과 건강이 축적되어 있기 때문이다.

둘째, 발도르프 프로그램은 유아의 "문제행동"을 예방하고 치료하는 데 중요한 역할을 한다.

요즘 학교폭력이라든지, 청소년 비행문제가 점차 유아기 문제행동에서도 나타나는 사회문제로 종종 대두되고 있는데, 이러한 문제를 유아기 교육으로부터 예방할 수 있다는 점에서 그 의미가 크다 하겠다.

셋째, 발도르프 프로그램은 우리나라의 유치원에서 뿐만 아니라 특히 유아들이 하루 10시간 정도 머무는 어린이집에서 필요한 유아의 내적 리듬을 중요시하는 '생활교육'이라는 측면에서 시사하는 바가 크다.

넷째, 발도르프 프로그램은 컴퓨터나 수를 헤아릴 수 없는 장난감과 같은 최첨단 시설과 장비를 갖추어야만 현대를 살아가는 유아들에게 적당한 교육이라 여기고 있는 사람들에게, 과연 우리 성인이 '어른의 문화'를 일찍 유아들에게 전달하는 데 교육에 목적을 두고 있는지, 아니면 유아들의 건강을 위한 것인지 진지하게 성찰하게 한다.

5. 생태교육 프로그램

1) 생태교육 프로그램의 배경

생태교육은 생태학(ecology)과 교육의 합성어로 생명존중 가치를 지향하고, 총체

적 시각에서 생태적 삶을 추구하는 생택학적 관점에 기초한 교육이다.

생태학은 1866년 독일의 생물학자 Ernst Haeckeldp 의해 처음 제창되었다(김성진, 1999). 어원은 '거주지'를 뜻하는 그리스어 'eco'에서 유래되었으며, 유기체가 자기 주변의 환경과의 관계 및 상호작용을 연구하는 생물과학의 한 분야를 의미한다.

생태학적 관점은 인간과 자연을 공생하는 존재로 보는 자연친화적 자연관과 자연의 생물학적 생존권을 인식하고 인간과 자연이 공존하는 삶의 영역을 개척함으로써 인간과 자연의 지속가능성을 확보하자는 세계관을 바탕으로 인간과 자연과의 관계에 대한 대안적 관점을 말한다(서영숙 외, 2007). 이러한 생태학적 관점에서 생태교육은 모든 생명체에 대한 존중을 기초로 영유아로 하여금 자연과 공존하는 방법을 습득하도록 도와주는 교육을 의미한다. 다시 말해, 생태교육은 영유아가 자연 속에서 자연물을 통해 자연친화적 놀이를 되찾아 주고 생명의 소중함을 삶 속에서 스스로 느낄 수 있도록 하는데 중점을 두고 있다.

생태교육은 현대사회의 인간성 상실과 생태계 파괴의 위기를 "생태중심교육", "생명존중교육", "전인교육"의 가치로 극복하고자 하는 새로운 교육의 패러다임이다(김현아, 2005).

생태교육은 영유아를 고유한 성장가능성을 가진 개별적 존재로 보고, 영유아의 성장과 발달은 자연의 시간 속에서 스스로의 노력으로 이루어진다고 본다(홍강혜, 2011).

2) 생태교육 프로그램의 교육 목적 및 목표

생태교육 프로그램은 영유아에게 자연 속에서 자연친화적 놀이를 찾아주고 신명나게 뛰어노는 아이로 키우는데 그 목적이 있다. 여기서 '신명나는 아이'는 혈기왕성하고 생명력이 강하고, 몸과 마음과 영혼이 건강하고 행복한 아이를 말한다(임재택, 2005). 다시 말해 신명나는 아이는 음양의 조화를 이룬 아이, 즉 개성과 창의력을 지니면서 흥겨움과 우리의 멋이 흘러넘치는 가운데 자연과 하나가 되어,

사람과 더불어 행복한 삶을 누리는 아이다운 아이를 말한다(하정연, 2009). 이와 같은 맥락에서 생태교육 프로그램을 통해 키우고자 하는 '신명나는 어린이'의 구체적인 모습은 다음의 10가지이다(임재택, 2005).

① 튼튼한 어린이
② 즐거운 어린이
③ 스스로 하는 어린이
④ 새로운 것을 생각하는 어린이
⑤ 예의바른 어린이
⑥ 생명을 존중하는 어린이
⑦ 일을 귀하게 여기는 어린이
⑧ 우리 것을 아는 어린이
⑨ 지구를 지키는 어린이
⑩ 더불어 사는 어린이

3) 생태교육 프로그램의 교육내용

생태교육 프로그램은 인간과 자연이 함께 공존하고 공생하는 것을 목표로 하기 때문에 영유아의 몸과 마음 그리고 영혼을 살릴 수 있는 활동을 중심으로 교육과정을 운영한다(안현주, 2008). 따라서 교육내용을 선정 시 고려해야 되는 것은 생명으로서의 영유아의 몸과 마음과 영혼을 살릴 수 있는 활동을 선정하고 활동을 조직하고 있다(김은주, 2003).

또한 생태교육의 교육내용은 지식보다는 감성과 영성을, 인위적인 내용보다는 자유롭게 움직이고, 오감을 통해 스스로 체험하는 내용을 강조한다. 따라서 생태교육에서는 삶교육, 땀교육, 관계교육, 앎교육, 감각교육, 감성교육, 영성교육으로 교육내용을 범주화하고 있다(임재택, 2005). 더불어 장미연, 임재택(2010)은 여기에 영유아기 뇌발달의 특징과 영유아의 건강 및 인지발달적 특면의 특성을 포함한

뇌과학적인 관점으로 다음의 7가지 교육내용을 제시하였다.

① 자연의 이치와 생명의 결을 통한 삶교육
② 신명남과 몰입을 통한 땀교육 : 신명하고 활기차게 움직이는 온몸, 몰입하여 쉴틈없이 움직이는 속
③ 사랑 · 정성 · 믿음의 관계교육
④ 오감을 살리고 깨우는 감각교육
⑤ 놀이를 통한 앎교육
⑥ 자유로운 예술적 표현을 통한 감성교육
⑦ 명상을 통한 영성교육

생태교육 프로그램의 교육과정의 구성체계를 표로 제시하면 다음과 같다.

표 7-3

생태교육 프로그램의 교육과정 구성체계

<table>
<tr><td rowspan="2">교육 이념 및 방향</td><td>이념</td><td colspan="3">생명중심 유아교육</td><td colspan="4">공동체중심 유아교육</td><td colspan="3">몸 · 마음 · 영혼의 유아교육</td></tr>
<tr><td>방향</td><td colspan="3">자연을 되찾아 주는 유아교육</td><td colspan="4">놀이를 되찾아 주는 유아교육</td><td colspan="3">아이다움을 되찾아 주는 유아교육</td></tr>
<tr><td rowspan="6">교육 목적 및 목표</td><td rowspan="2">바라는 세상</td><td colspan="3">생명공동체
(사람과 자연이 하나 되는 세상)</td><td colspan="4">사람공동체
(사람과 사람이 더불어 사는 세상)</td><td colspan="3">아이행복 세상
(아이들이 행복하게 사는 세상)</td></tr>
<tr><td colspan="10">신명나는 세상 · 생명세상</td></tr>
<tr><td rowspan="3">바라는 아이</td><td colspan="3">자연과 하나 되는 아이
자연아</td><td colspan="4">다른 사람과 더불어 사는 아이
사회아</td><td colspan="3">행복한 아이
행복아</td></tr>
<tr><td colspan="10">신명나는 아이 · 생명인</td></tr>
<tr><td>튼튼한 아이</td><td>즐거운 아이</td><td>스스로 하는 아이</td><td>새로운 것을 생각 하는 아이</td><td>예의 바른 아이</td><td>생명을 존중 하는 아이</td><td>일을 귀하게 여기는 아이</td><td>우리 것을 아는 아이</td><td>지구를 지키는 아이</td><td>더불어 사는 아이</td></tr>
</table>

<table>
<tr><td rowspan="3">교육 내용 및 활동</td><td rowspan="2">교육 내용</td><td colspan="7">몸교육 · 마음교육 · 영혼교육/이성교육 · 감성교육 · 영성교육</td></tr>
<tr><td>삶교육</td><td>땀교육</td><td>관계교육</td><td>감각교육</td><td>앎교육</td><td>감성교육</td><td>영성교육</td></tr>
<tr><td>교육 활동</td><td colspan="7">노인아동/몸짓놀이/세시풍속/먹을거리/산책/텃밭 가꾸기/도 · 농교류/손끝놀이/절제절역/초기적응/바깥놀이/자연건강/명상/감성/영성/태교/생태미술/생태문학/생태음악 등</td></tr>
<tr><td rowspan="2">교육방법</td><td colspan="2">관계성 교육</td><td colspan="2">순환성 교육</td><td colspan="2">다양성 교육</td><td colspan="2">영성교육</td></tr>
<tr><td colspan="8">생명원리에 따른 교육/기다림과 느림의 교육/자유로운 표현을 격려하는 교육/감각을 살리는 교육/놀이와 재미를 통한 교육/삶과 깨달음의 교육</td></tr>
<tr><td>교육평가</td><td colspan="8">아이의 몸 · 마음 · 영혼의 평가/아이들의 삶 전반에 대한 평가 발달 변화지향 평가보다는 '지금여기' 지향 평가</td></tr>
</table>

*자료: 임재택, 2005, p. 261.

생태교육 프로그램의 구체적인 교육내용은 다음과 같다(임재택 · 하정연, 2004).

표 7-4

생태교육 프로그램의 교육내용1)

프로그램명	내 용
바깥놀이	바깥놀이를 통하여 지적인 호기심과 상상력을 키우고 계절의 변화와 친구들과 더불어 살아가는 능력을 갖게 하며, 자연을 통해 생명의 소중함을 깨달아 가게 된다.
산책놀이	산책은 온갖 자연물을 직접 보고, 만지고, 듣고, 느끼고 냄새를 맡을 수 있는 체험적 교육활동으로 아이들은 사람, 사물, 현상과의 관계성을 알게 된다.
텃밭 가꾸기	텃밭 가꾸기는 흙냄새를 맡고 제 손으로 채소를 길러 봄으로써 계절과 날씨의 변화, 식물의 생장, 수확에 대한 기쁨, 자연과 함께 하는 삶을 이해하고 노동의 신성함과 보람을 몸과 가슴으로 느끼게 된다.
노인 · 아동 상호작용	노인들이 영유아 보육활동에 자원봉사자로 참여하여 아이들과 함께 생활하면서 노인 · 아동 간의 상호작용 기회를 제공하는 세대 간 교육 프로그램이다.
세시풍속	세시풍속은 겨레의 얼을 느끼도록 하는 과정으로 아이들에게 계절의 변화에 따른 생활의 주기성을 알게 하고 건강한 먹거리를 알게 하며 더불어 즐길 수 있는 놀이와 조상들의 삶의 지혜를 알 수 있게 한다.

1) 부산대학 부설 어린이집에서 운영하고 있는 생태유아교육 프로그램의 내용임.

프로그램명	내 용
동물 기르기	동물을 기르며 생명의 세계를 경험한다.
명상	명상을 통하여 감각이 예민해지고 몸이 건강해진다. 침묵해 보기, 생각해 보기, 가도해 보기, 자신의 모습 관찰해 보기, 바라보기 , 귀 기울여 보기, 자연세계의 사물들을 바라보면서 느껴 보기, 차 마시기 등 일상생활 속에서 명상을 시도하고 있다.
절제 · 절약	절제 · 절약 프로그램은 생태의 핵심인 순환과 돌림의 경제를 인식시키고 실천하도록 도와주는데 목적이 있다.
먹을거리	몸, 마음, 영혼을 맑게 하기 위하여 급식 및 간식을 모두 유기농 먹을거리로 제공한다.
도시 · 농촌 교류	자연과 먹을거리의 소중함을 느끼는 경험을 제공하고, 농촌과 도시의 문화를 서로 이해하게 된다.
손끝놀이	손끝을 사용해서 할 수 있는 놀이를 말한다. 손가락 체조하기, 곡식 옮기기, 숟가락 · 젓가락 이용해서 옮기기, 종이접기, 바느질 등이 활동의 예가 된다.
몸짓놀이	몸을 자극함으로써 오장육부를 튼튼하게 하고 몸을 유연하게 한다. 몸짓놀이에는 기체조를 변형한 도인체조, 여러 동물 형상을 기초로 한 몸짓, 우리 전통의 무예와 전통춤을 기초로 한 몸짓이 포함된다.
초기 적응	어린이집에 입학하는 아이들이 새로운 환경에 원만하게 적용할 수 있도록 돕는 과정이다.

*자료: 임재택 · 하정연, 2004.

하루일과는 여유있고 융통성있게 운영되며, 일과운영의 예는 다음과 같다.

표 7-5

생태교육 프로그램의 하루 일과 구성

시간	내용
07:30~10:00	등원 및 자유놀이
10:00~10:20	오전 간식, 몸짓놀이
10:20~12:00	바깥놀이, 산책, 텃밭 가꾸기 등 주제에 맞춘 활동
12:00~15:00	점심, 낮잠 (만 5세반은 낮잠이 없음)
15:00~16:00	정리 정돈, 오후 간식
16:00~17:30	자유놀이, 바깥놀이, 자유 귀가

*자료: 임재택 · 하정연, 2004.

4) 생태교육 프로그램의 교사의 역할

생태교육 프로그램에서의 교사는 교사이기 전에 세상을 보는 바른 눈을 가진 바른 인격체를 가져야 하며, 영유아들이 자연과의 접촉을 많이 할 수 있도록 배려하며, 생명존중을 몸으로 실천하고, 영유아들의 삶의 통로가 되어 주는 삶의 동반자가 되어야 한다(서영숙 외, 2007).

구체적으로 생태교육 프로그램의 교사의 역할은 다음의 6가지의 역할로 정리할 수 있다(임재택 · 박재환, 2002; 전남련 외, 2008).

(1) 돌봄의 삶을 사는 교사

생태교육 프로그램의 교사는 일반교사의 역할보다 양육자, 즉 어머니의 역할에 더 가까운 역할을 해야 한다. 즉 영유아를 가르치는 역할보다는 영유아가 스스로 잘 자라고 더불어 잘 자라도록 돌보는 역할을 해야 한다.

(2) 땀을 흘리는 교사

생태교육 프로그램의 교사는 땀의 의미를 체득한 사람이어야 한다. 즉 땀의 가치를 아는 자는 흙의 가치를 아는 자, 생명의 가치를 아는 자이다.

현대사회의 교육은 '인지적 교육'에 치중하고 있는데, 참교육은 머리, 가슴, 손, 발, 영혼이 함께하는 교육이어야 한다. 이러한 교육을 하기 위해서는 교사가 움직여야 한다. 말로만 하는 교육은 교육이 아니라 교사가 먼저 체득하고 땀을 흘릴 줄 알아야 움직임이 있는 살아 있는 교육을 열어갈 수 있다.

(3) 모심을 실천하는 교사

생태교육 프로그램의 교사는 구체적인 교육방법보다는 생명에 대한 모심과 섬김, 즉 사랑이 근본이다. 교사의 지극한 사랑과 섬김 속에서 영유아는 자연과 우주 질서를 따르고 존중하는 아이로 자랄 수 있다고 보았다.

(4) 생명의 결대로 키우는 교사

영유아는 생명의 씨앗으로서 그 씨앗 속에는 자연 속에서 때가 되면 뿌리를 내리고 줄기와 잎이 나고 꽃이 피고 열매를 맺을 수 있는 생명을 가지고 있다. 사람은 태어나면서부터 그런 생명의 본성을 지니고 있으므로 부모나 교사는 영유아가 본래부터 지니고 있는 그 생명이 스스로 잘 자라도록 돌보는 일을 하면 된다.

(5) 지금을 준비하는 교사

생태교육 프로그램의 교사는 영유아들과의 수업이나 계획된 교육활동을 위해 별도로 교재 · 교구를 만들기보다는 지금 행복한 아이로 키우는 것이 중요하므로 내일을 준비하는 교사가 아닌, 지금을 펼치는 교사, 지금 행복한 교사를 필요로 한다. 교사가 먼저 지치고 힘들면 그와 함께 하는 아이들은 결코 행복할 수 없다. 따라서 생태 유아교육의 계획은 자연스러워야 한다. '자연스러운 계획'은 억지로 맞추는 계획이 아니라 자연의 리듬에 맞추는 계획이다. 그래서 아이들의 삶의 결의에 따라서 계획하고 그 계획에 얽매이지 않는 지금을 누리는 교육이 되어야 한다. 이러한 생명의 결에 따라 지금을 풀어 가는 역할을 하는 것이 교사의 역할이다.

(6) 조화로운 관계를 이루며 미적 체험을 하는 교사

생태교육 프로그램의 교사는 자연의 관계를 아는 사람으로 자연과의 관계를 삶의 질서 속에 풀어 낼 수 있는 진정한 교사가 되어야 한다. 즉 교사는 자연관계와 인간관계를 조화롭게 이루어 나가는 사람이어야 한다. 따라서 교사는 아이들, 자연, 부모, 동료 교사, 이웃과 더불어 공생하고 조화를 이루면서 그 속에서 같이 알아가야 한다.

6. 다문화 보육프로그램

1) 다문화 보육프로그램의 필요성과 방향

현대사회는 인터넷의 보급으로 인해 급속한 세계화 시대에 접어들게 됨으로써, 지역과 지역, 국가와 국가 간의 벽이 허물어지고 있으며, 각국의 다양한 문화와 정보들이 교류되고 있다. 또한 한국남성 10명 중 1명은 외국인 아내를 맞이하는 시대에 살고 있다. 이제 한국도 다양한 민족과 인종이 공존하는 다문화사회에 접어들어서, 단일민족국가의 타이틀을 벗게 되었다. 따라서 한국도 이제는 다양한 문화를 인정하고 사회적 편견에 대응하는 능력을 길러주는 교육적 접근으로 변화하여야 할 것이다. 다문화 교육에 대한 관심은 1960년대 포스트모더니즘의 영향을 받았으며, 다문화교육은 다른 인종, 성, 사회계층, 언어 및 문화적 배경의 사람들을 존중하도록 함으로써 다양한 문화권에서 영유아가 건강하게 생활하고 학습하며 의사소통하고 활동할 수 있도록 준비하는 교육을 말한다. 특히 영유아들은 매우 어린시기에 인종적 차이에 대한 인식이 발달하며, 인종에 대한 이슈를 성인보다 좀 더 편하게 받아들이고 이야기 나누는데, 이는 영유아들의 호기심과 인식에 기인하므로 다문화보육은 유아시기에 이루어지는 것이 효과적이다.

또한 다문화 보육은 다른 문화를 존중하고 이해하는 방법을 배우는 것에서 시작하여, 사회에 깊이 내재된 인종이나 민족, 문화에 대한 비합리적인 우열관계를 극복하는 과정으로 나아가야 한다. 영유아기의 아동들은 다문화 보육을 통해서 자신과 타인을 존중하는 태도를 갖게 함으로써 자신과 타인을 이해하고 수용할 수 있다.

영유아를 위한 다문화 보육의 출발점은 영유아의 실제 삶의 맥락에 바탕을 두고 이루어져야 하는데, 즉 영유아 자신의 삶의 경험에서 나오는 실제 이야기를 통하여 다문화적 인식 세계를 확장시킬 수 있는 것이다.

다음은 다문화 보육프로그램을 구성할 때 고려해야 할 방향이다(박찬옥 외, 2011).

① 다양성을 인정하고 차이와 다름을 이해할 수 있도록 해야 한다.
② 다른 민족과 인종 및 다른 문화를 다루는 방식의 변화가 필요하며, 연간보육계획안과 연계하여 어린이집에서 다양한 활동에 활용할 수 있도록 한다.
③ 영유아와의 활동 내용에 다양한 문화적 소재를 고려하여 계획한다.
④ 인종과 민족에 대한 편견을 줄이고 민주적인 태도와 가치관을 길러줄 수 있는 교수방법에 대한 연구가 필요하다.
⑤ 다문화 가정 영유아와 일반가정 영유아들을 포함한 다문화 보육과정으로 연간보육계획안과 연계하여 통합적으로 활용될 수 있도록 한다.
⑥ 다양한 교수-학습 방법을 활용하고 구체적이고 실제적인 교수-학습 자료를 활용할 수 있도록 한다.

2) 다문화 보육프로그램의 목적과 교육목표

다문화 보유프로그램은 다양한 인종과 문화집단에 속해 있는 사람들이 서로 상호이해와 평등관계를 중시해야 한다. 다문화 보육프로그램의 목적은 다음과 같은 주요 네 가지의 목적을 지니고 있다(전남련 외, 2008).

① 자신의 정체감에 대해 긍정적으로 생각하기
② 다양성을 가진 사람과 편안하고 감정이입적인 상호작용을 촉진하기
③ 편견에 대한 비판적인 사고 기르기
④ 편견에 대하여 행동하기

교육부(1999)가 제시한 세계이해 교육의 목표는 다음과 같다.

① 자기 존중감과 함께 인종, 성, 신체조건 등에 따라 다양성을 이해하고 존중하

는 태도를 기른다.

② 다른 나라 사람이라도 인간을 평등하며 모두 지구촌 가족이라는 우호의식을 기른다.

③ 우리 나라의 문화유산에 대하여 자긍심을 가지며 이와 함께 여러 나라의 문화는 다양하며 서로 존중해야 한다는 의식을 기른다.

④ 우리나라와 다른 나라는 서로 필요한 물자, 정보, 문화 등을 교류하며 이를 통하여 서로 도움을 주고받는 관계에 있음을 이해한다.

⑤ 하나뿐인 지구에 대한 인식을 기초로 환경보호를 위한 기본 습관과 자원을 아껴 쓰는 태도를 기른다.

⑥ 인류애를 통한 교류와 협력에 관심을 갖는다.

3) 다문화 보육프로그램의 구성 원리

다문화 보육프로그램의 전반적인 구성 원리는 다음과 같다(임양미 외, 2011).

첫째, 다문화 보육프로그램은 자신 및 타인의 가족과 문화를 존중하고 다문화에 대한 반편견 태도를 형성하며 타인과 협력할 수 있는 기본적인 태도와 능력을 형성시키는 것을 목적으로 해야 한다. 이러한 목적을 토대로 다음과 같은 내용으로 구성된 활동이 제공되어야 한다.

① 자신이 속한 가족, 나라에 대한 긍정적인 자아개념을 형성하는 활동

② 타인 및 타인이 속한 집단(인종, 나라)의 문화, 생활방식에 대해 알아보고 존중하는 태도를 형성하는 활동

③ 자신과 타인의 가족, 인종, 문화에 대해 고정관념 및 편견을 줄일 수 있는 활동

④ 타인과 협력하고 갈등을 조절하며 함께 살아하는 능력을 형성시킬 수 있는 활동

둘째, 다문화 보육프로그램은 일반 가정 영유아와 다문화 가정 영유아를 대상으로 일상적인 보육활동을 통해서 이루어지는 것을 원칙으로 다문화가정 영유아와 교사가 개별적으로 상호작용하는 방법을 함께 제시함으로써 프로그램에 대한 교사의 활용도를 높이는 것이 효과적이다. 또한 가정에서 동일한 주제의 활동을 부모와 영유아가 진행하도록 함으로써 교육의 효과를 높이도록 구성하는 것이 좋다. 즉 부모에게 놀이방법에 대한 지식 및 정보를 제공함으로써 부모교육 효과도 가져올 수 있도록 구성하는 것이 바람직하겠다.

4) 다문화 보육프로그램의 내용

다음은 표준보육과정 및 누리과정을 토대로 임양미 등(2011)이 개발한 다문화 보육프로그램의 예시이다.

표 7-6 영아반(만 2세) 다문화 보육프로그램의 예시

월	생활주제	활동명		활동유형
3월	어린이집에 왔어요	1	(통합) 너는 누구니	전이활동
			(개별) 너는 누구니	놀이활동(탐색 · 조작)
			(가정) 같이 놀자, 미안해, 고마워	–
		2	(통합) 내가 좋아하는 인형과 잠자기	놀이활동(역할)
			(개별) 자장가를 들으며 잠자기	일상생활영역(낮잠)
			(가정) 자장 자장 우리 아기	–
4월	놀잇감 탐색과 신나는 바깥놀이	3	(통합) 나 어때요	놀이활동(역할)
			(개별) 나 어때요	놀이활동(역할)
			(가정) 스카프로 놀이해요	–
		4	(통합) 두껍아 두껍아	놀이활동(실외활동)
			(개별) 개구리와 두꺼비	놀이활동(탐색 · 조작)
			(가정) 두껍아 두껍아	–

월	생활주제	활동명		활동유형
5월	봄나들이 가요	5	(통합) 꽃으로 장식해요	놀이활동(실외활동)
			(개별) 꽃 이름을 알아보아요	놀이활동(실외활동)
			(가정) 꽃과 풀로 놀이해요	–
		6	(통합) 배고픈 애벌레의 맛있는 음식	놀이활동(언어)
			(개별) 애벌레가 몇 개 먹었지?	놀이활동(언어)
			(가정) 하나, 둘, 셋	–
6월	나	7	(통합) 머리, 어깨, 무릎, 발	놀이활동(창의적 표현)
			(개별) 신체 부위 찾아보기	놀이활동(창의적 표현)
			(가정) 머리, 어깨, 무릎, 발	–
		8	(통합) 특별한 모자 쓰기	놀이활동(역할)
			(개별) 나를 소개할 수 있어요	놀이활동(역할)
			(가정) 깨끗하게 손씻기	–
7월	더워요	9	(통합) 어떤 느낌일까요	놀이활동(탐색 · 조작)
			(개별) 느낌을 말해 보아요	놀이활동(언어)
			(가정) 얼굴표정 게임	–
		10	(통합) 여행 사진을 보아요	놀이활동(언어)
			(개별) 여기가 어디일까?	놀이활동(언어)
			(가정) 가족 사진 액자 만들기	–
8월	동물	11	(통합) 동물들아 안녕	놀이활동(탐색 · 조작)
			(개별) 동물들의 소리를 들어보자	놀이활동(언어)
			(가정) 동물 만들기	–
		12	(통합) 우리 엄마에요	놀이활동(언어, 탐색 · 조작)
			(개별) 큰 동물과 작은 동물	놀이활동(탐색 · 조작)
			(가정) 엄마동물과 아기동물	–
9월	가족	13	(통합) 새로운 가족이에요	놀이활동(역할)
			(개별)아기 인형 돌보기	놀이활동(역할)
			(가정) 양말 짝을 찾아요	–
		14	(통합) 닮은 곳이 있대요	전이활동
			(개별) 우리 가족을 소개해요	놀이활동(언어)
			(가정) 노래 불러요	–

월	생활주제		활동명	활동유형
10월	내가 만나는 사람들	15	(통합) 나는 요리사에요	놀이활동(창의적 표현)
			(개별) 오물조물 점토로 모양 놀이	놀이활동(창의적 표현)
			(가정) 오물조물 밀가루 모양 놀이	–
		16	(통합) 직업 막대 인형놀이	놀이활동(역할)
			(개별) 병원놀이 재미있어요	놀이활동(언어)
			(가정) 어디까지 왔니?	–
11월	탈것	17	(통합) 자동차 태우기 놀이	놀이활동(쌓기)
			(개별) 자동차 그림자 찾기	놀이활동(탐색 · 조작)
			(가정) 탈것의 이름 찾아보기	–
		18	(통합) 다른 나라 자동차 놀이하기	놀이활동(쌓기)
			(개별) 조심조심 찻길 건너기	놀이활동(실외활동)
			(가정) 꼭 알아야 할 교통안전	–
12월	추워요	19	(통합) 겨울옷 입기 놀이	놀이활동(탐색 · 조작)
			(개별) 감기 걸린 아기를 돌봐요	놀이활동(역할)
			(가정) 에취! 감기에 걸리지 않으려면	–
		20	(통합) 썰매타기 재미있어요	놀이활동(신체)
			(개별) 얼었어요, 녹았어요	놀이활동(실외활동)
			(가정) 눈 오는 날의 놀이	–
1월	색깔놀이, 모양놀이	21	(통합) 무슨 색깔의 옷일까	놀이활동(탐색 · 조작)
			(개별) 주변에서 색깔 찾기	놀이활동(탐색 · 조작)
			(가정) 알록달록 색깔놀이	–
		22	(통합) 무슨 모양 집일까	놀이활동(신체)
			(개별) 블록놀이, 모양놀이	일상생활영역(간식)
			(가정) 세모, 네모, 동그라미	–

월	생활주제	활동명		활동유형
2월	형님이 되었어요	23	(통합) 티치	놀이활동(언어)
			(개별) 순서대로 놀아보자	놀이활동(쌓기)
			(가정) 순서대로 차례차례	–
		24	(통합) 여러 나라 탈 퍼즐	놀이활동(탐색 · 조작)
			(개별) 오물딱 조물딱 탈 만들기	놀이활동(창의적 표현)
			(가정)	–

표 7-7

유아반(만 5세) 다문화 보육프로그램의 예시

월	생활주제	활동명		활동유형
3월	신나는 어린이집	1	(통합) 난 내 이름이 참 좋아	대 · 소집단활동(이야기나누기)
			(개별) 내 이름으로 삼행시짓기	자유선택활동(언어)
			(가정) 내 이름에 담긴 뜻	–
		2	(통합) 우리는 친구	대 · 소집단활동(이야기나누기)
			(개별) 어떤 친구일까요?	자유선택활동(언어)
			(가정) 우리는 친구	–
4월	봄꽃과 채소	3	(통합) 세계의 봄 축제	대 · 소집단활동(이야기나누기)
			(개별) 봄꽃 축제를 준비해요	자유선택활동(미술)
			(가정) 내가 좋아하는 봄꽃은?	–
		4	(통합) 채소밭을 꾸며요	자유선택활동(쌓기)
			(개별) 야채 도장 찍기	자유선택활동(미술)
			(가정) 나는 채소가 좋아	–
5월	소중한 가족	5	(통합) 여러 형태의 가족을 만들어요!	대 · 소집단활동(게임)
			(개별) 모든 가족은 특별해요!	자유선택활동(언어)
			(가정) 우리가족을 소개해요	–
		6	(통합) 세계의 이색 결혼식	대 · 소집단활동(이야기나누기)
			(개별) 내가 하고 싶은 결혼식은?	자유선택활동(미술)
			(가정) 엄마 아빠의 결혼식	–

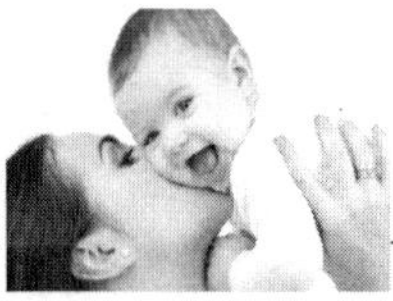

월	생활주제	활동명		활동유형
6월	건강한 몸과 마음	7	(통합) 이가 빠졌어요	대 · 소집단활동(이야기나누기)
			(개별) 만약 이가 빠진다면	자유선택활동(미술)
			(가정) 엄마와 아빠와 함께해요!	–
		8	(통합) 나라를 대표하는 운동이 있어요	대 · 소집단활동(이야기나누기, 신체)
			(개별) 운동경기 패턴 만들기	자유선택활동(수 · 조작)
			(가정) 가족과 함께하는 건강체조	–
7월	물과 우리 생활	9	(통합) 세계의 강 이야기	대 · 소집단활동(이야기나누기)
			(개별) 동강의 아이들	자유선택활동(언어)
			(가정) 가장 힘센 물줄기	–
		10	(통합) 아껴 쓰고 나눠 쓰는 지구의 물	대 · 소집단활동(이야기나누기)
			(개별) 깨끗이 손씻기	자유선택활동(과학)
			(가정) 우리 집의 물절약왕	–
8월	우리나라 대한민국	11	(통합) 우리나라와 다른 나라의 건국신화 이야기	대 · 소집단활동(이야기나누기, 문학)
			(개별) 엄마나라의 옛날 이야기	자유선택활동(언어)
			(가정) 단군신화 이야기	–
		12	(통합) 우리나라 왕관 만들기	자유선택활동(미술)
			(개별) 전래동화 읽기	자유선택활동(언어)
			(가정) 엄마가 들려주는 쥐의 결혼	–
9월	세계 여러 나라	13	(통합) 세계 아이들의 전통놀이	대 · 소집단활동(이야기나누기, 실외활동)
			(개별) 비석치기	자유선택활동(실외활동)
			(가정) 신나고 재미있는 칠교놀이	–
		14	(통합) 다른 나라 글자로 그림그리기	자유선택활동(미술)
			(개별) 한글의 자음	자유선택활동(언어)
			(가정) 엄마 모국의 글자를 알려 주세요	–

월	생활주제		활동명	활동유형
10월	나무와 숲	15	(통합) 나무가 점점 자라요	대 · 소집단활동(문학)
			(개별) 나무로 만든 것	자유선택활동(과학)
			(가정) 나무 노래 부르기	–
		16	(통합) 세계의 나무 이야기	대 · 소집단활동(이야기나누기)
			(개별) 나무의 부분	자유선택활동(실외활동)
			(가정) 나무의 부분을 나타내는 말	–
11월	발명과 발견	17	(통합) 발명은 무엇인가요?	대 · 소집단활동(이야기나누기)
			(개별) 옛날물건과 오늘날의 물건 구분하기	자유선택활동(수 · 조작)
			(가정) 엄마, 아빠와 박물관에 가봐요	–
		18	(통합) 발견은 무엇인가요?	대 · 소집단활동(이야기나누기)
			(개별) 탐험가가 되어 보아요	자유선택활동(언어)
			(가정) 탐험할 때 필요한 물건은?	–
12월	우주여행	19	(통합) 해님을 좋아한 하루망	대 · 소집단활동(문학)
			(개별) 해–달–별	자유선택활동(수 · 조작)
			(가정) 별자리 이어보기	–
		20	(통합) 처음 달에 간 우주인은 누구일까요?	대 · 소집단활동(이야기나누기)
			(개별) 우주 탐험 주사위 게임	자유선택활동(수 · 조작)
			(가정) 내가 우주인이 된다면?	–

월	생활주제	활동명		활동유형
1월	책	21	(통합) 옛날 책과 오늘날 책	대 · 소집단활동(이야기나누기)
			(개별) 책은 어떻게 만들어졌을까요?	자유선택활동(언어)
			(가정) 도서관에 가서 책을 봐요	-
		22	(통합) 안데르센 작가를 알아요	대 · 소집단활동(이야기나누기)
			(개별) 덴마크는 어떤 나라일까요?	자유선택활동(언어)
			(가정) 국가와 국화 연결하기	-
2월	초등학교에 가요	23	(통합) 세계 여러 나라의 친구들	대 · 소집단활동(이야기나누기)
			(개별) 세계 여러 나라 친구들과 인사해요	자유선택활동(언어)
			(가정) 인사 노래	-
		24	(통합) 아프리카의 초등학교	대 · 소집단활동(이야기나누기)
			(개별) 초등학교에 가요	대 · 소집단활동(이야기나누기)
			(가정) 초등학교에 가봐요	-

제8장

여러 나라의 보육과정

1. 미국
2. 영국
3. 일본
4. 독일
5. 프랑스
6. 스웨덴
7. 호주
8. 노르웨이
9. 핀란드
10. 캐나다

보육과정은 보육정책의 흐름과 함께 한다. 보육정책은 각 나라와 문화권의 가치관과 특성에 따라 다른 내용을 갖추게 된다. 보육과정에 지대한 영향을 미치는 보육정책이 사회 문화적 배경과 정치제도에 따라 다른 양상을 보이게 되므로, 다양한 나라의 보육정책을 살펴보는 것은 보육서비스의 하나로 보다 의미있는 보육과정을 설계하는데 안목을 넓일 수 있을 것이다. 그러므로 본 장에서는 육아정책연구소(2011, 2012, 2013)에서 그 동안 연구한 세계 여러 나라의 보육정책과 제도, 보육과정에 관한 내용을 근거로 여러 나라의 보육과정을 정리해 보았다.

1. 미국

1) 기본 보육정책

미국은 취약계층을 위한 소수의 공보육과 다수가 이용하는 시장화된 보육서비스로 구분할 수 있다. 미국은 보육시장을 넓혀 시장화된 보육서비스에 의존하고 있다. 공적으로 제공되는 보육서비스는 취업여성을 위한 제도로 이용되고 있다. 그러므로 미국의 보육서비스는 포괄성, 보편성보다 빈곤아동과 장애아동 등의 취약아동으로 표적화된 제한적인 보육정책을 갖고 있다. 미국의 5세 유아 대부분이 유치원과 공립유치원을 다니고 있지만 5세 미만의 1.3 정도, 3-4세 아동의 절반이 사립유치원을 다니고 있다. 3세 미만의 경우 절반이 어린이집에 있고, 그 절반이 가정어린이집 등에서 비공식적인 보육을 받고 있다(서문희 · 양미선 · 송신영, 2011).

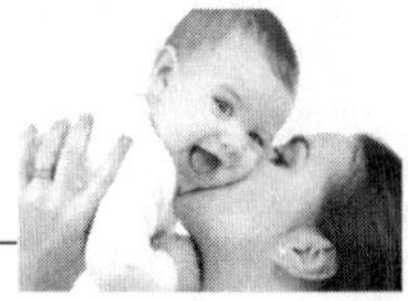

2) 공공보육

공립어린이집의 경우 8%에 해당되며, 공적인 보육서비스의 하나로 취약계층 아동을 위한 헤드스타트가 9%를 차지한다. 종교단체와 비영리법인, 비영리 개인 등이 운영하는 기관이 65%이고 나머지는 영리기관이 담당한다. 이는 보육교사의 고용주체를 통해서도 알 수 있는 사립에서 교사의 인건비를 제공하는 비율이 97.9%로 가장 많으며, 지방정부, 주정부, 연방정부 순으로 나타났다.

3) 보육비용 지원

저소득층은 헤드스타트 이외의 아동보육발달기금과 위기가정일시지원이라는 서비스를 제공하며, 취약계층 지원제도로 보육비용을 바우처 형식으로 제공한다. 그와 함께 일반인은 조세제도로 1인당 3000불까지는 비용을 소득공제하는 방침을 갖고 있다.

2. 영국

1) 기본 보육정책

영국은 전통적으로 가정에서 부모가 아동을 양육해야 한다는 인식이 있어, 국가의 보육정책과 제도의 역사는 길지 않다. 대체적으로 자녀를 둔 부모들은 영리적인 목적으로 운영되는 어린이집이나 대리양육자에게 의존하는 상황이었다(문무경, Peter Moss John Bennett, 하민경, 2013). 1997년 노동당의 집권 이후 영유아를 위한 보육정책이 국가경쟁력을 높이는 중요한 사안이라고 인식하면서 보육정책이 발전하게 되었다.

1998년 3, 4세 무상교육을 위한 근거를 마련하고 유아교육기관과 보육기관을 일원화하고 무상 공교육 체계를 갖추게 되었다. 2004년에는 유아교육 개혁을 위한 10개년 계획을 발표하고, 2006년에는 영유아 무료 교육기관 및 주당 교육시간을 확대한다는 등의 골자로 10개년 전략을 발표하였다.

국가와 지방정부가 교육과 보육에 대한 공동책임을 강조하며, 중앙정부의 아동학교가족부가 담당한다. 중앙정부는 14개의 영역으로 된 국가기준을 제공하고, 지방정부는 어린이집의 질적인 향상과 안전 책임 등을 관리하고, 시설 조건, 인가 절차 등을 규정하는 역할을 한다. 보육서비스는 종일제 보육, 방과후 보육, 계절별 보육, 아동센터, 가정보육으로 구분되며, 조기교육으로서의 교육서비스는 유아학교, 유아학급, 예비학교가 있다(문무경, 2007).

2) 공공보육

종일제의 어린이집으로 정부 주관기관이 11%이고 비영리자원기관이 22%를 차지한다. 취약계층의 아동센터는 공공부분으로 운영되는 것이 68%에 해당되며, 18%는 자원기관이 담당하고 있다. 일반적인 종일어린이집 뿐만 아니라 휴일 클럽과 방과후 클럽도 공공기관에서 운영하는 것이 31%, 24%이며, 자원기관에서 운영하는 곳이 30%, 34%에 해당된다. 그와 함께 기간제에 해당되는 어린이집은 사립이 37%이며, 자원기관이 운영하는 것이 64%에 해당된다.

3) 보육비용 지원

영국은 취학전 2년에 해당되는 유아에게 주당 15시간 연 38주 동안 무상교육을 실시한다. 보육비용의 제도는 저소득층에게는 공공기관인 아동센터를 이용할 수 있게 하고, 일반인은 세액공제로 부모의 보육료 부담을 줄여 주고 있다.

3. 일본

1) 기본 보육정책

일본은 미취학아동을 위한 지원기관으로 유치원과 보육소가 있어 이원화된 정책을 갖고 있다. 유치원은 학교교육기관으로, 보육소는 아동복지시설의 하나로 법적으로 정착하였다. 관할 부처도 교육성과 후생노동성으로 나누어진 행정체계를 갖고 있다.

일본의 보육정책은 1990년대 이후 소자녀화가 가속화되고 급속한 고령화로 인해 보육정책에 대한 국가적 관심을 높이며 발전하게 되었다. 1994년에는 "엔젤플랜"을 교육성, 후생성, 노동성, 건설성 등 4개의 부처가 합의하여 만들어 보육, 고용, 교육, 주택 등에 대한 정책을 마련하였다. 이후 1999년에는 "소자녀화대책의 구체적인 실시계획(2000-2004년)"을 "신엔젤플랜"으로 제시하였다. 이 내용에서는 보다 많은 보육소를 설립하고, 다양한 보육서비스를 제공하는 것을 목적으로 이용자의 욕구에 부합한 시설유형과 서비스를 제공한다는 내용을 갖고 있다.

또한 연장보육, 휴일보육, 장애아보육, 일시보육, 질병 중인 아동보호, 영유아건강지원, 다기능 보육소 등의 다양한 어린이집과 시간대를 차별화한 어린이집을 설치, 운영한다는 내용도 포함되었다. 어린이집의 유형은 인가 어린이집과 인가 외 어린이집으로 구분한다. 민간어린이집은 지방정부와 사회복지법인에서 운영하며, 종일제를 기본으로 시간제, 야간, 병아 보육 다양한 서비스를 제공한다. 이곳을 이용하는 영아는 전체의 22.8%, 유아의 경우 41.7%가 된다. 인가 외 어린이집은 직장어린이집, 베이비 호텔 등이 있다.

이들은 2011년 현재 약 18만 명의 아동을 보육하는 것으로 나타난다. 한편 이원화된 교육, 보유정책의 어려움을 해소하고자 하는 것으로 "인정어린이원"을 운영하고 있다. 인정어린이원은 유치원과 보육소의 고유한 역할을 수행하는 것을 기본으로 하되 유치원의 경우 아동복지법에 의한 보육을 병행하고, 보육소의 경우 학교교육법에서 규정된 교육의 내용을 포함하는 과정을 만들어 운영하는 곳이다. 이러한 인정어린이원을 통해 유치원과 보육소의 상호보완적인 역할을 통합한다는 의미의 어린이집이다. 2011년 현재 762개소가 운영되고 있으며, 대체적으로 사립형식으로 운영된다.

보육과정은 6개의 영역으로 구성되어 있다. 일반적인 규정, 아동발달, 탁아 교육내용, 계획과 평가, 건강과 안전, 부모와 교직원 교육에 대한 내용이다(OECD, 2012).

2) 공공보육

일본의 공공보육의 현황은 일본은 취업모 중심의 종일제 보육을 실시하면서 인가보육소로 국 · 공립이 48.6%를 차지한다. 51.6%의 민간은 국 · 공립은 아니나 사회복지법인이 운영하는 것이 90%에 달하여 국 · 공립 수준과 비슷한 보육서비스를 한다고 볼 수 있다. 공영기관은 81.9%가 도시 이외의 곳에서 운영하고 있다. 공영어린이집의 보육교사는 공무원 신분을 보장하고 있다. 민영어린이집은 사회복지법인에서 운영하는 것으로 지역 내의 요구와 특성에 맞춘 다양한 보육프로그램과 운영시간을 갖고 있어, 부모의 선호도가 높으며, 대기아동의 수도 높은 편이다. 이러한 일본 보육정책의 흐름과 함께 2000년 이후에는 국 · 공립기관의 일부를 법인에 매각하거나 임대, 위탁하는 방식으로 법인기관이 다소 증가되기도 하였다. 정부의 보육예산 비중이 높아가면서 그것을 감당하기 어려운 지방정부부터 공영기관을 민영으로 전환하였다.

3) 보육비용 지원

일본은 표준보육단가를 산정하여 국가와 부모가 보육료를 반반씩 부담하도록 한다. 부모의 부담은 부모의 경제적인 수준과 여력에 따라 8등급으로 구분하여 차등화된 보육료를 지불하도록 한다. 이러한 부모의 경제적 수준에 따른 차등 보육료 지급으로 지방정부의 추가적인 보조금으로 인해 부모부담은 낮은 수준이다.

4. 독일

1) 기본 보육정책

독일은 남성부양자모델을 기본으로 가정의 어머니가 자녀 양육을 책임지는 것을 기본이라고 생각하는 성 역할 규범을 가진 국가이다. 6세 미만 자녀를 둔 어머니의 취업률은 42%로 보육기관 관련 정책은 미흡한 수준이다. 독일은 동서독의 통일 이후에 지역별 차이를 극복하고자 보육정책을 강화하였다. 아동청소년지원법으로 개정하여 보육, 교육서비스의 기본방향을 갖추게 하였다. 2005년에는 어린이집을 확충하고, 어린이집의 양적, 질적 서비스 개선을 위한 정책을 마련하여 국가지원의 보육서비스 구축에 힘을 쏟고 있다.

독일의 어린이집은 3세 미만 영아가 다니는 어린이집과 4-6세 유아가 다니는 유치원, 7-11세 취학아동을 위한 방과후 서비스 기관인 호르트로 구분된다. 그러나 최근에는 연령혼합 프로그램의 효과성이 인정되면서 통합어린이집이 증가하고 있다. 영아보육과 관련해서는 유럽 다른 나라의 평균 35%에 비해 17.4% 수준이다. 이는 통일 이전의 보육정책 특성에서 오는 지역 차이에 기인한다. 서독의 경우 어머니가 가정에서 영아를 돌보는 경우가 많아 서비스 이용률이 5% 정도였으나 동독은 취업모의 영아 보육의 제도로 56%에 이르렀다. 2010년 현재에도 주마다 영아보육서비스를 이용하는 수준은 편차가 크다.

2) 공공보육

독일의 경우 통일 전인 1998년에는 서독의 유아원 중 64%, 영아기관의 55%가 사립이고, 방과후 호르트는 55%가 정부에서 운영하는 곳이었다. 그러나 동독은 영유아기관의 2/3가 국 · 공립이고, 호르트의 86%가 정부지원기관이었다. 독일의 통일 이후에는 동독, 서독 모두 공공보다는 사립기관과 비영리기관이 증가하는 경향을 보였다.

이는 지역적 차이와 함께 살펴볼 때, 최소 7%, 최대 40%로 차이가 크게 나타난다. 사립기관의 상당부분은 비영리단체이며, 교회단체에서 많이 운영한다. 주마다의 차이가 있는 가운데 서독의 경우 바덴-브르뎀버그 주는 56%가 자원단체 등에 의해서 운영되고, 자원단체의 86%가 종교기관이다. 노르드하인-베스트팔렌 주는 교회가 운영하는 어린이집이 50%를 차지하고 나머지의 3/4를 자원단체가 운영한다.

3) 보육비용 지원

사립기관의 많은 부분이 비영리로 운영되고 교회단체에서 운영하는 특성이 있어 기관을 이용하는 부모의 보육료 부담은 전체의 14% 정도이다. 양육수당과 관련해서는 2001년에 부모휴직과 연계하여 양육수당을 실시하였으나 2007년부터는 부모수당으로 이름을 바꾸었다. 기간은 12개월로 축소하고 지원은 출산 전 소득의 67%만큼을 지원하여 최고 1,800유로로 상향 조정하였으며, 최저액은 300유로로 출산 전 미취업의 경우도 최저액인 300유로를 지원받을 수 있다.

5. 프랑스

1) 기본 보육정책

프랑스의 보육 등 육아지원정책은 친가족, 친출산적인 특성을 갖고 있다. 이러한 정책은 출산율 저하에서 출발하였다. 출산율 저하와 인구정체 상태에 대해 위기감을 느낀 정부가 지속적인 출산장려정책을 펼쳐 왔다(정미라 · 조희연 · 안재진, 2009). 임신 초기부터 자녀가 아동기를 벗어날 때까지 보조금과 직 · 간접적인 지원제도, 모든 보육과 교육과정을 정부가 책임지는 공교육제도를 통하여 정부가 아동과 가족을 지원하는 방식이다.

보육의 기본방침은 모든 계층의 부모와 아동을 위한다는 원칙 아래 국가가 그의 주된 책임과 역할을 담당하는 것이다. 영유아에 대한 보육과 교육은 연령별로 구분된다. 어린이집은 3개월에서 만 3세까지 다니고, 모성학교는 2년 3개월부터 6세까지 다닐 수 있다. 따라서 2, 3세 아동은 두 기관 중 하나를 선택할 수 있으며 모성학교도 대부분 종일제로 운영되어 보호와 교육이 통합적으로 제공될 수 있는 것이다(OECD, 2004).

형태적으로는 교육과 보육이 이원화되어 교육부와 노동복지부에서 관할하며, 기관의 설립 및 운영관리와 직접적인 관리는 지방정부에서 책임지는 것으로 나타났다. 이러한 보육의 책은 1980년대부터는 중앙정부에서 지방정부로 모두 이관되어 지방정부가 책임지고 있다.

한편, 프랑스는 영아와 유아를 분리하여 유아는 공공기관을 이용하도록 하고 영아는 일자리 정책과 연계하여 보육이 필요한 경우에 가정보육을 활성화하는 방향으로 추진되어 왔다. 유아는 공보육체계 안에서 보호받으며, 2002년 현재 모성학교의 취원율은 100%에 달하고 있다. 영아의 경우 다수는 부모가 돌보지만 그 이외의 대리양육이 필요한 아동은 절반이 가정보육을 이용하고 있다.

2) 공공보육

프랑스는 교육의 기회평등, 자유존중 이념에 따라 아동무상교육을 실시하고 있다. 기초지방자치단체에서 공립영유아기관을 설치·운영하고 있으며 이러한 서비스의 대부분이 정부와 단체 등 공공에 의하여 제공된다. 모성학교의 취원이 높은 가운데 이들은 대부분 학교 부설에 해당된다. 그리고 20% 정도가 사립학교에 해당된다. 사립학교는 교육부로부터 공공보조금을 지원받는 기관으로 정부의 관리를 받는 기관이라고 볼 수 있다.

또한 영아들이 이용하는 집단어린이집도 전체의 64%가 지방정부에서 운영하는 것이며, 29%가 부모협동 등 단체가 운영하는 곳이다. 주로 미취업모가 이용하도록 하는 일시어린이집에서도 지방정부가 운영하는 곳이 49%이고, 45%는 단체, 7%는 부모협동단체가 운영하고 있다. 한편, 부모자녀센터라는 곳도 정부가 운영하는 것이 62%이며, 단체가 운영하는 곳이 31%에 해당된다. 그와 함께 가정보육모는 90%가 부모가 직접 고용하는 것이며 10%만이 가정보육기관에 고용되어 서비스를 제공한다. 가정보육기관도 82%를 지방정부에서 운영하고 12%는 단체가 운영한다(서문희·최혜선, 2010).

3) 보육비용 지원

유아학교는 무상이고 육아지원 서비스의 비용분담은 기관 이용자나 가정보육의 보육비용의 42.7%를 정부가 부담한다. 나머지의 27.7%는 가족수당기금에서 부담하며 나머지 27.3%는 부모가 부담하게 된다.

양육수당으로 아이를 기르기 위해 직업 활동을 중지하거나 노동시간이 감소된 경우 "직업활동에 대한 자유선택 보조금"을 받을 수 있다. 수급조건은 3세 미만의 자녀이거나 20세 미만의 입양아여야 한다. 자녀양육으로 인해 직장을 그만 두었거나 최소 세 명의 자녀를 두고 있는 경우에도 보조금을 받을 수 있다.

6. 스웨덴

1) 기본 보육정책

스웨덴은 스칸디나비아 반도의 중심에 위치한 대표적인 사회민주주의 국가로서 공보육을 통한 진보적인 보육제도를 발전시킨 나라이다(권미경 · 도남희 · 황성은, 2012). 보편주의 원칙과 예방적 서비스, 평등과 생산지향성이라는 사회정책의 이념적 특성 하에 12세 미만의 아동을 대상으로 공보육, 공교육을 실시하고 있다. 아동보육의 기본 책임은 부모에게 있지만, 사회적 책임으로 기업주와 사회, 국가가 공동 부담해야 한다는 입장을 갖고 있으며 국가가 주된 역할을 담당해야 한다는 관점이 분명하다(한유미, 2005). 또한 스웨덴의 보육정책은 여성의 노동자로서의 역할을 인식하는 가정정책과 함께 한다. 가족수당과 공보육을 동시에 제공하지만 양육자로서의 역할을 강조하는 가족수당보다는 노동자로서의 역할을 지원하는 공보육정책에 더 많은 비중을 두고 있다.

보육정책은 교육과 보육이 일원화되어 국립교육원이라는 부처에서 담당하고 있다. 보육의 대상은 1세부터 12세 아동이다. 0세 영아의 경우 부모가 육아휴직제도를 통해 1년 동안은 부모로부터 양육을 받을 수 있으므로 보육대상은 1세부터 해당된다. 이 연령의 아동은 기관보호와 가정보호로 나누어져 보육하게 되는데 유아학교와 개방형 유아학교, 초등학생을 위한 레저타임센터와 개방형 레저타임센터로 구분된다. 개방형은 미취업모 가정의 자녀를 위한 것이고 가정보육은 1-12세 아동을 위한 것이다.

2) 공공보육

정부가 운영하고 있는 유아학교는 전체의 74.9%를 차지하고, 레저타임센터는 전체의 87.2%가 정부가 운영하는 공공기관에 해당한다. 아동의 비율로 보육서비스의 정도를 살펴보면 전체 아동의 82.0%가 공공기관을 이용한다고 본다. 가정보육도 아동의 82% 이상이 공공서비스 형식으로 이루어진다. 사립기관은 대도시 지역이나 교외에 많고, 전국적으로 289개의 지방지치단체 중 60곳은 사립기관이 전혀 없는 지역이기도 하여 지역적 차이가 나타나기도 한다.

3) 보육비용 지원

스웨덴은 보육료 상한제로 부모가 부담하는 비용은 유아학교 8%, 레저타임센터 16%, 가정보육 10%로 정부가 80% 이상 책임지고 있으며, 가정보육도 부모의 비용이 전체의 15%만 지불하도록 하고 있고 나머지는 중앙과 지방정부에서 지불하고 있다.

7. 호주

1) 기본 보육정책

호주의 보육정책은 1990년대 이후 어린이집의 균형 배치와 서비스유형의 다양화, 어린이집의 인증제도 등을 도입하여 보육서비스의 질을 향상시키고, 접근성과 이용 가능성을 높이기 위해 노력했다. 호주의 어린이집과 유치원을 담당하는 부처

는 "교육고용노사관계부"다. 이는 2009년 각각의 타부서에서 담당하던 것을 조직·개편하여 한 부처로 통합하여 운영하게 되었다. 보육은 연방정부 중심으로 추진되는 반면, 유아교육은 지방정부가 대부분 통제하는 경우가 많으나 유아교육과 보육을 통합하려는 추세는 지속되고 이원체계의 단점을 극복해 가려는 의지를 갖고 있다. 2009년에는 국가 영유아 개발전략을 수립하여 2020년까지 중장기 투자계획을 제시하였다.

호주의 보육은 인가보육과 등록보육으로 구분된다. 인가보육에는 종일제 보육, 가정보육, 방과후 보육, 일시보육, 가정 내 보육 등으로 이루어진다. 가정보육은 0-만 12세의 아동을 자격이 있는 보육자가 자신의 집에서 소수의 아동을 돌보는 것으로 한다. 가정보육센터가 있어 이러한 가정보육 서비스를 관리하고 홍보하는 역할을 한다. 또한 가정 내 보육은 영유아의 가정에 방문하여 돌보는 것으로 가정 내 보육센터에서 관리를 한다.

가정 내 보육을 이용하는 지역은 주로 농촌이나 산간지역이며, 부모의 직업이 특수직이어서 근무시간이 일정하지 않거나 잦은 교대근무를 해야 할 경우 가정 내 보육을 이용하게 된다. 등록보육의 경우 가족지원사무소에 보육제공자로 등록한 조부모와 친인척, 친구 등이 보육을 맡는 것이다. 등록보육 제공자는 가정에서뿐만 아니라 보육센터 등에서도 일할 수 있다.

유치원의 경우 만 3-5세 유아가 오전 9시부터 오후 3시까지 이용하는 시설이며, 방학이 있어 그 기간 동안에는 유치원은 운영하지 않는다. 취학전인 만 4세 아동의 62.0%가 이러한 유치원을 이용하는 것으로 나타났다.

한편, 호주 보육정책의 특성은 영유아가 이용하는 시간이 길지 않다는 것이다. 평균 주당 18시간에서 가정보육센터는 17시간 정도이다. 이렇듯 어린이집을 이용하는 시간이 짧은 것은 취업모 위주로 보육서비스는 제공되며, 비취업모의 경우 주당 24시간만을 이용하게 규정하기 때문이다. 또한 취업한 어머니의 근로시간도 길지 않아 짧은 어린이집 이용이 가능하다는 특성을 갖는다.

2) 공공보육

호주는 2009년을 기준으로 정부가 직접 운영하는 시설은 3% 정도이고, 지역사회를 중심으로 하는 기관이 22%이며, 나머지 75%가 개인이 운영한다. 민간업체인 호주 최대의 어린이집 체인인 ABC가 2009년 무너지고, 비영리단체가 주체로 하는 어린이집이 늘어나는 추세이다.

3) 보육비용 지원

호주는 정교한 수득별 차등보육료를 체계로 부모비용을 줄여 주는 정책을 갖는다. 소득계층별로 차등화된 지원방식으로 보육의 기관보조금이 제공된다. 유치원의 경우도 학교부설이 대부분이다. 학교의 70%가 정부나 비영리단체가 설치한 곳이다. 보육의 경우 어머니의 취업 등 지원조건에 따라 주당 최대 24시간과 50시간으로 구분하여 지원하고 있다. 서비스 유형이나 소득계층에 따라 철저히 보육료의 비중을 다르게 하고 있다.

8. 노르웨이

1) 기본 보육정책

노르웨이는 영유아보육 교육업무를 담당하는 부서가 아동가족부였으나 2005년 제도 개편에 의해 교육연구부가 담당한다. 또한 노르웨이는 지방정부에게 많은 보육정책 책임과 권한을 부여하고 있다. 2005년에 개정된 영유아보육정책은 새로

운 국가적 책임과 보육에 대한 입장을 새롭게 하는 것이며, 이에 교육학적 접근과 목적을 언급하고 있다.

노르웨이는 아동이 유아원을 이용하는 것이 개인의 권리로 인정하고 있으며, 정부의 기관확충 정책과 보육료 지원 사업을 지속해 오고 있다. 정부는 1999년부터 보조금을 지원하는 유아원 이용여부와 정도에 따라 대체 양육수당을 부모에게 지급하고 있다.

노르웨이의 영유아 정규 보육서비스는 유아원과 가정보육으로 구분된다. 이와 함께 열린 유아원, 학교 전후시간에 이용 가능한 학동어린이집이 있다. 2010년 현재 아동의 89.3%가 기관을 이용하며 주당 33시간 이상을 이용하는 비율도 82.1%에 해당된다. 영아보육의 비중이 다른 나라에 비해 높아 1세의 경우 69%, 2세는 86%, 3세 이상은 95% 이상이 영유아 보육기관을 이용하는 것으로 나타난다.

2) 공공보육

2010년 기준으로 영유아가 이용하는 어린이집의 46.3%가 정부가 운영하는 공공기관이며, 53.7%가 사립기관이다. 최근 사립기관이 증가되어 사립기관이 우위를 차지하고 있다. 그러나 사립기관의 규모가 작아 기관을 이용하는 아동의 비율로는 공공기관을 이용하는 아동의 수가 더 많은 것으로 나타난다. 사립기관은 전체의 67.1%가 전형적인 어린이집이고, 22.4%가 가정어린이집이며, 이들 사립기관의 운영자는 부모협동이거나 비영리기관, 영리기관 등으로 나타난다. 그러나 많은 비중을 차지하는 것은 비영리기관의 운영이다.

3) 보육비용 지원

2004년 보육료 상한선을 비용의 20%로 정하여 적용하고 있다. 사립기관도 부모부담은 전체의 19%에 해당되게 하여 공립과 동일한 수준에서 보육료를 지불

한다. 이에 대해 나머지 보육료에 대해서 국가가 60%를 지불하고, 해당 지방정부가 23%를 지원하는 것으로 나타났다.

양육수당은 1-2세 자녀를 둔 부모에게 국가가 지원하는 공 · 사립어린이집에 등록하지 않고 부모가 직접 양육하는 경우와 취학전 입양 아동에 최대 23개월까지 제공한다. 국가가 지원하는 어린이집을 주당 33시간 미만 이하로 시간제로 이용하는 경우에도 차등하여 받을 수 있다. 1-2세 아동의 2/3가 양육수당을 받고 있다.

9. 핀란드

1) 기본 보육정책

핀란드는 1973년 보육사업의 기초가 되는 영유아보육법 등 일련의 법제정을 통해 모든 어린이집에 대하여 국가지원 보장을 확고하게 정립하였고, 1996년부터는 취학전 아동 누구나 지방자치단체에서 운영하는 공립어린이집과 유아학교를 이용할 수 있도록 공적 재정을 투입하였다(이윤진 · 송신영, 2009). 또한 이러한 기관의 서비스 수준을 높이기 위한 엄격한 규정도 마련하고 있다.

중앙정부는 영유아의 보육과 교육을 담당하는 부서로 보건복지부가 있으며 국립보건복지연구센터가 영유아의 교육과 보육정책을 연구하여 좋은 정책적 제안을 지속해 오고 있다. 취학년 6세아의 유아교육은 교육부에서 보다 더 많은 관리를 하면서 국가교육위원회에서는 유아학교의 교육과정과 방과후 활동에 관한 규정을 개발하고 지침을 만들어 놓고 있다. 그리고 지방자치단체는 영유아의 교육과 보육서비스를 이행하고 조정하며 부모가 적절한 선택을 할 수 있도록 다양한 어린이집을 제공하는 등의 책임을 지고 있다.

핀란드의 영유아 보육서비스는 어린이집, 가정보육서비스로 나눠진다. 또한 해당지역 내에는 부모가 아이와 함께 놀이를 할 수 있는 개방형 어린이집도 있다. 어린이집은 종일제를 기본으로 하고 시간제와 24시간 보육서비스도 동시에 하고 있다. 한편 2004년부터는 지방정부가 아동당 최소 연간 570시간에 대한 보육료를 지원할 수 있게 하였다. 아동 부모의 소득수준과 취업 여부에 관계없이 원하는 경우 모두 이용 가능하도록 제도를 마련하였다.

2) 공공보육

어린이집과 가정보육서비스 모두 공립으로 운영된다. 민간서비스는 개인이 전적으로 설치 · 운영하는 기관은 전체의 7%에 해당되며, 부모가 이 서비스를 이용할 경우 아동양육수당을 제공받는다. 다른 유형은 지방자치단체가 개인공급자를 선정하여 서비스를 제공하는 유형이다. 기관이용 아동의 수로 볼 때 대다수가 공공기관을 이용하는 아동이고, 사립기관을 이용하는 아동은 5% 미만으로 나타난다.

3) 보육비용 지원

보육료 상한선을 책정하여 2005년부터 첫째아는 200유로, 둘째는 180유로, 그 이상의 자녀는 40유로를 보육료로 지불하게 되어 있다. 그러한 보육료에 대해서 공립기관의 경우 저소득층은 면제이고, 그 이외의 일반가족은 가족규모와 소득수준에 따라 차등적으로 지급된다. 대체로 지방정부가 85%를 지원하고 부모분담률은 약 15% 정도이다. 소수이지만 사립보육서비스를 받는 경우에는 양육수당을 지급하는데 기본 수당이 자녀 1인당 160.64유로이며, 소득 등에 따라 가산금이 추가된다.

한편, 양육수당에 관해 핀란드의 경우 1, 2세아 양육을 위하여 육아휴직을 하고 자녀를 본인이 직접 양육하기를 원할 경우 아동양육수당을 받을 수 있다. 시간제

육아 휴직시에도 부분적으로 아동양육수당을 받는다. 아동양육수당 지불조건은 부모의 직접 양육이 아니고 공공보육서비스를 미이용하는 것이므로 부모가 아닌 보육모를 이용할 경우에 지불된다. 사립 서비스 이용시에도 아동양육수당이 지원된다.

10. 캐나다

1) 기본 보육정책

캐나다는 주와 준주로 구성된 연방정부로 주정부별로 보육관련법이 따로 제정되어 있다. 사회부와 지역사회서비스부에서 보육관련 업무를 관장하고, 연방정부는 인적자원 및 사회개발부가 보육과 관련된 주무부처이다. 캐나다의 보육은 취업모의 자녀를 위한 기관으로 운영되고 있으면 유치원은 1980년대 이후부터 대부분 공립교육기관으로서 운영되고 있으며, 보육기관과 관련법, 부처, 재정지원, 기관운영, 교사 자격을 달리하고 있다. 또한 모든 주, 준주는 등록된 보육서비스를 제공하지만 공급과 이용률, 질, 재정, 비용, 교사교육, 임금, 관리 · 감독 등에서 많은 편차를 갖고 있다.

2) 공공보육

캐나다 정부가 운영하는 어린이집은 소수이며, 전체 기관보육서비스의 68%가 비영리 단체에 의해 운영되고, 32%가 영리로 운영된다. 비영리기관의 비율은 주마다 다른 분포를 보이며, 그 수준은 편차가 큰 것으로 나타난다. 캐나다의 보육은 대부분 사립어린이집인데 이들 기관의 다수가 부모협동, 지원자 등 비영리로 운영되고 일부가 개인이나 기업에 의하여 영리로 운영된다.

3) 보육비용 지원

부모의 소득계층에 따라 계층별 차등정책으로 부모의 비용을 산출하여 그에 맞게 지원하고 있다. 퀘벡주의 경우 부모 부담 비율이 하루 7불 정도로 상한선을 정하고 기관보조금을 지원하고 있다. 이는 14%를 부모가 부담하고 정부가 나머지 86%를 지원하는 것으로 나타났다. 이는 모든 기관유형에 적용하는데 기관보조금은 유형주체별로 다소 차등을 두고 있다.

제9장

보육교사 자격취득을 위한 교육과정

1. 보육교사 자격취득 과정
2. 예비 보육교사의 보육실습

1. 보육교사 자격취득 과정

1) 보육교사 국가자격제도

보육교사 자격증은 국가자격증 제도의 산물이다. 여성가족부에서는 보육자격관리사무국을 두어 보육교사 자격증을 발급해 주고 있다. 영유아보육법에 보면, '보육교사의 자격은 대학(전문대학 포함) 또는 이와 동등 이상의 학교에서 여성가족부령이 정하는 보육관련 교과목 및 학점을 이수하고 졸업한 자 또는 고등학교 또는 이와 동등 이상의 학교를 졸업한 자로서 여성가족부령이 정하는 교육훈련시설에서 소정의 교육과정을 이수한 자로서 여성가족부 장관이 검정 · 수여하는 자격증을 받은 자이어야 한다.'라고 명시되어 있다. 이에 따라 여성가족부는 보육교사의 자질 향상 및 전문성을 제고하고, 어린이집 교직원에 대한 체계적인 데이터베이스를 구축하는 등 수준 높은 보육서비스 제공의 기회를 확대하기 위해 국가자격증 제도를 도입하게 되었다.

「자격기본법」에 의하면 자격이란 '일정한 기준과 절차에 따라 평가 인정된 지식 및 기술의 습득 정도로서 직무수행에 필요한 능력'으로 국가자격은 개별 법령이 정하는 바에 따라서 자격기준, 자격검정, 자격등록과 자격증 교부, 자격취득 및 보수교육을 실시하도록 규정하고 있다. 자격기준은 대체로 자격검정을 신청할 수 있는 기준을 의미하며, 검정은 자격 인정에 필요한 시험 등 평가의 과정을 의미하는 데, 자격을 검정하면 그 결과로 자격의 취득 및 등록을 나타내는 증서인 자격증을 교부하여야 한다.

2004년 1월 30일 개정된 영유아보육법에 준하여 보육교사 국가자격제도를 도입하였고 2005년 1월 30일부터는 정부가 보육교사의 신청을 받아 이에 자격유무를 검정 · 확인하여 국가자격증을 발급하고 자격증 발급 상황을 관리해 오고 있다. 여성가족부는 4월 22일 한국여성개발원 내에 보육교사자격관리사무국(2007년부터 보육자격관리사무국으로 명칭 변경)을 개소하고 본격적인 업무에 들어갔다. 보육교사자격관리사무국에서는 다음과 같은 일을 담당하고 있다.

① 보육교사 자격검정 및 자격증발급(재발급 포함)

② 보육관련 유사 교과목 판정 심사

③ 보육교사 자격관련 민원회신 및 안내(홍보)

④ 어린이집 교직원 자격관리 데이터베이스 구축 및 운영

⑤ 자격관련 홈페이지 구축 및 운영

보육교사 국가자격제도 도입의 의의는 보육교사의 자질 향상 및 전문성 제고, 보육교사에 대한 사회적 인식 제고, 보육교사의 자긍심 부여를 가져올 것으로 본다(한국보건사회연구원, 2005).

보육교사 자격증 발급을 위한 구비서류는 〈표 9-1〉과 같다.

표 9-1

보육교사 자격증 발급을 위한 구비서류

자격기준 (보육교사 2급)	구비서류
1. 전문대학 또는 동등 이상의 학교에서 여성가족부령이 정하는 보육관련 교과목(12과목 35학점-보육실습 포함)을 이수하고 졸업한 자	① 최종학교 졸업증명서 ② 최종학교 성적증명서 ③ 보육실습확인서 ④ 자격증 교부신청서 ⑤ 사진 2매(3×4cm)
2. 대학원에서 석사학위 이상을 취득하고 보육관련 교과목 및 학점(12과목 35학점-보육실습 포함)을 이수하고 졸업한 자	① 최종학교 졸업증명서 ② 최종학교 성적증명서 ③ 보육실습확인서 ④ 자격증 교부신청서 ⑤ 사진 2매(3×4cm)

3. 보육교사 3급 자격자로 1년 이상의 보육업무에 종사한 경력이 있고 승급교육을 이수한 자	① 보육교사 3급 자격증 사본 ② 보육업무 1년 이상 경력증명서 ③ 승급교육 이수증명서 ④ 자격증 교부신청서 ⑤ 사진 2매(3×4cm)

2) 보육교사의 자격을 위한 양성교육과정

보육교사 자격을 위한 양성교육과정으로 대학에서 이수하여야 할 교과목 및 학점 일반과 교육훈련시설의 교육과정에 대하여 알아보면 다음과 같다.

(1) 대학 등에서 이수하여야 할 교과목 및 학점 일반

보육교사 자격 취득을 위해 대학 등에서 이수하여야 할 교과목 및 학점 일반은 〈표 9-2〉와 같다.

표 9-2 대학 등에서 이수하여야 할 교과목 및 학점 일반

영 역	교과목	이수과목
보육필수	아동복지(론), 보육학개론, 영아발달, 유아발달, 보육과정, 보육교사론	6과목(18학점) 필수
발달 및 지도	인간행동과 사회환경, 아동관찰 및 행동연구, 아동생활지도, 아동상담(론), 특수아동이해, 장애아지도	1과목(3학점) 이상 선택
영유아교육	놀이지도, 언어지도, 아동문학, 아동음악, 아동동작, 아동미술, 아동수학지도, 아동과학지도, 영유아프로그램 개발과 평가, 영유아교수방법(론)	6과목(18학점) 이상 선택
건강 · 영양 및 안전	아동건강교육, 아동간호학, 아동안전관리, 아동영양학, 정신건강(론)	2과목(6학점) 이상 선택
가족 및 지역사회 협력 등	부모교육(론), 가족복지(론), 가족관계(론), 지역사회복지(론), 보육정책(론), 보육시설운영과 관리	1과목(3학점) 이상 선택

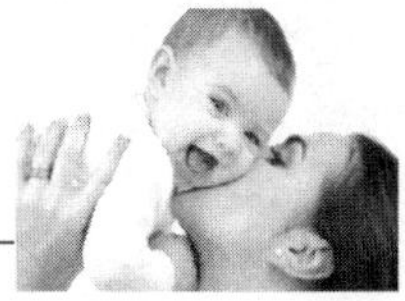

보육실습	보육실습	1과목(3학점) 이상 선택
전체	17과목 (51학점) 이상	

※ 비 고

① 교과목명이 서로 다르더라도 교과목의 내용이 유사하면 동일한 교과목으로 인정하고, 보육실습의 경우 명칭과 관계 없이 실습기관과 실습기간의 조건을 만족하는 경우에는 보육실습으로 인정한다.

② 각 과목은 3학점을 기준으로 하며 최소 2학점 이상이어야 한다.

(2) 보육실습에 관한 기준

① 실습기관

실습은 법적으로 인가받은 보육정원 15인 이상의 평가인증 어린이집에서 보육교사 1급 자격을 가진 사람이 실습을 지도하여야 한다.

② 실습기간

실습기간은 4주, 160시간을 원칙으로 하되, 야간대학 등의 경우에는 실습을 2회에 나누어 실시할 수 있다.

③ 실습의 평가

실습의 평가는 실습계획서에 근거하여 하되, 평가점수가 80점 이상인 경우에만 실습을 이수한 것으로 인정한다.

(3) 교육훈련시설의 교육과정

보육교사 자격 취득을 위해 이수해야 할 교육훈련시설의 교육과정은 〈표 9-3〉과 같다.

〈표 9-3〉에서 알 수 있듯이 교육훈련시설의 교육과정에서 보육교사 자격 취득을 위한 교육과정의 영역으로는 보육영역, 발달 및 지도, 유아교육, 건강 · 영양 및 안전, 가족 및 지역사회 협력, 보육실습의 6개영역에 25과목(65학점) 이상을

취득해야 보육교사 자격을 인정받을 수 있다.

표 9-3

교육훈련 시설의 교육과정

영 역	교과목	이수과목(학점)
보육기초	아동복지(론)[3], 보육학개론[3], 보육과정[3]	3과목(9학점) 필수
발달 및 지도	아동발달(론)[3], 인간행동과 사회환경[3], 아동생활지도[3], 아동상담(론)[3], 특수아동지도(특수교육학)[3], 영유아보육의 실제[3], 방과후 아동지도[2]	7과목(20학점) 필수
영유아교육	놀이지도[3], 언어지도[2], 아동음악과 동작[2], 아동미술[2], 아동 수 · 과학지도[2], 교재 · 교구개발[3], 영유아교수방법(론)[3]	7과목(17학점) 필수
건강 · 영양 및 안전	아동간호학[2], 아동안전관리[2], 아동영양학[2]	2과목(4학점) 이상 선택
가족 및 지역사회협력 등	부모교육[3], 지역사회복지[3], 보육정책[3], 보육시설 운영과 관리[3], 정보화 교육[2]	5과목(13학점) 필수
보육실습	보육실습[2]	1과목(2학점) 필수
계	25과목(65학점) 이상	

출처 : 영유아보육법 시행규칙[별표 5].

3) 보육교사의 자질 향상을 위한 보수교육

보수교육이란 그 직종에 종사하는 사람에게 직업에 관한 새로운 정보나 지식, 기술을 터득시키고 직종 종사자로서의 자질을 향상시키기 위하여 실시하는 교육이라고 할 수 있다. 다시 말하면 보수교육이란 일정 자격을 취득하고 관련된 직종에 임용된 교사들에게 교육에 대한 전문성을 향상시키기 위하여 자발적 또는 의무적으로 부과되는 각종 훈련이나 교육이라고 할 수 있다.

Trohanis(1985)는 보수교육의 역할을 다음과 같이 말한다.

① 새로운 내용의 변화 및 가르치는 기술, 새로운 기술을 교육에 적용시킬

수 있는 기회를 준다.

② 변화하는 지역사회의 요구에 맞는 교육을 할 수 있게 도와 준다.

③ 다양한 교육의 대상을 이해하고 그들에 맞는 교육을 할 수 있게 해 준다.

④ 전문가로서의 자질 및 소명감을 유지, 개선할 수 있게 한다.

⑤ 자격증 갱신에 도움이 된다.

⑥ 이직을 예방한다.

⑦ 프로그램의 약점을 보완할 수 있다.

⑧ 교육 수행시의 새로운 문제를 파악하고 해결할 수 있는 능력을 기른다.

⑨ 연구의 결과를 적용할 수 있다.

⑩ 지역, 정부의 요구에 부응하는 교육을 시행한다.

⑪ 변천하는 사회에 적응하고 일상적인 직업 생활에서 벗어나 개인의 발전에 필요한 단체활동을 조장할 수 있게 한다.

⑫ 모든 교원들의 교육신념 확립과 향상, 협동적으로 문제를 해결해 나가는 태도와 실천력을 기르도록 한다.

⑬ 교사 자신의 지속적이고 지적인 성장과 새로운 사회의 변천에 적절히 대처하는 능력을 기르도록 한다.

이렇게 볼 때 보수교육은 새롭게 변화하는 사회의 요구에 부응하고 교육의 효과를 높이기 위한 지속적이고 지적인 성장을 위해 교사가 계속적으로 받아야 하는 교육이다.

보수교육은 대학(전문대학 포함) 또는 여성가족부령이 정하는 전문기관에 위탁하여 실시할 수 있고, 보수교육의 기간, 방법, 내용, 보수교육 실시기관의 위탁 및 위탁의 취소 등에 관하여 필요한 사항은 여성가족부령으로 정하고 있다.

영유아보육법에서는 보수교육을 어린이집 교직원의 자질 향상을 위해 실시하는 직무교육과 승급교육으로 구분한다. 즉 보수교육이란 어린이집 교직원의 자질 향상을 위해 실시하며 현직교사들의 능력개발과 전문성 향상을 위한 현직교육으로서의 보수교육(직무교육)과 자격 등급 간의 승급을 위한 자격교육(승급교육)으로서의 보수교육으로 나누어진다.

(1) 직무교육

보육 대상자에 따라 일반직무교육과 특별직무교육으로 구분하여 실시하되, 직무교육을 이수하여야 하는 연도에 직무교육을 이수하지 못한 경우에는 그 다음 연도 12월 31일까지 이수하게 하여야 하며, 특별직무교육을 이수한 경우에는 일반직무교육을 이수한 것으로 본다.

① 일반직무교육

- 보육교사 직무교육 : 현직에 종사하고 있는 보육교사로서 보육업무 경력이 만 2년이 지난 사람과 보육교사 직무교육(승급교육을 포함한다)을 받은 해부터 만 2년이 지난 사람
- 어린이집 원장 직무교육 : 현직에 종사하고 있는 어린이집 원장으로서 어린이집 원장 직무교육을 받은 해부터 만 2년이 지난 사람

② 특별직무교육

- 영아보육 직무교육 : 영아보육을 담당하고 있는 일반직무교육 대상자와 영아보육을 담당하려는 보육교사 및 어린이집 원장
- 장애아보육 직무교육 : 장애아보육을 담당하고 일반직무교육 대상자와 장애아보육을 담당하려는 보육교사 및 어린이집 원장
- 방과후보육 직무교육 : 방과후보육을 담당하고 있는 일반직무교육 대상자와 방과후보육을 담당하려는 보육교사 및 어린이집 원장

(2) 승급교육

직무교육과 승급교육을 같은 해에 받아야 하는 경우에는 승급교육을 받은 사람은 직무교육을 생략할 수 있다.

① 2급 보육교사 승급교육은 3급 보육교사 자격 취득 후 보육업무 경력이 만 1년이 지난 사람이다.
② 1급 보육교사 승급교육은 2급 보육교사 자격 취득 후 보육업무 경력이 만 2년 이상이 경과한 사람이다. 다만, 보육교사 2급 자격을 취득한 후 보육관련 대학원에서 석사학위를 취득한 경우는 보육업무 경력이 만 6개월이 지난 사람이다.

(3) 보수교육의 평가

① 보수교육은 해당 교육시간을 모두 출석한 경우에만 이수한 것으로 본다.
② 직계가족의 사망·사고 또는 결혼 등으로 인한 결석이나 본인의 사고·질병 등으로 인한 결석의 경우에는 교육시간의 최대 10퍼센트 범위에서 출석한 것으로 인정할 수 있다. 다만, 출석 인정을 받기 위해서는 반드시 관련 서류를 제출하여야 한다.
③ 승급교육 대상자 중 출석기준은 충족하였으나 평가시험에서 80점 이상을 받지 못한 경우에는 승급교육을 이수한 것으로 인정할 수 없다.

(4) 교육비

① 교육생은 시·도지사가 정하는 바에 따라 교육기관에 수강료를 납부하여야 한다.
② 과목에 따른 수강료는 교육에 필요한 실비의 범위에서 정하여야 한다.
③ 국가 및 지방자치단체는 직무교육 및 승급교육에 필요한 교육비를 보조할 수 있다. 이 경우 교육비의 보조는 해당 금액을 교육기관 등에 지급한다.

2. 예비 보육교사의 보육실습

1) 보육실습의 목적

보육실습이란 대학에서 보육관련 교과목을 이수하고 보육교사 자격증을 취득하기 위한 자격요건으로 이수해야 할 교직 과정의 한 영역으로서, 대학에서 이론적으로 학습한 것을 보육현장에서의 실제적 교육활동에 참여해 보는 과정을 의미한다. 다시 말하면 보육실습이란 대학 강의실에서 배운 보육관련 영역을 현장에서 확인하고 적용해 봄으로써, 이론과 실제의 차이를 발견하고 수정 · 보완함으로써 보육교사로서의 자질과 적성을 평가하고 예비교사로서 지도교사의 도움을 받아 현장에 적응해 가는 과정이라고 볼 수 있다.

보육실습의 목적에는 형식적 목적과 실질적 목적의 두 가지가 있다(정정란, 2006).

첫째, 형식적 목적은 보육교사 자격을 취득하기 위하여 법령이 규정하는 바를 이수하는 것을 의미하며, 둘째, 실질적 목적은 풍부한 교직적 경험의 습득, 교수-학습 기술 능력 향상, 교직자가 갖추어야 할 정신의 확립, 교직에 대한 자기 이해와 자기 평가를 말한다.

또한, 보육실습은 실제 현장에서 이루어지는 실습 중에서도 가장 실제적이며, 전문가를 교육하고 연구하는 과정이다. 그리고 보육실습에서는 경험이 중요시된다.

2) 보육실습의 기준

2013년 3월 1일에 시행된 보육실습의 기준을 살펴보면 다음의 〈표 9-4〉와 같다.

표 9-4

보육실습의 기준

구분	내용
실습기관	• 법적으로 인가받은 정원 15명 이상의 어린이집 또는 교육과정과 방과후 과정을 운영하는 유치원
실습 지도교사	• 보육교사 1급 또는 유치원 정교사 1급 자격을 가진 사람 • 실습 지도교사 1명당 보육실습생 3명 이내 지도
실습기간	• 4주, 160시간을 원칙으로 하되, 야간대학 등의 경우에는 실습을 2회에 나누어 실시 가능
실습 인정시간	• 평일 오전 9시부터 오후 7시 사이에 한 경우에만 인정하며 그 외의 시간에 한 실습은 인정하지 아니함
실습의 평가	• 보건복지부 장관이 정하는 보육실습 일지와 실습평가서에 근거하여 하되, 평가점수가 80점 이상의 경우에만 실습을 이수한 것으로 인정함

3) 보육실습을 위한 사전교육

(1) 보육실습생의 마음가짐

실습생은 소속하는 대학의 학생으로 실습에 임하고 있음을 지각하고, 실습의 목적을 달성하기 위하여 바른 마음가짐과 철저한 자기점검을 해야 한다.

서영숙 외 2인(2006)은 실습생의 마음가짐을 다음과 같이 설명한다.

① 예절과 겸손한 마음을 가진다.

② 반갑게 인사한다.

③ 목적의식을 가지고 입장을 잊지 않도록 한다.

④ 실습학생으로서 입장을 잊지 않도록 한다.

⑤ 사전허가, 사후보고를 한다.

⑥ 실습일지는 정확하게 기록한다.

⑦ 말씨에 주의한다.

⑧ 시간을 잘 지킨다.

⑨ 위생관리와 건강관리를 철저히 한다.

⑩ 밝은 웃음으로 대한다.

⑪ 실습생도 '선생님이다' 등을 들고 있다.

그 외 실습생의 마음가짐으로는 따뜻한 인간성, 밝고 명랑한 음성과 화술, 때와 장소 대상에 따른 적절한 어휘의 사용, 윤리적 표준, 신체적 · 정신적 건강, 학습지도를 위한 준비자세 등을 들 수 있다.

(2) 실습생의 용모

실습생의 용모는 현장 · 실습에 맞는 복장과 준비물을 갖추어야 한다. 실습생의 복장으로는 활동하기 쉽고 청결한 복장, 화장 · 긴 머리 · 손톱 등을 단정히 하고 그 외 어린이집에서 알려주는 사전 지시에 따르면 된다.

준비해야 할 준비물로는 기본 준비물(앞치마, 이름표), 필기도구(수첩, 볼펜), 영유아에게 줄 격려의 선물들(여분의 스티커, 도장)이 있다. 그리고 기관 방침에 따라 동의를 구하고 카메라, 녹음기 등으로 어린이집의 상황을 저장할 도구들을 준비하면 된다.

(3) 근무시간에 지켜야 할 사항(실습생의 근무 요령)

실습교사의 근무요령을 알아보면 다음과 같다(서명숙 · 천혜정 · 윤매자, 2006).

① 실습생의 근무요령

- 실습실시 전에 실습기관을 방문하여 사전지도를 받는다.
- 실습생은 무단으로 결근, 조퇴, 외출, 지각을 해서는 안 되며, 불가피한 경우 사전에 지도교사에게 양해를 구해 정식 서류를 제출한다(예 : 결근계).

- 출근은 지도교사의 출근시간 20-30분 전에 하며, 출근 즉시 출근부에 날인하고, 어린이집 내외 환경정비와 교수-학습활동 준비에 임한다.
- 퇴근은 가능한 한 지도교사가 전원 퇴근한 20-30분 후에 한다.
- 제반 실습기관의 보육방침을 이해하고, 적극적으로 협력해야 한다.
- 실습기관의 시설, 부품 등을 사용하고자 할 경우에는 소관자의 허락을 받은 다음에 사용하며, 사용 후에는 분명하게 반환한다.
- 간식시간이나 자유놀이 시간에는 가급적 유아들과 함께 지내도록 한다.
- 실습기관의 지시사항을 포함하여 하루 일과는 자기 스스로 계획하여 생활한다.
- 실습일지는 매일 기록하여 지도교사에게 제출한다.
- 당직근무를 해야 할 때에는 당직자 근무수칙에 따라 근무한다.
- 실습기관을 자기가 근무하는 보육기관이라고 생각하고 봉사해야 한다.
- 실습으로 인하여 기관의 보육이나 그 분위기 조성에 장애가 되는 일이 없도록 노력한다.
- 실습기관의 제반 연구과제를 종합하여 보고서를 작성, 제출하도록 한다.
- 일체의 사무처리는 지도교사의 지도를 받아 정확하고 깨끗하게 처리하도록 한다.
- 특정 내용에 관해 선전, 비방을 하지 않는다.
- 실습생 상호간은 서로 존경하고 협력해 실습의 성과를 최대한 거두도록 노력한다.
- 실습생과 실습생, 실습생과 원아, 실습생과 지도교사 간에는 표준말과 존대어를 사용한다.
- 실습생은 항상 배운다는 자세로 지도교사의 지도를 성실하게 받아들이도록 한다.
- 자기가 담당한 일이나 유아와의 약속은 신속, 정확하게 지켜야 한다.
- 가능한 한 실습생은 현직교사처럼 단정한 복장을 하여야 한다.
- 명찰을 단다.
- 짙은 화장과 매니큐어 등을 하지 않는다.

• 적당한 비상금을 소지한다.

② 원아와의 관계

• 원아와의 관계는 어디까지나 교육적이어야 한다. 특정한 원아에 대한 편견이나 가정방문 등은 허용되지 않는다.
• 어떤 이유에서든지 원아에게 체벌을 가해서는 안 된다. 체벌 이외의 어떤 벌도 지도교사와 상의하여야 한다.
• 원아들에 대하여 잘 알아야 한다(유아 성명과 개성 파악, 신체장애 등을 파악).
• 중요한 문제는 지도교사와 상의해야 한다.
• 유아를 지도할 경우에는 항상 사랑으로 대하고, 각자 원아들의 개성을 존중해야 한다.
• 원아에게 모범이 되는 생활태도를 가져야 한다.

이를 종합해 볼 때, 실습교사는 예비교사로서 품위를 유지하고, 실습기관에 협력하며 실습기간 중 알게 된 기관의 이야기들을 외부로 발설해서는 안 된다. 또한 실습생으로서의 책임과 의무를 성실히 수행하여야 한다.

4) 보육실습의 계획

보육실습은 정해진 기간 4주 동안 실시되며, 관찰에서부터 실제 수업지도까지 교사로서의 경험을 하게 된다. 보육실습의 절차는 일반적으로 현장실습의 시기와 방법의 결정, 실습생의 현장실습지 배정, 현장보육 실습기관의 설정, 서류 작성 및 발송, 실습생의 사전지도, 실습생의 실습지 사전방문, 현장실습 실시, 지도교수의 실습지 순회 방문, 현장실습의 평가 및 추후 지도로 이루어진다.

일반적으로 실시되는 보육실습 4주간의 계획은 〈표 9-5〉과 같다.

표 9-5

보육실습 4주간의 계획

주	내 용
제1주	• 실습생 · 교직원 · 원아의 상호 인사 • 실습기관 현황에 대한 오리엔테이션 • 실습계획 협의 • 수업 및 생활지도 참관 • 유아 관찰 및 유아 교우도 작성
제2주	• 부분수업 참여 및 생활지도 참가 • 학급교사 보조 및 협의 • 교재 연구 및 시청각 교재 · 교구 제작 • 실습 중간평가 및 반성
제3주	• 부분, 연결수업 참여 및 평가 • 부적응 유아 지도계획 작성 및 사례연구 • 대상 실습 학습 경영 훈련 • 실습 중간평가 및 반성
제4주	• 종일제 보육활동 실습 • 연구수업 실시 평가 • 보육교사로서의 자질 토의 • 보육실습 총 평가

5) 보육실습의 실제

어린이집에서 실습의 실제는 관찰실습, 참여실습, 수업실습, 실무실습, 보육실습, 마무리의 다섯 단계로 이루어진다(손애리 · 이병희 · 김상우 · 송병호 · 이필상 · 김문섭, 2006).

(1) 관찰실습

관찰실습이란 수업실습과 실무실습에 들어가기 전 실습기관, 보육교사, 유아에 대한 이해와 실제 지도에 필요한 객관적 사실에 대한 자료를 수집하는 활동이다.

관찰실습을 통해 파악해야 할 내용은 다음과 같다.

① 수업활동시 교사–영유아 간의 상호작용을 이해한다.
② 관찰한 바를 기록하면서 교수–학습 방법에 대한 기법을 연마한다.
③ 담임교사의 교수방법과 영유아 다루는 기술을 알아본다.
④ 관찰의 결과는 수업실제 과정에 기초 자료로 삼는다.
⑤ 유아를 관찰하고 기록한다.
⑥ 보육교사의 수업활동을 관찰하고 기록한다.
⑦ 실습기관의 물리적, 인적 환경 및 학급운영 방법을 관찰한다.

(2) 참여실습

참여실습은 수업실습 전 보육활동에 직접 참가하여 보육을 더욱 넓고 깊게 이해하는 것이다. 이 과정에서는 지도교사의 지시에 따라 지도교사 업무의 일부를 맡거나 보조하게 된다.

참여를 통하여 파악해야 할 내용은 다음과 같다.

① 학습 경영에 대한 이해 증진과 학급 담임의 역할을 체험한다.
② 보육기관의 행사와 행사교육에 대한 의의 및 교육적 가치를 발견한다.
③ 교사로서 수행해야 할 직무수행 능력을 습득하고 근무부담과 근무조건을 이해한다.
④ 유아의 생활배경, 발달에 대한 이해와 보육내용에 대한 것을 이해한다.
⑤ 환경구성에 참여한다.
⑥ 부모교육 참가 등 보육 전반에 참여하고 돕는다.
⑦ 사무처리 요령과 방법을 익힌다.

(3) 수업실습

수업실습은 관찰실습과 참여실습을 거친 후 실습교사 단독으로 수업을 실시하며 교사로서의 가장 중요한 역할인 교수경험을 쌓는 것이다.

① 보육활동의 계획, 수행, 평가하는 실제수업을 경험한다.

② 부분수업으로 하루 일과의 일부분을 맡아 수업을 실시한다.

③ 연결수업으로 통합적 수업이 가능하게 한다.

④ 반나절 또는 종일수업을 해 봄으로써 수업장면에서 일어날 수 있는 다양한 상황을 경험한다.

(4) 실무실습

교직에 복무하는 동안 교사로서 담당해야 할 업무를 알아보고 경험하는 과정이다. 예를 들면, 업무분장 영역과 관련된 업무나 각종 서식 · 서류 관련 업무를 알아보고 경험하게 된다.

(5) 보육실습 마무리

보육실습 전 과정에서 실습교사 자신과 동료 실습교사의 수업 평가 및 선배 교사들의 연구수업 평가회 등에 참여하고 실습일지의 소감란에 자기반성의 내용을 기록하는 활동이 여기에 속한다.

① 끝까지 실습기간이라는 것을 명심한다.

② 장래와 일을 속단하지 않는다.

③ 실습 중의 실수에 연연해하지 않는다.

④ 자기 성찰 노트를 만들어서 자신의 실습을 점검한다.

⑤ 제출물은 반드시 기일을 지켜야 한다.

⑥ 실습 어린이집, 지도교사, 아이들과의 '실습 끝나는 날'을 맞는 준비를 한다.

〈보육실습확인서 양식〉

보 육 실 습 확 인 서

1. 실습 이수자 기본사항

2. 실습기관

실습기관명	어린이집 종류	주 소	연락처

3. 실습 지도교사

이 름	자격 종류	자격번호

4. 실습기간

실습기간	년 월 일 ~ 년 월 일(주간)
실습기간	총 시간 (매주 요일 ~ 요일 까지, 1일 시간)

위 사람은 영유아보육법 시행규칙 제12조 제1항에 의한 보육실습을 충실히 이수하였음을 확인합니다.

년 월 일

원 장 (서명 또는 인)
학과장 (서명 또는 인)

※ 첨부서류
1. 실습기관 시설인가증 사본 1부
2. 실습 지도교사 자격증 사본 1부

출처: 여성가족부(2013).

제10장

보육과정 평가(평가인증제도)

1. 평가인증제도의 도입 배경
2. 평가인증제도의 필요성과 인증과정
3. 평가인증제도의 효과

1. 평가인증제도의 도입 배경

오늘날 복지 선진 국가는 일반적으로 보육에 대한 요구가 있는 사람은 누구나 저렴한 비용으로 어린이집을 이용할 수 있도록 하는 평등의 원칙을 적용하고 있으며, 다양한 보육서비스의 형태와 프로그램을 통해 질 높은 보육서비스를 제공할 수 있는 제도적인 장치를 마련하는 데 많은 노력을 기울이고 있다.

우리 나라는 보육서비스의 질에 대한 개선의 필요성이 높아짐에 따라 어린이집 평가인증제를 도입하게 되었다.

어린이집은 설립유형에 차이가 있다 하더라도 영유아의 교육과 복지에 기여한다는 점에서 공통된 목적을 가지고 있다.

따라서 우리 나라 어린이집들이 유아에게 적절하고 바람직한 보육서비스를 제공하고 있는가 하는 점에서, 그리고 부모의 요구를 적절하게 수렴하고 있는가 하는 측면에서 심각한 우려와 함께 의문이 제기되어 왔다.

즉, 보편주의를 표방하는 보육정책에서 정부 보육비용 부담이 낮은 문제점, 민간에 의존하고 있는 보육 현장에서 제공되는 보육서비스의 질적 수준 보장의 문제점, 이와 함께 보육서비스 제공에서 사각지대가 존재하게 된 점 등으로 인해 실제적으로 취업부모들이 어린이집을 적절하게 이용할 수 없게 되어 있다는 점을 들어 어린이집 평가인증제 도입의 필요성을 강조하였다.

우리 나라는 1990년대 들어 대한교육협의회가 중심이 되어 대학 교육기관을 평가하기 시작하였으며 초 · 중 · 고등학교에 대한 교육기관 평가도 시 · 도 교육청이 중심이 되어 평가하고 있다. 그리고 1998년 사회복지사업법의 개정을 통해 모든 사회복지시설은 3년마다 1회 이상 평가를 받도록 법제화됨으로써 우리 나라에서도 사회복지시설에 대한 평가가 본격화되었다. 그러나 어린이집에 대해서만 체계적인 평가가 이루어지지 않고 있으며 중앙 및 지방자치단체의 어린이집에

대한 지도 · 감독은 행정, 재정영역에 국한되어 있고 그 대상도 국 · 공립 및 법인 기관 등 정부지원 기관에 한정되어 있어 전체 어린이집 중 84.7% 이상을 차지하고 있는 민간어린이집의 운영 및 보육서비스의 질적 수준을 관리할 수 있는 효과적인 정책수단이 미비되어 있는 실정이다. 이와 같은 배경에서 보다 체계적이고 지속적으로 보육서비스의 질적 수준을 향상시킬 평가인증제를 도입하게 되었다.

1) 평가인증제도의 개념

평가인증이란 '일정한 수준의 충족에 대한 공적 인정'으로 정의된다. 인증과정에는 바람직한 수준의 질(quality)을 규정하는 표준을 정하고 이 표준의 획득과 유지를 확인하는 과정이 중요하게 포함된다. 인증 대상은 좁게는 한 지역사회에서부터 넓게는 국제적 수준에 이르기까지 다양하다. 최근 인증제도는 의료와 교육, 기타 사회복지서비스 운영기관 등을 대상으로 그 시행 범위가 넓어지고 있다.

어린이집 평가인증제도는 보육계와 일반사회에서 공히 인정을 받는 대표기관에 의하여 보육서비스의 표준을 수립하고, 개별 어린이집이 자발적으로 지원하여 서비스의 질을 평가받으며 인증기관이 설정한 표준이 요구하는 수준을 충족하거나 그 이상의 수준에 있으면 그 사실을 인정하는 증서를 부여하는 제도를 말한다.

어린이집평가인증사무국(2005)에 따르면 어린이집의 평가인증제도란 전문가들이 동의하는 좋은 보육의 질을 나타내는 평가인증지표를 이용하여 어린이집 스스로 보육서비스의 질적 수준을 가늠해 보고, 그 수준을 지표처럼 향상시키고자 노력하는 과정이다. 평가인증 여부는 기관의 질적 수준에 대한 스스로의 판단 결과와 보육 전문가에 의한 판단 과정의 타당성 점검, 그리고 질을 고양하고자 하는 기관의 노력 여부에 따라 결정된다. 평가인증제도의 성패는 어린이집들 지표 내용만큼 기관이 스스로 질을 향상시키고자 하는 의지가 있는가 하는 점에 달려 있다.

따라서 평가인증제도는 어린이집이 스스로의 강점과 약점을 파악하여 기관 보육교직원들의 보육서비스 수행에 관한 자신감을 고양할 뿐만 아니라 기관의

약점을 개선하여 질을 고양하고자 하는 동기를 부여하기 위해 구성되고 지원된다.

2) 평가인증제도의 목적

어린이집에 평가인증제를 실시하는 목적은 보육현장에서 실행되는 보육내용의 질을 관리하는 방법으로 보육현장이 어떻게 운영되고 있는가를 살펴보아 보육서비스의 질적 수준을 높이고자 하는 것이 그 목적이다. 즉, 보육현장에서 제공되고 있는 아동에 대한 보호 및 교육의 질적 수준을 개선 또는 향상시키기 위한 것이다.

이러한 평가인증제도는 법적 규제의 성격을 갖지는 않지만, 그 결과는 보육서비스의 질이 우수하다는 것을 입증하기 때문에 서비스의 전문성에 대한 공적인 효력을 나타낸다. 또한 어린이집 평가인증제도는 자발성에 기초하므로 어린이집 운영자 스스로가 보육서비스를 개선하고자 하는 의지를 갖는 것이 무엇보다도 중요하다.

서비스가 제공자와 대상자 간의 상호작용의 원리를 통해서 동등하고 협력적인 관계에서 제공되어야 하는 것과 마찬가지로 평가인증과정 또한 서비스의 한 종류로서 평가 자체에 못지않게 중요하다는 기본원리가 적용된다. 자발적으로 시행하는 평가의 준비과정과 평가과정에서 일어나는 관계자들의 상호작용 속에서 보육서비스의 질이 개선, 향상되도록 하는 것이 평가인증제도가 추구하는 진정한 목적인 것이다.

질적 수준의 향상이 평가인증제도의 진정한 목적이라는 것은 평가의 결과(인증여부의 결정)가 어린이집 평가인증제도의 목적이 아니라 평가의 과정이 이 제도의 목적 자체임을 의미한다. 이러한 어린이집 평가인증제도는 아동, 보호자, 보육제공자, 정부 모두에 대해서 긍정적으로 활용될 수 있다고 했다.

첫째, 아동의 입장에서 보면, 보육서비스의 질적 개선을 도모함으로써 건강한 성장과 발달에 기여할 것이다.

둘째, 보육서비스 제공자는 어린이집의 목적이 성취되는 정도를 확인하고 발전을 위한 지속적인 노력을 기울이게 될 것이다. 즉, 평가를 실시하는 가장 근본적인

의의는 보육서비스 제공자에게 보육서비스의 질적 개선을 위한 방법과 기준을 제공하고 이에 부응하려는 노력을 유도하는 데 있다고 볼 수 있다.

또한 자체평가를 통하여 자기 시설환경 및 프로그램의 강점과 결함을 명료하게 알 수 있으므로 평가 결과는 보육서비스의 발전을 위한 개선 및 보완의 기초 자료가 되며, 자체평가 과정에서 전체적인 질적 수준의 향상을 유도하고, 프로그램에 참여하는 교사나 경영자들에게 자신감과 전문성을 고양시켜 주며, 프로그램 내에서 의사소통을 원활하게 해 주는 등의 효과를 갖는다.

셋째, 보육대상 아동의 보호자에게 어린이집에 대한 판단의 근거 자료로 활용하여 합리적인 선택을 할 수 있도록 해 준다. 즉, 어린이집을 이용하는 소비자에게 자신이 구매하는 서비스 내용 및 제공자의 질을 평가하고 이를 선택할 수 있는 객관적인 기준을 제공해 준다는 것이다.

넷째, 정책수립자의 입장에서 보면, 평가인증을 통하여 어린이집의 질을 자발적으로 관리할 수 있으며, 관련 자료를 통해 정부의 보육정책 수립에 필요한 기준 및 기초 자료로 활용할 수 있다.

3) 평가인증제도 특징

평가인증제도 운영체계는 인증신청, 자체점검, 현장관찰, 인증결정 등 4단계로 구성되어 있고 전체 인증에 소요되는 기간은 사후관리 단계를 포함하면 1년 이내가 될 것이며, 기관의 자체점검에 필요한 요구 정도에 따라 이보다 단축될 수도 있다.

그리고 현재 현장관찰과 평가인증 심의과정이 독립되어 있다.

평가인증제도가 합리적이고 타당하게 운영되도록 하기 위하여 평가인증과정에서 자체점검의 타당성을 검증하는 현장관찰과 인증여부를 결정하는 심의과정이 독립적으로 이루어지도록 구성되어 있다. 현장관찰을 담당하는 현장관찰자와 인증여부를 심의하는 평가인증심의위원회는 상호 독립되어 있으며, 평가인증심의위원회는 어린이집의 자체점검보고서와 어린이집의 원장 및 보육교사, 부모의 의견, 그리고 현장관찰자의 관찰 결과를 모두 존중한다.

현재 개발된 평가인증지표는 문헌연구에 기초하여 초안을 개발한 후 보육현장에서의 의견 수렴 과정을 거쳐 확정하였으며 평가인증지표는 21인 이상 어린이집 평가인증지표와 21인 미만 어린이집 평가인증지표(장애인전담 어린이집 평가인증지표)로 구분되어 구성하고 있다.

먼저 21인 이상 어린이집 평가인증지표의 경우 크게 보육환경, 운영관리, 보육과정, 상호작용, 건강과 영양, 안전, 가족 및 지역사회와의 협력 등 7개 영역 80항목으로 구성되어 있다.

또한 21인 미만 어린이집 평가인증지표의 경우 보육환경 및 운영관리, 보육과정, 상호작용, 건강과 영양, 안전 등 5개 영역 60항목으로 구성되어 있으며, 장애전담 어린이집 평가인증지표에는 7개 영역 85항목으로 구성되어 있다.

평가인증지표는 영유아의 연령 등을 고려하여 구성하였다.

21인 미만 어린이집 평가인증지표와 21인 이상 어린이집 평가인증지표(장애전담 어린이집 평가인증지표)로 구분하였을 뿐만 아니라 유아용 지표를 기준으로 하되 영아를 보육하고 있는 어린이집을 대상으로 할 때 적용될 수 있는 내용을 항목에 따라 첨가하여 영아용 지표로 활용할 수 있도록 하였다.

보육의 질을 고양하고자 하는 개별 시설의 노력을 지원할 수 있는 체제를 마련하였다.

어린이집 평가인증사무국은 어린이집을 지원하기 위하여 평가인증 신청시설에 조력기구를 안내해 주며, 조력자(조력기구)는 워크숍, 개별상담 등을 통하여 신청시설의 평가인증지표 및 평가인증 운영체계에 대한 이해를 높이고 평가인증제도 참여 과정에서 기관이 직면하게 되는 여러 가지 어려움 해결에 도움을 제공하고자 하였다.

2. 평가인증제도의 필요성과 인증과정

1) 평가인증제도의 필요성

보육정책이 사회의 빠른 변화와 맞물려 급변하고 있다. 우리 나라의 보육은 세계 여러 나라에서와 같이 태어난 가정환경의 차이에 관계없이 유아들이 행복하게 살아갈 권리 보장과, 여성과 남성의 경제활동 및 사회참여 지원, 그리고 미래 국가 경쟁력 강화를 위한 사회의 안정적인 자녀양육 지원 등의 관점에서 활발히 논의되고 있으며, 정보 지식기반 사회에서 인적 자원은 국가 경쟁력의 기본이고 유아들은 가까운 미래에 국가 경쟁력의 주역이라는 점, 그리고 인간의 기본 잠재력은 유아기에 결정된다는 점 등을 이유로 선진국에서는 이미 유아 양육에 대한 국가의 관심을 높이고 다각적인 재정투자에 집중하고 있다.

사회적으로 보육에 대한 수요 및 요구가 계속 높아지자 국가가 보육을 책임져야 한다는 주장이 강화되고 있다. 즉, 보편주의를 표방하는 보육정책에서 정부 보육비용 부담이 낮은 문제점, 민간에 의존하고 있는 보육현장에서 제공되는 보육서비스의 질적 수준 보장의 문제점, 이와 함께 보육서비스 제공에서 사각지대가 존재하게 된 점 등으로 인해 실제적으로 취업부모들이 어린이집을 적절하게 이용할 수 없게 되었다는 것이다.

우리 나라 어린이집의 질적 수준 저하의 원인이 되는 몇 가지 구조적 요인을 살펴보면 다음과 같다.

첫째, 시설확충 과정에서 어린이집 유형에 따라 증가 비율에 큰 차이가 나타나, 국·공립어린이집 및 법인어린이집보다 민간어린이집이 상대적으로 크게 증가하여 왔다는 점이다. 이는 민간어린이집이 전체의 84%를 점유하는 상황에 이르게 만들었고, 현재와 같이 정부가 어린이집에 대한 관리·감독을 하지 않는 한 보육의 질 관리에 위험신호가 되고 있다.

둘째, 그간 어린이집의 설치가 신고제였던 관계로 엄격하지 않은 원장의 자격기준 및 시설 · 설비 기준과 함께 너무 쉽게 어린이집이 설립되어 왔다. 지역에 따라서는 인접한 지역에 어린이집과 유아교육기관이 경쟁적으로 난립하는 상황이 생기고 보육수요자에게 혼란을 가중시키고 있다.

셋째, 영유아보육법 시행령으로 정한 어린이집 설치 기준과 보육내용에 대한 조항이 너무 간략하여 최소한의 보육설비 및 안전에 대한 기준이 미흡하고 프로그램의 질적 수준이 저하되어도 이를 방지할 제도적 장치가 부족하였다.

넷째, 보육서비스의 질을 결정하는 가장 중요한 요소인 보육교직원의 자격기준 및 보수교육 체계가 전문성 확보 면에서 미비하였다는 의견이 지배적이다.

보육의 발전은 양적인 성장만을 의미하지 않는다. 이제 보육의 양적 성장보다는 유아들에게 어떤 수준의 보육서비스를 제공하고 있는가를 관리, 점검하고 더욱 좋은 질의 보육서비스를 제공하여야 한다는 것을 의미한다. 이는 유엔에서 제시한 어린이 인권선언의 주장인 좋은 보호 및 교육받을 권리를 보장한다는 측면에서도 매우 의미 있는 일이다.

보육서비스의 질을 고양할 수 있는 방법은 두 가지가 있다. 하나는 제도적인 측면으로 허가제를 인가제로 환원하여 어린이집의 난립을 막고 모든 어린이집들이 합리적으로 운영되도록 함으로써 보육의 일차적인 질을 보장하는 방법이며 이를 위해 2005년도부터 개정 영유아보육법이 시행되었으며, 다른 하나는 보육현장에서 실행되는 보육내용의 질을 관리하는 방법으로 이미 여러 나라에서 활용되고 있는 평가인증제도이다. 즉, 보육현장이 어떻게 운영되고 있는가를 살펴보아 보육서비스의 질적 수준을 높이고자 하는 것이 그 목적이다.

보육교사들이 행하는 보육의 질을 고양하고자 하는 노력은 현장의 의지와 그들의 전문적인 노력 없이는 불가능하다. 이러한 관점에서 볼 때 어린이집에 대한 평가인증제도 도입은 보육의 질을 고양할 수 있는 효과적인 대안이라 할 수 있으며 어린이집에 대한 평가인증제도는 아동, 보호자, 보육제공자, 정부 모두에 대해서 긍정적으로 활용될 수 있으며 유아의 입장에서 보면, 보육서비스의 질적 개선을 도모함으로써 건강한 성장과 발달에 기여할 것이다.

둘째, 보육서비스 제공자는 어린이집의 목적이 성취되는 정도를 확인하고 발전을 위한 지속적인 노력을 기울이게 될 것이다. 즉, 평가를 실시하는 가장 근본적인 의의는 보육서비스 제공자에게 보육서비스의 질적 개선을 위한 방법과 기준을 제공하고 이에 부응하려는 노력을 유도하는 데 있다고 볼 수 있다. 또한 자체평가를 통하여 자기 시설환경 및 프로그램의 강점과 결함을 명료하게 알 수 있으므로 평가결과는 보육서비스의 발전을 위한 개선 및 보완의 기초 자료가 되며, 자체평가 과정에서 전체적인 질적 수준의 향상을 유도하고, 프로그램에 참여하는 교사나 경영자들에게 자신감과 전문성을 고양시켜 주며, 프로그램 내에서의 의사소통을 원활하게 해 주는 등의 효과를 갖는다.

셋째, 보육대상 유아의 보호자에게 어린이집에 대한 판단의 근거자료로 활용하여 합리적인 선택을 할 수 있도록 해 준다. 즉, 어린이집을 이용하는 소비자에게 자신이 구매하는 서비스 내용 및 제공자의 질을 평가하고 이를 선택할 수 있는 객관적인 기준을 제공해 준다는 것이다.

넷째, 정책수립자의 입장에서 보면, 평가인증을 통하여 어린이집의 질을 자발적으로 관리할 수 있으며, 관련 자료를 통해 정부의 보육정책 수립에 필요한 기준 및 기초 자료로 활용할 수 있다.

2) 평가인증 참여대상 시설

영유아보육법 제12조 및 제13조 규정에 의하여 설치된 국·공립어린이집, 법인어린이집, 직장어린이집, 가정어린이집, 부모협동 어린이집, 민간어린이집을 대상으로 하며 영유아보육법 동법 시행령, 동법 시행규칙 및 보육사업 지침 등 보육과 관련된 법령 사항을 준수한 어린이집에 한다.

평가인증 신청 접수 마감일 기준 영유아보육법 제13조 및 동법 시행규칙 제5조 규정에 의하여 인가한 날로부터 1년 이상 경과한 어린이집에 한다.

3) 평가인증 과정

어린이집 평가인증은 참여신청(1단계), 자체점검(2단계), 현장관찰(3단계), 인증결정(4단계)의 4단계로 진행된다(어린이집평가인증사무국, 2006).

(1) 참여신청(1단계)

영유아보육법 제12조 및 제13조 규정에 의하여 설치된 어린이집을 대상으로 하고 동법 시행령, 동법 시행규칙 및 보육사업 지침 등 보육과 관련된 법령 사항을 준수한 어린이집과 평가인증 신청 마감일 기준 영유아보육법 제13조 및 동법 시행 규칙 5조 규정에 의하여 인가한 날로부터 1년 이상 경과한 어린이집에 한하여 참여할 수 있으며 참여를 희망하는 어린이집은 평가인증사무국에 신청한다. 어린이집이 평가인증을 받는 데에는 약 9-10개월의 기간이 소요된다. 어린이집에서 참여신청이 완료되면 시 · 군 · 구에서 참여자격을 확인, 적합판정이 완료된 기관에 대하여 시 · 도에서 1차 선정을 하고 참여 수수료 입금 후 최종 선정한다.

(2) 자체점검(2단계)

참여설명회 참석을 마친 어린이집에서 4-5개월간 자체점검을 실시하게 된다. 자체점검이란 어린이집에서 자체적으로 운영 전반을 점검하고 보완해야 할 사항에 대한 개선방안을 마련하여 실천하는 과정으로, 그 과정을 통해 보육서비스의 질적 수준을 향상하는 것이 목적이다. 객관적인 자체점검을 위하여 어린이집의 원장, 보육교사, 학부모가 함께 이 과정에 참여한다. 이를 위해 어린이집에서는 자체점검위원회를 구성하여야 하며 자체점검위원회는 어린이집 평가인증표 및 지침을 숙지하고 관련 자료들을 검토한 후 이를 기준으로 어린이집 운영 전반에 대한 점검을 실시한다. 자체점검 중 어려움이 발생하거나 전문적인 도움이 필요하면 보육정보센터의 다양한 조력을 받을 수 있다.

자체점검 기간이 완료되기 전 최종결과에 대해 어린이집평가인증사무국에 자체점검보고서를 제출하고, 자체점검위원회는 원장, 보육교사, 학부모가 각 1인 이상씩을 포함하여 3-7인 이내로 구성한다. 단, 21 미만 어린이집의 원장이 보육교사를 겸하면서 별도의 보육교사가 없는 경우 원장과 학부모로 3인 이상 구성할 수 있으며 자체점검위원회의 학부모위원은 자녀를 해당 어린이집에 6개월 이상 보내고 있는 학부모가 참여하여야 한다. 자체점검위원회의 구성을 위해 기관에서는 보육교사와 학부모에게 이러한 제도를 안내한 후 위원으로 위촉할 수 있다.

(3) 현장관찰(3단계)

자체점검을 마친 어린이집에서 자체점검보고서 제출이 완료되면 현장관찰자가 파견된다. 현장관찰은 현장관찰자가 어린이집을 방문하여 어린이집 평가인증표에 따라 어린이집의 질적 수준을 객관적으로 관찰하여 보고하는 과정이다. 현장관찰의 기간은 정해진 2개월 중 현장관찰자가 어린이집과 협의한 1주일 중 하루 동안 실시되며, 기관에 특별한 행사가 없고, 관찰 어린이집의 현원이 2/3 출석 가능한 기간을 정한다. 현장관찰은 영유아들의 등원을 관찰하는 것으로부터 일정이 시작되어 보육실 관찰은 오전과 오후 모두 이루어지며 문서검토 및 면담은 현장관찰자 2명이 함께 오후에 진행한다. 현장관찰자는 자체점검을 마친 어린이집을 방문하여 어린이집 평가인증지표에 따라 객관적으로 어린이집의 질적 수준을 관찰하여 결과를 보고하는 업무를 수행하는 사람으로서 최소한 다음 자격요건을 부합하여야 지원할 수 있다. 현장관찰자의 자격은 영유아 관련학과 석사학위 소지자로서 교사 경력 3년 이상인 자 또는 영유아 관련학과 학사학위 소지자로서 교사 경력 3년을 포함하여 총 경력이 5년 이상인 자(교사 경력이 없는 원장은 제외)이다. 교사 경력은 유치원교사 경력을 포함하되, 반드시 1년 이상 보육교사 경력이 있어야 한다. 현장관찰자는 당해 연도 참여기관에 근무하고 있거나 조력자, 평가인증심의위원으로 참여하는 경우에는 활동할 수 없다. 현장관찰자는 1 · 2차의 전형 합격자에 대하여 교육을 실시하여, 최종 선발한다. 현장관찰은 기관 당 현장

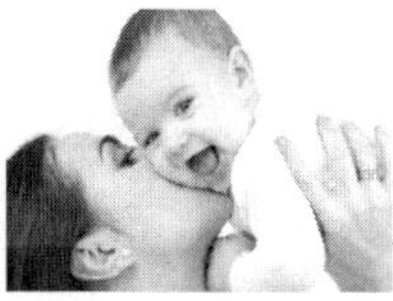

관찰자 2인이 파견되어 1일간 실시하며 어린이집평가인증사무국은 현장관찰자와 어린이집을 지역별로 교차하여 배치한다. 현장관찰자는 연간 15-20회 이상의 현장관찰을 하게 된다(단, 파견 시기는 2-3개월 내에 집중될 수 있다).

현장관찰자는 현장관찰 후 개별보고서 각 1부 및 종합 결과보고서 1부를 작성하여 어린이집평가인증사무국 홈페이지에 입력과 동시에 현장관찰 결과보고서 3부(개별 각 1부, 종합 1부)를 밀봉하여 우편 발송하여야 하며 어린이집평가인증사무국은 현장관찰자에 수당 및 여비를 지급한다.

(4) 인증심의(4단계)

평가인증심의 전 시 · 군 · 구는 참여기관을 대상으로 어린이집 평가인증 필수항목(정원준수, 영유아 상해보험 가입, 예 · 결산서 및 회계장부 구비) 준수 및 행정처분 사항을 점검하여 그 결과를 시 · 도에 송부하고, 시 · 도는 여성가족부에 송부한다. 다만, 현장관찰자가 현장관찰 결과보고서에서 필수항목이 1점인 기관과 시 · 도에서 송부받은 어린이집 점검결과와 일치하지 않은 어린이집은 시 · 도 및 시 · 군 · 구에 송부하여 재확인하게 된다.

여성가족부는 평가인증심의 전에 시 · 도에서 송부된 필수항목을 점검하여 평가인증 심의대상 기관을 확정하게 되며 인증심의는 3인 1조로 구성된 평가인증심의위원회에서 조별로 진행한다. 평가인증위원회의 심의자료는 자체점검보고서 및 현장관찰 결과보고서, 평가인증심의위원회 의견서로 구성되며, 평가인증심의위원회 의견서는 평가인증심의위원회에서 자체점검보고서와 현장관찰 결과보고서를 검토하여 작성한다. 심의자료의 반영비율은 자체점검보고서(25%), 현장관찰 결과보고서(50%), 평가인증심의위원회 의견서(25%)이다. 평가인증사무국은 인증심의 및 결정을 위하여 보육관련 전문가들로 평가인증심의위원회를 구성한다. 평가인증심의위원회는 자체점검보고서와 현장관찰 결과보고서를 검토하고, 평가인증심의위원회의 의견서를 작성하여 어린이집의 인증결정을 위한 심의를 진행한다. 평가인증심의위원회의 자격은 영유아 관련 학계 전문가로서 영유아 관련학과 교수, 영유아 관련학과 박사, 기타 보육관련 전문가, 영유아 관련학과 석사 이상으로 교사 경력 3년 포함 총 경력 4년 이상인 자, 영유아 관련학과 학사 이상으로 교사 경력 3년 포함 총 경력 6년 이상인 자, 보육담당 공무원이다. 교사 경력에는 유치원교사 경력을 포함하며, 이 경우에는 반드시 1년 이상 보육교사 경력이 있어야 한다. 단, 당해 연도에 참여기관으로 선정되었거나 현장관찰자로 참여하는 경우 평가인증심의위원으로 활동할 수 없으며 인증결과는 다음과 같이 3가지 유형으로 구분된다.

① 인증

총점 및 모든 영역에서 기준 점수를 통과한 경우 인증한다.

② 인증유보

총점이 기준점수를 통과하였으나, 영역별 점수가 21인 이상, 장애아전담 어린이집은 7개 영역 중 2개 영역 이하가, 21인 미만 어린이집은 5개 영역 중 1개 영역 이하가 기준점수를 통과하지 못한 경우다.

③ 불인증

총점이 기준 점수를 통과하지 못했거나, 총점은 기준점수를 통과하였으나 다음과 같은 경우에는 불인증된다. 21인 이상, 장애아전담 어린이집은 7개 영역 중 3개 영역 이상이, 21인 미만 어린이집은 5개 영역 중 2개 영역 이상이 기준점수를 통과하지 못한 경우다.

어린이집의 인증결과 및 영역별 점수에 대한 자세한 내용은 어린이집 평가인증사무국 홈페이지(http : //www. kcac21.or.kr)에서 확인할 수 있으며 인증기관 명단은 어린이집 평가인증사무국 홈페이지, 16개 시 · 도 및 각 보육정보센터 홈페이지에 게시된다. 인증은 인증서를 발급받은 날로부터 3년간 유효하다.

(5) 이의신청

인증결과를 확인한 불인증 어린이집에서 인증결과에 이의가 있을 경우에는 인증결과를 통보받은 날로부터 1회에 한하여 15일 이내 시·도·구에 이의신청을 제기할 수 있다. 이의신청은 어린이집평가인증사무국 홈페이지에 접속하여 인터넷으로 접수할 수 있으며, 여성가족부는 이의신청이 들어올 경우 이의신청심의위원회를 개최하여 이의신청 인용여부를 결정하여 통보한다.

(6) 인증유보

인증유보 어린이집은 인증결과를 통보받은 날로부터 1개월 이내 시·도·구에 유보된 영역만 평가인증 참여를 신청할 수 있다. 이 때 참여 수수료는 기존 수수료의 50% 수준이다. 인증유보 어린이집은 어린이집평가인증사무국 홈페이지에 접속하여 평가인증 참여를 신청한 후 일정기간의 자체점검을 실시하며 자체점검이 완료되면 어린이집평가인증사무국에서는 유보된 영역에 대하여 다시 현장관찰을 실시하고, 재심의를 걸쳐 인증여부를 결정한다.

(7) 사후관리

인증어린이집은 매년 자체점검위원회를 구성하여 연차보고서를 작성하고 어린이집평가인증사무국 홈페이지에 입력한다(10-11월 중). 연차보고서 작성을 위하여 자체점검위원회를 구성할 때 인원 및 점검방법은 평가인증의 자체점검 단계와 같은 절차를 진행한다. 인증어린이집이 연차보고서를 입력한 경우에도 시·도·구에서는 해당 기관의 어린이집평가인증지표 필수항목을 확인하여 시·도를 통해 여성가족부에 송부한다. 인증된 어린이집에서는 다음과 같은 사유가 발생될 경우에는 인증이 취소될 수 있다.

① 인증 후 어린이집을 매매하거나 임대할 경우
② 인증 후 소재지가 변경되었을 경우(단, 행정구역 변경 제외)
③ 어린이집과 현장관찰자가 이해관계가 있을 경우
④ 원장이 현장관찰자에게 금품을 제공한 사실이 발견된 경우
⑤ 연차보고서를 기한 내에 제출하지 않았을 경우
⑥ 행정처분 사항이 발생한 경우

위와 같은 사유가 발생하여 인증이 취소될 경우에는 시 · 도 · 구에서 인증이 취소된 어린이집으로부터 인증서를 회수하여 시 · 도를 통해 여성가족부로 송부한다.

4) 평가인증지표

어린이집 평가인증에 사용될 평가인증지표는 다음과 같은 기본 방향에 따라 구성된다.

(1) 어린이집 평가인증지표의 기본방향

평가인증지표는 우리 나라 보육의 질, 즉 영유아가 어린이집에서 직접 경험하는 보호와 교육의 발달적 적합성, 영유아의 건강한 발달과 안전을 위한 환경의 제공, 그리고 이를 지원할 수 있는 보육교직원의 전문성, 합리적인 운영체계, 가족 및 지역사회와의 협력을 점진적으로 향상시키는 것을 목적으로 하며 현장에서 보육의 질이 향상됨에 따라 어린이집 평가인증지표도 보다 높은 수준을 요구하도록 지속적으로 수정 · 보완하도록 한다.

(2) 어린이집 평가인증지표의 구성

어린이집 평가인증지표는 2003년 보건복지부 지원 '어린이집 인증제도 실시모형 개발' 연구과제에서 개발된 인증지표를 기초로 하였고, 2005년 평가인증 시범

운영을 통해 제기된 문제점에 대한 학계 및 전문가의 자문과 어린이집 평가인증 공청회를 거쳐 수정 · 보완된 것이다. 어린이집 평가인증지표는 시설규모 및 유형별 4종에서 3종으로 조정되었다. 2005년도의 21인 이상, 21인 미만, 영아전담, 장애아전담 어린이집 평가인증지표가 2006년도에 21인 이상, 21인 미만, 장애아전담 어린이집 평가인증지표로 수정되었으며 이 중 영아전담지표는 규모에 따라 통합하였다.

① 관찰평가 및 현장 자체조사 자료에서 영역별 신뢰도와 문항 변별도를 극대화시킬 수 있도록 항목을 선정하였다.

② 개정 영유아보육법의 주요 내용을 포함하였다.

③ 보육관련 전문가, 현장 보육교직원를 대상으로 한 자문회의 및 공청회를 거쳐 확정되어 2005년 시범운영에 사용된 인증지표를 수정 · 보완하였다.

④ 평가인증지표는 시설규모 및 유형별 4종에서 3종으로 조정되었으며, “21인 이상 어린이집용 지표” 7개 영역 80항목과 “21인 미만 어린이집용 지표” 5개 영역 60항목, “장애아전담 어린이집용 지표” 7개 영역 85항목으로 구성되어 있다.

(3) 시설규모 및 유형별 평가인증지표

2013년도 어린이집 평가인증 운영체계 및 인증지표는 시설규모 및 유형별 3종으로 〈표 10-1〉의 “40인 이상 어린이집용 지표” 6개 영역 70항목과 〈표 10-2〉의 “39인 이하 어린이집용 지표” 5개 영역 55항목, 〈표 10-3〉의 “장애아전담 어린이집용 지표” 6개 영역 75항목으로 구성되어 있다.

표 10-1

40인 이상 어린이집 평가인증지표(6개 영역 70항목)

영 역		항 목	
영역 1. 보육환경 (11항목)	어린이집 환경	대 1-1.	보육실의 공간 배치
		대 1-2.	보육실 내 영유아의 휴식 공간

		대 1-3.	옥외놀이터와 놀이기구
	보육활동자료	대 1-4.	신체활동 자료
		대 1-5.	언어활동 자료
		대 1-6.	자연탐구 활동 자료
		대 1-7.	예술활동 자료
		대 1-8.	역할 및 쌓기놀이 자료
	보육지원 환경	대 1-9.	비품과 활동 자료의 보관
		대 1-10.	보육교사를 위한 공간
		대 1-11.	보육교사용 참고자료
영역 2. 운영관리 (12항목)	시설의 운영관리	대 2-1.	어린이집의 운영방침 및 정보안내
		대 2-2.	원아에 대한 관리
		대 2-3.	보육실의 교사 대 영유아 비율
	보육인력	대 2-4.	보육교직원의 근로계약
		대 2-5.	원장과 보육교사의 업무수행
		대 2-6.	보육교직원의 교육
	가족과의 협력	대 2-7.	신입원아 부모를 위한 오리엔테이션
		대 2-8.	어린이집과 가정 간의 의사소통
		대 2-9.	어린이집에서의 부모참여
		대 2-10.	어린이집 운영위원회의 구성과 활동
	지역사회와의 협조	대 2-11.	지역사회와의 협력
		대 2-12.	영유아와 가족의 문제에 대한 이해와 지원
영역 3. 보육과정 (14항목)	보육활동 계획과 구성	대 3-1.	보육계획안의 수립
		대 3-2.	보육활동 계획의 균형과 진행
		대 3-3.	자유선택활동 시간과 운영
		대 3-4.	실외활동 시간과 운영
		대 3-5.	일과의 통합적 운영
		대 3-6.	일상생활 관련 활동
		대 3-7.	영유아 관찰 및 보육과정 평가
	보육활동	대 3-8.	신체활동
		대 3-9.	언어활동
		대 3-10.	기본생활 관련 활동
		대 3-11.	사회관계 증진 활동
		대 3-12.	자연탐구 활동
		대 3-13.	예술활동
		대 3-14.	역할 및 쌓기놀이
영역 4. 상호작용과	일상적 양육	대 4-1.	즐거운 식사(수유)와 간식
		대 4-2.	편안한 분위기의 낮잠

영역	하위 영역	번호	항목
교수법 (11항목)		대 4-3	자연스러운 배변 경험
	교사의 상호작용	대 4-4	영유아를 존중하고 평등하게 대하기
		대 4-5	영유아의 요구와 질문에 대한 민감한 반응
		대 4-6	긍정적인 방법의 행동 지도
		대 4-7	또래 간 긍정적 상호작용의 격려
		대 4-8	자유놀이에 교사 참여
		대 4-9	영유아 간의 다툼이나 문제 상황 개입
	교수법	대 4-10	교수법의 효과적인 사용
		대 4-11	동기유발과 호기심의 장려
영역 5. 건강과 영양 (12항목)	청결과 위생	대 5-1.	실내 공간의 청결
		대 5-2.	보육실의 환기, 채광, 조명, 온도관리
		대 5-3.	놀잇감의 청결
		대 5-4.	화장실과 세면장의 청결
		대 5-5.	조리실 공간과 설비의 위생적 관리
		대 5-6.	식자재, 조리 및 배식과정의 위생적 관리
		대 5-7.	영유아와 보육교사의 청결유지
		대 5-8.	개별 침구의 사용과 관리
	질병관리	대 5-9.	아프거나 다친 영유아의 보호
		대 5-10.	영유아와 보육교직원의 건강관리
	급식과 간식	대 5-11.	영유아를 위한 급식
		대 5-12.	영유아를 위한 간식
영역 6. 안전 (10항목)	실내외 시설의 안전	대 6-1.	보육실의 안전관리
		대 6-2.	실내 시설의 안전관리
		대 6-3.	실외 시설의 안전관리
		대 6-4.	실내외 놀잇감의 안전관리
		대 6-5.	실내외 위험한 물건의 보관
	영유아의 안전 보호	대 6-6.	영유아에 대한 성인의 보호
		대 6-7.	영유아의 안전한 인계 과정
		대 6-8.	어린이집의 안전한 차량운행
		대 6-9.	비상사태를 대비한 시설, 설비와 대처방안
		대 6-10.	안전교육과 정기적인 소방훈련

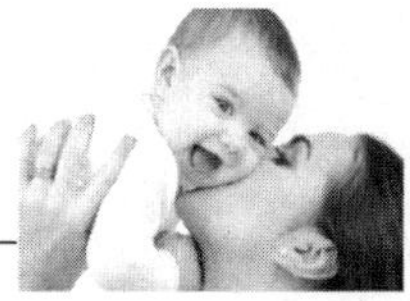

표 10-2

39인 이하 어린이집 평가인증지표(5개 영역 55항목)

영 역		항 목	
영역 1. 보육환경 및 운영관리 (11항목)	어린이집 환경	소 1-1.	영유아용 가구와 설비
		소 1-2.	어린이집의 공간 배치
		소 1-3.	어린이집 내 영유아의 휴식 공간
	시설의 운영관리	소 1-4.	어린이집의 운영방침 및 정보안내
		소 1-5.	원아에 대한 관리
		소 1-6.	보육실의 교사 대 영유아 비율
	보육인력	소 1-7.	보육교직원의 근로계약과 업무수행
		소 1-8.	보육교직원의 교육
		소 1-9.	보육교사용 참고자료
	가족과의 협력	소 1-10.	어린이집과 가정 간의 의사소통
		소 1-11.	어린이집에서의 부모참여
영역 2. 보육과정 (11항목)	보육활동 계획과 구성	소 2-1.	보육계획안의 수립
		소 2-2.	보육활동 계획의 균현과 진행
		소 2-3.	실외 및 일상생활 관련 활동
		소 2-4.	일과의 통합적 운영
	보육활동과 자료	소 2-5.	신체활동과 자료
		소 2-6.	언어활동과 자료
		소 2-7.	기본생활 관련 활동
		소 2-8.	사회관계 증진 활동
		소 2-9.	자연탐구활동과 자료
		소 2-10.	예술활동과 자료
		소 2-11.	역할 및 쌓기놀이와 자료
영역 3. 상호작용과 교수법 (11항목)	일상적 양육	소 3-1.	즐거운 식사(수유)와 간식
		소 3-2.	편안한 분위기의 낮잠
		소 3-3.	자연스러운 배변 경험
	교사의 상호작용	소 3-4.	영유아를 존중하고 평등하게 대하기
		소 3-5.	영유아의 요구와 질문에 대한 민감한 반응
		소 3-6.	긍정적인 방법의 행동 지도
		소 3-7.	또래 간 긍정적 상호작용의 격려
		소 3-8.	자유놀이에 교사 참여

		소 3-9.	영유아 간의 다툼이나 문제 상황 개입
	교수법	소 3-10.	교수법의 효과적인 사용
		소 3-11.	동기유발과 호기심의 장려
영역 4. 건강과 영양 (12항목)	청결과 위생	소 4-1.	실내 공간의 청결
		소 4-2.	보육실의 환기, 채광, 조명, 온도관리
		소 4-3.	놀잇감의 청결
		소 4-4.	화장실과 세면장의 청결
		소 4-5.	조리실 공간과 설비의 위생적 관리
		소 4-6.	식자재, 조리 및 배식과정의 위생적 관리
		소 4-7.	영유아와 보육교사의 청결유지
		소 4-8.	개별 침구의 사용과 관리
	질병관리	소 4-9.	아프거나 다친 영유아의 보호
		소 4-10.	영유아와 보육교직원의 건강관리
	급식과 간식	소 4-11.	영유아를 위한 급식
		소 4-12.	영유아를 위한 간식
영역 5. 안전 (10항목)	실내외 시설의 안전	소 5-1.	보육실의 안전관리
		소 5-2.	실내외 시설의 안전관리
		소 5-3.	조리실 설비의 안전관리
		소 5-4.	실내외 놀잇감의 안전관리
		소 5-5.	실내외 위험한 물건의 보관
	영유아의 안전 보호	소 5-6.	영유아에 대한 성인의 보호
		소 5-7.	영유아의 안전한 인계 과정
		소 5-8.	어린이집의 안전한 차량운행
		소 5-9.	비상사태를 대비한 시설, 설비와 대처방안
		소 5-10.	안전교육과 정기적인 소방훈련

표 10-3

장애아전담 어린이집 평가인증지표(6개 영역 75항목)

영 역		항 목	
영역 1. 보육환경 (14항목)	어린이집 환경	장 1-1.	활동영역의 배치
		장 1-2.	보육실 내 장애 영유아의 휴식 공간
		장 1-3.	옥외놀이터와 놀이기구
		장 1-4.	적합한 편의를 제공하기 위한 물리적 환경

	보육활동 자료	장 1-5.	신체활동 자료
		장 1-6.	언어활동 자료
		장 1-7.	자연탐구활동 자료
		장 1-8.	예술활동 자료
		장 1-9.	역할놀이 및 쌓기놀이 자료
		장 1-10.	장애차별을 최소화 할 수 있는 관련서비스 제공을 위한 활동자료
		장 1-11.	교육진단과 발달평가 치료
	보육지원 환경	장 1-12.	비품과 활동자료의 보관
		장 1-13.	교사를 위한 공간
		장 1-14.	교사용 참고자료
영역 2. 운영관리 (13항목)	시설의 운영관리	장 2-1.	어린이집의 운영방침 및 정보 안내
		장 2-2.	원아에 대한 관리
		장 2-3.	보육실의 교사 대 장애 영유아 비율
		장 2-4.	장애 영유아를 위한 보육활동 사례회의 및 협력
	보육인력	장 2-5.	보육교직원의 근로계약
		장 2-6.	원장과 보육교직원의 업무수행
		장 2-7.	보육교직원의 교육
	가족과의 협력	장 2-8.	신입원아 부모를 위한 오리엔테이션
		장 2-9.	어린이집과 가정 간의 의사소통
		장 2-10.	어린이집에서의 부모참여
		장 2-11.	어린이집 운영위원회의 구성과 활동
	지역사회와의 협조	장 2-12.	지역사회와의 협력
		장 2-13.	장애 영유아와 가족의 문제에 대한 이해와 지원
영역 3. 보육과정 (15항목)	보육활동 계획과 구성	장 3-1.	보육계획안의 수립
		장 3-2.	보육활동 계획의 균형과 진행
		장 3-3.	자유선택활동 시간과 운영
		장 3-4.	실외 활동 시간과 운영
		장 3-5.	일과의 통합적 운영
		장 3-6.	사회적응 프로그램
		장 3-7.	보육과정 평가 및 장애 영유아 활동 관찰
	보육활동	장 3-8.	신체활동
		장 3-9.	언어활동
		장 3-10.	기본생활 관련 활동
		장 3-11.	사회성 증진 활동
		장 3-12.	자연탐구활동
		장 3-13.	예술활동

		장 3-14.	역할놀이 및 쌓기놀이
		장 3-15.	교육진단과 관련 서비스를 제공하기 위한 활동
영역 4. 상호작용과 교수법 (10항목)	일상적 양육	장 4-1.	즐거운 식사(수유)와 간식
		장 4-2.	편안안 분위기의 낮잠
		장 4-3.	자연스러운 배변 경험
	교사의 상호작용	장 4-4.	장애 영유아를 존중하고 평등하게 대하기
		장 4-5.	장애 영유아의 요구와 질문에 대한 민감한 반응
		장 4-6.	긍정적인 방법의 행동지도
		장 4-7.	또래 간의 긍정적 상호작용의 격려
		장 4-8.	자유놀이에 교사 참여
		장 4-9.	장애 영유아 간의 다툼이나 문제 상황 개입
	교수법	장 4-10.	교수법의 효과적인 사용
영역 5. 건강과 영양 (13항목)	청결과 위생	장 5-1.	실내 공간의 청결
		장 5-2.	보육실의 환기, 채광, 조명, 온도관리
		장 5-3.	놀잇감의 청결
		장 5-4.	화장실과 세면장의 청결
		장 5-5.	조리실 공간과 설비의 위생적 관리
		장 5-6.	식자재, 조리 및 배식 과정의 위생적 관리
		장 5-7.	장애 영유아와 보육교사의 청결유지
		장 5-8.	개별 침구의 사용과 관리
	질병관리	장 5-9.	아프거나 다친 장애 영유아의 보호
		장 5-10.	장애 영유아의 투약 관리
		장 5-11.	장애 영유아와 보육교직원의 건강관리
	급식과 간식	장 5-12.	장애 영유아를 위한 급식
		장 5-13.	장애 영유아를 위한 간식
영역 6. 안전 (10항목)	실내외 시설의 안전	장 6-1.	보육실의 안전관리
		장 6-2.	실내시설의 안전관리
		장 6-3.	실외시설의 안전관리
		장 6-4.	실내외 놀잇감의 안전관리
		장 6-5.	실내외 위험한 물건의 관리
	영유아의 안전 보호	장 6-6.	장애 영유아에 대한 성인의 보호
		장 6-7.	장애 영유아의 안전한 인계 과정
		장 6-8.	어린이집의 안전한 차량 운행
		장 6-9.	비상사태를 대비한 시설 및 설비와 대처방안
		장 6-10.	안전교육과 정기적인 소방훈련

5) 평가인증지표의 영역별 평가기준

(1) 보육환경(영역 1)

보육환경은 영유아의 학습 및 행동 습관의 형성에 중요한 영향을 미친다. 어린 시기일수록 환경의 영향이 크고 영유아가 어린이집에서 장시간 생활하고 있으므로, 어린이집의 환경은 매우 중요하다. 어린이집의 실내 · 외 환경은 가정과 같이 편안하고 쾌적하며, 영유아의 일상생활이나 놀이를 적극 격려하도록 계획되고 구성되어야 한다. 이 영역에서의 평가는 쾌적한 어린이집 환경의 유지와 영유아 발달에 적합한 교재 · 교구의 구비에 초점을 둔다. 여기에서 교재 · 교구란 영유아기의 경험과 학습을 촉진할 수 있는 다양한 자료들을 말한다.

(2) 운영관리(영역 2)

어린이집의 운영관리는 기관의 보육철학이 반영되며, 원장의 역할이 큰 비중을 차지한다. 무엇보다도 영유아를 집단으로 보육하기 위해 바람직한 운영관리 체계를 갖추고 보육인력의 전문성을 신장시키기 위한 노력이 필요하다.

따라서 이 영역의 평가는 기관의 운영관리 측면과 보육인력의 전문성 증진에 초점을 둔다.

(3) 보육과정(영역 3)

보육과정은 영유아 발달에 적합한 경험 및 학습을 촉진할 수 있는 다양한 활동으로 계획되고 통합적으로 운영되어야 한다. 영유아기는 발달이 급속히 이루어지므로 개인간 발달차가 크고, 개별 영유아 내에서도 발달 영역 간의 차이가 날 수 있다. 따라서 보육과정은 영유아의 흥미와 개인차를 최대한 반영함으로써 이들의 개별적 욕구가 충족될 수 있도록 계획할 필요가 있다.

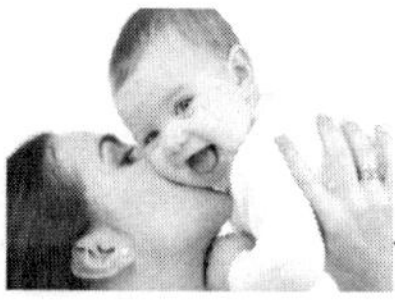

보육과정은 실내 · 외 활동뿐 아니라 기관이나 속한 주변 이웃의 일상생활 관련 활동이 포함되도록 하며, 정기적인 보육과정 평가를 통해 그 결과를 운영에 반영하도록 한다.

(4) 상호작용과 교수법(영역 4)

어린이집의 교사는 영유아의 일상적 영유아 상호작용을 통해 영유아의 개별적 차이를 이해하게 되며, 영유아에게 발달적으로 적합한 경험을 제공할 수 있다. 이러한 경험은 부모들에게 교사에 대한 신뢰를 갖게 하며, 영유아가 교사 또는 다른 또래들과 긍정적인 관계를 형성하고 대인관계 기술을 습득하는데 초점을 둔다. 이 영역의 평가는 보육교사와 영유아 간의 관계 형성에 기초가 되는 일상적 양육에서의 개별화, 교사의 수용적이고 반응적인 태도, 그리고 긍정적인 방법을 사용한 행동 지도에 초점을 둔다.

(5) 건강과 영양(영역 5)

영유아에게 청결하고 위생적인 환경을 마련해 주고 양질의 식사와 간식을 제공하는 것은 영유아의 건강을 유지하기 위해 매우 중요하다. 어린이집 실내공간의 위생과 청결은 어릴 때부터 위생적인 생활습관을 기르는 데도 큰 역할을 할 수 있다.

보육교사는 집단생활에서 예상되는 전염성 질환에 대한 예방 대책을 마련하고, 몸이 아픈 영유아에게 적절한 조치를 취해 주어야 한다. 그리고 어린이집에서는 양질의 식품으로 다양하게 조리된 식단을 계획하여 제공함으로써 영유아의 성장을 도와 주어야 한다. 이 영역에서는 보육실 내외 각 공간의 청결과 위생, 영유아의 위생적 생활습관 지도, 몸이 아픈 영유아에 대한 적절한 대책 수립 여부, 그리고 영유아의 식사와 간식의 적절성이 주요 점검 항목으로 포함되어 있다.

(6) 안전(영역 6)

어린이집에 영유아를 맡기는 부모나 보호자가 가장 우선적으로 바라는 것은 영유아가 안전하게 보호되는 것이다. 사고나 위험으로부터 영유아를 보호할 수 있는 안전한 보육환경은 영유아로 하여금 보육활동에 마음 놓고 참여하도록 하여 건강한 신체와 심리적 안정감을 발달시킬 수 있도록 도와 준다. 이 영역에서는 어린이집 실내·외 시설물의 안전관리, 영유아의 보호 수칙이나 안전사고 발생시의 대책 여부, 안전교육 등을 점검한다.

(7) 가족 및 지역사회와의 협력(영역 7)

어린이집과 가정의 보육방식에 연속성이 있을 때, 영유아는 안정감을 느끼고 부모는 기관과 보육교사를 더욱 신뢰하게 된다. 가정과 어린이집은 영유아의 양육과 교육에서의 공통점과 차이점을 이해하고 상호 존중함으로써 영유아가 안정적으로 생활할 수 있도록 해 주어야 한다. 어린이집에서는 기관을 개방하고, 부모와 영유아의 생활에 대한 의견을 상호 교환할 수 있어야 하며, 부모간 교류, 부모교육 및 참여의 기회를 제공할 수 있어야 한다.

또한 지역사회 기관과의 다양한 교류를 통하여 영유아가 자신의 주변 환경에 대해 더욱 잘 이해하고 적응할 수 있도록 도와 주어야 한다. 뿐만 아니라 지역사회의 다양한 물적, 인적 자원들을 적극 활용함으로써 어린이집 내 발생하는 문제에 대해 보다 전문적인 지원체계를 구축할 수 있다.

3. 평가인증제도의 효과

어린이집 평가인증제도는 보육수요자의 시설 선택을 위한 정보제공이란 점에서도 필요성이 부각되고 있다. 인증제도란 보육서비스의 질적 수준을 높이는 것을 목적으로 전문가들이 동의하는 좋은 보육의 질을 나타내는 인증지표를 이용하여 시설 스스로 시설의 질을 가늠해 보고 그 시설을 질을 지표처럼 향상시키고자 노력하는 과정이며 영유아보육법의 개정은 평가인증제 실시를 정부가 주도하는 것으로 규정하였으며 평가인증제는 제도보육 14년 간 시설확충 과정에서 민간보육 의존모형을 견지한 우리 나라 보육서비스의 질 관리 역할을 할 것으로 기대되며 이에 몇 가지 기대되는 효과를 보면 다음과 같다.

1) 어린이집의 질적 수준 향상

정부주도의 평가인증제가 타당하게, 합리적 평가 절차로 운영된다면 이 제도는 우리 나라 보육의 공공성이 확대되는 효과를 가져올 것이다. 민간시설에 대한 공적 관리와 검증을 통해 질적 수준이 향상되면 보육행정력은 신뢰를 받게 되고 그만큼 공공성은 강화되는 것이기 때문이다.

2) 보육관계자의 전문성 향상

정부주도의 평가여부를 떠나 어린이집 평가인증의 주요 과정인 자체평가 과정은 현장 보육교직원들 스스로 프로그램의 질을 향상시키도록 자극하는 역할을 함으로써 보육 관계자의 전문성 향상을 가져오게 될 것이다. 자체평가의 평가항목은 보육현장에서 스스로 자신들의 프로그램을 점검하고, 함께 논의하며 공동의 목표를 수립하고 자신들의 보육프로그램에 대한 주인 의식을 공유시켜 보육에 대한 자부심과 전문성을 키울 수 있게 된다.

3) 보육에 대한 부모참여 기회제공

평가인증제 시행은 부모들이 보육에 적극적으로 참여할 수 있는 기회를 제공함

으로써 현재 부모가 이용하고 있는 어린이집의 질적 수준 향상에 직접 기여할 수 있을 것으로 기대된다. 우리 나라의 일부 공동육아 어린이집의 경우, 부모들이 자체적으로 어린이집의 운영과 평가에 참여함으로써 재정의 투명성, 정보의 공유, 보육교사 복지개선, 지역자원의 사용 방안 등이 활발하게 논의, 실현되고 있다. 이는 평가인증제의 자체평가 과정에서 부모의 참여가 가져올 수 있는 효과를 기대하게 한다.

어린이집의 질적 수준 향상, 보육인력의 전문성 향상, 보육에 대한 부모참여 기회제공 등의 긍정적 기대효과는 평가인증제가 평가와 지원을 연계시키고, 평가과정에 전문조력자(자체평가 현장지원 전문가 등)가 파견되어 개별 어린이집에 실질적 도움이 병행되는 체계로 시행되었을 때 가져올 수 있는 것들이다.

그러나 평가인증제 시행만으로 우리 나라 어린이집의 전반적인 질적 수준이 저절로 향상될 것으로 기대하는 사람은 없다. 평가인증제에 대해 보육현장은 '정서적' 거부감이 있을 수 있으므로 '논리적' 설득이 필요하다.

그 동안 어린이집의 양적 팽창에만 주력해 왔던 보육사업 흐름 속에서 시설의 질적 수준 향상을 위한 긍정적인 기대효과를 전제로 한 평가인증제 도입은 순차적인 발전 과정이며 보육관계자의 자발적인 수용이 요구되는 과업이기 때문이다.

어린이집 평가인증제의 부작용에 대해서는 비효율성의 문제, 평가인증의 신뢰와 타당성 문제, 민간보육 시장에서의 경쟁이 이용되는 문제 등이 거론되어 왔다. 비효율성 문제에 대해서는 평가인증제가 보육의 질을 보장하지도 못하면서 비용만 낭비할 가능성을 생각할 수 있으며, 대체로 어린이집의 자체 부담으로 진행되는 평가인증제는 미국의 경우 비용 때문에 평가를 받지 못하는 경우도 적지 않다. 또한 6개월의 자체평가와 실사평가의 준비과정이 필요한데 이는 교사와 유아들과의 질적 상호작용 기회를 감소시키는 결과를 초래한다.

평가인증의 신뢰와 타당성에 대한 문제는 공정하지 않은 평가결과로 인증평가의 공신력에 대한 문제제기가 있을 수 있다. 평가척도들이 일관성 없이 적용, 평가되거나 평가자간의 평가 차이도 문제가 된다. 평가인증을 받은 어린이집이라고 하더라도 질적 수준에서 높지도 낮지도 않은 중간 정도의 수준에 있는 경우가

많아 평가인증제가 질적 우수성을 확인하지 못한다는 문제가 제기된다.

또한, 민간보육 시장에서의 경쟁에 이용되는 문제에 대해서는 평가인증이 유아에게 제공되는 보육서비스의 질을 향상시키는 데 관심을 두기보다 어린이집의 사업적 이윤 추구에 이용될 수도 있음을 말한다. 호주의 사보육 부분에서 평가인증서는 인증 유효기간 3년의 사업적 이윤과 관련되며 어린이집들이 평가인증의 결과에만 집착하게 만드는 일이 벌어질 수 있음을 지적한다.

이점을 최소화하기 위해 경쟁보다는 전반적 질 향상에 주목하는 방식으로 평가인증제를 실시해야 하며, 이를 위해 지역지원체계와 지방자치단체의 협력이 무엇보다 중요하다.

현재 어린이집 평가인증제는 어린이집에는 보육환경 개선을 통한 보육서비스의 질 향상과 보육교사로서의 전문성 증진, 유아에게는 안전하고 행복한 환경에서의 보육, 행정기관에서는 어린이집의 체계적 관리를 이루게 되었다.

제11장

영아 보육과정 실제

1. 0~1세 영아 보육과정
2. 2세 영아 보육과정

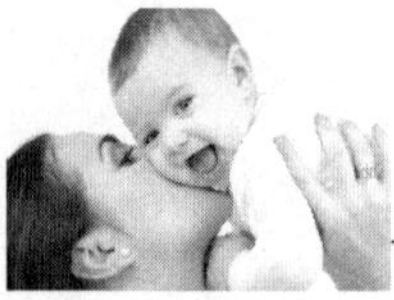

영아 보육과정의 근간은 표준보육과정의 목적과 목표에서 찾을 수 있다. 본 장에서는 국가수준의 보육과정인 표준보육과정에 담고 있는 영아보육의 지침을 살펴보면서 보다 구체적인 영아보육의 실제를 탐색해 보고자 한다.

1. 0-1세 영아 보육과정

1) 주제교육안

(1) 0세 주제교육안

월	생활주제	주	소주제	월	생활주제	주	소주제
3	두근두근 여기가 어딜까?	1주	여기가 어디지?	9	놀잇감은 내 친구	1주	무엇이 있을까요?
		2주	누구일까요?			2주	소리나는 놀잇감
		3주	엄마, 아빠와 잠시 헤어져요			3주	굴러가는 놀잇감
		4주	선생님 품에서 우리 반을 보아요(1)			4주	놀잇감 자리를 찾아주세요
		5주	선생님 품에서 우리 반을 보아요(2)				
4	선생님 품은 따뜻해요	1주	선생님을 보아요	10	가을 나들이 가요	1주	가을이 되었어요
		2주	따뜻한 느낌이 좋아요			2주	아장아장 걸어요
		3주	선생님과 놀아요(1)			3주	바스락바스락
		4주	선생님과 놀아요(2)			4주	나들이는 즐거워

5	찾았다 까꿍~	1주	열어 볼까? 까꿍!	11	소리 내 보아요	1주	소곤소곤 말해요
		2주	내 얼굴, 친구 얼굴 까꿍!			2주	입으로 놀아요
		3주	어디 숨었나 까꿍!			3주	노래를 불러요
		4주	여기 있네 까꿍!			4주	다양한 소리를 내요(1)
						5주	다양한 소리를 내요(2)
6	활발하게 움직여요	1주	내 얼굴은 예뻐요	12	겨울 / 이게 뭐지?	1주	추운 겨울이예요
		2주	도리도리 짝짜꿍			2주	추워도 신나요
		3주	흔들흔들 콩콩콩			3주	두드려 보아요
		4주	쭈까쭈까 쭉쭉			4주	이불이 좋아요
		5주	움직여요 내 몸이				
7	시원한 물놀이	1주	아이! 더워요	1	나를 따라 해봐요	1주	내 몸이 움직여요
		2주	똑똑똑 물방울			2주	나처럼 해봐요
		3주	재미있는 목욕놀이			3주	동물 흉내내기
		4주	물속 놀잇감			4주	거울보고 흉내내기
8	재미있는 오감놀이	1주	주물럭주물럭	2	내가 할 수 있어요	1주	내 물건을 정리해요
		2주	쉿! 무슨 소리지?			2주	내가 가져올래요
		3주	눈을 크게 떠요			3주	혼자서도 잘해요(1)
		4주	무슨 냄새지? 킁킁킁			4주	혼자서도 잘해요(2)
		5주	냠냠 맛있다			5주	쑥쑥 자랐어요

출처: 혜원어린이집(2012).

0세 영아가 3월부터 등원한다는 가정 아래 계절적 특성과 0세 영아의 발달적 특성에 맞추어 연간계획안을 작성할 수 있다. 영아의 신체발달과 발달적 욕구에 맞는 주제를 찾아 보육활동을 진행할 수 있다.

(2) 1세 주제교육안

다음은 표준보육과정 내의 1세 영아보육에서 진행할 수 있는 주제교육안이다. 각각의 주제를 제시하고 1세 수준에 맞게 소주제 활동이 진행될 것을 예상하여 주간 계획안 형식으로 정리해 놓았다. 1세 영아의 보육활동을 일상생활 영역과 놀이영역으로 구분한 후 각 주별로 소주제에 맞는 다양한 활동들을 활동명으로 놓은 내용이다. 각각의 주제는 주차를 거듭할수록 내용이 보다 확장되고 연관성 있는 주제망이 이루어질 수 있다.

새로운 것이 낯설어요(총 8주)

활동 \ 주		1주	2주	3주	4주	5주	6주	7주	8주
소주제		어린이집에 왔어요		만나고 친해져요		우리반에 무엇이 있을까?		밖으로 나가 보아요	
등원 및 맞이하기		부모와 영아의 적응과정에 대해 대화하기				전날 가정에서 지낸 영아의 일상에 대해 듣기			
기본생활 및 안전		헤어질 때 인사해요				천천히 걸어요			
일상생활	점심 및 간식	어린이집의 음식을 먹어 보아요				자리에 앉아서 먹어요			
	낮 잠	토닥토닥 잠이 들어요				엄마, 아빠 목소리 들으며 자요			
	기저귀갈이	기저귀 매트에 누워 기저귀를 갈아요				내 서랍장을 찾아요			
실내 자유 놀이	신 체	오르기 상자 오르내려요	놀이집 문을 '똑똑똑'	몸을 흔들어요	공을 가지고 놀아요	상자 끌차를 끌어요	매트 위에서 몸을 '뒹굴뒹굴'	양팔을 벌려 움직여요	낮은 계단 오르고 내려요
	언 어	소리 나는 그림책을 보아요	엄마, 아빠 사진을 보아요	선생님 무릎에 앉아 책을 보아요	손인형으로 말해요	엄마, 아빠 목소리를 들어요	놀이하는 사진을 보아요	내 이름을 들어요	큰 종이에 끼적여요
	감각 · 탐색	울룩불룩 주머니	휴지를 만지고 뭉쳐요	놀잇감을 넣고 다녀요	공기매트 위에서 놀아요	찾아라 찾아라	물을 만져요	내 신발을 찾아요	색깔 스카프를 흔들어요
	역할 · 쌓기	어떤 놀잇감이 있을까?	스펀지 블록을 쌓아요	전화하는 흉내 내요	종이블록을 길게 놓아요	그릇에 음식을 담아요	블록방석에서 놀아요	인형을 유모차 태우기	꽃그림 블록 길게 연결해요
실외놀이		엄마, 선생님과 손잡고 걸어요		흔들말을 타요		실외놀이터를 산책해요		방울 달고 통통통	
귀가		반갑게 만나요				선생님과 인사해요			
비 고		활동을 계획, 실행할 때 영아의 개별적 특성과 적응 정도를 고려하여 활동의 난이도와 시간을 적절히 조절한다.							

출처: 표준보육과정(2013).

느낄 수 있어요(총 10주)

활동		1주	2주	3주	4주	5주	6주	7주	8주	9주	10주
소주제		만져보아요		살펴보아요		들어보아요		맡아보아요		맛 보아요	온몸으로 느껴 보아요
등원 및 맞이하기		부모와 교사가 반갑게 인사하기					부모가 친구들과 반갑게 인사하기				
일상생활	기본생활 및 안전	혼자서 양말을 벗어요			양말을 서랍에 넣어요			내 물건을 찾아요			
일상생활	점심 및 간식	즐겁게 먹어요			숟가락, 포크를 사용해요			꼭꼭 씹어 먹어요			
일상생활	낮 잠	내 이불, 내 베개를 찾아요			편안한 옷 입고 잠을 자요			이불을 덮고 잠을 자요			
일상생활	기저귀 갈이	친구들도 기저귀가 있어요			기저귀를 휴지통에 버려요			쉬, 응가라고 표현해요			
실내 자유 놀이	신 체	둥근 고리 끼우기 놀이해요	촉감신발 신고 걸어요	굴러가는 공을 따라가요	데굴데굴 색깔물병	소리 나는 구슬발을 지나가요	부엌 물건으로 '쿵짝쿵짝'	향기 주머니 나무	코를 킁킁!!	조물조물 바나나 주스를 만들어요	감각 터널을 지나가요
실내 자유 놀이	언 어	내 이름을 부르면 대답해요	울퉁불퉁 종이에 끼적여요	이게 뭐야?	내가 끼적인 그림을 보아요	속닥속닥 작은 소리	토닥토닥 발헤기 놀이	코코코	음식 관련 그림책을 보아요	과일 이름 듣고 말해요	몸을 부딪쳐서 소리내요
실내 자유 놀이	감각 · 탐색	선생님과 로션을 발라요	친구 기저귀를 만져 보아요	색깔판으로 보아요	신문지로 놀아요	종이가 쿵쿵	놀잇감으로 소리내요	냄새를 맡아요	음식 봉지 두 조각 퍼즐	과일을 맛보아요	손 발로 물도장을 찍어요
실내 자유 놀이	역할 · 쌓기	소꿉 그릇에 밀가루 반죽을 담아요	촉감블록으로 놀이해요	원통블록으로 놀이해요	가방을 메고 다녀요	소리 나는 블록을 쌓아요	동물 소리 듣고 흉내 내요	우유팩을 쌓아요	주스 따르는 흉내내요	모형 음식을 식판에 담아요	하얀 블록에 끼적여요
실외놀이		모래로 놀아요		색깔판으로 공원을 보아요		소리 나는 신발을 신고 걸어요		향기 나는 꽃과 풀을 찾아요		그늘이 시원해요	바람이 불어요
귀가		놀이 사진을 함께 보아요			'누가 왔을까?' 목소리를 들어요			만났을 때 꼭 안아요			
비 고		이 주제는 1년 중 어느 시기라도 할 수 있도록 융통적으로 조정할 수 있으나 각 소주제가 적어도 2주 동안 충분히 이루어지도록 계획한다.									

출처: 표준보육과정(2013).

놀이할 수 있어요(총 8주)

활동		1주	2주	3주	4주	5주	6주	7주	8주
소주제		놀잇감은 재미있어요1		놀잇감은 재미있어요2		물놀이는 재미있어요		까꿍놀이는 재미있어요	
등원 및 맞이하기		영아의 옷차림과 건강에 대해 이야기하기				아침 등원할 때의 기분에 대해 이야기하기			
기본생활 및 안전		내 물건을 찾아요				위험하다고 알려주면 조심해요			
일상생활	점심 및 간식	꼭꼭 씹어 먹어요				교사의 도움 받아 손을 깨끗이 씻고 먹어요			
	낮 잠	이불을 덮고 잠을 자요				잠자기 전에 얼굴을 닦아요			
	배변활동	쉬, 응가라고 표현해요				아기 변기에 앉아 놀이해요			
실내 자유 놀이	신 체	마라카스를 신나게 흔들어요	움직이는 놀잇감을 따라가요	뚜껑을 찾아서 맞춰 주세요	모기장 에서 놀아요	물주머니로 놀아요	조각 대롱을 담고 쏟아요	두더지 놀이	어디 있니? 까꿍
	언 어	마이크 잡고 소리내요	물로 끼적여요	거울 보고 말해요	"주세요" 따라서 말해요	물에 뜨는 그림책	첨벙첨벙 물놀이 소리	까꿍 인형으로 말해요	크레용 으로 콕콕
	감각·탐색	솜공을 담고 쏟아요	겹겹이 넣어요	놀잇감을 숨기고 찾아봐요	샤워볼을 담고 쏟아요	주물주물 미역, 미끌미끌 다시마	그릇으로 물놀이 해요	손수건 으로 선생님과 까꿍놀이 해요	상자 속에는 무엇이 있을까?
	역할·쌓기	큰 블록으로 놀이해요	상자블록 으로 놀이해요	상자집 에서 초인종 놀이해요	비가 와요	보글보글 목욕놀이	물놀이용품 으로 놀아요	블록으로 까꿍놀이 해요	블록으로 집을 만들어요
실외놀이		모래 속에 놀잇감을 숨기고 찾아봐요		웅덩이 첨벙첨벙		아기인형 목욕해요		꼭꼭 숨어라	
귀가 및 가정과의 연계		재미있었던 놀잇감을 가리켜 보아요				손으로 까꿍놀이하며 만나요			
비 고		이 주제는 1년 중 어느 시기라도 할 수 있도록 융통성 있게 조정할 수 있다. 물놀이는 재미있어요 소주제는 주로 여름에 집중되어 활동하나 따뜻한 물을 받아서 연중 실시할 수 있다.							

출처: 표준보육과정(2013).

나는 할 수 있어요(총 6주)

활동 \ 소주제 \ 주		1주	2주	3주	4주	5주	6주
소주제		즐겁게 할 수 있어요		말할 수 있어요		찾을 수 있어요	
등원 및 맞이하기		도움 받아 내 신발장 찾기				도움 받아 신발장에 신발을 정리하기	
기본생활 및 안전		도움 받아 이를 닦아요 *				먹을 수 있는 것만 먹어요	
일상생활	점심 및 간식	꼭꼭 씹고 삼켜요				음식 먹고 입을 닦아요	
	낮 잠	선생님이 불러주는 전래동요 들으며 잠을 자요				선생님이 그려주는 손바닥 그림 *	
	배변 활동	아기 인형이 응가해요				팬티를 입어 보아요	
실내 자유 놀이	신 체	내 몸을 크게 작게	엉덩이 걸음마	낮은 골대에 공을 넣어요	네발로 걸어요	내 서랍장에 스티커를 붙여요	왕 밤을 주워요
	언 어	"쉬, 응가" 말소리를 들어요	배변 그림책을 보아요	내 목소리를 녹음하여 들어요	'어디까지 왔니?' 전래 동요를 들어요	비밀 상자 속 물건 소리를 들어요	놀잇감 이름을 듣고 담아요
	감각 · 탐색	동물 응가 까꿍놀이	촉감 기저귀를 만져보아요	한지에 색물을 뿌려요	양말 손인형으로 놀아요	크기대로 놓아요	계란판에 스티로폼 공을 쏙쏙~!
	역할 · 쌓기	밀가루 반죽으로 응가놀이를 해요	인형을 변기에 앉혀요	보글보글 음식을 끓여요	음식 먹는 흉내를 내요	놀잇감 그림블록 쌓기놀이 해요	바구니 들고 물건 사러 가요
실외놀이		소리나는 통놀이		울림통 놀이		비닐 가방에 자연물을 담아요	
귀가		배변 훈련을 위한 가정과의 연계에 대해 알려주기			내 물건을 함께 찾아 갖고 가요		
비 고		이 주제는 배변 훈련의 과정과 다양한 발달영역에서 자신감과 성취감을 가질 수 있는 놀이의 기회를 제공하며 격려해 주도록 한다.					

출처: 표준보육과정(2013).

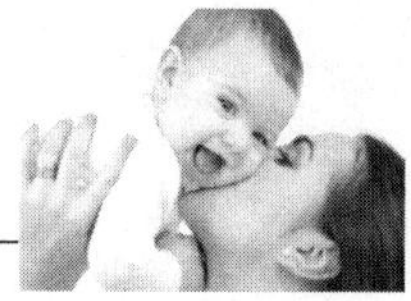

움직이는 것이 재미있어요(총 7주)

활동 \ 주		1주	2주	3주	4주	5주	6주	7주
소주제		바깥놀이는 재미있어요		몸을 움직여요			움직이게 할 수 있어요	
등원 및 맞이하기		도움 받아 신발장에 신발을 정리하기		가정에서 놀이한 것 함께 이야기하기			등원하면서 낙엽 관찰하고 가져오기	
기본생활 및 안전		먹을 수 있는 것만 먹어요		내 기저귀를 휴지통에 넣어요				
일상생활	점심 및 간식	음식 먹고 입을 닦아요		두 손으로 컵을 들고 마셔요			다 먹고 놀아요	
	낮 잠	선생님이 그려주는 손바닥 그림		자고 일어나서 기지개를 켜요				
	배변활동	팬티를 입어 보아요		내가 사용할 화장실을 구경해요				
실내 자유 놀이	신 체	발바닥 위로 아장아장	낙엽길을 걸어요	신문지에 던져요	방울 고무신 신고 춤춰요	큰 보자기를 흔들어요	붕붕카를 밀어요	매달린 놀잇감을 몸으로 쳐서 움직여요
	언 어	쿵쿵쿵, 살금살금 듣고 움직여요	산책 사진책을 보며 이야기해요	'꼬마야, 꼬마야' 들으며 움직여요	움직이면서 끼적여요	동물 모자 쓰고 소리내요	부릉부릉, 뛰뛰빵빵 소리내요	하고 싶은 것을 말해요
	감각·탐색	나뭇잎으로 놀아요	비닐 봉지에 나뭇잎 넣어 놀아요	바닥의 색테이프를 떼어요	동물 꼬리를 붙여요	알록달록 동물	자동차 퍼즐 놀이해요	미숫가루를 타서 흔들어요
	역할·쌓기	모자 쓰고 산책해요	종이상자 기차 타요	엄마, 아빠 구두 신고 걸어요	인형을 업어줘요	동물 흉내내요	자동차 안전벨트를 해요	우유팩 기차 길게 연결해요
실외놀이		누워서 보아요		비누방울을 잡아요	동물 모자 쓰고 움직여요		경사로에서 자동차를 굴려요	
귀가		몸짓으로 인사를 나누어요				발등 위에서 흔들흔들		
비 고		이 주제는 실외놀이터, 공원 등에서 신체활동을 진행하는데 어렵지 않으며 낙엽, 구름을 관찰하는데 수월한 10~11월에 이루어지는 것이 바람직하며 적어도 7주 동안 이루어지도록 한다.						

출처: 표준보육과정(2013).

좋아하는 놀이가 있어요(총 9주)

활동		1주	2주	3주	4주	5주	6주	7주	8주	9주
소주제		그림책으로 놀아요		춤추고 놀이해요		흉내 내요			쉬, 응가 놀이가 좋아요	
등원 및 맞이하기		도움 받아 외투를 벗고 걸 수 있도록 하기				영아의 건강을 체크하고 투약방법 확인하기				
기본생활 및 안전		움직이는 것들이 있을 때는 조심해요				비상대피 훈련 시 선생님과 가요				
일상생활	점심 및 간식	더 먹고 싶을 때 더 달라고 표현해요				물을 자주 마셔요				
	낮 잠	천정에 붙인 그림을 보며 자요				닦고 로션을 발라요				
	배변활동	낮잠 후 변기에 앉아요				잠자기 전에 얼굴을 닦아요				
실내 자유놀이	신 체	선생님 보고 따라해요	병풍그림 책으로 집 놀이해요	영아 체조를 해요	털실공을 굴려요	나처럼 해봐요	손을 뻗어 잡아요	서랍을 열어요	응가모양 길 따라 걷기	동물 응가 시켜요
	언 어	그림책 속 사물을 말해요	자장자장 우리 아가	○○아 뭐하니?	악기 소리를 들어요	선생님 말을 따라해요	종이컵으로 소리내요	어디가 아픈지 표현해요	팬티 모양 종이에 끼적여요	배변책을 보아요
	감각·탐색	창문을 열면 알 수 있어요	아기 인형 이불을 꾸며요	눈이 내려요	열고 닫고 '까꿍'	예쁜 머리 만들어요	촉감 화장품으로 놀이해요	주머니에 넣어요	촉감 휴지를 뽑아요	나의 변기를 꾸며요
	역할·쌓기	동물 그림책 보고 흉내 내요	인형을 재워 주어요	선물모양 블록을 쌓아요	모자 쓰고 장갑 끼고	모형운전대로 운전해요	엄마, 아빠 흉내내요	병원놀이 해요	휴지 블록을 쌓아요	쉬, 응가 하는 흉내를 내요
실외놀이		입김을 불어요		음악 들으며 춤춰요		차에 기름을 넣어요			눈, 얼음을 만져 보아요	
귀가		좋아하는 그림책을 함께 보고 가요				손잡고 호호				
비 고		이 주제는 영아의 흥미와 관심에 따라 1년 중 어느 시기라도 진행할 수 있으며 배변놀이는 가정과 연계가 이루어지도록 한다.								

출처: 표준보육과정(2013).

새로운 것도 좋아요(총 4주)

활동 \ 주		1주	2주	3주	4주
소주제		함께 놀아요		선생님이 좋아요	
등원 및 맞이하기		"사랑해"라고 말하기			
기본생활 및 안전		선생님과 함께 다녀요			
일상생활	점심 및 간식	그릇에 있는 음식을 먹어요			
	낮 잠	바깥 소리를 들으며 잠을 자요			
	배변활동	용변 후 물을 내려요			
실내 자유놀이	신 체	이불 썰매를 타요	둘이 손잡고 앉고 서고	선생님 발등 타고 '뒤뚱뒤뚱'	뚱딴지 사이소
	언 어	하나 둘 셋, 찰칵	친구의 노래를 들어요	선생님 그림 위에 끼적여요	동그라미 뒤에 누구일까요?
	감각 · 탐색	목도리 줄다리기 해요	귤을 먹어요	새로운 반으로 놀러가요	손과 몸으로 인사를 나눠요
	역할 · 쌓기	생일축하놀이를 해요	음식상을 차려요	벽돌무늬블록으로 선생님과 집을 만들어요	블록으로 아기침대를 만들어요
실외놀이		친구와 손을 잡고 걸어요		솜방망이로 두드려요	
귀가		새로운 반을 둘러 보아요			
비 고		본 주제는 2학기 후반 새로운 반이 되기 전에 실시하도록 한다.			

출처: 표준보육과정(2013).

2) 0-1세 담당 보육교사의 역할

(1) 0세 담당 보육교사의 역할

표준보육과정에 입각한 0세 담당 보육교사의 역할은 영역별로 정리해 볼 수 있다. 첫째, 기본생활 영역에 따른 건강하게 생활하기, 안전하게 생활하기에 적합한 0세 담당 보육교사의 역할은 영아를 귀저기 갈아줄 때나 씻겨줄 때 유쾌한 분위기를 조성해 준다. 교사가 눈을 마주치고, 영아의 상황에 대해 이야기를 해주고, 노래를 들려주거나 미소를 보이면서 친근하고 즐거운 분위기를 만들어 준다.

이를 통해 영아가 건강과 청결을 위한 활동에 대해 긍정적인 인식을 가질 수 있도록 한다. 온정적인 상호작용을 지속적으로 하기 위해 노력하면서 영아의 욕구와 특성을 세심하게 돌볼 수 있는 보육교사의 관심과 배려가 필요하다(서영숙 외, 2012). 한편, 보육환경 구성과 관련해서는 안전과 청결을 꼼꼼히 관리해야 한다. 영아의 개인용품 및 개인 침구를 따로 관리하면서도 영아들이 함께 사용하는 공동생활 구역을 철저히 위생관리를 한다.

또한 0세 영아가 즐겁게 먹기를 시작으로 건강한 식습관을 갖게 한다는 차원에서 편안함과 안정감을 느낄 수 있는 수유, 이유시간이 되도록 한다. 그러기 위해 교사는 개별 영아를 팔에 안고 우유병을 잡아 주고, 편안한 자세에서 안정감을 주도록 한다. 개별적인 상호작용이 있을 수 있는 시간이므로 이 시간을 이용해 영아와의 애착관계를 형성, 교류할 수 있도록 한다.

그리고 영아들이 자신의 욕구와 생활리듬에 따라 쉴 수 있도록 휴식 공간을 실내환경 내에 구성해 둔다. 가족사진이나 침구류를 준비하여 영아가 편안하게 쉴 수 있는 공간이 되도록 한다. 이러한 공간에 영아 휴식을 취할 때에도 교사는 영아 돌연사와 같은 사고에 대한 경각심을 갖고 자리를 비우지 않고 항상 영아의 움직임과 상태를 파악한다.

안전한 보육과정이 되기 위해서는 예측 가능하지 못한 사각지대까지 살피고,

영아의 동선과 행동적 특성을 눈여겨보는 것이 필요하다. 수유와 이유, 낮잠 등의 일상생활 지도에서 교사는 안전수칙을 기억하여 자신의 보육활동이 안전하게 이루어질 수 있도록 한다. 보육환경 구성으로 교육적 환경구성 뿐만 아니라 기본적인 안전성을 유지할 수 있는 기구와 교재 · 교구를 살펴야 한다.

그와 함께 영아에게 미리 예측되는 위험에 대해 바로 알려주어야 한다. 이때 큰 소리로 야단치듯이 호들갑스럽게 지시하지 않고, 미리 친절하게 알려주고 새로운 놀이가 이루어질 수 있도록 한다. 0세는 또한 실내공간에서 있는 시간이 많기는 하나 실외활동이 주기적으로 있어야 하므로 영아들이 보고, 만지고, 활동할 수 있는 실외환경까지도 안전하고, 깨끗하게 조성하는 것이 요구된다.

둘째, 신체운동 영역에서 0세 담당 보육교사는 먼저, 오감각을 인식하게 해주는 것으로 감각적인 자극을 제공하여 영아가 주변의 사물과 환경에 관심을 갖게 한다. 교사와 영아가 상호작용할 때 손가락 인형이나 손으로 사물을 집어 영아의 눈높이에서 보기 좋게 하고, 손으로 잡거나 작동할 수 있게 한다. 영아가 서거나 걷기엔 아직 이른 시기이므로 교사가 안거나 업어서 외부환경을 살펴보고 알아갈 수 있도록 이야기를 해 준다. 교사와 상호작용하는 과정에서 자신의 신체를 인식하고, 각 기관의 기능을 탐색할 수 있도록 신체기관에 대한 노래와 리듬으로 놀이를 하는 것도 좋다.

또한 영아가 신체 균형을 잡고 조절 및 운동을 할 수 있게 하기 위해 오뚝이처럼 움직이는 물체를 보여주고, 교사와 같이 몸을 움직여 보고, 의성어와 의태어를 말해 주면서 청각적 자극도 이루어질 수 있도록 한다. 대근육의 신체활동도 신체발달단계에 맞추어 활발하게 이루어지는 영아에게 교사는 신체활동을 유도하는 놀이와 상호작용을 주기적으로 제공해 주는 것이 필요하다. 대근육 활동과 함께 이동운동도 유발할 수 있도록 기어가기, 뒤집기 등의 활동을 지원하고, 양발을 움직여 주는 등의 마사지를 제공한다. 그와 함께 소근육활동 또한 손목과 팔 전체를 활용하여 사물을 잡거나 조작해 보는 놀이과정을 제공한다.

0세의 경우 보육교사가 한 명씩 무릎에 앉히거나 다리에 태워 좌우, 앞뒤 등으로 영아가 몸통 전체를 움직여 볼 수 있는 신체 놀이를 시켜 줄 수 있다. 그리하여 영아가 자신의 신체 각 부분을 인식하고, 부위별로 움직이고 몸을 활발히 움직이는 기회를 갖도록 한다. 이와 함께 안전하면서 다양한 움직임을 유발할 수 있는 도구를 이용하여 움직임 놀이를 해 보고, 실외활동을 통해 실생활에 필요한 동작과 움직임에 대해 알아가도록 한다.

셋째, 의사소통 영역에 따른 보육교사의 역할에서 0세 영아는 누워있는 경우가 많으므로 모빌의 움직임을 말로 표현해 주어 말하기, 듣기의 경험을 갖게 한다. 교사와의 친근감을 형성하기 위해 친절한 목소리를 반복적으로 들려준다. 또한 영아에게 일상적인 경험을 언어화하여 설명하고, 알려주는 과정을 안정적으로 스킨십을 이용해 가면서 해 주는 것도 좋다.

일과 속에서 영아와 일대일로 있게 되는 상황에서 노래를 불러 주거나 리듬감있는 이야기를 들려주어 소리자극에 대한 인식과 함께 사람의 말소리, 노래소리를 언어화할 수 있는 놀이를 제공한다. 한편, 상호작용하는 사람의 목소리에 관심을 갖고, 주의해서 들을 수 있도록 눈을 마주치고, 까꿍놀이를 한다. 그와 함께 옹알이나 쿠잉을 하는 영아의 소리 내기에 반응을 보이며, 유아와 소리를 통한 상호작용이 있을 수 있음을 경험시켜 준다.

그리고 사물이나 동물 등의 사진 및 그림이 있는 그림책을 통해 사물에 대한 인식을 높일 뿐만 아니라 책이라는 사물을 인식하고, 책을 대하는 자세를 모델링을 통해 알려주며, 쓰기활동의 하나로 앉아 있을 수 있는 영아에게 무독성의 쓰기도구를 제공하여 끼적이기를 시도하도록 한다.

넷째, 사회관계 영역에서 언급한 0세 담당 보육교사의 역할은 영아가 자신을 인식할 수 있도록 하기 위해 안전거울을 보면서 거울 속 영아의 이름을 불러주고, 같이 이야기하면서 인식할 수 있는 기회를 반복적으로 제공한다. 또한 영아 개별물건을 통해서도 영아 자신의 것이라는 개념을 알려주는 것을 실시할 수 있다.

또한 영아가 욕구와 감정을 표현할 때 반응적으로 대하여 그들의 피로감이나 욕구를 해소할 수 있게 한다. 영아 자신이 자신의 상태를 알아가는 과정에서 주변에서의 세밀한 배려의 반응을 보고 배울 수 있도록 교사가 시범을 보이는 상호작

용을 하는 것이다. 그와 함께 다른 사람에게도 주의를 기울이고, 타인의 감정에 대해서 긍정적으로 반응할 수 있도록 상황을 파악하고, 적절한 반응법을 배울 수 있도록 표정사진을 보고 이야기한다. 사회관계 영역의 목적을 달성하기 위해서 보육환경이 영아의 욕구를 충족시켜 주고, 반응적인 분위기의 보육환경 구성이 중요하다.

다섯째, 예술경험 영역에 필요한 교사의 역할은 영아가 주변의 아름다움과 선한 것을 보고 배울 수 있는 기회를 제공하고자 교실과 놀잇감, 계절에 따른 주변 사물, 영아가 있는 어린이집과 그 주변을 안내하고, 구경할 수 있도록 하는 것이 필요하다. 탐색과 이해뿐만 아니라 사물과 환경에 대한 심미감을 갖고 사물을 대할 수 있도록 교사가 안내하고, 의도적으로 경험을 유도하는 노력도 필요할 것이다. 이를 위해 그림, 노래, 동작 등을 자주 보여주고 그 내용을 설명한다. 또한 영아가 접했던 예술적 감상을 바탕으로 모방할 수 있는 기회를 제공한다.

여섯째, 자연탐구 영역은 0세 영아가 세상을 탐색하게 하는 기본안을 마련하는데 목적을 둔다. 신체발달에 있어 자신의 몸을 의도대로 움직이기 어려운 0세 영아에게 보다 적극적으로 손과 입으로 사물을 파악해 갈 수 있는 기회를 제공하는 것이 필요하다. 영아와 관련된 세상의 다양한 것들을 찾아 알려주고, 설명하면서 왜 그럴지에 대한 의문을 영아에게 하면서 영아가 교사와 함께 사물과 세상을 이해하는데 필요한 탐구적 의지를 갖도록 하는 것이 중요하다.

영아가 가지고 놀이할 수 있는 사물과 놀잇감을 정면에서 보여주면서 사물의 특성을 말로 설명하고 까꿍놀이를 시도하면서 '있다 없다'의 개념도 알아 갈 수 있게 한다. 사물을 충분히 만지고, 잡아보는 등의 촉감적 활동을 할 수 있도록 사물을 탐색할 수 있는 시간을 준다. 그와 함께 수학적 탐구, 과학적 탐구를 경험해 보도록 일과 속에서의 수량, 모양, 공간, 패턴, 규칙성을 체득할 수 있도록 계획적인 보육활동과 일관적인 보육서비스가 요구된다.

(2) 1세 담당 보육교사의 역할

0세와 더불어 1세 영아도 담당 보육교사의 온정적이고 일관적인 보육서비스가

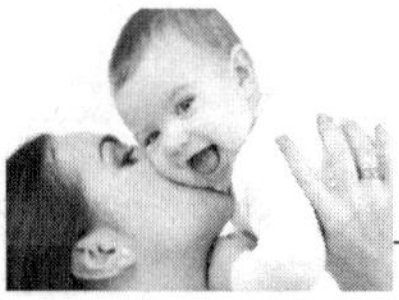

필요하다. 이를 위해 보육교사는 1세 영아의 발달적 특성을 고려하여 만들어진 표준보육과정의 지침에서 보육교사로서의 역할을 수행할 수 있다.

첫째, 기본생활 영역에 따른 보육교사의 역할은 먼저 1년새에 많이 성장한 1세 영아를 위한 기본생활에 대해 이해하는 것이다. 1세가 되면 영아는 자신의 의사가 생기고, 하고자 하는 욕구가 생긴다. 이러한 특성에 근거하여 영아는 적절한 행동을 보이지 않거나 자신의 뜻을 주장하기만 할 때가 있다. 이를 위해 안전한 보육환경을 마련하고, 일관적인 보육서비스로 영아가 자신의 보육생활의 규칙성을 알아 기본적인 습관을 들이게 한다(김혜금 외, 2013). 1세 영아가 깨끗하고 청결한 생활습관을 갖출 수 있도록 환경조성과 함께 일과 운영에서 규칙적이고 일관적인 청결생활에 대한 활동이 이루어져야 할 것이다.

둘째, 신체운동 영역을 도모하기 위한 보육교사의 역할은 1세 영아의 신체발달에 적합한 놀잇감을 제공하는 것부터 시작한다. 안전거울, 공, 끈, 터널, 막대 등의 신체활동 놀잇감을 제공하고, 걸음마기 단계를 거치면서 1세 유아는 잡고 일어나고, 서고, 걷고, 뛰고 등의 대근육상의 운동성이 커지게 된다. 이러한 운동성은 영아의 신체발달을 도모할 수 있는 것이므로 이를 위한 대근육, 소근육 활동 놀잇감을 제시한다. 일과 안에서 바깥놀이를 주기적으로 계획하여 영아의 대근육 활동 놀이가 이루어지고 운동성을 자극할 수 있는 놀이를 제공하도록 한다. 한편, 영아의 소근육을 발달시키기 위해서는 블록을 이용한 구성놀이를 할 수 있도록 다양한 블록을 제공한다(이영 외, 2006). 그와 함께 영아의 행동반경을 고려하여 놀이안전과 생활안전에 각별히 신경을 써야 한다.

셋째, 의사소통 영역에 적합한 보육교사의 역할은 먼저, 영아가 말하기, 듣기, 읽기, 쓰기를 통한 언어적 상호작용에 대한 모델이 필요하다. 언어적, 비언어적 상호작용 모두 1세 영아에게는 중요한 요소이므로 의사소통의 하나로 쓰이는 다양한 방법에 대해 맛보기를 해 준다. 교사의 언어습관을 비롯하여 상호작용하는 모든 사람들과 함께 해볼 수 있는 언어놀이와 놀이활동을 실시한다.

이와 관련해 놀이하는 과정에서 교사가 의성어와 의태어를 해 주면서 영아와 함께 놀이하는 것도 좋다. 읽기 발달을 위해 촉감책과 그림책을 보여주고, 책의

내용을 들려주는 것과 함께 그림과 문자를 구분하는 읽기 놀이를 시도한다. 영아의 쓰기발달을 위해 안전한 필기도구와 종이를 제공하여 끼적이기의 다채로운 경험을 만들어 준다.

넷째, 사회관계 영역에 따른 보육교사의 역할은 먼저 영아와 애착관계를 형성하는 것이 중요하다. 이를 위해 시선 맞추기, 안아주기, 쳐다보기, 미소짓기 등의 활동을 통해 영아가 자연스럽게 관심과 요구를 표현하게 하고, 교사는 영아의 성향과 흥미를 관찰하여 민감하고 온정적인 반응을 보인다. 이와 더불어 공동생활을 바탕으로 하는 보육환경의 특징을 영아가 부담스럽지 않게 인식하고, 자신의 생활로 받아들일 수 있도록 각각의 일과를 영아의 흐름에 맞춰 적응하도록 한다(김희진 외, 2004). 이러한 초기 적응이 끝났을 때에는 안전하게 진행되는 놀이일과를 영아에게 제공하여 자신이 속한 사회를 알고, 그 안에서 안정감을 갖도록 한다. 계획된 보육일과에서 일관성있는 편안함을 경험하고, 자신이 속한 사회의 규칙과 약속을 따르도록 한다.

가상놀이가 시작될 수 있는 연령적 특성을 반영하여, 영아의 모방행동이 보다 잘 구성해 갈 수 있도록 소품을 제공해 주고, 영아와 상호작용을 긴밀히 하여 놀이적 상황에 대한 의사소통을 시도할 수 있도록 한다(정옥분, 2004). 이러한 놀이를 통해 영아가 사회적 기술을 인식하고 상호작용 방식과 친사회적 행동을 익힐 수 있도록 한다. 놀이과정 속에서 성취감과 자신감, 문제해결적 태도를 갖추고 보다 능동적인 사회관계 기술을 익히고, 영아의 감정적 해소도 이루어질 수 있도록 한다.

다섯째, 예술경험 영역에 따른 보육교사의 역할은 영아에게 감각적 경험을 줄 수 있는 다양한 미술재료를 제공하는 것이다. 촉감과 시각적 감각을 통해 사물을 탐색하고, 아름다움을 경험할 수 있도록 반죽, 물감, 모래, 자연물, 생크림, 종이, 크레파스, 도장, 붓, 테이프 등을 제공한다. 또한 교사가 영아에게 일상생활 안에서 의성어, 의태어, 리듬감있는 이야기, 노랫말 등을 들려주면서 예술적 요소를 경험하고 즐기게 해 줄 수 있다. 소리적 자극이 즐거운 감정을 만들어 내고, 동작의 표현을 유발할 수 있다는 것을 영아가 체험적으로 알아 갈 수 있도록 하는 것이다. 이를 위해 다양한 리듬악기와 소리나는 사물을 제공하여 동작과 소리의 협응, 리듬이 멜로디로 전환될 수 있는 놀이가 되게 하고, 클래식 및 다양한 음악을 들려주면서 영아의 음악적 감수성을 자극해 준다. 한편 영아의 모방놀이가 활발하게 이루어질 수 있도록 상황을 주문하거나 제공하고, 그에 맞는 상호작용을 교사가 해 주는 것이 요구된다.

여섯째, 자연탐구 영역에 따른 보육교사의 역할은 먼저, 탐색하고자 하는 의지와 능력이 활발하게 신장된 영아를 위해 안정적으로 탐색할 수 있는 보육환경을 기본으로 영아의 욕구와 수에 따라 놀잇감 및 교재 · 교구를 준비한다(김영희 외, 2003). 또한 영아가 규칙성과 패턴을 구성할 수 있는 여러 가지 놀잇감을 제공하여 사물의 특징과 수학적 요소를 탐색할 수 있도록 놀이활동을 의도적으로 제공해 줄 수 있다. 신체적으로 보다 유능해진 1세 영아를 위해 위험하지 않은 일상생활 용품과 교육자료들을 모아 영아가 사물의 기능과 쓰임을 알아 갈 수 있는 기회를 준다. 또한 주변 사물뿐만 아니라 동식물에 대한 1세 영아의 관심과 호기심을 충족시키고자 실외활동에서 동식물을 안전하게 접하고, 그들의 특성을 인지할 수 있는 기회를 제공한다.

3) 영역별 활동 예시

표 11-1

만 1세 영아반 월간보육계획안의 예

주제: 새로운 것도 좋아요(총 4주)					
		1주	2주	3주	4주
소주제		함께 놀아요		선생님이 좋아요	
등원 및 맞이하기		"사랑해"라고 말하기			
기본생활 및 안전		선생님과 함께 다녀요			
일상생활	점심 및 간식	그릇에 있는 음식을 먹어요			
	낮잠	바깥 소리를 들으며 잠을 자요			

	기저귀 갈이 및 배변	용변 후 물을 내려요			
실내자유 놀이	신체	이불 썰매를 타요	둘이 손잡고 앉고 서고	선생님 발등 타고 '뒤뚱뒤뚱'	뚱딴지 사이소
	언어	하나 둘 셋, 찰칵	친구의 노래를 들어요	선생님 그림 위에 끼적여요	동그라미 뒤에 누구일까요?
	감각/탐색	목도리 줄다리기 해요	귤을 먹어요	새로운 반으로 놀러가요	손과 몸으로 인사를 나눠요
	역할/쌓기	생일축하 놀이를 해요	음식상을 차려요	벽돌무늬블록으로 선생님과 집을 만들어요	블록으로 아기침대를 만들어요
실외놀이		친구와 손을 잡고 걸어요		솜방망이로 두드려요	
귀가 및 가족연계		새로운 반을 둘러봐요.			
비고					

출처: 표준보육과정 만 1세 (2013).

2. 2세 영아 보육과정

1) 주제교육안

다음은 2세 영아보육과정을 주제별로 계획안을 구성하였다. 표준보육과정의 지침을 바탕으로 구성된 주제교육안은 소주제별로 구분하여 각각의 내용을 정리하였다. 하나의 주제안에서 소주제가 구성되고 각각의 주제는 일과운영상 등원에서부터 하위까지 각각의 활동이 어떻게 이루어질 수 있는지 작성해 놓았다. 다음의 내용으로 2세 영아를 대상으로 하는 보육과정을 예상해 볼 수 있다.

어린이집이 좋아요(총 7주)

구분	주 / 소주제	1주	2주	3주	4주	5주	6주	7주
		나는 ㅇㅇ반이에요	**엄마, 아빠와 기분 좋게 헤어질 수 있어요**	**우리 반 선생님과 친구들이에요**	**재미있는 놀잇감이 있어요**	**내가 좋아하는 놀잇감이에요**	**편안하게 지내요**	**안전하게 놀아요**
등원 및 맞이하기		엄마, 아빠와 손잡고 보육실 둘러보기				선생님과 인사 나누고 보육실 둘러보기		
기본생활 · 안전		내 사물함을 살펴봐요 화장실에서 조심해서 걷기				선생님 도움받아 겉옷벗기 보육실에서 걸어다니기		
일상생활	점심 및 간식	간식 먹기 전 손씻기				식사하기 전 손씻기		
	낮잠	자장가 들으며 낮잠자기				낮잠 동화 들으며 낮잠자기		
	배변활동	배변 후 '쉬했어요' 표현하기				배변 후 '응가했어요' 표현하기		
실내 자유 놀이	신 체	붕붕카 타기	데구르르 통통!	친구와 함께 낙하산 놀이	놀잇감 사진 풍선이 통통!	놀잇감 사진 볼링	털실공을 굴려요	길따라 걸어요
	언 어	내가 하고 싶은 놀이는?	손인형으로 인사해요	누구일까요?	동시 「재미있는 놀잇감」	그림동화 「모두모두 정말 좋아」	〈만든 책〉 ㅇㅇ반의 하루일과	〈만든 책〉 다치지 않게 놀아요
	감각 · 탐색	알록달록 우리 보육실	촉감 기차	선생님과 친구 얼굴을 찾아 보세요	빙글빙글 스팽글	놀잇감 짝꿍을 찾아 주세요	낮잠이불 짝짓기	솜공을 옮겨요
	역할 · 쌓기	조물조물 반죽놀이	따르릉~ 전화 놀이	나는 요리사!	생일 축하해요	재미있는 놀잇감 가게	자장자장~ 우리 아가	싹뚝! 밀가루 반죽
		종이벽돌블록 기차	우레탄블록을 쌓아요	종이벽돌블록으로 식탁 만들기	생일상 만들기	놀잇감 가게 만들기	종이벽돌블록으로 아기 침대 만들기	데굴데굴~ 자동차를 굴려요
	미 술	모양종이에 그려요	도트물감 놀이	선생님과 친구들 사진에 콕콕~	놀잇감 포장지에 끼적거려요	선물상자 꾸미기	낮잠 사진에 자유롭게 끼적거려요	스펀지 도장 쿵!
	음 률	노래 「어린이집에 왔어요」	음악감상 「유모레스크」	노래 「ㅇㅇ이는 어디 있나?」	응원술 춤추기	율동 「통통통」	노래에 맞춰 뽁뽁~	리듬막대 치기
실외놀이		놀이터 둘러보기	선생님과 자전거타기	그릇에 모래를 담아요	선생님과 미끄럼틀타기	방울방울 비눗방울	물페인트를 칠해요	모래 속 보물찾기
		선생님과 자전거타기	그릇에 모래를 담아요	선생님과 미끄럼틀타기	방울방울 비눗방울	물페인트를 칠해요	모래 속 보물 찾기	하늘을 보아요
귀가 및 연계	귀가	엄마, 아빠에게 반갑게 인사하기				선생님께 '안녕히 계세요' 인사하고 헤어지기		
	가정 및 지역사회 연계	가정과의 연계 – 가족과 어린이집에서 한 일 이야기해 보기 지역사회와의 연계– 지역 대학의 관련학과 학생 자원봉사(보조교사)로 활용하기						
비 고		2세 영아의 어린이집 적응을 위해 가족과 연계한 적응 프로그램을 일관성있게 하는 것이 필요하다.						

출처: 표준보육과정(2013).

봄나들이 가요(총 5주)

구분		1주	2주	3주	4주	5주
소주제		바깥놀이가 재미있어요	안전하게 바깥놀이해요	꽃구경은 즐거워요	벌레가 꿈틀꿈틀해요	봄나들이 갈까요
등원 및 맞이하기		가족과 손 흔들며 인사하기				
기본생활 · 안전		바깥놀이 후 손 깨끗이 씻기 선생님이 주는 약만 먹기				
일상생활	점심 및 간식	식사 전 손씻고 수건으로 닦아보기				
일상생활	낮잠	선생님, 친구들과 인사하고 낮잠자기				
일상생활	배변활동	선생님 도움받아 변기에 쉬해보기				
실내 자유 놀이	신체	데굴데굴 굴러봐요	두 발 모아 폴짝!	멀리 더 멀리!	꼬물꼬물 터널 통과하기	우리 함께 훌라후프를
실내 자유 놀이	언어	어디일까요?	누구일까요? 무얼 할까요?	테이블 동화 「봄을 찾으러 간 아기토끼」	함께 벌레가 되어보아요	동시 「꼼실개미」
실내 자유 놀이	감각 · 탐색	쓱쓱 싹싹 잼 바르기	안전하게 놀아요	움직이는 꽃구슬	벌레 잡기	맛있는 딸기우유
실내 자유 놀이	역할 · 쌓기	가방 안에 쏘옥 버스 만들기	찰칵! 친구 사진을 찍어요1 놀이터 만들기	찰칵! 친구 사진을 찍어요2 꽃밭 만들기	나비가 훨훨~ 봄 동산을 만들어요1	아가야, 산책하자! 봄 동산을 만들어요2
실내 자유 놀이	미술	지퍼백 가방 꾸미기	길게 길게 붙여봐요	나만의 화분 만들기	크림으로 그림을 그려요	나뭇잎 베개, 꽃잎 베개
실내 자유 놀이	음률	노래 「밖으로 나가 놀자」	노래 「꼭 꼭 약속해」	친구와 함께 왈츠를	냄비 악기 연주하기	노래 「고추먹고 맴맴」
실외놀이		하늘을 보아요 데구르르! 공굴리기	데구르르! 공굴리기 찾았다!	찾았다! 알록달록 세상	알록달록 세상 산책하기	산책하기 발자국 놀이
귀가 및 연계	귀가	선생님 도움받아 옷 매무새 정리하기				
귀가 및 연계	가정 지역사회 연계	가정과의 연계 – 가족과 집 주변 산책하기 지역사회와의 연계 – 선생님과 꽃과 벌레를 관찰할 수 있는 공원이나 뒷동산, 농원 등 산책하기				
비고		– 스팟이 공원에 갔어요	– 모래놀이 가자	– 봄이 왔어요 – 풀꽃안녕	– 개미네 집이에요 – 달팽이가 꿈틀	– 산책을 해요 – 아기오리들의 나들이
비고		이 주제는 봄에 관련된 내용이므로 4~5월에 실시하는 것이 바람직하다. 실외놀이터 적응과 봄에 관련된 내용으로 5주가 이루어지도록 계획할 수 있으나, 반의 상황에 따라 실시 기간은 융통성 있게 운영하도록 한다.				

출처: 표준보육과정(2013).

나는요(총 5주)

구분		1주	2주	3주	4주	5주
소주제		나는 ○○○이에요	내 몸을 살펴보아요	나는 느껴요	내가 좋아하는 것이 있어요	혼자서도 잘해요
등원 및 맞이하기		내 얼굴이 있는 옷장에 옷, 가방 걸기				
기본생활 · 안전		더러워진 옷 갈아입기 계단에서는 뛰지 않고 걷기				
일상생활	점심 및 간식	내 자리에 앉아서 먹기				
일상생활	낮잠	내가 좋아하는 인형과 함께 낮잠자기				
일상생활	배변활동	배변 후 손씻기				
실내자유놀이	신체	거울보고 다양한 표정 지어보기	딸랑딸랑 방울신발	국자로 옮겨 봐요	통 속으로 던져보아요	뚝딱뚝딱 망치놀이
실내자유놀이	언어	나에 대해 말해요	동시 「아기 웃음」	기분이 어때?	내가 가장 좋아하는 것은요	내 목소리, 친구 목소리
실내자유놀이	감각 · 탐색	내 얼굴, 내 몸을 만져보아요	무슨 소리 날까요?	커다란 양말속엔 무엇이 들어 있을까?	새콤달콤 맛보아요	노란떡을 먹을까, 분홍떡을 먹을까
실내자유놀이	역할 · 쌓기	나를 꾸며 보아요	색반죽을 만들어 보아요	커져라 커져라, 색반죽	데굴데굴 모양 롤러 굴려요	친구와 함께 맛있게 냠냠
실내자유놀이	역할 · 쌓기	우레탄블록으로 의자, 화장대 만들기	종이벽돌블록으로 내 키만큼 쌓아보아요	우레탄블록으로 내가 사는 집을 만들어 보아요	와플블록으로 내가 좋아하는 모양 만들어요	와플블록으로 식탁을 만들어 보아요
실내자유놀이	미술	얼굴모양 종이에 끼적거리기	내 얼굴 따라 그려 보아요	쪼글쪼글 동글동글	과일씨 마라카스 만들어요	알록달록 자동차 바퀴 굴려요
실내자유놀이	음률	노래 부르기 「당신은 누구십니까」	음률게임 「누구일까요?」	냄비 심벌즈 연주해요	내가 만든 악기 친구와 연주해요	음률체조 「나는 할 수 있어요」
실외놀이		발자국 놀이	두발 모아 유니바 뛰어넘기	친구와 하늘 높이	발로 밟고 느껴요	내가 좋아하는 모양 케익 만들어요
실외놀이		두발 모아 유니바 뛰어넘기	친구와 하늘 높이 풍선 채치기	풍선 채치기 발로 밟고 느껴요	내가 좋아하는 모양 케익 만들어요	커다란 공을 굴려보아요
귀가 및 연계	귀가	내 얼굴이 있는 신발장에 실내화 정리하기				
귀가 및 연계	가정 및 지역사회 연계	가정과의 연계 – 가족과 함께 목욕하며 서로의 몸에 관심 갖고 자연스럽게 탐색해 보기 지역사회와의 연계 – 선생님과 함께 가까운 보건소 방문하여 신체와 건강에 대한 이야기 들어보기				
비고		– 나를 사랑해 – 나는 내가 좋아요	– 우리 몸의 구멍 – 예쁜 내 얼굴	– 만지며 느껴요: 촉각그림책 – 기분을 말해봐	– 나는 책이 좋아요 – 바나나가 좋아	– 혼자서 쉬해요 – 아빠처럼 할래요
비고		이 주제는 2세아가 자신의 몸에 관심과 흥미를 보이는 시기에 자연스럽게 이루어지도록 진행할 수 있으며, '나'에 대한 인식과 탐색부터 시작하여 자조력을 키울 수 있는 활동까지 고루 경험해 볼 수 있도록 계획한다. 특히 5주차 진행시에는, 영아가 활동을 통해 자신의 신체를 스스로 움직이고 조절함으로써 성취감을 느낄 수 있도록 격려한다.				

출처: 표준보육과정(2013).

재미있는 여름이에요(총 7주)

구분		1주	2주	3주	4주	5주	6주/7주
소주제		날씨가 더워졌어요	비가 많이 와요	깨끗하게 씻어요	물놀이가 재미있어요1	물놀이가 재미있어요2	여행을 가요
등원 및 맞이하기		영아의 건강과 위생 상태 살펴보기					
기본생활 · 안전		땀이 날 때 티슈나 수건으로 닦기 비오는 날에는 앞을 잘 보고 걷기					
일상생활	점심 및 간식	음식을 천천히 꼭꼭 씹어 먹기					
일상생활	낮잠	얇은 이불로 배 덮고 자기					
일상생활	배변활동	낮잠 전/후에 화장실에 다녀오기					
실내 자유 놀이	신체	친구야, 시원하지?	빗방울 터널을 지나가요	하나둘 고무줄 체조해요	비치볼 주고받기	바다 속 터널 통과하기	흔들흔들 흔들배
실내 자유 놀이	언어	테이블동화 코끼리 형님의 나들이	알아맞혀 보아요	나는야 세균맨	물놀이 물건 퍼즐통	동시 「재미있는 물놀이」	○○로 여행을 다녀왔어요
실내 자유 놀이	감각 · 탐색	아이, 차가워	주르륵 녹말물이 흘러요	악어야, 양치하자	아이스크림 만들기	색 밀가루 풀 놀이	조개와 소라 껍데기를 살펴보아요
실내 자유 놀이	역할 · 쌓기	고기를 잡으러 바다로 갈까나	생선가게 놀이해요	깨끗하게 목욕시켜요	알록달록 색깔 아이스크림	수영장 놀이해요	신나는 여행을 가요
실내 자유 놀이	역할 · 쌓기	종이블록으로 연못을 만들어요	우레탄 블록으로 생선가게 만들어요	종이블록으로 아기 욕조 만들어요	우레탄블록으로 아이스크림 가게 만들어요	종이벽돌블록으로 수영장 만들어요	우레탄블록으로 여러 가지 탈것을 만들어요
실내 자유 놀이	미술	반짝반짝 물고기	알록달록 빗방울 우산	칫솔로 악어 이빨 색칠해요	비눗방울 그림	물로 그림을 그려 보아요	바다 생물 도장 찍어요
실내 자유 놀이	음률	발판뛰며 「얼음과자」 노래 불러요	음악을 들으며 빗속을 걸어요!	노래 부르기 「깨끗이 깨끗이」	노래 부르기 「옷을 빨아보자」	「호키포키」 율동해 보아요	기차놀이하며 「장난감 기차」 노래 불러요
실외놀이		커다란 공을 굴려보아요! 색깔옷을 입혀 줘요	색깔옷을 입혀 줘요 폴짝폴짝 건너 보아요	폴짝폴짝 건너 보아요 뽀득뽀득 설거지해요	뽀득뽀득 설거지해요 인형옷 빨래해요	인형옷 빨래해요 물컵 들고가 물통에 물붓기	물컵 들고가 물통에 물붓기 붕붕카 타고 주차놀이해요
귀가 및 연계	귀가	아프거나 불편한 곳은 없는지 살펴보기					
귀가 및 연계	가정 및 지역사회 연계	가정과의 연계 – 가족과 집에서 목욕하거나 수영장에 가서 물놀이하기 지역사회 연계 – 기관으로 치과의사 선생님 초대하여 치아검진받기					
비고		– 코끼리 형님의 나들이 – 아이 시원해	– 비가 톡톡톡 – 내 빨간 우산	– 뽀글 목욕놀이 – 악어도 깜짝, 치과 의사도 깜짝	– 물놀이 할래? – 풍덩 시원해요	– 풍덩 바닷속으로 –어린이집 물놀이	– 난 자동차가 참 좋아 – 까만 크레파스와 요술기차
비고		6월~8월 여름철에 진행하기에 적절한 주제이며, 더운 날씨, 비오는 날씨 등 여름철의 계절적 특성을 고루 느낄 수 있는 활동들로 계획해 볼 수 있다. 또한, 보건소나 지역 병원과의 연계를 통해 건강 및 위생에 대한 교육을 실시해 볼 수 있다. '여행을 가요' 주제는 휴가철 기간을 고려하여 2주 반복하여 실시하도록 한다.					

출처: 표준보육과정(2013).

나는 가족이 있어요(총 5주)

구분		1주	2주	3주	4주	5주
소주제		엄마 아빠가 좋아요	우리 가족을 흉내 내요1	우리 가족을 흉내 내요2	우리 가족을 소개해요1	우리 가족을 소개해요2
등원 및 맞이하기		가족과 인사하며 헤어지기				
기본생활 · 안전		내 물건을 내 자리에 두기 선생님과 가족이 주는 약만 먹어요. 함부로 먹지 않아요				
일상생활	점심 및 간식	식사 전 “잘 먹겠습니다”, 식사 후 “잘 먹었습니다” 인사하기				
	낮잠	낮잠에서 기분 좋게 일어나기				
	배변 활동	‘쉬, 응가하고 싶어요’ 배변 의사를 표현하기				
실내 자유 놀이	신체	훌라후프 건너가기	멈춤 놀이해요	탬버린 치기	줄 밑으로 지나가요	수건 잡고 체조하기
	언어	엄마 아빠에게 전화해요	누구의 물건일까요?	아기돼지 삼형제	사진보며 우리 가족 소개하기	할아버지 할머니 사진 보기
	감각 · 탐색	빨래집게 머리카락	립스틱 바르고 종이에 뽀뽀하기	머리핀 꽂기	우리 가족 퍼즐맞추기	누가 나올까요?
	역할 · 쌓기	엄마 아빠가 되어 보아요	우리집에 놀러 와요	아기돼지 집에 데려가기	가족인형놀이	할아버지 할머니 집에 놀러가요
		스펀지블록 쌓기	종이벽돌블록으로 우리집 만들기	종이벽돌블록으로 우리집 가는 길 만들기	가족인형 놀이집 만들기	할아버지 할머니 집 만들기
	미술	엄마 아빠 얼굴 꾸미기	아빠 얼굴 나와라 숑	면봉그림	미끌미끌 로션 그림	상자그림
	음률	노래 부르기 「닮은 곳이 있대요」	「곰 세 마리」 음악에 맞춰 걸어요	전래동요 「우리 형제」	옆으로 걷기	꼬마야 꼬마야
실외놀이		붕붕카 타고 주차놀이해요	목표지점까지 달려 보아요	모래로 집을 지어 보아요	우리 집에 왜 왔니?	공사놀이해요
		목표지점까지 달려 보아요	모래로 집을 지어 보아요	우리 집에 왜 왔니	공사놀이해요	자동차 타고 할아버지 할머니 집으로 가요
귀가 및 연계	귀가	가족을 반갑게 맞이하며 안아주기				
	가정 및 지역사회 연계	가정과의 연계 – 가족과 ‘가족사진’ 함께 보기 지역사회와의 연계 – 할머니, 할아버지를 어린이집으로 초청하여 함께 놀이하기				
비고		– 엄마랑 배 뽀뽀 – 아빠가 좋아	– 도란도란 동물 가족들 – 아빠처럼 할래요	– 아빠처럼 – 나도 엄마처럼	– 우리 가족을 소개해요 – 우리 식구가 최고야	– 할머니랑 나랑 닮았대요 – 우리 할아버지
		이 주제는 5월이나 8월 3, 4주~9월 1, 2주에 실시해 보도록 하는 것이 바람직하다. 연간 주제 가운데 어린이집의 상황에 따라 4~5주 동안 충분히 이루어지도록 계획하되, 교사가 융통성 있게 운영할 수 있다.				

출처: 표준보육과정(2013).

동물놀이해요(총 6주)

구분		1주	2주	3주	4주	5주	6주
소주제		여러 가지 동물이 있어요	엄마동물 아기동물	동물처럼 소리를 내어 보아요	동물처럼 움직여 보아요	○○반이 좋아하는 동물	동물을 사랑해요
등원 및 맞이하기		어린이집에 누구와 왔는지 이야기해 보기					
기본생활 · 안전		비눗물 깨끗이 씻어 내보기 계단에서 한 칸씩 천천히 걸어 보기			손 씻은 후 물 잠궈 보기 차례차례 순서 지켜보기		
일상생활	점심 및 간식	얼굴에 묻은 음식 휴지로 닦아보기			바닥에 흘린 음식을 닦아보기		
	낮잠	내 잠자리를 찾아서 스스로 누워 보기					
	배변 활동	스스로 옷을 내리고 배변해 보기					
실내 자유 놀이	신체	큰 걸음, 작은 걸음	캥거루 뛺뛰기	동물 모양 판에 공 던지기	동물 꼬리 달고 움직여 보기	동물 발판 건너기	사자 입에 공 넣기
	언어	동물 사진책 보기	그림책 「엄마랑 뽀뽀」 그림에 끼적이기	동물 울음소리 들어보기	동물 손 인형으로 동물 흉내내기	동물 부분 그림 보고 동물 이름 맞히기	동물 수수께끼
	감각 · 탐색	동물무늬 카펫에서 놀이하기	엄마동물 아기동물 짝짓기	집게로 동물 꾸미기	빙글빙글 퍼즐통 맞추기	내가 좋아하는 동물	동물 먹이 주기
	역할 · 쌓기	동물 가면 쓰고 놀이하기	동물 인형 그네 태워 주기	동물 인형에게 먹이 주기	동물 옷 입고 놀이하기	동물원 소풍놀이	동물 병원놀이
		동물 기차 만들기	블록으로 미끄럼틀 만들어 동물 인형 태워 주기	동물 집 만들기	동물원 만들기 1	동물원 만들기 2	동물병원 구성하기
	미술	동물 도장 찍기	밀가루 반죽에 동물모양 찍기틀로 찍어 보기	동물무늬 콜라주	동물 색모래 그림	동물원 버스 만들기	동물 시소 만들기
	음률	동물 리듬악기 연주하기	노래 「코끼리와 거미줄」	노래 「동물흉내」	생상스의 「동물의 사육제」에 맞추어 춤추기	나는야 뚱뚱한 곰	동물 깡통북 연주하기
실외놀이		자동차 타고 할아버지, 할머니 집으로 가요	모래 속에 숨어 있는 동물모형 찾기	동물 인형 탈것에 태워 주기	어디어디 숨었을까요	달팽이가 되어 보아요	뱀 꼬리잡기
		모래 속에 숨어 있는 동물모형 찾기	동물 인형 탈것에 태워 주기	어디어디 숨었을까요	달팽이가 되어 보아요	뱀 꼬리잡기	동물 인형 목욕시키기
귀가 및 연계	귀가	내가 좋아하는 동물이름 부르며 인사하기			동물 울음소리 흉내내며 귀가하기		
	가정 및 지역사회 연계	가정과의 연계 – 가족과 함께 동물원 나들이해보기 지역사회와의 연계 – 동물병원 견학하기					
비고		– 1, 2, 3 동물원으로 – 사냥감은 어디에	– 누구의 알일까요? – 엄마랑 뽀뽀	– 아기오리 다섯 마리 – 무얼하고 있을까요?	– 생쥐야 빨리빨리 – 눈에 쏙 동물	– 고양이가 좋아해요 – 스팟이 공원에 갔어요	– 곰이 우리 집에 왔어요 – 까꿍놀이

출처: 표준보육과정(2013).

알록달록 가을이에요(총 6주)

구분	주 / 소주제	1주	2주	3주	4주	5주	6주
		가을이에요	가을나들이	나뭇잎이 물들어요	자연물로 놀이해요	알록달록 색깔나라	재미있는 그리기나라
등원 및 맞이하기		아침에 먹고 온 음식을 이야기해 보기					
기본생활 · 안전		스스로 겉옷을 벗어 보기 길을 잃었을 때는 제자리에서 기다리기			겉옷을 벗어 옷걸이에 걸어 보기 주변의 어른에게 '도와 주세요' 이야기해 보기		
일상생활	점심 및 간식	바르게 앉아서 먹어 보기 (새로운) 음식을 먹어 보기					
일상생활	낮잠	자고 나서 내 베개를 정리해 보기					
일상생활	배변 활동	배변 후 선생님의 도움받아(스스로) 옷을 올려 보기 지퍼, 단추 잠궈 보기					
실내 자유 놀이	신체	낙엽비가 내려요	나뭇잎처럼 움직여보기	나뭇잎 징검다리 건너기	콩주머니 던지기	색 풍선놀이	같은 색깔 도미노
실내 자유 놀이	언어	과일, 열매 까꿍 카드	나들이 사진보며 이야기나누기	나뭇잎에 그림편지 쓰기	자연물(탐색) 그림책	색깔에도 이름이 있어요	내가 좋아하는 색깔이 있어요
실내 자유 놀이	감각 · 탐색	내 짝을 찾아 주세요 (과일 반쪽찾기)	숟가락으로 열매 옮기기	단풍잎(은행잎) 방석	조각 천 염색하기	색 탁구공을 옮기기	알록달록 색 소금 만들기
실내 자유 놀이	역할 · 쌓기	낙엽을 청소해요	가을 소풍 놀이	나뭇잎(단풍잎, 은행잎) 왕관 쓰고 놀이하기	열매, 나뭇잎 소꿉놀이	삼색 밀가루 반죽으로 요리하기	삼색 밀가루 케이크 (생일파티놀이)
실내 자유 놀이	역할 · 쌓기	큰 나무, 작은 나무 쌓아보기	블록 돗자리 만들기	가을 동산 만들기	나무 무늬 블록으로 식탁, 의자 구성하기	알록달록 색깔 길 만들기	무지개 촉감 블록 쌓고 무너뜨리기
실내 자유 놀이	미술	알록달록 가을 나무 꾸미기	산책 가방 만들기	나뭇잎 왕관 만들기	솔방울에 색깔 입히기	색깔 공을 굴려 그림그리기	까만 크레파스 그림
실내 자유 놀이	음률	열매 마라카스 흔들기	노래 「오리소풍」에 맞춰 춤추기	나무악기 연주하기	춤추는 씨앗 (큰 북 두드리기)	리듬악기 두드리며 「가을바람」 노래 부르기	색 스카프 흔들기
실외놀이		동물 인형 목욕시키기	여러 가지 색, 모양의 나뭇잎이 있어요	가을나들이	나뭇가지에 매달린 물체 탐색하기	흙으로 놀아요	색 돋보기로 바깥풍경 관찰하기
실외놀이		여러 가지 색과 모양의 나뭇잎이 있어요	가을나들이	나뭇가지에 매달린 물체 탐색하기	흙으로 놀아요	색 돋보기로 바깥풍경 관찰하기	무지개 낙하산 놀이
귀가 및 연계	귀가	가을 날씨 이야기하며 귀가하기			나뭇잎의 변화 살펴보며 귀가하기		
귀가 및 연계	가정 및 지역사회 연계	가정과의 연계 – 가족과 함께 공원 나들이 해보기 지역사회와의 연계 – 공원으로 산책가기 (어린이집에서 가까운 근린공원으로 산책가기)					
비고		– 잘자요 달님 – 숲속 에 숲 속에	– 풀밭에 풀밭에 – 나무에 나무에	– 나무 – 사과야 빨리 익어라	– 재미난 그림책 – 무엇을 만들까?	– 깜짝 깜짝 색깔들 – 맛있는 그림책	– 엉뚱한 그림책 – 크고 작고
비고		이 주제는 10월 중순~11월에 실시해 보도록 하는 것이 바람직하다. 가을의 날씨를 고려하여 진행시기를 정하고 색깔 주제와 연계하여 6주 동안 계획하되, 교사가 융통성 있게 운영할 수 있다.					

출처: 표준보육과정(2013).

겨울과 모양을 즐겨요(총 5주)

구분		1주	2주	3주	4주	5주
소주제		여러 가지 모양이 있어요	모양놀이해요	즐거운 성탄이에요	추워요	따뜻하게 지내요
등원 및 맞이하기		날씨와 영아가 입고 온 옷차림에 대해 말하기				
기본생활 · 안전		콧물 휴지로 닦기 뜨거운 것 조심하기				
일상생활	점심 및 간식	"더 주세요"라고 말해 보기				
	낮잠	낮잠 전 벗은 옷 정리하기				
	배변활동	변기를 바르게 사용하기				
실내 자유 놀이	신체	모양 까슬이 모양 부직포	모양주머니를 던져요	산타 되어 굴뚝에 들어가요	눈이 되어 보아요	부드러운 털 풍선을 쳐봐요
	언어	비밀상자에는 어떤 모양이 있을까?	「모양」책 보고 끼적여요	산타 얼굴에서 모양을 찾아요	겨울에 먹는 음식이 있어요	눈사람아 춥겠다
	감각 · 탐색	집게로 모양 구슬을 옮겨요	모양 샌드위치	얼음 장식 만들기	겨울과일 귤 탐색	귤껍질 차를 마셔요
	역할 · 쌓기	모양 가면 놀이	모양 반죽으로 놀아요	산타가 되어 보아요	겨울 음식상 차리기	겨울용품 가게놀이
		모양 길에 블록을 늘어놔요	같은 모양 모여라	눈송이 블록으로 눈덩이 만들기	얼음마을	귤 탑쌓기
	미술	모양 얼음으로 그려요	모양 패턴 콜라주	모양 무 트리장식	눈에 물감을 뿌려요	털실 뭉치로 찍기
	음률	모양 마라카스	새 노래 「모양 놀이」	캐럴 들으며 방울을 흔들어요	겨울 바람 소리	「사랑해」 안아 주세요
실외놀이		무지개 낙하산 놀이 모양따라 걸어요	모양따라 걸어요 모양 눈 발자국	모양 눈 발자국 하트 징검다리	하트 징검다리 눈 위의 꼬리 그림	눈 위의 꼬리 그림 나무도 따뜻하게 해줘요
귀가 및 연계	귀가	방한 용품 입어보기				
	가정 및 지역사회 연계	가정과의 연계 – 가족과 '내 몸', '가족의 몸'에 있는 '모양' 찾아보기 지역사회와의 연계 – 선생님과 주변의 가게(군고구마, 호빵 등)에 방문하여 '겨울 음식' 살펴보기				
비고		– 모양 – 동그라미, 세모, 네모	– 모양이랑 놀아요 – 맞춰봐! 모양놀이	– 꼬마 산타 – 호호, 기쁜 선물	– 눈 오는 날 – 이글루를 만들자	– 눈 사람아 춥겠다 – 까불까불 벙어리장갑
		이 주제는 12월~1월에 실시하는 것이 적절하며, 모양과 겨울을 구분하여 계획할 수 있다. 겨울의 날씨를 고려하여 5주 동안 충분히 이뤄지도록 계획하되, 교사가 융통적으로 운영할 수 있다.				

출처: 표준보육과정(2013).

나는 친구가 있어요(총 5주)

구분	주 / 소주제	1주	2주	3주	4주	5주 / 6주
구분	소주제	내 친구가 좋아요	친구와 함께하는 놀이가 있어요	우리는 OO살 (설날)	형 · 언니가 되었어요	즐거웠던 우리 반이에요
등원 및 맞이하기		친구와 인사하며 안아주기				
기본생활 · 안전		"고마워, 미안해"라고 상황에 맞게 말하기 낯선 사람을 따라가면 위험해요				
일상생활	점심 및 간식	음식 먹은 후 그릇 정리하기				
	낮잠	친구를 기분 좋게 깨워 주기				
	배변활동	화장실에서 순서를 기다리기				
실내자유놀이	신체	종이 눈이 내려요	썰매를 끌어요	윷놀이	줄 스카프 당기기	우리 반 큰 공을 굴려요
	언어	친구에게 선물 주기	내 친구 막대인형	동시 「많이 컸어요」	형님 반에 있는 것	놀잇감에게 작별 인사해요
	감각 · 탐색	친구를 찾아요	누구의 신발일까요?	나이테를 관찰해요	매듭 풀기	선물상자 포장
	역할 · 쌓기	포토존에서 함께 사진 찍기	친구를 꾸며 주어요	한복 패션쇼	동생을 돌봐 줘요	동생에게 깨끗한 놀잇감을 물려 줘요
		블록 뒤에 꼭꼭 숨어라	친구와 번갈아 쌓아요	경사로에 굴려요	블록으로 형님반 꾸미기	선물상자를 옮겨요
	미술	내 친구의 얼굴	친구와 함께 그려요	손도장 속 내 친구	밀가루 그림편지	우리가 꾸민 미술관이에요
	음률	친구 이름 쿵쿵따	둘이 살짝	손가락 놀이해요	「형님반에 간다네」	우리 반 작은 음악회
실외놀이		나무도 따뜻하게 해줘요 비닐 연 날리기	비닐 연 날리기 잡기 놀이	잡기 놀이 대문놀이	대문놀이 솔방울을 굴려요	솔방울을 굴려요 사진 줄 따라 걷기
귀가 및 연계	귀가	선생님과 친구에게 손 흔들어 인사하기				
	가정 및 지역사회 연계	가정과의 연계 – 가족과 함께 선생님, 친구의 사진을 보며 이름 말하기 지역사회와의 연계 – 선생님과 노인정, 양로원 등 어르신이 계시는 곳을 방문하여 새해인사 드리기				
비고		– 나랑 친구할래? – 무민의 단짝친구	– 나랑 같이 놀자 – 내 친구 루이	– 벌거숭이 아기 하나	– 형! 도와줘! – 형보다 커지고 싶어	– 도와 줄게 친구야 – 고마워
		이 주제는 한 해를 마무리하며, 새로운 학기를 준비하는 1, 2월에 실시할 수 있다. 6주 동안 충분히 이뤄지도록 계획하되, 설 연휴 등을 고려하여 융통적으로 운영하도록 한다. '즐거웠던 우리반이에요' 주제는 한 해의 마무리와 새 학기 준비기간을 고려하여 2주 동안 반복하여 진행할 수 있다.				

출처: 표준보육과정(2013).

2) 2세 담당 보육교사의 역할

2세 담당 보육교사의 역할을 표준보육과정에 따라 정리하면 다음과 같다.

첫째 기본생활 영역에 관한 보육교사의 역할은 2세 영아가 기본생활습관이 바르고 건강하게 형성될 수 있도록 보육활동 가운데 이 부분에 중점을 두어야 한다. 손과 이, 얼굴 등을 닦는 방법을 안내하고, 청결한 생활의 유쾌함과 건강상의 도움 등에 대해 일상적으로 설명하고, 시범을 보이는 모습을 보여야 한다. 씻는 방법에 대한 안내를 설명과 그림, 시연 등을 통해 보이면서 영아가 스스로 해 보고자 하는 시도를 보일 때 적극적으로 기회를 제공하여 자율적인 청결관리의 습관을 갖추도록 한다. 또한 식생활습관에서도 편식 및 영아가 선호하는 음식이 나타날 때 영양관련 부분을 가정과 연계하여 좋은 식습관이 생기도록 하고, 평소에 식생활 분위기를 편안하고 즐겁게 하여 영아에게 식생활의 필요성과 더불어 즐거운 식습관을 갖도록 한다.

그리고 건강한 일상생활을 위해 영아 배변활동과 휴식 및 낮잠, 놀이 활동을 영아의 개별적 욕구를 충족시켜 주면서, 편안한 분위기에서 진행해 갈 수 있도록 안내하고, 융통성을 발휘할 수 있는 운영지침을 보육교사가 갖고 있는 것이 중요하다. 한편, 건강한 생활의 하나로 영아에게 여러 질병의 위험과 예방성에 대해 알려주어야 한다. 전염성 질환이 유행하는 경우 개별 영아마다 체온 및 몸 상태를 체크하고 청결한 생활습관을 숙지시키고, 적극적인 예방법을 실천할 수 있도록 안내한다. 그와 함께 일상적인 보육활동에서 영아의 발달수준에 맞추어 안전교육을 실시한다. 또한 교사는 놀이 및 보육실에서 발생될 수 있는 안전사고를 인지하여 사전에 예방하고 영아에게 위험 대처방법을 알려 준다(정옥분, 2004).

둘째, 신체운동 영역에 관한 보육교사의 역할은 감각과 신체를 인식하게 하기 위해서 다양한 감각능력을 인식할 수 있는 게임 및 놀이활동을 계획, 실행한다. 이를 통해 영아의 발달수준을 관찰하고, 기록하여 영아의 부족한 부분을 체크하고, 보다 나은 발달과정을 이어갈 수 있도록 돕는다. 그와 함께 오감각을 통해 세상을 탐색하고, 각각의 감각기관에 따른 차이를 구분하도록 한다.

또한 신체 조절과 기본운동 능력을 갖추기 위해 눈과 손의 협응력을 키울 수 있는 활동과 대근육 활동을 정기적으로 제공하여 대 · 소근육을 필요에 따라 사용하여 영아 자신의 건강 및 안전에 대처할 수 있는 신체능력을 키울 수 있도록 한다. 그리고 보육교사는 영아의 신체발달을 도모하기 위해 이동운동, 비이동운동, 조작운동 등을 골고루 제시하고, 영아의 수준에 맞는 신체활동 도구를 제시하여 영아가 도구에 맞게 사용할 수 있는 기회를 갖게 한다. 이러한 활동을 통해 신체능력과 함께 신체활동에 대한 긍정적인 인식을 갖게 하여 운동과 동적인 활동에 적극적으로 참여할 수 있도록 한다.

셋째, 사회관계 영역에 관한 보육교사의 역할은 영아가 나와 다른 사람을 존중하고, 자신과 타인의 감정을 인식하여 보다 안정적으로 더불어 살 수 있는 방법을 터득하게 한다. 이를 위해 보육교사는 영아의 선호를 파악하고, 영아 각자의 선호하는 바를 설명하거나 안내하여 영아들에게 타인의 입장에 대해 알 수 있게 하는 기회를 준다. 나와 타인이 다르다는 것을 인식하고, 이해하고, 그래서 보다 나은 방법으로 같이 살 방식을 구상해 갈 수 있는 기회를 제공하는 것이 사회관계 영역의 주된 목적이다. 이를 위해 영아가 자신이 원하는 것을 표현할 수 있고, 주변의 친구에게 관심을 갖고 어린이집에서 유쾌하게 지낼 수 있는 방법을 알고, 실행할 수 있도록 안내한다(한성심 외, 2006).

그와 함께 영아가 타인과 함께 살아가는 필요한 사회적 관계기술 능력을 키울 수 있도록 적절한 의사소통 방법을 알리고, 순서와 규칙을 소개하여 순차적으로 해결하게 하며, 감정과 의사를 조정해 볼 수 있도록 한다. 한편, 영아가 사회적 가치에 대해서도 알 수 있도록 일과 속에서 알려주는 것이 필요하다. 나와 타인이 하나의 공동체에서 생활하는데 있어 필요한 최소한의 약속, 규칙이 있을 수 있으며, 이러한 약속과 규칙은 지켜야 하는 것이고, 이를 위해 준비하고 대비하는 태도 또한 필요하다고 알려주어야 한다. 그리고 이러한 약속들에 대해서 보다 구체적으로 알려주고, 주기적으로 약속을 알고 지키고 있는지 점검하는 것도 필요하다. 그리하여 2세 영아는 인시하기, 정리하기, 싸우지 않기, 뺏거나 때리지 않기,

사이좋게 놀이하기, 사랑하기, 양보하기 등의 사회적 규칙을 알고 지키도록 하는 것이 중요하겠다(보건복지부, 2014).

넷째, 의사소통 영역에 관한 보육교사의 역할은 말하기, 듣기, 읽기, 쓰기 활동을 다양하게 제시하여 2세 영아의 언어발달을 도모하고, 의사소통 방식을 터득하게 한다. 영아의 일상에서 사용하거나 경험해 볼 수 있는 사물과 놀잇감 등의 이름을 말해 보고, 영아의 욕구와 의사를 표현할 수 있는 언어적 표현력을 길러보도록 보육교사는 말할 수 있는 기회를 일과 중에 구성하고, 바른 발음과 의사소통 방식을 알 수 있도록 천천히, 친절하게 영아에게 설명하고, 들어주는 태도가 필요하다.

또한 다양한 노래, 글, 음률감 있는 글귀 등을 영아에게 들려주어 영아가 억양과 소리의 높낮이, 멜로디 등에 대한 감각을 키워, 상황과 의지에 따라 다채로운 표현들을 알아듣고, 표현할 수 있도록 한다. 이와 더불어 다양한 소재로 만들어진 책을 주제에 맞게 제시하여 책을 통한 정보전달과 함께 책을 이용하는 방법과 책의 기능에 대해 터득해 갈 수 있도록 한다. 그러기 위해서는 평소에 책을 자주 보여주고, 올바른 책읽기 방법을 소개하고, 영아와 교사가 그 내용에 대해 이야기하는 등의 상호작용이 필수적이다. 바른 의사소통의 방식을 영아가 체득하여야 유아 및 성인이 되어서도 성의있게 의사소통하는 방법을 알 수 있게 되므로 눈을 마주치고 말하기와 듣기를 하려고 하고, 책과 다양한 인쇄매체를 알고, 적절한 방법으로 읽고, 내용을 파악하는 등의 보육활동이 필요하다. 이와 함께 보육교사는 영아들이 쑥스러워 말 못하는 경우, 보다 적극적으로 그 영아에게 다가가 말할 수 있는 기회를 제공하고, 그들이 이야기하는 바를 분명히 알아차려 필요한 사항을 대처해 주는 것이 좋다. 한편, 쓰기활동에 필요한 자료를 일정한 영역에 비치해 두어 영아가 자발적으로 자신의 생각과 의사를 표현할 수 있도록 한다. 그리고 영아가 하는 끼적이기는 영아 자신의 이미지를 가지고 최선을 다해 표현한 것이므로 표현과정 자체를 인정하고 격려하도록 유의한다.

다섯째, 자연탐구 영역에 관한 보육교사의 역할은 먼저 탐구하는 태로를 기르게 하기 위하여 영아의 호기심과 탐색하고자 하는 행동에 대해 지켜봐 주고, 영아의 관심사에 호응을 보이는 것이 중요하다. 영아가 탐색하는 과정에서 생긴 질문을 교사에게 할 수 있도록 교사가 관찰을 하여 영아의 탐색활동에 맞는 상황을 준비하는 것도 필요하다. 그와 함께 교실 내에서의 활동만이 아니라 영아가 탐색이 활발하게 이루어질 수 있도록 바깥놀이 및 실외활동 등을 계획하여 보다 넓은 세계에 대한 관심을 갖게 한다.

또한 탐색적 활동이 잘 이루어질 수 있도록 2세 영아의 행동반경과 동선을 파악하여 환경구성을 설계하고, 영아의 소근육 발달과 조작능력에 알맞은 교재·교구를 제시한다(이영 외, 2006). 그리고 교사는 영아의 관심사에 적극적으로 반응하는 것의 하나로 관찰을 통한 영아의 호기심에 언어적으로 반응을 보이고, 반복적인 시도가 가능하도록 일과운영에 여유로움을 갖고 영아의 탐색활동에 지원하는 모습을 보인다.

한편 영아의 수학적, 과학적 탐구능력을 위해 수량, 수 인식, 도형, 공간, 차이, 규칙 등에 대한 개념을 일상 속에서 용어를 사용하면서 인식시키고, 관심을 갖게 한다. 그리고 과학적 요소인 물체와 물질, 동식물, 날씨, 소리, 움직임, 생활도구 등을 쉽게 접할 수 있도록 하고, 각각의 특징들에 대해 언어로 상호작용하여 관심을 불러일으킨다.

여섯째, 예술경험 영역에 관한 보육교사의 역할은 영아가 주변 및 세상에서 예술적 요소를 탐색하고 즐길 수 있는 기회를 주고, 영아들이 다양한 방식으로 예술적 표현과 감상할 수 있도록 하는 것이다. 즉 영아가 익숙한 환경에서 새로운 발견을 할 수 있도록 새롭고 다르게 주변을 바라볼 수 있게 보육교사는 돕는 것이며, 주변환경의 다양한 소리와 움직임에 대해 관심을 갖고 살필 수 있는 기회를 제공하는 것이다. 이를 위해 다양한 소리와 움직임, 색깔과 모양을 탐색할 수 있도록 소리나는 장난감, 그림책, 악기, 스카프, 블록, 조작 놀잇감을 다채롭게 제공하는 것이다. 너무 자극적인 소재를 찾아 제공하지 않고, 영아의 수준을 고려하고, 영아의 선호를 파악해서 영아가 우선 관심을 갖고, 이용할 수 있는 수준의 것을 찾아 제시하는 것이 필요하다. 또한 분위기 조성을 위해 보육교사는 개방적인 분위기로 영아의 탐색과 시도를 지원하도록 한다. 이는 예술적 탐색 뿐만 아니라 예술적 표현과 감상에도 중요한 요인이다.

그와 함께 교사는 영아가 친근한 노래를 부르고 신체, 목소리, 리듬악기 등을 이용해 소리와 리듬 등을 표현하는 경험을 중요시한다. 교사는 영아의 이러한 표현들이 나타날 때 주의깊게 관찰하여 이들의 소리를 의성어로 표현하고, 움직임을 의태어로 표현해 주는 언어화로 반응을 보인다(한성심, 외, 2006). 영아가 보고 들었던 사물의 특성을 이러한 표현방식으로 나타낼 때 모방을 시작으로 나타나는 것을 이해하여 모방놀이, 상상놀이를 권장하고, 보육교사도 그 놀이상황으로 들어가 놀이 참여자로서 예술적 표현에 동참하는 것도 좋다. 영아의 상상놀이는 쌓기 영역과 연계하여 진행할 수도 있으며, 다양한 상상놀이가 이루어질 수 있도록 일상용품, 부엌용품, 병원놀이 소품, 미용놀이 소품 등을 다양하고 안전하게 교실에 비치해 둔다. 그리고 이러한 상상놀이시 교사가 놀이 참여자로서 적절한 질문을 영아에게 하여 보다 놀이가 확산되고 상상적 요소를 표현해 갈 수 있도록 격려한다.

또한 영아가 신체표현 활동으로 움직임을 나타낼 때에는 적극적으로 호응하여 영아가 신체적 리듬감을 계발하고 도구를 조작하는 능력을 증진시킬 수 있도록 돕는다. 영아의 신체적 활동을 관찰하고 적절하게 상호작용하여 격려하고 도구를 활용하여 신체표현을 할 경우 움직임의 모양과 선, 형태 등을 구체적인 언어로 표현해 준다. 또한 영아가 느낀 생각과 감정을 몸으로 표현할 수 있도록 적절하게 질문을 제시한다.

한편, 예술적 감상활동을 위해 보육교사는 자연의 변화와 아름다움을 영아가 느낄 수 있도록 산책 및 나들이 활동을 주기적으로 계획하여 실행하고, 단순한 둘러봄이 아니라 꽃과 나무, 계절적 특성, 주변사물 등을 탐색할 수 있도록 한다. 교사는 개방적인 분위기를 조성하고 안전함 속에서 영아가 충분히 감상할 수 있도록 한다(이영 외, 2006). 또한 영아들의 작품을 전시하여 자신의 작품이 존중받고 있다는 것을 알게 하고, 또래의 작품을 둘러보면서 보다 새로운 예술적 감각을 알아 갈 수 있는 기회를 준다.

3) 영역별 활동 예시

〈만 2세 주간계획안〉

생 활 주 제		알록달록 가을이에요.			담 임	현은미 선생님	
소 주 제		자연물로 놀이해요.			실시기간	10월 20일 ~ 25일	
목 표		- 가을에 나는 열매를 탐색해 보고 활동해 본다.					
등원 및 맞이하기		- 선생님을 만나면 고개를 숙여 인사해요.					
기본생활 · 안전		- 놀잇감을 정리해요. / 소방안전 - 119에 신고해요.					
요일 활동		20일(월)	21일(화)	22일(수)	23일(목)	24일(금)	25일(토)
일상생활	식사 및 간식	- 식사 후에 '잘 먹었습니다.'라고 인사해요.					
	낮잠 및 휴식	- 편안히 누워 잠이 들어요.					
	배변 활동	- 화장실에 가고 싶을 때 선생님께 이야기해요.					
실내 자유 선택 활동	언 어	- 나뭇잎모양 종이에 끼적이기/ 툭툭 감이 떨어지네					
	탐 색	- 가을과일 겉과 속 / 솔방울 옮기기					
	미 술	- 알록달록 낙엽 왕관 만들기 / 색깔 공을 굴려 그림그리기					
	음 률	- 노래 부르며 탬버린 흔들기 / 가을바람 노래 부르기					
	역할 · 쌓기	- [역할] 가을 소풍 놀이 / 낙엽청소를 해요 [쌓기] 칙칙폭폭 기차놀이 / 블록 돗자리 만들기					
	신 체	- 대근육 : 낙엽비가 내려요 - 소근육 : 같은 낙엽 찾기					
사회증진활동		- 주말 지낸 이야기 / 동네 할아버지 할머니께 인사하기					
교육지원활동		- 영아체육 : 철봉 - 배꼽 뽀뽀해서 매달리기, 매달려서 아빠다리 하기					
실외활동 · 생태활동		- 미끄럼틀 타기 / 자연물로 놀이해요. - 대체활동 -스트레칭					
귀가 및 가정과 연계		- 하원하며 가을나무 살펴보기					

〈만 2세 일일보육계획안 및 실행평가서〉

일일보육계획 및 일지	담 임	주 임	원 장
2014년 10월 20일 월요일 보름이반 연령 : 만 2세 날씨:	현은미		

생활 주제	알록달록 가을이에요.	소주제	자연물로 놀이해요.
목표	- 가을에 나는 열매를 탐색해 보고 활동해 본다.		

시간	주요 일과	활동계획 및 내용	준비물 및 유의점	실행 및 평가
7:30 ~8:40	등원 및 인사 나누기	[등원 및 맞이하기 : 선생님을 만나면 고개숙여 인사해요] - 웃는 얼굴로 반갑게 등원하는 영아들과 인사 나누고 영아가 입고 온 옷차림에 대해 이야기 나눠 본다. - 손 소독을 한 후 자신의 사진이 붙어있는 사물함에 가방을 정리한다. - 영아의 기분에 대해 이야기 나눠 보고 원아수첩을 확인한다. - 등원한 순서대로 자유롭게 놀이하도록 한다. * 주말지낸 이야기 나누기 - 주말에 무엇을 하고 지냈는지 이야기 나눠 본다.	원아수첩, 정리바구니	등원하는 영아들과 밝은 목소리로 인사를 나누고 함께 온 가족들과 인사를 나눈 후 신발을 벗고 들어올 수 있도록 도와 줬다. 교실로 들어오면 영아들과 주말에 무엇을 하고 지냈는지 간단하게 이야기 나눠 보았는데 영아들은 가족들과 함께 도서관에서 책을 보았다고 이야기하기도 하고, 마트에 가서 비행기랑,기차를 탔다고 이야기하기도 했다.
8:40 ~9:40	자유선택 활동	- 영아 스스로 선택하여 영역별로 자유선택활동을 한다. - 교사는 영아들의 활동에 참여하며 놀이가 확장될 수 있도록 긍정적인 상호작용을 한다.		각 영역별로 모든 영아들이 자유롭게 놀이를 할 수 있도록 하였다.
		언어 * 나뭇잎 모양 종이에 끼적이기 - 낙엽 모양종이를 보며 모양, 색깔 등을 탐색해 본다. - 나뭇잎을 본 적이 있는지 이야기해 본다. - 낙엽 모양종이에 자유롭게 끼적여 본다.	낙엽 모양종이, 사인펜, 색연필	낙엽 모양종이를 보며 모양, 색깔을 충분히 탐색해 보고 마음에 드는 종이에 자유롭게 끼적여 보았다. 영아들은 낙엽종이에 끼적거리며 "나 이거 산책 때 봤어요. 빨간 나뭇잎"하며 말하기도 했다.  
		탐색 * 가을과일 겉과 속 - 가을과일을 보며 이름을 말해 본다. - 가을 과일 교구를 충분히 탐색해 본다.	가을 과일 겉과 속, 교구	교구에 흥미를 보이는 영아와 과일을 보며 이름을 말해 보고 탐색해 보았다. 사과모형을 들고 "우리도 저번에 새참시간에 사과 먹었지요" 하며 말하기도 하고, "감은 주황색이에요. 사과는 빨간색이에요"하며 모형교구 색깔을 이야기하기도 했다. 교구 색깔이 한정되어 있어서 실제 과일을 넣어 주어 같은 사과라도 다양한 색이 있음을 알려주기도 해야겠다.

시간	활동	영역		활동 내용	자료	관찰
		신체	대근육	* 낙엽비가 내려요 - 종이낙엽을 탐색해 본다. - 낙엽을 위로 던지며 움직임을 탐색해 본다.	종이낙엽	낙엽종이에 관심을 보이는 영아에게 "이게 뭘까?"라고 물어보다가 "나뭇잎, 우리 팔각정에서 봤네요" 하며 이야기하고 종이낙엽을 탐색했다. 그리고 낙엽을 한 뭉큼 두 손으로 잡고 위로 던지며 반복적으로 놀이하였다.
			소근육	* 같은 낙엽 찾기 - 낙엽을 탐색해 본다. - 같은 모양의 낙엽을 찾아본다	3가지 모양의 낙엽	낙엽을 보며 "이거 공원에서 봤는데 나무 아래 있었는데" 하고 이야기하며 관심을 보였다. 교사는 영아에게 낙엽을 보여주며 똑같이 생긴 낙엽을 찾아볼 수 있도록 안내해 주고 함께 찾아보기도 했다.
		미술		* 알록달록 낙엽 왕관 만들기 - 낙엽을 충분히 탐색한다. - 낙엽을 골라서 왕관을 만들어 본다.	낙엽 표지, 사인펜, 색연필 등	산책에서 주워온 낙엽을 충분히 탐색해 보고 낙엽 왕관을 만들어 보았다. 미리 왕관을 만들 종이에 테이프를 붙여 주어서 영아들은 교사의 도움없이 스스로 마음에 드는 낙엽을 골라 붙이며 왕관을 만들었다.  
		음률		* 노래부르며 탬버린 흔들기 - 좋아하는 노래를 부르며 탬버린을 흔들어 본다.	탬버린	교사가 노래를 부르며 탬버린을 흔들자 흥미를 보이는 영아들이 "나도 같이해요" 하고 이야기했다. 교사는 영아들과 어떤 노래를 부를지 정하고 노래를 부르며 탬버린 을 흔들었다. 영아들은 자신이 좋아하는 "비행기", "가을바람" 노래를 부르며 탬버린을 흔들었다.
		역할		* 가을소풍 놀이 - 가족들과 소풍을 가본 경험을 이야기 나눈 후 자연스럽게 소풍 놀이를 제안해 본다. - 역할영역에 준비된 의상 및 소품을 살펴본다. - 자유롭게 놀이한다.	음식모형, 도시락, 모자, 가방, 아기인형 등	영아들에게 소풍을 가 본 적이 있는지 함께 이야기해 보고 소풍놀이를 제안해서 함께 놀이해 보았다. 영아들은 "나는 엄마랑 신산공원에 소풍갔는데" "우리 저번에 도시락 싸고 친구랑 소풍갔지요" 하며 이야기하고 모자와 가방 그리고 도시락을 챙겨서 친구와 손을 잡고 소풍놀이를 했다.
		쌓기		* 칙칙폭폭 기차놀이 - 벽면에 게시된 기차사진을 탐색해 본다. - 종이블록으로 자유롭게 기차를 만들어 본다.	기차사진, 종이블록	기차사진을 보며 기차의 모습을 충분히 탐색해 보고 종이블록으로 기차를 만들어 보았다. 영아는 기차사진을 보며 "나도 할머니랑 부산에서 기차 타 본 적 있어", "나도 빨간기차 탔어"하며 말하기도 하고 종이블록을 길게 놓고 "이것봐 기차야 멋지지"하며 친구에게 소개하기도 했다.
9:40 ~10:00	정리 정돈 및 화장실 다녀오기	- 놀잇감을 제자리에 정리정돈한다. **[배변활동 : 화장실에 가고 싶을 때 선생님께 이야기해요]** - 영아에게 화장실에 가고 싶은지 수시로 물어 본다. - 화장실에 가고 싶은 영아는 교사에게 이야기한다. - 물내리기, 옷입기 등 뒤처리 방법을 알려 준다. - 손씻기 순서도에 따라 손을 씻을 수 있도록 알려 준다.			수건	화장실에 가고 싶은 영아들은 "선생님 화장실 다녀오겠습니다.' '라고 이야기하고 화장실에 다녀올 수 있도록 하고 아직 말을 잘 하지 못하는 영아들은 "선생님 쉬~"하고 말하기도 했다.

	오전 새참	[식사 및 새참 : 다 먹은 후에 "잘먹었습니다" 하고 인사해요] - 새참 준비 및 새참 먹기 전 책상을 행주로 닦는다. - 스스로 수저, 포크를 사용해서 새참을 먹는다. - 다 먹고 난 후에는 '잘 먹었습니다' 하고 인사한다. - 스스로 새참 그릇을 정리해 본다. - 새참을 먹은 후 책상을 행주로 닦는다.	새참그릇, 숟가락	감사인사를 한 후 새참을 먹고 다 먹고 난 후에는 그릇과 포크를 스스로 정리할 수 있도록 격려해 주었다.
10:00 ~10:40	실외놀이 및 산책	- 생활주제와 날씨에 따라 실외에서 산책, 자연물 탐색, 교사가 준비한 놀이 활동을 한다. 〈실외놀이 : 미끄럼틀 타기〉 - 짝궁 손을 잡고 어린이집 주변 놀이터로 이동한다. - 놀이터에서 미끄럼틀을 타고 자유롭게 놀이한다. - 안전하게 놀이 할 수 있도록 지도하며 실외놀이에 참여한다. - 우천 시 실내에서 신체활동으로 대체하여 이루어진다. [대체활동 : 스트레칭] - 교사를 따라 스트레칭을 해 본다. 〈사회증진 - 동네 할머니 할아버지께 인사하기〉 - 동제 할머니, 할아버지에게 인사해 본다.	미끄럼틀, 붕붕카, 공	친구와 손을 잡고 어린이집 주변 놀이터에 가서 자유롭게 미끄럼틀을 타며 놀이했다. 미끄럼틀을 타기 전에 미끄럼틀을 탈 때 약속을 함께 말해 보고 교사는 영아들이 놀이하는 모습을 지켜보며 안전하게 놀이할 수 있도록 도와 주었다. 그리고 어린이집으로 돌아오는 길에 동네에서 만난 할머니 할아버지께 교사가 먼저 "안녕하세요" 하고 인사하며 영아들도 인사를 할 수 있도록 격려하고 앞으로 할머니 할아버지를 만나면 먼저 인사하기로 약속하기도 했다.  
	손씻기 및 화장실 다녀오기	[배변활동 : 화장실에 가고 싶을 때 선생님께 이야기해요] - 영아에게 화장실에 가고 싶은지 수시로 물어 본다. - 화장실에 가고 싶은 영아는 교사에게 이야기한다. - 물내리기, 옷입기 등 뒤처리 방법을 알려 준다. - 손씻기 순서도에 따라 손을 씻을 수 있도록 알려 준다.	수건	화장실을 다녀온 후에 옷이 바르게 입혀지지 않은 영아들의 옷을 바르게 입혀 주고 손을 씻고 나올 수 있도록 안내해 주었다.
10:40 ~11:30	자유선택 활동	- 영아 스스로 선택하여 영역별로 자유선택활동을 한다. - 교사는 영아들의 활동에 참여하며 놀이가 확장될 수 있도록 긍정적인 상호작용을 한다. - 오전에 실행하지 못한 자유선택활동을 한다.	각 영역별 교구	영아들이 원하는 영역에서 자율적으로 놀이를 할 수 있도록 해 주었다.
11:30 ~12:20	점심 및 양치하기	[식사 및 새참 : 다 먹은 후에 "잘 먹었습니다" 하고 인사해요] - 친환경 유기농 식재료와 가공식품이나 첨가물이 들어 있지 않은 식단을 제공한다. - 오늘의 점심메뉴를 소개하고 교사는 영아들이 즐거운 분위기에서 식사를 할 수 있도록 올바른 식습관 형성을 돕는다. - 식사 후에는 "잘 먹었습니다" 하고 인사한다. - 식사를 마친 후 스스로 정리하고, 양치 및 세수를 한다.	식판, 수저, 칫솔, 치약, 컵, 수건	영아가 음식을 흘리며 "이거"라고 말하자 교사는 "OO이가 음식을 흘렸구나. 선생님이 닦아 줄게."라고 말하며 음식을 닦아 주었다.

<table>
<tr><td>12:20
~12:50</td><td>자유선택
활동</td><td colspan="4">- 영아 스스로 선택하여 영역별로 자유선택활동을 한다.
- 교사는 영아들의 활동에 참여하며 놀이가 확장될 수 있도록 긍정적인 상호작용을 한다.
- 오전 자유선택활동을 확장하여 한다.</td><td>각 영역별 교구</td><td>오전 활동과 연계해서 활동할 수 있도록 하였다.</td></tr>
<tr><td>12:50
~14:30</td><td>낮잠 및
조용한
놀이
정리정돈
및 화장실
다녀오기</td><td colspan="4">- 약을 복용해야 하는 영아는 약을 먹는다.
[낮잠 및 휴식 : 편안히 누워 잠이들어요]
- 개별이불과 베개를 준비하고 편히 잠들 수 있는 분위기를 만들어 준다.
- 늦게 잠들거나 일찍 일어나는 영아는 휴식을 갖거나 조용한 놀이에 참여한다.
- 누워있던 이부자리와 사용했던 교구를 정리한다.
[배변활동 : 화장실에 가고 싶을 때 선생님께 이야기해요]
- 화장실에 가고 싶은 영아는 교사에게 이야기한다.</td><td>이불, 베개, 수건,
자장가 cd,
카세트</td><td>개인 이부자리를 준비해 주자 영아들은 스스로 자신의 이부자리를 찾아서 누웠다. 조용한 음악을 틀어서 편안하게 잘 수 있는 분위기를 만들어 주고 이불을 잘 덮지 않는 영아들의 이불을 잘 덮어 주었다.</td></tr>
<tr><td>14:30
~15:00</td><td>자유선택
활동</td><td colspan="4">- 영아 스스로 선택하여 영역별로 자유선택활동을 한다.
- 교사는 영아들의 활동에 참여하며 놀이가 확장될 수 있도록 긍정적인 상호작용을 한다.
- 오전 자유선택활동을 확장하여 한다.</td><td>각 영역별 교구</td><td>각 영역별로 모든 영아를 관찰하고, 모든 영역에서 놀이를 할 수 있도록 실행하였다.</td></tr>
<tr><td>15:00
~15:30</td><td>오후 새참</td><td colspan="4">[식사 및 새참 : 다 먹은 후에 "잘 먹었습니다" 하고 인사해요]
- 새참 준비 및 새참 먹기 전 책상을 행주로 닦는다.
- 스스로 수저, 포크를 사용해서 새참을 먹는다.
- 다 먹고 난 후에는 "잘 먹었습니다" 하고 인사한다.
- 스스로 새참 그릇을 정리해 본다.
- 새참을 먹은 후 책상을 행주로 닦는다.</td><td>새참그릇, 포크</td><td>영아들에게 새참을 준비하기 전에 손을 씻고 왔는지 물어 보고 손을 씻지 않은 영아들은 스스로 세면대에 가서 손을 씻고 올 수 있도록 격려해 주었다.</td></tr>
<tr><td>15:30
~18:00</td><td>실내자유선
택활동 및
순차적
귀가</td><td colspan="4">- 오전에 마무리하지 못했던 개별 활동을 연계, 확장하도록 돕는다.
- 원아수첩, 가정통신문, 작품 등 소지품을 가방에 정리 할 수 있도록 하고 머리, 옷 입기, 등을 단정히 할 수 있도록 도움을 준다.
[귀가 및 가족과의 연계 : 하원하며 가을나무 살펴보기]
- 부모님이 오시면 교실에 있는 친구들과 인사를 나누고 하원하며 가을나무를 살펴보기로 부모님과 이야기해 본다.</td><td>머리빗</td><td>하원은 준비하는 영아들과 집에 가면서 가을나무를 살펴보기로 약속했다. 영아들은 "우리 집 옆에도 나무 있어요", "공원에도 나무 있어요" 하며 이야기했다.</td></tr>
<tr><td>18:00
~19:30</td><td>통합보육
및
귀가지도</td><td colspan="4">- 마지막 차량이 나가면 통합보육실로 이동하며 순차적으로 귀가한다.
- 통합교실에서 과도한 자극을 줄일 수 있는 활동으로 변화를 준다.</td><td>각 영역별 교구</td><td>집에 가기 전에 선생님과 친구들에게 "안녕히 계세요." "안녕 내일 보자"라고 이야기할 수 있도록 도와 주었다.</td></tr>
<tr><td colspan="2">일일평가</td><td colspan="6">영아들은 낙엽과 자연물을 가지고 활동하며 "이거 우리 산책할 때 봤었는데""우리 집 옆에도 나무에 나뭇잎 많이 있는데" 하며 자신이 봤던 경험을 자주 이야기하는 모습을 보였다. 많은 활동을 자연물로 제시해 주면 좋았을텐데 주말에 내린 비로 자연물을 많이 구하지 못했고, 나뭇가지나 작은 자연물을 이이들에게 위험할 수 있어서 자연물 사진이나 그림 등을 대체해서 사용하기도 했다.</td></tr>
<tr><td colspan="2">재적, 출석, 결석 및
결석사유</td><td>재 적</td><td>남 : 5 여 : 3</td><td>출 석</td><td>남 : 5 여 : 3</td><td>결석원아</td><td></td></tr>
<tr><td colspan="2">안전사고 및 특이사항</td><td colspan="4">놀잇감 소독</td><td>입 · 퇴소
원아</td><td></td></tr>
<tr><td colspan="2">내일 수업 준비 및
기타 사항</td><td colspan="6"></td></tr>
</table>

출처: 혜원어린이집(2014).

일일보육계획 및 일지

담 임	주 임	원 장
현은미		

2014년 10월 21일 화요일 보름이반 연령 : 만 2세 날씨:

생활주제	알록달록 가을이에요	소주제	자연물로 놀이해요
목표	- 가을에 나는 열매를 탐색해 보고 활동해 본다.		

시간	주요 일과	활동계획 및 내용	준비물 및 유의점	실행 및 평가
7:30 ~8:40	등원 및 인사나누기	[등원 및 맞이하기 : 선생님을 만나면 고개숙여 인사해요] - 웃는 얼굴로 반갑게 등원하는 영아들과 인사나누고 영아가 입고 온 옷차림에 대해 이야기 나눠 본다. - 손 소독을 한 후 자신의 사진이 붙어있는 사물함에 가방을 정리한다. - 영아의 기분에 대해 이야기 나눠 보고 원아수첩을 확인한다. - 등원한 순서대로 자유롭게 놀이하도록 한다..	원아수첩, 정리 바구니	등원하는 영아들과 인사를 나누 교사에게 먼저 고개 숙여 인사하는 영아들을 크게 칭찬해주자 함께 온 다른 영아들도 고개숙여 인사하는 모습을 보였다.
8:40 ~9:40	자유선택 활동	- 영아 스스로 선택하여 영역별로 자유선택활동을 한다. - 교사는 영아들의 활동에 참여하며 놀이가 확장될 수 있도록 긍정적인 상호작용을 한다.		각 영역별로 모든 영아들이 자유롭게 놀이를 할 수 있도록 하였다.
		언어 * 나뭇잎모양 종이에 끼적이기 - 낙엽 모양종이를 보며 모양, 색깔등을 탐색해 본다. - 낙엽 모양종이에 자유롭게 끼적여 본다.	낙엽모양 종이, 사인펜, 색연필	낙엽모양 종이에 펜으로 끼적거린 후 옆에서 활동하는 친구에게 "이거 선물이야~"라고 말하며 건네자 다른 영아가 "고마워"하고 이야기했다. 교사가 무슨 선물인지 물어보자 "이거 개미에요. 내가 개미 그렸어요"하고 말했다.
		탐색 * 가을과일 겉과 속 - 가을 과일 교구를 충분히 탐색해 본다. - 가을 과일의 겉과 속을 탐색해본다.	가을과일 겉과 속 교구	영아는"이것봐봐요 여기 까만씨 있어요." "귤 속에는 동그라미 많이 있어요" 하며 이야기하며 반복적으로 과일의 겉과 속을 탐색했다.  
		신체 - 대근육 * 낙엽비가 내려요 - 종이낙엽을 탐색해 본다. - 낙엽을 위로 던지며 움직임을 탐색해 본다.	종이낙엽	종이낙엽을 위로 던지며 떨어지는 낙엽의 움직임을 탐색하기도 하고 친구에게 낙엽을 던져 주며 놀이하기도 했다.
		신체 - 소근육 * 같은 낙엽 찾기 - 같은 모양의 낙엽들을 분류해 본다.	3가지 모양의 낙엽	크기와 색깔이 다른 3가지 모양의 낙엽을 제시해 주었는데 영아들은 어렵지 않게 3가지 모양 낙엽을 똑같은 낙엽끼리 찾는 모습을 보였다.

		미술	* 알록달록 낙엽 왕관 만들기 - 낙엽을 충분히 탐색한다. - 낙엽을 골라서 왕관을 만들어 본다.	낙엽 표지, 사인펜, 색연필 등	영아들이 낙엽을 붙여서 왕관을 완성하자 교사가 밴드를 붙여서 왕관을 만들어 주었다. 영아들은 자기가 만든 왕관을 머리에 쓰고 "내 왕관 예쁘지?"하고 자랑하기도 하고 "나는 엄마 보여줄꺼야"하며 가방에 넣기도 했다.
		음률	* 노래부르며 탬버린 흔들기 - 좋아하는 노래를 부르며 탬버린을 흔들어 본다 - 친구와 함께 노래를 부르며 탬버린을 흔들어 본다.	탬버린	한 영아가 탬버린을 연주하며 노래를 부르자 다른 영아가 마이크를 잡고 와서 함께 노래를 부르며 탬버린을 흔들었다. 영아들은 자신이 좋아하는 노래를 친구에게 말하며 연주하고 다 부르고 난 후에는 마이크와 탬버린을 서로 바꿔서 놀이하기도 했다.  
		역할	* 가을 소풍놀이 - 가족들과 소풍을 가본 경험을 이야기 나눈 후 자연스럽게 소풍놀이를 제안해 본다. - 역할영역에 준비된 의상 및 소품을 살펴본다. - 자유롭게 놀이한다.	음식모형, 도시락, 모자, 가방, 아기인형 등	가방을 메고 소풍놀이를 하며 "나는 엄마 할게 너는 아빠해"라고 말하며 필요한 소품을 챙겨서 소풍놀이를 했다. 영아들은 벽면에 게시된 나들이 사진을 보며 "이것 봐 우리 나무보러 갔지.""우리 도시락도 먹었지" 하며 이야기하기도 했다.
		쌓기	* 칙칙폭폭 기차놀이 - 벽면에 게시된 기차사진을 탐색해 본다. - 종이블록으로 자유롭게 기차를 만들어 본다. - 친구와 함께 기차놀이를 해 본다.	기차사진, 종이블록	영아들은 종이블록으로 기차를 만들고 위에 타서 기차놀이를 했다. 앞에 앉은 영아가 "출발합니다. 타세요"라고 말하자 영아들은 기차 위에 올라타서 "칙칙폭폭 출발하세요~"하며 말하기도 했다.  

시간	활동	내용	자료	평가
9:40 ~10:00	정리정돈 및 화장실 다녀오기	**[배변활동 : 화장실에 가고 싶을 때 선생님께 이야기해요]** - 영아에게 화장실에 가고 싶은지 수시로 물어 본다. - 화장실에 가고 싶은 영아는 교사에게 이야기한다. - 물내리기, 옷입기 등 뒤처리 방법을 알려 준다. - 손씻기 순서도에 따라 손을 씻을 수 있도록 알려 준다.	수건	"선생님 쉬마려워요" 하고 이야기하는 영아에게 화장실을 다녀올 수 있도록 안내해 주고 스스로 화장실에서 소변을 본 후 물을 내리고 나올 수 있도록 이야기해 주었다.
	오전 새참	**[식사 및 새참 : 다 먹은 후에 "잘 먹었습니다" 하고 인사해요]** - 새참 준비 및 새참 먹기 전 책상을 행주로 닦는다. - 스스로 수저, 포크를 사용해서 새참을 먹는다. - 다 먹고 난 후에는 "잘 먹었습니다"하고 인사한다. - 스스로 새참 그릇을 정리해 본다. - 새참을 먹은 후 책상을 행주로 닦는다.	새참그릇	감사 인사를 한 후 스스로 새참을 먹고 정리하는 영아들을 크게 칭찬해 주고 정리를 하지 않고 가는 영아들은 정리를 할 수 있도록 격려해 주었다.
10:00 ~10:40	실외놀이 및 산책	- 생활주제와 날씨에 따라 실외에서 산책, 자연물 탐색, 교사가 준비한 놀이 활동을 한다. 〈 실외놀이 : 미끄럼틀 타기 〉 - 실외놀이터에서 미끄럼틀을 타며 놀이한다. - 공을 발로 차며 다른 영아에게 전달할 수 있다. - 안전하게 놀이 할 수 있도록 지도하며 실외놀이에 참여한다. - 우천 시 실내에서 신체활동으로 대체하여 이루어진다. [대체활동 : 스트레칭] - 교사를 따라 스트레칭을 해 본다.	미끄럼틀, 붕붕카, 공	비가와서 교실에서 스트레칭 활동으로 대체해서 놀이했다. 영아들에게 교사가 스트레칭하는 모습을 보여주자 "나도 집에서 이렇게 했어요" "나도 할 수 있어요" 하며 교사가 하는 모습을 모방했다.
	손씻기 및 화장실 다녀오기	**[배변활동 : 화장실에 가고 싶을 때 선생님께 이야기해요]** - 영아에게 화장실에 가고 싶은지 수시로 물어 본다. - 화장실에 가고 싶은 영아는 교사에게 이야기한다. - 물내리기, 옷입기 등 뒤처리 방법을 알려 준다. - 손씻기 순서도에 따라 손을 씻을 수 있도록 알려 준다.	수건	손을 먼저 씻은 영아가 친구에게 "자 이걸로 닦아"하며 건네 주는 모습을 보여서 칭찬해 주었다.
10:40 ~11:30	자유선택 활동	- 영아 스스로 선택하여 영역별로 자유선택활동을 한다. - 교사는 영아들의 활동에 참여하며 놀이가 확장될 수 있도록 긍정적인 상호작용을 한다. - 오전에 실행하지 못한 자유선택활동을 한다.	각 영역별 교구	놀이를 할 때 놀잇감을 정리하지 않고 다 꺼내서 하는 영아들이 있어서 다른 놀이를 할 때는 먼저 했던 놀잇감을 정리하고 다른 놀잇감을 꺼내서 놀이할 수 있도록 안내해 주었다.
11:30 ~12:20	점심 및 양치하기	**[식사 및 새참 : 다 먹은 후에 "잘 먹었습니다" 하고 인사해요]** - 친환경 유기농 식재료와 가공식품이나 첨가물이 들어 있지 않은 식단을 제공한다. - 오늘의 점심메뉴 소개하고 교사는 영아들이 즐거운 분위기 에서 식사를 할 수 있도록 올바른 식습관 형성을 돕는다. - 식사 후에는 "잘 먹었습니다" 하고 인사한다. - 식사를 마친 후 스스로 정리하고, 양치 및 세수를 한다.	식판, 수저, 칫솔, 치약, 컵, 수건	야채반찬을 보고 먹고 싶어하지 않는 영아들이 몇 명 있어서 교사가 먼저 맛있게 먹는 모습을 보여주고 양을 조금 덜어 주며 조금씩 먹어 볼 수 있도록 격려해 주었다.  
12:20 ~12:50	자유선택 활동	- 영아 스스로 선택하여 영역별로 자유선택활동을 한다. - 교사는 영아들의 활동에 참여하며 놀이가 확장될 수 있도록 긍정적인 상호작용을 한다. - 오전 자유선택활동을 확장하여 한다.	각 영역별 교구	각 개인의 흥미와 관심에 따라 영역활동이 골고루 이루어지도록 하고, 한 영역에서 오랫동안 활동을 계속하는 영아들은 다른 영역에도 관심을 갖도록 도와 주었다.

12:50 ~14:30	낮잠 및 조용한 놀이 정리정돈 및 화장실 다녀오기	- 약을 복용해야 하는 영아는 약을 먹는다. **[낮잠 및 휴식 : 편안히 누워 잠이 들어요]** - 개별이불과 베개를 준비하고 편히 잠들 수 있는 분위기를 만들어 준다. - 늦게 잠들거나 일찍 일어나는 영아는 휴식을 갖거나 조용한 놀이에 참여한다. - 누워있던 이부자리와 사용했던 교구를 정리한다. **[배변활동 : 화장실에 가고 싶을 때 선생님께 이야기해요]** - 화장실에 가고 싶은 영아는 교사에게 이야기한다..	이불, 베개, 수건, 자장가 cd, 카세트	낮잠에 들지 못하는 영아들은 교사가 토닥여서 잘 수 있도록 도와주고 일찍일어난 영아들은 책을 보거나 미술영역에서 조용한 활동을 할 수 있도록 안내해 주었다.
14:30 ~15:00	자유선택 활동	- 영아 스스로 선택하여 영역별로 자유선택활동을 한다. - 교사는 영아들의 활동에 참여하며 놀이가 확장될 수 있도록 긍정적인 상호작용을 한다. - 오전 자유선택활동을 확장하여 한다.	각 영역별 교구	각 영역별로 모든 영아를 관찰하고, 모든 영역에서 놀이를 할 수 있도록 실행하였다.
15:00 ~15:30	오후 새참	**[식사 및 새참 : 다 먹은 후에 "잘먹었습니다" 하고 인사해요]** - 새참 준비 및 새참 먹기 전 책상을 행주로 닦는다. - 스스로 수저, 포크를 사용해서 새참을 먹는다. - 다 먹고 난 후에는 "잘먹었습니다" 하고 인사한다. - 스스로 새참 그릇을 정리해본다. - 새참을 먹은 후 책상을 행주로 닦는다.	새참그릇, 포크	새참을 보자 "나는 감자 엄청 좋아해요" 하며 포크를 사용해서 감자를 먹는 영아를 칭찬해 주고 잘 먹지 않는 영아는 격려해 주며 맛있게 새참을 먹을 수 있도록 도와 주었다.
15:30 ~18:00	실내자유선택 활동 및 순차적 귀가	- 오전에 마무리 하지 못했던 개별 활동을 연계, 확장하도록 돕는다. - 원아수첩, 가정통신문, 작품 등 소지품을 가방에 정리 할 수 있도록 하고 머리, 옷 입기, 등을 단정히 할 수 있도록 도움을 준다. **[귀가 및 가족과의 연계 : 하원하며 가을나무 살펴보기]** - 부모님이 오시면 교실에 있는 친구들과 인사를 나누고 하원하며 가을나무를 살펴보기로 부모님과 이야기해 본다.	머리빗	순차적으로 하원을 준비하고 하원하는 친구들과 웃으며 인사를 나눠 보았다. 교사가 먼저 하원하는 친구들에게 웃으며 "OOO아~ 잘가요~ 내일 웃으면서 만나자~"라고 말하자 다른 영아들도 "안녕 내일 또 보자"하며 웃으며 인사를 했다.
18:00 ~19:30	통합보육 및 귀가지도	- 마지막 차량이 나가면 통합보육실로 이동하며 순차적으로 귀가한다. - 통합교실에서 과도한 자극을 줄일 수 있는 활동으로 변화를 준다.	각 영역별 교구	교사가 먼저 바른 자세로 인사를 하며 영아가 바르게 인사할 수 있도록 유도하고 격려해 주었다.

일일평가	등, 하원하면서 주변에서 볼 수 있는 것들이 교실에 교구로 많이 제시되 있어서 영아들이 더 흥미를 보이며 활동하는 모습을 보였다. 그리고 미술영역에서 낙엽 왕관을 만들 때는 서로 친구의 왕관을 보며 "OO아 너 왕관 멋지다"하며 칭찬해 주기도 하고 언어영역에서는 낙엽모양 종이에 끼적인 후 친구에게 선물이라며 전달해 주는 모습도 보였다.				
재적, 출석, 결석 및 결석사유	재 적	남 : 5 여 : 3	출 석	남 : 5 여 : 3	결석원아
안전사고 및 특이사항	놀잇감 소독			입 · 퇴소 원아	
내일 수업 준비 및 기타 사항					

출처: 혜원어린이집(2014).

일일보육계획 및 일지

담 임	주 임	원 장
현은미		

2014년 10월 22일 수요일 보름이반 연령 : 만 2세 날씨:

생활 주제	알록달록 가을이에요	소주제	자연물로 놀이해요
목표	- 가을에 나는 열매를 탐색해 보고 활동해 본다.		

시간	주요 일과	활동계획 및 내용			준비물 및 유의점	실행 및 평가
7:30 ~8:40	등원 및 인사나누기	[등원 및 맞이하기 : 선생님을 만나면 고개숙여 인사해요] - 웃는 얼굴로 반갑게 등원하는 영아들과 인사 나누고 영아가 입고 온 옷차림에 대해 이야기 나눠 본다. - 손 소독을 한 후 자신의 사진이 붙어 있는 사물함에 가방을 정리한다. - 영아의 기분에 대해 이야기 나눠 보고 원아수첩을 확인한다. - 등원한 순서대로 자유롭게 놀이하도록 한다.			원아수첩, 정리바구니	교실로 들어와서 교사에게 다가와 "안녕하세요~"라고 인사하고 "나 이제 인사 잘하지요?" 하며 이야기했다. 교사가 칭찬해 주자 "나 내일도 인사 잘할께요"라고 말했다.
8:40 ~9:40	자유선택 활동	- 영아 스스로 선택하여 영역별로 자유선택활동을 한다. - 교사는 영아들의 활동에 참여하며 놀이가 확장될 수 있도록 긍정적인 상호작용을 한다.				각 영역별로 모든 영아들이 자유롭게 놀이를 할 수 있도록 하였다.
		언어	* 나뭇잎모양 종이에 끼적이기 - 낙엽 모양종이에 자유롭게 끼적여 본다. 완성된 나뭇잎 종이를 벽면에 게시하고 영아와 함께 이야기해 본다.		낙엽모양 종이 사인펜, 색연필	낙엽모양 종이에 끼적거리며 "이건 빨간색이야 나뭇잎이랑 똑같아" "이건 노란색이랑 이 나뭇잎이랑 똑같아" 하며 낙엽과 똑같은 색 색연필을 찾아서 끼적거리는 모습을 보였다.
		탐색	* 가을과일 겉과 속 - 가을 과일의 겉과 속을 탐색해 본다. - 과일의 모습을 그림으로 표현해 본다.		가을과일 겉과 속 교구, 이면지, 색연필	영아와 사과의 모습을 충분 탐색해 보고 그림으로 표현해 보며 확장해 보았다. 영아는 빨간색 색연필로 동그라미 모양을 그리고는 "이거 동그라미에요 사과~" 하고 이야기하며 사과의 모습을 그림으로 표현했다.  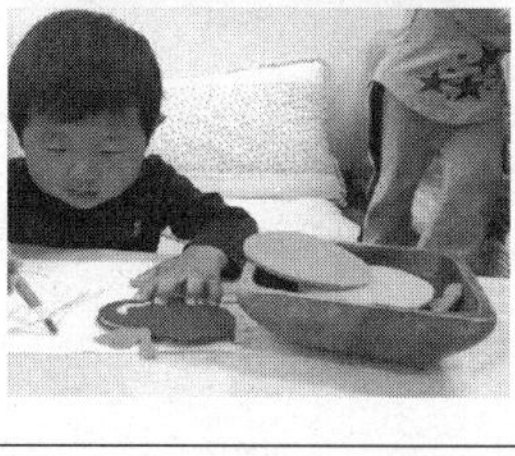
		신체	대근육	* 낙엽비가 내려요 - 낙엽을 위로 던지며 움직임을 탐색해 본다. - 종이낙엽으로 친구와 함께 놀이한다.	종이낙엽	영아들은 종이낙엽을 위로 던지며 "이것봐봐 떨어진다. 엄청 많지?" 하며 말하기도 하고 "하나, 둘, 셋"하고 던지기도 했다. 찢어진 종이 낙엽이 있어서 찾아서 버리고 새로운 종이낙엽을 제시해 주기도 했다.
			소근육	* 같은 낙엽 찾기 - 똑같이 생긴 낙엽을 찾아본다. - 친구와 함께 똑같은 낙엽을 찾아본다.	3가지 모양의 낙엽	낙엽을 하나씩 꺼내며 "이건 갈색 낙엽이야" "내꺼는 초록색이야" 하며 서로 색깔을 이야기하며 같은 낙엽을 찾아서 분류하는 모습을 보였다.

		미술	* 알록달록 낙엽 왕관 만들기 - 낙엽을 골라서 왕관을 만들어 본다. - 내가 만든 왕관을 쓰고 친구와 함께 놀이한다.	낙엽표지 사인펜, 색연필 등	낙엽을 붙여서 왕관을 만들고 교사가 머리띠로 만들어 주자 친구와 함께 왕관을 끼고 놀이했다. 친구가 만든 왕관을 보며 "멋지다" 하고 이야기해 주기도 하고 낙엽을 하나 더 붙여 주기도 했다.  
		음률	* 노래부르며 탬버린 흔들기 - 좋아하는 노래를 부르며 탬버린을 흔들어 본다. - 탬버린 외에 좋아하는 다른 악기를 연주하며 노래를 불러 본다.	탬버린, 곡식, 마라카스, 실로폰 등	좋아하는 노래를 부르며 탬버린을 흔들어 보기도 하고 다른 좋아하는 악기를 가지고 와서 연주하며 노래를 불러보기도 했다. 영아들은 노래를 몇 곡 부르며 악기를 바꿔 가며 놀이하는 모습을 보였다.
		역할	* 가을 소풍놀이 - 가족들과 소풍을 가본 경험을 이야기 나눈 후 자연스럽게 소풍놀이를 제안해 본다. - 역할영역에 준비된 의상 및 소품을 살펴본다. - 자유롭게 놀이한다.	음식모형, 도시락, 모자, 가방, 아기인형 등	친구와 소풍 갔었던 경험을 말하며 "소풍 갈 때 과일도 있어야지" "나는 샌드위치 먹었어" 하며 이야기하고 음식을 꺼내서 소풍 장소에서 도시락을 먹는 흉내를 내며 놀이했다.  
		쌓기	* 칙칙폭폭 기차놀이 - 벽면에 게시된 기차사진을 탐색해 본다. - 종이블록으로 자유롭게 기차를 만들어 본다. - 친구와 함께 기차놀이를 해 본다.	기차사진, 종이블록	종이블록으로 기차를 만들며 놀이하다가 한 영아가 "우리 파란기차 만들자"라고 말하자 영아들은 파란색 종이블록만을 사용해서 파란 기차를 만들었다. 파란색으로만 기차를 만들다 보니 파란색 종이블록이 조금 부족해서 교사가 파란색 종이블록으로 몇 개 더 꺼내서 제공해 주자 영아들은 파란색 기차를 완성했다.
9:40 ~10:00	정리정돈 및 화장실 다녀오기	[배변활동 : 화장실에 가고 싶을 때 선생님께 이야기해요] - 영아에게 화장실에 가고 싶은지 수시로 물어 본다. - 화장실에 가고 싶은 영아는 교사에게 이야기한다. - 물내리기, 옷입기 등 뒤처리 방법을 알려 준다. - 손씻기 순서도에 따라 손을 씻을 수 있도록 알려 준다.		수건	화장실을 다녀 온 영아의 옷을 단정하게 입혀 주고 손을 씻고 오지 않는 영아는 세면대에서 손을 씻고 나올 수 있도록 안내해 주었다.

시간	활동	내용	자료	기록
	오전 새참	[식사 및 새참 : 다 먹은 후에 "잘 먹었습니다" 하고 인사해요] – 새참 준비 및 새참 먹기 전 책상을 행주로 닦는다. – 스스로 수저, 포크를 사용해서 새참을 먹는다. – 다 먹고 난 후에는 "잘 먹었습니다" 하고 인사한다. – 스스로 새참 그릇을 정리해 본다. – 새참을 먹은 후 책상을 행주로 닦는다.	새참그릇, 숟가락	오늘 새참을 이야기해 주고 스스로 숟가락을 사용해서 먹을 수 있도록 격려해 주었다. 새참을 모두 먹고 난 후에 "잘 먹었습니다." 하고 인사하는 영아를 칭찬해 주자 다른 영아들도 모두 정리하며 "잘 먹었습니다." 하고 말했다.  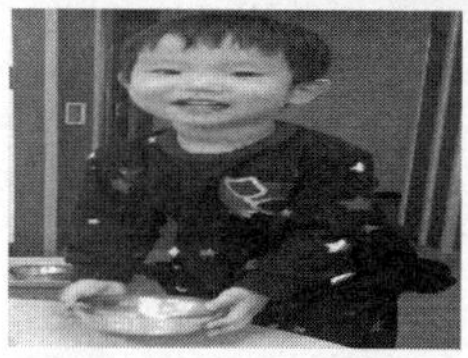
10:00 ~10:40	실외놀이 및 산책	– 생활주제와 날씨에 따라 실외에서 산책, 자연물 탐색 교사가 준비한 놀이 활동을 한다. 〈 실외놀이 : 미끄럼틀 타기 〉 – 어린이집 놀이터에서 자유롭게 미끄럼틀을 탄다. – 공을 발로 차며 다른 영아에게 전달할 수 있다. – 안전하게 놀이 할 수 있도록 지도하며 실외놀이에 참여한다. – 우천 시 실내에서 신체활동으로 대체하여 이루어진다. **[대체활동 : 스트레칭]** – 교사를 따라 스트레칭을 해 본다.	미끄럼틀, 붕붕카, 공	어린이집 놀이터에서 자유롭게 미끄럼틀을 타고 다른 놀이를 하고 싶은 영아들은 투호, 붕붕카 타기, 공놀이 활동을 할 수 있도록 안내해 주었다.
	손씻기 및 화장실 다녀오기	**[배변활동 : 화장실에 가고 싶을 때 선생님께 이야기해요]** – 영아에게 화장실에 가고 싶은지 수시로 물어 본다. – 화장실에 가고 싶은 영아는 교사에게 이야기한다. – 물내리기, 옷입기 등 뒤처리 방법을 알려 준다. – 손씻기 순서도에 따라 손을 씻을 수 있도록 알려 준다.	수건	영아들에게 화장실에 가고 싶은지 수시로 물어 보고 화장실을 다녀온 영아들은 물을 내리고 나올 수 있도록 이야기해 주었다.
10:40 ~11:30	자유선택 활동	– 영아 스스로 선택하여 영역별로 자유선택활동을 한다. – 교사는 영아들의 활동에 참여하며 놀이가 확장될 수 있도록 긍정적인 상호작용을 한다. – 오전에 실행하지 못한 자유선택활동을 한다. * 안전교육(119에 신고해요) – 불이 났을 때 어떻게 해야 하는지 말해 본다. – 119에 전화하는 방법을 알아본다.	각 영역별 교구, 핸드폰	역할영역에서 아기인형을 가지고 놀이하는 영아들에게 다가가서 "OO이가 음식을 하고 있네, 그런데 만약에 음식을 하다가 불이 나면 어떻게 해야 할까?"라고 물어 보고 상호작용을 통해 불이났을 때는 119에 신고해야 한다는 것을 알아보았다. 영아들은 교사가 다른 영역으로 가서 놀이할 때에도 "불이나면 119에 전화해야 되!!" 하며 이야기했다. 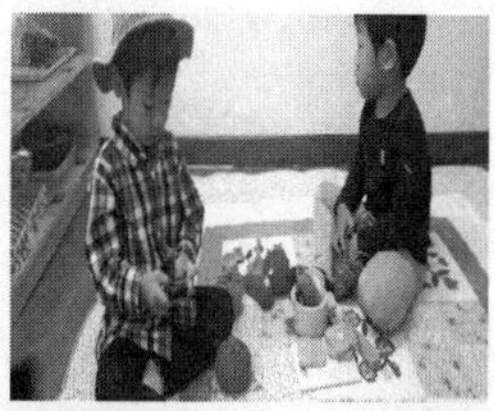 

11:30 ~12:20	점심 및 양치하기	**[식사 및 새참 : 다 먹은 후에 "잘 먹었습니다" 하고 인사해요]** - 친환경 유기농 식재료와 가공식품이나 첨가물이 들어 있지 않은 식단을 제공한다. - 오늘의 점심메뉴 소개하고 교사는 영아들이 즐거운 분위기에서 식사를 할 수 있도록 올바른 식습관 형성을 돕는다. - 식사 후에는 "잘 먹었습니다" 하고 인사한다. - 식사를 마친 후 스스로 정리하고, 양치 및 세수를 한다.	식판, 수저, 칫솔, 치약, 컵, 수건	숟가락과 포크를 사용해서 스스로 먹는 영아를 칭찬해 주고 마무리가 힘든 영아는 교사가 함께 손을 잡고 깨끗하게 먹을 수 있도록 도와 주었다.
12:20 ~12:50	자유선택 활동	- 영아 스스로 선택하여 영역별로 자유선택활동을 한다. - 교사는 영아들의 활동에 참여하며 놀이가 확장될 수 있도록 긍정적인 상호작용을 한다. - 오전 자유선택활동을 확장하여 한다.	각 영역별 교구	각 영역별로 모든 영아를 관찰하고, 모든 영역에서 놀이를 할 수 있도록 실행하였다.
12:50 ~14:30	낮잠 및 조용한 놀이 정리정돈 및 화장실 다녀오기	- 약을 복용해야 하는 영아는 약을 먹는다. **[낮잠 및 휴식 : 편안히 누워 잠이들어요]** - 개별이불과 베개를 준비하고 편히 잠들 수 있는 분위기를 만들어 준다. - 늦게 잠들거나 일찍 일어나는 영아는 휴식을 갖거나 조용한 놀이에 참여한다. - 누워 있던 이부자리와 사용했던 교구를 정리한다. **[배변활동 : 화장실에 가고 싶을 때 선생님께 이야기해요]** - 화장실에 가고 싶은 영아는 교사에게 이야기한다.	이불, 베개, 수건, 자장가 cd, 카세트	낮잠을 자고 일어난 후 스스로 이불을 정리하는 영아들은 칭찬해 주고 정리하지 않는 영아들에게는 "00아 선생님이 정리 도와 줄까?"라고 물어 보고 함께 정리를 해 보았다.
14:30 ~15:00	자유선택 활동	- 영아 스스로 선택하여 영역별로 자유선택활동을 한다. - 교사는 영아들의 활동에 참여하며 놀이가 확장될 수 있도록 긍정적인 상호작용을 한다. - 오전 자유선택활동을 확장하여 한다.	각 영역별 교구	각 개인의 흥미와 관심에 따라 영역활동이 골고루 이루어지도록 하고, 한 영역에서 오랫동안 활동을 계속 하는 영아들은 다른 영역에도 관심을 갖도록 도와 주었다.
15:00 ~15:30	오후 새참	**[식사 및 새참 : 다 먹은 후에 "잘 먹었습니다" 하고 인사해요]** - 새참 준비 및 새참 먹기 전 책상을 행주로 닦는다. - 스스로 수저, 포크를 사용해서 새참을 먹는다. - 다 먹고 난 후에는 "잘 먹었습니다" 하고 인사한다. - 스스로 새참 그릇을 정리해 본다. - 새참을 먹은 후 책상을 행주로 닦는다.	새참그릇, 포크	새참을 가끔 손으로 집어 먹는 영아가 있어서 새참은 포크로 먹어야 함을 이야기해 주고 포크를 사용해서 먹을 수 있도록 격려해 주었다.
15:30 ~18:00	실내자유선 택활동 및 순차적 귀가	- 오전에 마무리하지 못했던 개별 활동을 연계, 확장하도록 돕는다. - 원아수첩, 가정통신문, 작품 등 소지품을 가방에 정리할 수 있도록 하고 머리, 옷 입기 등을 단정히 할 수 있도록 도움을 준다. **[귀가 및 가족과의 연계 : 하원하며 가을나무 살펴보기]** - 부모님이 오시면 교실에 있는 친구들과 인사를 나누고 하원하며 가을나무를 살펴보기로 부모님과 이야기해 본다..	머리빗	부모님이 오시자 부모에게 먼저 달려가지 않고 자기 사물함에 가서 가방을 챙기고 신발을 꺼내는 모습을 보이는 영아를 칭찬해 주었다. 그리고 하원하기 전 남아 있는 친구들과 인사를 하고 하원할 수 있도록 격려해 주었다.
18:00 ~19:30	통합보육 및 귀가지도	- 마지막 차량이 나가면 통합보육실로 이동하며 순차적으로 귀가한다. 통합교실에서 과도한 자극을 줄일 수 있는 활동으로 변화를 준다.	각 영역별 교구	실행
일일평가		영아들이 직접 공원에서 주워 오거나 집에서 가지고 온 나뭇잎으로 왕관을 만들어 보았는데 영아들은 "이건 내가 아빠랑 주워 왔어." "나는 공원에서 노란낙엽 가져왔어." 하며 자신이 가지고 온 나뭇잎을 친구에게 소개해 주고 활동도 활발하게 이루워졌다. 영아들이 직접 가지고 오고나 주워 와서 더 잘 이루워진 것 같다. 앞으로도 활동을 준비할 때 교사가 모두 준비하기보다는 가정연계를 통해서 영아들이 재료를 준비해 보는 활동도 자주 계획하면 좋을 것 같다.		
재적, 출석, 결석 및 결석사유		재 적 남 : 5 여 : 3 / 출 석 남 : 5 여 : 3 / 결석원아		
안전사고 및 특이사항		놀잇감 소독	입 · 퇴소 원아	
내일 수업 준비 및 기타 사항				

출처: 혜원어린이집(2014).

일일보육계획 및 일지

2014년 10월 23일 목요일 보름이반 연령 : 만 2세 날씨:

담 임	주 임	원 장
현은미		

생활주제	알록달록 가을이에요	소주제	자연물로 놀이해요
목표	- 가을에 나는 열매를 탐색해 보고 활동해 본다.		

시간	주요 일과	활동계획 및 내용	준비물 및 유의점	실행 및 평가
7:30 ~8:40	등원 및 인사나누기	**[등원 및 맞이하기 : 선생님을 만나면 고개숙여 인사해요]** - 웃는 얼굴로 반갑게 등원하는 영아들과 인사나누고 영아가 입고 온 옷차림에 대해 이야기 나눠 본다. - 손 소독을 한 후 자신의 사진이 붙어있는 사물함에 가방을 정리한다. - 영아의 기분에 대해 이야기 나눠 보고 원아수첩을 확인한다. - 등원한 순서대로 자유롭게 놀이하도록 한다.	원아수첩, 정리바구니, 손인형	순차적으로 등원하는 영아들에 반갑게 인사를 나누고 신발장에서 자신의 사진을 찾아서 스스로 신발을 넣을 수 있도록 격려해 주었다. 신발을 스스로 벗기 힘들어 하는 영아는 교사가 함께 손을 잡고 신발을 벗을 수 있도록 도와 주었다.
8:40 ~9:40	자유선택 활동	- 영아 스스로 선택하여 영역별로 자유선택활동을 한다. - 교사는 영아들의 활동에 참여하며 놀이가 확장될 수 있도록 긍정적인 상호작용을 한다.		각 영역별로 모든 영아들이 자유롭게 놀이를 할 수 있도록 하였다.
		언어 * 동화- 톡톡 감이 떨어지네 - 동화책에 흥미를 보이는 영아에게 동화를 들려준다. - 자유롭게 동화책을 본다. - 끼적이기판에 끼적여 본다.	톡톡 감이 떨어지네 동화, 끼적이기판, 매직, 지우개	책에 흥미를 보이는 영아에게 교사가 동화를 들려주고 영아는 자유롭게 책을 보며 "이건 감나무지", "감이 엄청 많이 있어" 하며 이야기했다. 그리고 끼적이기판에 끼적거리며 "이건 감이야 주황색감" 하고 책에서 본 감을 표현했다.  
		탐색 * 솔방울 옮기기 - 솔방울을 충분히 탐색해 본다. - 손가락으로 솔방울을 잡고 다른 바구니로 옮겨 본다.	솔방울 그릇	그릇에 있는 솔방울을 충분히 탐색해 보고 손가락을 사용해서 솔방울을 다른 바구니로 옮겨 보았다. 영아들은 솔방울을 탐색하며 "선생님 솔방울은 무슨색이에요?" 하고 물어 봐서 "솔방울은 갈색이야" 하고 알려 주자, "솔방울은 갈색이지" 하며 친구와 함께 이야기했다.

		영역		활동	자료	평가
		신체	대근육	* 낙엽비가 내려요 - 종이낙엽으로 친구와 함께 놀이한다. - 종이낙엽을 뿌리며 몸을 움직여 본다.	종이낙엽 바구니	영아들은 종이낙엽을 뿌리며 폴짝폴짝 뛰거나 점프하며 놀이했다. 그리고 몇몇 영아들은 "그대로 멈춰라." 노래를 부르며 활동하기도 했다.
			소근육	* 같은 낙엽 찾기 - 똑같이 생긴 낙엽을 찾아본다. - 3가지 낙엽의 수를 세어 본다.	3가지 모양의 낙엽	똑같은 낙엽끼리 분류하고 낙엽의 수를 세어 보았다. 하나, 둘, 셋, 넷 하며 스스로 숫자를 세는 영아들은 스스로 세어 볼 수 있도록 격려해 주고 아직 수세기가 어려운 영아는 교사와 함께 세어 보았다.  
		미술		* 색깔공을 굴려 그림그리기 - 종이가 든 바구니와 볼풀공을 탐색해 본다. - 공에 물감을 묻혀 바구니에 넣고 자유롭게 움직여 본다.	물감, 볼풀공, 바구니, 종이	볼풀공에 물감을 묻혀서 바구니에 넣고 자유롭게 움직이며 색깔 그림을 그려 보았다. 영아들은 공이 움직이는 모습을 탐색하며 "굴러가네." "데굴데굴 굴러가요" 하며 말하기도 했다.  
		음률		* 가을바람 노래부르기 - 가을바람 노래를 반복적으로 들려주고 함께 불러 본다. - 노래를 부르며 몸을 움직여 본다.	가을바람 mp3, 카세트	가을바람 노래를 반복적으로 들어 보고 함께 불러 보았다. 노래를 알고 있는 영아들이 있어서 따라 부르기도 했고 노래를 부르며 몸을 움직이기도 했다.

시간	활동	영역	내용	자료	관찰
		역할	* 낙엽을 청소해요 – 청소한 경험이나 청소한 모습을 본 경험을 이야기해 본다. – 빗자루과 낙엽을 탐색해 본다. – 빗자루와 쓰레받기를 이용해 낙엽을 청소해 본다.	낙엽, 빗자루, 쓰레받기	영아는 빗자루와 쓰레받기를 꺼내서 "나도 집에서 엄마랑 청소했어" 하고 말하고 낙엽을 바닥에 뿌려서 빗자루와 쓰레받기로 청소를 했다. 낙엽을 다 청소한 후에는 "아 깨끗하네!" 하고 말하기도 했다.  
		쌓기	* 블록 돗자리 만들기 – 사각블록을 끼워 보거나 자유롭게 탐색해 본다. – 사각블록을 여러 개 연결해서 더 넓게 만들어 볼 수 있도록 격려하고 돗자리처럼 만들어 본다. – 완성된 돗자리에서 함께 놀이해 본다.	사각블록	사각블록을 충분히 탐색해 보고 여러 개를 끼워서 넓게 만들어 보았다. 영아들은 사각블록을 끼우면서 한 영아가 블록바구니에서 블록을 찾아서 건네 주면 한 영이는 블록을 끼우며 협동해서 놀이하는 모습을 보였다.
9:40 ~10:00	정리정돈 및 화장실 다녀오기		**[배변활동 : 화장실에 가고 싶을 때 선생님께 이야기해요]** – 영아에게 화장실에 가고 싶은지 수시로 물어 본다. – 화장실에 가고 싶은 영아는 교사에게 이야기한다. – 물내리기, 옷입기 등 뒤처리 방법을 알려 준다. – 손씻기 순서도에 따라 손을 씻을 수 있도록 알려 준다.	수건	영아들에게 화장실에 가고 싶은지 수시로 물어 보고 화장실을 다녀 온 영아들은 물을 내리고 손을 씻고 나올 수 있도록 안내해 주었다.
	오전 새참		**[식사 및 새참 : 다 먹은 후에 '잘 먹었습니다' 하고 인사해요]** – 새참 준비 및 새참 먹기 전 책상을 행주로 닦는다. – 스스로 수저, 포크를 사용해서 새참을 먹는다. – 다 먹고 난 후에는 "잘 먹었습니다" 하고 인사한다. – 스스로 새참 그릇을 정리해 본다. – 새참을 먹은 후 책상을 행주로 닦는다.	컵	감사인사를 한 후 새참을 먹고 다 먹고 난 후에는 그릇과 포크를 스스로 정리할 수 있도록 격려해 주었다.
10:00 ~10:40	실외놀이 및 산책		– 생활주제와 날씨에 따라 실외에서 산책, 자연물 탐색, 교사가 준비한 놀이 활동을 한다. 〈실외놀이 : 자연물로 놀이해요〉 – 자연물을 탐색해 본다. – 자연물을 가지고 자유롭게 놀이한다. – 안전하게 놀이 할 수 있도록 지도하며 실외놀이에 참여한다. – 우천 시 실내에서 신체활동으로 대체하여 이루어진다.. **[대체활동 : 스트레칭]** – 교사를 따라 스트레칭을 해 본다.	낙엽, 나뭇잎, 솔방울 등	미리 주워온 자연물을 어린이집 마당 잔디밭에 두고 찾아서 탐색해 보았다. 영아들은 나뭇잎과 솔방울 등을 주우며 "이것 봐 여기 솔방울 있어." "나도 솔방울 찾았어 똑같네!" 하며 말하기도 하고 낙엽을 여러 개 주워서 낙엽날리기 활동을 하기도 했다.

	손씻기 및 화장실 다녀오기	[배변활동 : 화장실에 가고 싶을 때 선생님께 이야기해요] - 영아에게 화장실에 가고 싶은지 수시로 물어 본다. - 화장실에 가고 싶은 영아는 교사에게 이야기한다. - 물내리기, 옷 입기 등 뒤처리 방법을 알려 준다. - 손씻기 순서도에 따라 손을 씻을 수 있도록 알려 준다.	수건	화장실 앞에서 실수한 영아가 있어서 교사가 깨끗하게 닦아 주고 여벌옷으로 갈아 입혀 주었다.
10:40 ~11:30	자유선택 활동	- 영아 스스로 선택하여 영역별로 자유선택활동을 한다. - 교사는 영아들의 활동에 참여하며 놀이가 확장될 수 있도록 긍정적인 상호작용을 한다. - 오전에 실행하지 못한 자유선택활동을 한다.	각 영역별 교구	각 영역별로 모든 영아들이 자유롭게 놀이를 할 수 있도록 하였다.
11:30 ~12:20	점심 및 양치하기	[식사 및 새참 : 다 먹은 후에 "잘 먹었습니다" 하고 인사해요] - 친환경 유기농 식재료와 가공식품이나 첨가물이 들어 있지 않은 식단을 제공한다. - 오늘의 점심메뉴 소개하고 교사는 영아들이 즐거운 분위기에서 식사를 할 수 있도록 올바른 식습관 형성을 돕는다. - 식사후에는 "잘 먹었습니다" 하고 인사한다. - 식사를 마친 후 스스로 정리하고, 양치 및 세수를 한다.	식판, 수저, 칫솔, 치약, 컵, 수건	점심을 먹을 때 편식을 하면서 음식을 가리는 영아가 있어 교사 맛있게 먹는 보여주면서 골고루 먹을 수 있도록 도와주고 먹고 난 후 자기 식판을 스스로 정리할 수 있도록 하였다.
12:20 ~12:50	자유선택 활동	- 영아 스스로 선택하여 영역별로 자유선택활동을 한다. - 교사는 영아들의 활동에 참여하며 놀이가 확장될 수 있도록 긍정적인 상호작용을 한다. - 오전 자유선택활동을 확장하여 한다.	각 영역별 교구	각 개인의 흥미와 관심에 따라 영역활동이 골고루 이루어지도록 하고, 한 영역에서 오랫동안 활동을 계속 하는 영아들은 다른 영역에도 관심을 갖도록 도와 주었다.
12:50 ~14:30	낮잠 및 조용한 놀이 정리정돈 및 화장실 다녀오기	- 약을 복용해야 하는 영아는 약을 먹는다. [낮잠 및 휴식 : 편안히 누워 잠이 들어요] - 개별이불과 베개를 준비하고 편히 잠들 수 있는 분위기를 만들어 준다. - 늦게 잠들거나 일찍 일어나는 영아는 휴식을 갖거나 조용한 놀이에 참여한다. - 누워있던 이부자리와 사용했던 교구를 정리한다. [배변활동 : 화장실에 가고 싶을 때 선생님께 이야기해요] - 화장실에 가고 싶은 영아는 교사에게 이야기한다..	이불, 베개, 수건, 자장가 cd, 카세트	개별침구를 준비해 주고 영아들이 편안하게 잠을 잘 수 있도록 조용한 음악을 틀어 주었다. 그리고 잠이든 영아들을 살피며 이불을 잘 덮어 주었다.  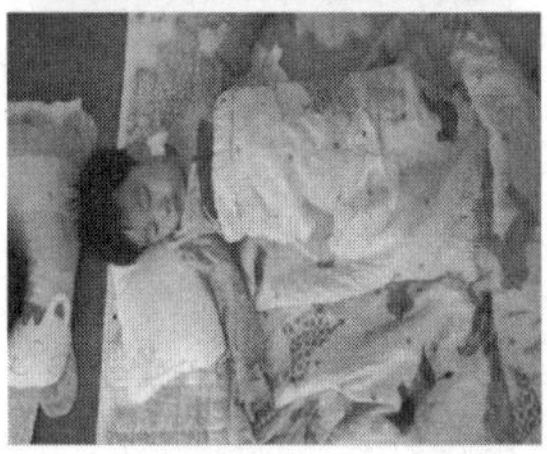
14:30 ~15:00	자유선택 활동	- 영아 스스로 선택하여 영역별로 자유선택활동을 한다. - 교사는 영아들의 활동에 참여하며 놀이가 확장될 수 있도록 긍정적인 상호작용을 한다. - 오전 자유선택활동을 확장하여 한다.	각 영역별 교구	각 영역별로 모든 영아를 관찰하고, 모든 영역에서 놀이를 할 수 있도록 실행하였다.

<table>
<tr><td>15:00
~15:30</td><td>오후 새참</td><td>[식사 및 새참 : 다 먹은 후에 '잘 먹었습니다' 하고 인사해요]
- 새참 준비 및 새참 먹기 전 책상을 행주로 닦는다.
- 스스로 수저, 포크를 사용해서 새참을 먹는다.
- 다 먹고 난 후에는 "잘 먹었습니다" 하고 인사한다.
- 스스로 새참 그릇을 정리해 본다.
- 새참을 먹은 후 책상을 행주로 닦는다.</td><td>새참그릇, 포크</td><td>영아들의 손을 깨끗이 씻고 책상에 앉은 후 감사의 인사를 한 후 먹을 수 있도록 하였다. 몇몇 영아가 새참을 먹으면서 책상 주변을 돌아다니는 모습을 보여 바르게 앉아 먹을 수 있도록 도와 주었다.</td></tr>
<tr><td>15:30
~18:00</td><td>실내자유선택활동 및 순차적 귀가</td><td>- 오전에 마무리하지 못했던 개별 활동을 연계, 확장하도록 돕는다.
- 원아수첩, 가정통신문, 작품 등 소지품을 가방에 정리할 수 있도록 하고 머리, 옷 입기 등을 단정히 할 수 있도록 도움을 준다.
[귀가 및 가족과의 연계 : 하원하며 가을나무 살펴보기]
- 부모님이 오시면 교실에 있는 친구들과 인사를 나누고 하원하며 가을나무를 살펴보기로 부모님과 이야기해 본다.</td><td>머리빗</td><td>하원하기 전 옷과 머리를 단정히 하고 교사와 인사를 나눈 후 하원할 수 있도록 도와 주었다.</td></tr>
<tr><td>18:00
~19:30</td><td>통합보육 및 귀가지도</td><td>- 마지막 차량이 나가면 통합보육실로 이동하며 순차적으로 귀가한다.
- 통합교실에서 과도한 자극을 줄일 수 있는 활동으로 변화를 준다.</td><td>각 영역별 교구</td><td>집에 가기 전에 선생님과 친구들에게 "안녕히 계세요.", "안녕 내일 보자"라고 이야기할 수 있도록 도와 주었다.</td></tr>
<tr><td colspan="2">일일평가</td><td colspan="3">미리 주워온 자연물을 가지고 실외활동 시간에 자유롭게 놀이해 보았는데 영아들은 교사가 이야기해 주지 않아도 친구와 함께 똑같은 자연물을 찾거나, 나뭇잎을 많이 모아서 머리 위로 던지며 놀이하는 모습을 보였다. 실내활동 시간에 자연물을 가지고 똑같은 자연물 찾기, 나뭇잎 던지기 활동을 했던 경험을 생각하고 밖에서 연계해서 활동하는 모습을 보여서 기특해 보였다.</td></tr>
<tr><td colspan="2">재적, 출석, 결석 및 결석사유</td><td colspan="3">재 적 | 남 : 5 여 : 3 | 출 석 | 남 : 5 여 : 3 | 결석원아 | </td></tr>
<tr><td colspan="2">안전사고 및 특이사항</td><td>놀잇감 소독</td><td>입 · 퇴소 원아</td><td></td></tr>
<tr><td colspan="2">내일 수업 준비 및 기타 사항</td><td colspan="3"></td></tr>
</table>

출처: 혜원어린이집(2014).

일일보육계획 및 일지

담 임	주 임	원 장
현은미		

2014년 10월 24일 금요일 보름이반 연령 : 만 2세 날씨:

생활 주제	알록달록 가을이에요	소주제	자연물로 놀이해요
목표	- 가을에 나는 열매를 탐색해 보고 활동해 본다.		

시간	주요 일과	영역	세부	활동계획 및 내용	준비물 및 유의점	실행 및 평가
7:30 ~8:40	등원 및 인사나누기			[등원 및 맞이하기 : 선생님을 만나면 고개숙여 인사해요] - 웃는 얼굴로 반갑게 등원하는 영아들과 인사나누고 영아가 입고 온 옷차림에 대해 이야기 나눠 본다. - 손 소독을 한 후 자신의 사진이 붙어 있는 사물함에 가방을 정리한다. - 영아의 기분에 대해 이야기 나눠 보고 원아수첩을 확인한다. - 등원한 순서대로 자유롭게 놀이하도록 한다.	원아수첩, 정리 바구니	등원하는 영아들과 밝은 목소리로 인사를 나누고 건강상태를 확인한 후 가방에서 약을 확인한 후 정리해 주었다. 스스로 수첩을 꺼내서 정리하는 영아들은 크게 칭찬해 주었다.
8:40 ~9:40	자유선택 활동			- 영아 스스로 선택하여 영역별로 자유선택활동을 한다. - 교사는 영아들의 활동에 참여하며 놀이가 확장될 수 있도록 긍정적인 상호작용을 한다.		각 영역별로 모든 영아들이 자유롭게 놀이를 할 수 있도록 하였다.
		언어		* 동화 - 툭툭 감이 떨어지네 - 동화책에 흥미를 보이는 영아에게 동화를 들려준다. - 자유롭게 동화책을 본다. - 끼적이기판에 끼적여 본다.	툭툭 감이떨어지네 동화, 끼적이기판, 매직	친구와 함께 책을 보며 "이거 감나무야", "나도 마트에서 감사서 먹었어" 하며 이야기했다. 그리고 끼적이기판에 끼적거리며 친구에게 자신이 표현한것들을 이야기해 주기도 했다.
		탐색		* 솔방울 옮기기 - 솔방울을 충분히 탐색해 본다. - 손가락으로 솔방을 잡고 다른 바구니로 옮겨 본다.	솔방울 그릇	솔방울을 손가락으로 집어서 다른 바구니에 옮기며 "하나, 둘, 셋, 넷, 일곱, 열" 하고 세는 영아가 있어서 교사가 함께 "하나, 둘, 셋, 넷, 다섯" 하고 세어 보기도 했다.
		신체	대근육	* 낙엽비가 내려요 - 종이낙엽으로 친구와 함께 놀이한다. - 종이낙엽을 뿌리며 몸을 움직여 본다.	종이낙엽	"우리 산책가서 이렇게 생긴 낙엽 봤지?"라고 친구와 이야기하며 종이낙엽을 던지며 친구와 함께 놀이했다. 그리고 미술영역에 있는 실제 나엽을 가지고 와서 "이것 봐 똑같네"하며 말하기도 했다.  
			소근육	* 같은 낙엽 찾기 - 똑같이 생긴 낙엽을 찾아본다. - 낙엽을 그림으로 표현해 본다.	3가지 모양의 낙엽	똑같은 낙엽을 찾고 낙엽의 모습을 그림으로 표현해 보았다. 낙엽의 색깔을 찾아서 형태를 비슷하게 그리는 영아도 있었고 끼적이기 정도로 표현하는 영아들도 있었다.
		미술		* 색깔공을 굴려 그림그리기 - 종이가 든 바구니와 볼풀공을 탐색해 본다. - 공에 물감을 묻혀 바구니에 넣고 자유롭게 움직여 본다.	물감, 볼풀공, 바구니, 종이	영아들은 자신이 좋아하는 색깔을 공에 묻히고 바구니 속에 공을 넣어서 바구니를 자유롭게 움직이며 "파란색이 일등으로 간다.""파란색은 꼴찌야"하며 이야기하기도 했다.

		음률	*가을바람 노래부르기 - 가을바람 노래를 반복적으로 들려주고 함께 불러 본다. - 노래를 부르며 좋아하는 악기를 연주해 본다.	가을바람 mp3, 카세트	가을바람 노래를 불러 보고 좋아하는 악기를 꺼내서 연주하며 부르기도 했다. 노래를 다부르고 난 후에는 서로 마이크와 악기를 바꾸서 연주하고 노래부르기도 했다.  
		역할	* 낙엽을 청소해요 - 청소한 경험이나 청소한 모습을 본 경험을 이야기해 본다. - 빗자루과 낙엽을 탐색해 본다. - 빗자루와 쓰레받기를 이용해 낙엽을 청소해 본다.	낙엽, 빗자루, 쓰레받기	한 영아는 빗자루를 잡고 한 영아는 쓰레받기를 잡고 함께 낙엽청소를 했다. 모두 청소한 후에는 "이젠 내가 빗자루 하께"라고 말하며 서로 바꿔서 청소하기도 했다.
		쌓기	* 블록 돗자리 만들기 - 사각블록을 끼워 보거나 자유롭게 탐색해 본다. - 사각블록을 여러 개 연결해서 더 넓게 만들어 볼 수 있도록 격려하고 돗자리처럼 만들어 본다. - 완성된 돗자리에서 함께 놀이해 본다.	사각블록	블록을 여러 개 연결해서 돗자리를 만들고 돗자리 위에 앉아서 "여기 엄청 좋다." "알록달록 돗자리야" 하며 친구와 함께 돗자리에 앉아서 이야기했다.  
9:40 ~10:00	정리정돈 및 화장실 다녀오기		**[배변활동 : 화장실에 가고 싶을 때 선생님께 이야기해요]** - 영아에게 화장실에 가고 싶은지 수시로 물어 본다. - 화장실에 가고 싶은 영아는 교사에게 이야기한다. - 물내리기, 옷입기 등 뒤처리 방법을 알려 준다. - 손씻기 순서도에 따라 손을 씻을 수 있도록 알려 준다.	수건	영아와 함께 '모두제자리'를 부르며 장난감을 정리하였다. 화장실에 가서도 바지를 벗기 힘들어 하는 영아의 바지를 벗겨 주고 옷 입는 것을 도와 주었다.
	오전 새참		**[식사 및 새참 : 다 먹은 후에 "잘 먹었습니다"하고 인사해요]** - 새참 준비 및 새참 먹기 전 책상을 행주로 닦는다. - 스스로 수저, 포크를 사용해서 새참을 먹는다. - 다 먹고 난 후에는 "잘 먹었습니다" 하고 인사한다. - 스스로 새참 그릇을 정리해 본다. - 새참을 먹은 후 책상을 행주로 닦는다.	새참그릇	감사인사를 한 후 스스로 새참을 먹고 정리하는 영아들을 크게 칭찬해 주고 정리를 하지 않고 가는 영아들은 정리를 할 수 있도록 격려해 주었다.

<table>
<tr><td rowspan="2">10:00
~10:40</td><td>실외놀이 및 산책</td><td>- 생활주제와 날씨에 따라 실외에서 산책, 자연물 탐색, 교사가 준비한 놀이 활동을 한다.
〈실외놀이 : 자연물로 놀이해요〉
- 자연물을 탐색해 본다.
- 자연물을 가지고 자유롭게 놀이한다.
- 안전하게 놀이할 수 있도록 지도하며 실외놀이에 참여한다.
- 우천 시 실내에서 신체활동으로 대체하여 이루어진다.
[대체활동 : 스트레칭]
- 교사를 따라 스트레칭을 해 본다.</td><td>낙엽,
나뭇잎,
솔방울 등</td><td>자유롭게 자연물을 탐색하고 놀이하였다. 큰 수세미 이파리를 들고 "이건 초록색이에요." "엄청크다" 하며 말하기도 하고 우산처럼 머리 위에 올려서 놀이하기도 했다.

</td></tr>
<tr><td>손씻기 및
화장실
다녀오기</td><td>[배변활동 : 화장실에 가고 싶을 때 선생님께 이야기해요]
- 영아에게 화장실에 가고 싶은지 수시로 물어 본다.
- 화장실에 가고 싶은 영아는 교사에게 이야기한다.
- 물내리기, 옷 입기 등 뒤처리 방법을 알려 준다.
- 손씻기 순서도에 따라 손을 씻을 수 있도록 알려 준다.</td><td>수건</td><td>화장실에 다녀오고 싶은 영아들은 스스로 화장실에 가서 배변을 본 후 물을 내리고 손을 씻고 나올 수 있도록 도와 주었다.</td></tr>
<tr><td>10:40
~11:30</td><td>자유선택
활동</td><td>- 영아 스스로 선택하여 영역별로 자유선택활동을 한다.
- 교사는 영아들의 활동에 참여하며 놀이가 확장될 수 있도록 긍정적인 상호작용을 한다.
- 오전에 실행하지 못한 자유선택활동을 한다.
〈기본생활습관〉 놀잇감을 정리해요.
- 영아가 놀이를 하고 난 후에는 스스로 놀잇감을 정리한다.</td><td>각
영역별 교구</td><td>영아들이 원하는 영역에서 자율적으로 놀이를 할 수 있도록 해 주었다. 놀이를 하고 난 후 놀잇감을 정리하지 않고 다른 놀잇감을 꺼내는 영아에게 다가가서 놀잇감을 정리한 후 다른 놀잇감을 꺼내서 놀이하도록 격려해 주고 다 정리한 모습을 보며 칭찬해 주었다.</td></tr>
<tr><td>11:30
~12:20</td><td>점심 및 양치하기</td><td>[식사 및 새참 : 다 먹은 후에 "잘 먹었습니다" 하고 인사해요]
- 친환경 유기농 식재료와 가공식품이나 첨가물이 들어 있지 않은 식단을 제공한다.
- 오늘의 점심메뉴 소개하고 교사는 영아들이 즐거운 분위기에서 식사를 할 수 있도록 올바른 식습관 형성을 돕는다.
- 식사 후에는 "잘 먹었습니다" 하고 인사한다.
- 식사를 마친 후 스스로 정리하고, 양치 및 세수를 한다.</td><td>식판, 수저,
칫솔, 치약,
컵, 수건</td><td>스스로 점심을 다 먹고 정리하는 영아를 크게 칭찬해 주고 한 가지 음식만 먹는 영아들은 교사가 밥과 반찬을 함께 먹을 수 있도록 모델링을 보여주며 도와 주었다.</td></tr>
<tr><td>12:20
~12:50</td><td>낮잠 및 조용한
놀이
정리정돈 및
화장실 다녀오기</td><td>- 약을 복용해야 하는 영아는 약을 먹는다.
[낮잠 및 휴식 : 편안히 누워 잠이 들어요]
- 개별이불과 베개를 준비하고 편히 잠들 수 있는 분위기를 만들어 준다.
- 늦게 잠들거나 일찍 일어나는 영아는 휴식을 갖거나 조용한 놀이에 참여한다.
- 누워있던 이부자리와 사용했던 교구를 정리한다.
[배변활동 : 화장실에 가고 싶을 때 선생님께 이야기해요]
- 화장실에 가고 싶은 영아는 교사에게 이야기한다.</td><td>이불, 베개,
수건,
자장가 cd,
카세트</td><td>잠투정을 하는 영아가 있어서 부드럽게 안아 주고, 낮은 목소리로 자장가를 불러 주거나 등을 토닥거려 조용한 음악을 들으면서 다른 영아와 서로 방해받지 않고 잠을 청할 수 있도록 하였다.</td></tr>
</table>

12:50 ~14:30	교육지원활동 영아체육	- 특별활동(체육)을 한다. - 철봉 ① 체육선생님과 인사를 나눈다. ② 체육선생님이 준비한 활동에 즐겁게 참여한다. ③ 활동이 끝나면 선생님께 감사인사를 드린다.	철봉 set	체육선생님과 인사를 나누고 체육선생님이 가지고 온 철봉으로 놀이해 보았다. 철봉을 두 손으로 잡고 앞뒤로 움직이는데 교사가 함께 손을 잡고 도와주자 모든 영아들은 씩씩하게 활동에 참여하는 모습을 보였다.
14:30 ~15:00	자유선택 활동	- 영아 스스로 선택하여 영역별로 자유선택활동을 한다. - 교사는 영아들의 활동에 참여하며 놀이가 확장될 수 있도록 긍정적인 상호작용을 한다. - 오전 자유선택활동을 확장하여 한다.	각 영역별 교구	각 영역별로 모든 영아를 관찰하고, 모든 영역에서 놀이를 할 수 있도록 실행하였다.
15:00 ~15:30	오후 새참	**[식사 및 새참 : 다 먹은 후에 "잘 먹었습니다" 하고 인사해요]** - 새참 준비 및 새참 먹기 전 책상을 행주로 닦는다. - 스스로 수저, 포크를 사용해서 새참을 먹는다. - 다 먹고 난 후에는 "잘 먹었습니다" 하고 인사한다. - 스스로 새참 그릇을 정리해 본다. - 새참을 먹은 후 책상을 행주로 닦는다.	새참그릇, 포크	한 영아가 새참을 먹다가 새참 그릇에 뱉어 버리는 모습을 보였다. 교사는 영아에게 다가가 'OO는 새참을 먹고 싶지 않니?'라고 물어 보고 영아가 고개를 끄덕이자 정리할 수 있도록 도와 주었다.
15:30 ~18:00	실내자유선택 활동 및 순차적 귀가	- 오전에 마무리하지 못했던 개별 활동을 연계, 확장하도록 돕는다. - 원아수첩, 가정통신문, 작품 등 소지품을 가방에 정리할 수 있도록 하고 머리, 옷 입기 등을 단정히 할 수 있도록 도움을 준다. **[귀가 및 가족과의 연계 : 하원하며 가을나무 살펴보기]** - 부모님이 오시면 교실에 있는 친구들과 인사를 나누고 하원하며 가을나무를 살펴보기로 부모님과 이야기해 본다.	머리빗	자가 하원하는 영아의 부모님과 인사를 하고 스스로 신발을 신을 수 있는 영아는 혼자서 신을 때까지 기다려 주도록 하고 힘들어 하는 영아는 적절히 도와 주었다.
18:00 ~19:30	통합보육 및 귀가지도	- 마지막 차량이 나가면 통합보육실로 이동하며 순차적으로 귀가한다. - 통합교실에서 과도한 자극을 줄일 수 있는 활동으로 변화를 준다.	각 영역별 교구	실행
일일평가		영아들이 자연물을 보며 이제는 "이건 솔방울이야", "이건 낙엽이야", "이건 은행잎 낙엽이야" 하며 이야기하는 모습을 보였다. 일주일 동안 자연물을 주제로 활동하다 보니 평소에 잘 알지 못했던 낙엽이나 솔방울에 대해 알고 산책을 가거나 가족들과 거리를 걸어 다닐 때에도 "엄마 이건 솔방울이에요", "낙엽은 나무에서 떨어졌어요" 하며 이야기하기도 한다고 말씀해 주셔서 이번 활동을 통해 영아들이 자연물에 좀 더 관심을 가질 수 있었던 것 같다.		

출처: 혜원어린이집(2014).

제12장

유아 보육과정 실제

1. 유아 주제계획안
2. 영역별 활동

보육교사의 전문성이란 보육교사가 하나의 직업으로서 학습에 의한 지식을 소유하고 타인에게 영향을 미치거나 일을 수행하는 것을 말한다. 이 장에서는 보육교사의 자질과 역할에 대하여 알아보고 보육교사 자격을 취득하기 위한 양성 교육과정과 자질 향상을 위해 실시되고 있는 보수교육에 대하여 살펴본다.

1. 유아 주제교육안

1) 만 3세 주제교육안

만 3세 유아를 위한 어린이집 연간주제계획안은 〈표 12-1〉과 같다. 3월부터 다음 해 2월까지 각각의 주제를 설정하고, 각 주제는 소주제로 보다 상세하게 진행될 주제 내용을 계획할 수 있다. 만 3세의 경우 영아기에서 유아기로 넘어오는 첫 단계로 유아별 개인차가 나타나고, 보육생활에서도 차이가 있어 유아반 생활에 안정적으로 적응하기를 바라는 바가 있다.

만 3세 유아에게 유아로서의 보육생활이 익숙해질 때까지 건강과 안전, 정서적인 적응을 고려하면서 천천히 만 3세 유아의 발달적 욕구를 충족해 가는 특성을 갖는다. 만 3세 유아가 생활하는 어린이집에 대해 알아보고, 어린이집 생활과 함께 지내는 친구들을 인식하고 즐겁게 지낼 수 있는 어린이집 생활이 되기 위한 약속에 대해 알아가면서 유아가 자신의 생활공간인 어린이집에 대해 알아가도록 한다. 그것에 이어 계절적 특성에 따라 봄과 여름, 가을, 겨울의 특성을 알고, 그에 맞는 생활방식과 자연의 아름다움을 경험할 수 있도록 한다.

그와 함께 만 3세 유아가 인식할 수 있는 주변세계에 대한 보육활동으로 가족, 친구, 자연물, 교통기관, 생활도구에 대해 기초적인 지식과 특성을 알아가는 시간을 갖는다. 그리고 건강하고 안전한 생활을 위한 생활규칙과 지침 등에 대해 보다

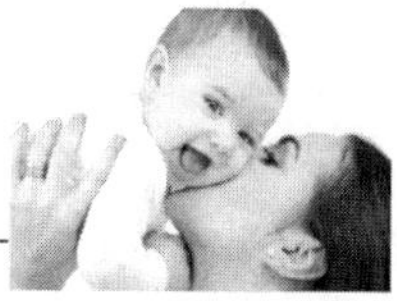

심도있게 알아볼 수 있는 주제활동이 있으며, 우리 나라와 성장에 대해 인식할 수 있는 주제도 첨가할 수 있다.

만 3세의 생활적응과 발달적 특성을 고려한 연간 주제는 유아가 관심있어 하고, 기억해야 하는 것들에 대한 내용을 계절적 특성과 시기적인 적기성을 따져 규모있게 구성할 수 있다.

표 12-1

만 3세 연간주제계획안

월	주 제	주	소 주 제
3	어린이집과 친구	1	어린이집의 환경
		2	어린이집에서의 하루
		3	어린이집에서 만난 친구
		4	함께 만드는 어린이집
4	봄	1	봄의 날씨
		2	봄의 풍경
4-5	동식물과 자연	1	궁금한 동식물
		2	동식물과 우리생활
		3	식물과 우리생활
		4	자연과 더불어 사는 우리
5	나와 가족	1	나의 몸과 마음
		2	소중한 나
		3	소중한 가족
		4	행복한 우리집
6	우리동네	1	우리 동네 모습
		2	우리 동네 생활
		3	우리 동네 사람들
7	건강한 안전	1	즐거운 운동과 휴식
		2	깨끗한 나와 환경
		3	맛있는 음식과 영양
		4	안전한 놀이와 생활
8	여름	1	여름의 날씨
		2	여름 꽃과 과일

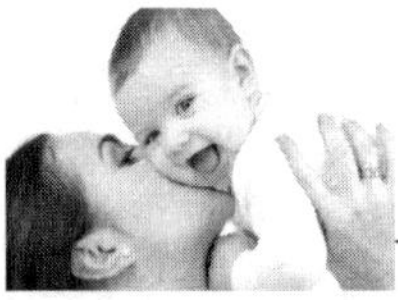

8	교통기관	1	여러 가지 육상 교통기관
		2	고마운 육상 교통기관
		3	항공/해상 교통기관
		4	즐거운 교통생활
9	우리나라	1	우리나라 사람들의 생활
		2	우리나라의 놀이와 예술
		3	우리나라의 역사와 자랑거리
9-10	가을과 열매	1	가을 풍경(1권)
		2	가을의 변화
		3	풍성한 가을
		4	추석과 놀이
		5	가을 나들이
11	환경과 생활	1	물과 우리생활
		2	돌·흙과 우리생활
		3	바람·공기와 우리생활
		4	빛과 우리의 생활
		5	소리와 우리의 생활
12	겨울과 놀이	1	겨울 날씨(1권)
		2	겨울 풍경(1권)
		3	사랑을 나눠요
		4	건강한 겨울나기
		5	눈과 눈사람
1	생활도구	1	다양한 생활도구
		2	생활도구를 움직이는 힘
		3	생활도구로서의 미디어
2	형님이 되어요	1	많이 컸어요
		2	동생들에게 알려 주어요
		3	형님이 될 준비를 해요
		4	즐거웠던 우리 반

출처: 3세 누리과정 지침.

각각의 주제는 월별로 1주에서 4주까지 주제와 관련된 세부사항을 알아 갈 수 있다. 이를 위해 월간교육계획안은 주차별로 소주제와 함께 일상생활의 보육활동과 자유선택활동, 가족 및 지역사회 연계 활동으로 구분하여 주제에 맞는 활동안을 제시한다. 그리고 월간교육안을 바탕으로 월요일부터 토요일까지의 보육활동을 구체적인 활동명을 기입하는 것으로 주간에 이루어질 활동안을 상세하게 적어 놓을 수 있다.

2) 만 4세 주제교육안

만 4세는 유아반 생활에 적응이 되어 보다 적극적이고 안정적으로 진행할 수 있는 연령대이다. 유아로서의 특징적인 면모를 보이면서 유아 개인적 역량과 에너지를 발산할 수 있다. 이러한 만 4세 유아의 특성을 반영하여 연간주제는 구체적이고 일상적으로 접할 수 있는 주제를 바탕으로 만 3세 때보다 면밀하게 접근하는 내용도 있으며, 소주제상 보다 확장된 개념을 다루기도 한다.

만 3세 때 배우고 익힌 내용을 회상하는 기본 작업을 시작으로 새로운 내용을 첨가하기도 하고, 그 내용을 보다 깊게 알아볼 수 있는 주제활동을 계획하게 된다. 만 4세가 되면서 보다 적극적으로 자신의 보육활동에 임할 수 있는 만 4세 유아는 자신의 관심과 흥미를 주제활동을 통해 실현화하고, 주제적 접근 활동을 통해 또래와의 상호보완적인 활동들을 구상하기도 한다. 이러한 만 4세 유아의 특성과 능력에 맞춘 주제활동이 이루어질 수 있다.

표 12-2

만 4세 연간주제계획안

월	주 제	주	소 주 제
3	어린이집과 친구	1	어린이집의 환경
		2	어린이집에서의 하루
		3	어린이집에서 만난 친구
		4	함께 만드는 어린이집
4	봄	1	봄의 변화
		2	봄의 풍경
4-5	동식물과 자연	1	동식물과 우리생활, 궁금한 동식물
		2	식물과 우리생활 궁금한 동식물
		3	자연과 더불어 사는 우리
5	나와 가족	1	나의 몸과 마음

		2	소중한 나
		3	소중한 가족
		4	가족의 생활과 문화
6	우리 동네	1	우리 동네 모습, 우리 동네 생활
		2	우리 동네 사람들
		3	우리 동네 전통과 문화
6-7	건강한 안전	1	즐거운 운동과 휴식 깨끗한 나와 환경
		2	맛있는 음식과 영양
		3	안전한 놀이와 생활
7	여름	1	여름의 날씨와 물놀이
		2	여름 풍경
7-8	교통기관	1	여러 가지 육상 교통기관
		2	고마운 육상 교통기관
		3	항공/해상 교통기관
		4	즐거운 교통생활
8-9	우리나라	1	우리나라 사람들의 생활
		2	우리나라의 놀이와 예술
		3	우리나라의 역사, 우리나라의 자랑거리
9	세계 여러 나라	1	세계 여러 나라 사람들의 생활
		2	세계 여러 나라의 문화유산
		3	세계 여러 나라와의 교류, 세계의 자연과 사회현상
10	가을과 열매	1	가을 풍경
		2	가을의 변화
		3	풍성한 가을
		4	추석과 놀이
		5	가을 나들이
11	환경과 생활	1	물과 우리생활
		2	돌·흙과 우리생활

		3	바람·공기와 우리생활
		4	빛과 우리의 생활, 소리와 우리의 생활
12	겨울과 놀이	1	겨울 날씨
		2	겨울 풍경
		3	감사와 사랑을 나눠요
		4	건강한 겨울나기
		5	신나는 겨울놀이
1	생활도구	1	다양한 생활도구
		2	생활도구를 움직이는 힘
		3	생활도구로서의 미디어, 미래의 생활도구
2	형님이 되어요	1	많이 컸어요
		2	동생들에게 알려 주어요
		3	형님이 될 준비를 해요
		4	즐거웠던 우리 반

출처: 4세 누리과정 지침.

3) 만 5세 주제교육안

만 5세 유아는 만 4세보다 한 연령이 높다는 기대 이상의 능력과 보육활동의 전개력을 보인다. 초등학교 입학을 앞둔 사회적 상황을 고려해 어린이집의 누리과정에서도 초등연계가 될 수 있는 주제를 잡고, 활동의 주체자로 유아의 자리를 인정한다. 이러한 입장을 보다 구체적인 활동과 지침으로 보이면서 만 5세 유아의 성장을 돕는다.

그리하여 만 5세 유아는 보다 넓은 세계와 주제적 접근을 능동적이고 체계적으로 한다. 이를 뒷받침하기 위해 주제 내용간의 연계망을 고려하고, 유아가 발달해 갈 수 있는 영역까지를 예상한 주제활동의 청사진을 보육교사는 그려낼 수 있어야 할 것이다. 활동의 주도권을 만 5세 유아에게 주고, 그들이 이전에 배운 지식이

기본 바탕이 되어 확산적 주제활동의 구성을 꾸려 갈 수 있는 기회와 시간을 제공하는 것이 보육활동 전반에 나타날 수 있도록 계획한다.

표 12-3

만 5세 연간주제계획안

월	주 제	주	소 주 제
3	우리 어린이집	1	우리 어린이집은요
		2	어린이집 사람들
		3	즐거운 어린이집
		4	어린이집을 소개합니다.
4	봄	1	봄을 느껴요.
		2	봄의 친구들
		3	봄에 만난 꽃
		4	봄에 온 개구리
5	나와 가족	1	나, ** 입니다!
		2	나의 생활
		3	가족과 함께해요.
		4	우리 가족은요.
6	우리 동네	1	어린이집 주변
		2	우리 동네는요.
		3	우리 동네의 사람들
		4	우리 동네 지도
7	신나는 여름	1	물과 물놀이
		2	여름과 놀이
		3	재미있는 여행
		4	건강한 여름생활
8	교통수단과 안전	1	여러 가지 교통기관

		2	교통수단과 약속
		3	항공/해상 교통기관
		4	교통안전
9	우리나라	1	우리나라의 상징
		2	우리나라의 역사
		3	우리나라를 소개해요.
		4	우리나라를 사랑해요.
9	세계 여러 나라	1	궁금한 나라가 있어요.
		2	여러 나라의 자연과 역사
		3	세계인과 함께 살아요.
		4	서로 돕는 지구촌
10	가을과 자연	1	가을 풍경과 변화
		2	나무의 생애
		3	한가위와 가을
		4	아름다운 가을 길
11	지구와 우주	1	우리가 사는 지구
		2	반짝이는 별
		3	태양계
		4	우주여행
12	겨울	1	겨울 날씨와 생활
		2	겨울 풍경과 눈
		3	이웃과 함께해요.
		4	새해맞이
1	기계와 생활	1	다양한 생활도구
		2	우리주변의 도구와 기계
		3	미래생활과 도구

		4	발명가가 되어요.
2	초등학교에 가요	1	많이 컸어요
		2	내가가는 초등학교
		3	선생님, 친구들아 안녕

출처: 진호 유치원(2013).

2. 연령별 활동

다음은 유아의 연령별 보육활동 예시를 통해 연령별 활동 진행이 어떻게 이루어지는지 살펴보겠다. 계획된 주제 활동이 각각의 활동으로 구현되는 과정을 살펴보는 것이 중요하겠다.

1) 만 3세 유아 활동

표 12-4

월간 주제 개요

생활주제	어린이집에서의 하루
주제 선정의 이유	어린이집 일과의 규칙성을 찾아내고, 일과를 계획하여 실행하는 과정을 경험하며 놀이를 스스로 계획하고, 계획한 대로 놀이를 활동에 직접 참여해 보며 그 결과 스스로 평가하기까지 새싹 반 친구들이 능동적으로 참여하도록 "어린이집에서의 하루"라는 주제를 선정하게 되었다.
환경 구성	• 미술 – 우리 교실 사진 / 어린이집 주변 사진 • 과학 – 봄꽃책/ 돋보기 • 역할 – 부엌소품

	• 음악 – 리듬악기 / 가사집 • 수 조작 – 가베교구 • 기본생활습관 – 자기물건을 정리해요. • 창의 – 우리 반 교실 약속 • 바깥활동 – 어린이집 놀이터와 놀이기구 • 사회 – 친구이름을 알아요.	
주요 개념	**예상한 주요개념**	**추가된 주요개념**
	· 어린이집은 선생님, 친구들과 함께 즐겁게 지내는 곳임을 안다. · 어린이집 일과에 대한 관심과 기대감을 가진다. · 교실 안 여러 영역에 대해 알고 어떤 놀잇감이 있는지 말한다. · 정리 시간의 약속에 대해 안다. · 함께 모여 하는 여러 활동의 이름을 안다. · 함께 모여 활동할 때 약속과 규칙을 지키는 태도를 갖는다. · 놀이 후 스스로 정리한다. · 음식을 즐겁게 먹어야 맛이 있음을 경험한다. · 음식을 먹는 바른 자세가 있음을 안다.	

표 12-5

주간계획안

<table>
<tr><td colspan="2">생활주제</td><td colspan="2">즐거운 유치원</td><td>주제</td><td colspan="2">유치원에서의 하루</td></tr>
<tr><td colspan="2">목표</td><td colspan="5">• 어린이집의 일과를 알고 즐겁게 생활하며 집단 활동에서의 약속과 규칙이 있음을 알고 지낸다.
• 자유선택활동의 의미를 알고 스스로 놀이를 선택하여 놀이해 본다.</td></tr>
<tr><td colspan="2">기본생활 습관</td><td colspan="5">• 친구와 사이좋게 지내기</td></tr>
<tr><td colspan="2">날짜 / 요일</td><td>10(월)</td><td>11(화)</td><td>12(수)</td><td>13(목)</td><td>14(금)</td></tr>
<tr><td colspan="2">소주제 / 활동</td><td>주말 지낸 이야기</td><td>등 · 하원하기</td><td>자유선택 활동하기</td><td>집단 활동하기</td><td>급 · 간식 먹기</td></tr>
<tr><td rowspan="4">자유선택활동</td><td>역할 영역</td><td colspan="5">냠냠 맛있는 간식시간</td></tr>
<tr><td>언어 영역</td><td colspan="5">하루 일과 큰 책 보기</td></tr>
<tr><td>수 · 조작 영역</td><td colspan="5">몇 명의 친구와 놀이할까?</td></tr>
<tr><td>미술 영역</td><td colspan="5">하루 일과표 액자꾸미기</td></tr>
<tr><td rowspan="11">대 · 소집단활동</td><td>이야기 나누기</td><td>주말 지낸 이야기</td><td>즐거운 마음으로 유치원에 와요.</td><td>놀이 후 함께 정리해요</td><td>함께 모여 이야기 나누어요.</td><td>점심을 먹을 때 지켜야 할 약속</td></tr>
<tr><td>동화 동시 · 동극</td><td>반짝반짝 선생님</td><td>숲 속 유치원 선생님</td><td>여러 가지 놀이가 있는 유치원</td><td>동시 – 쉿! 걱정하지마</td><td>혼자할 수 있어요</td></tr>
<tr><td>음악</td><td></td><td>새노래 – 유치원에 갑니다</td><td></td><td>새노래 – 꾹!꾹! 참았네</td><td>오르프 – 아름다운 봄이 왔죠</td></tr>
<tr><td>미술</td><td>모양을 이용한 그림그리기</td><td>'세모'접기</td><td>놀잇감 찍기</td><td>우리 반 이름 꾸미기</td><td>우리가 먹는 간식을 만들어요</td></tr>
<tr><td>신체 · 게임</td><td>〈명화감상 연계〉 '서당도'를 몸으로 표현해요.</td><td>신체 – 그대로 멈춰라</td><td>체육활동</td><td>신체–건강 쑥쑥 스트레칭</td><td>게임 – 지시대로 움직이기</td></tr>
<tr><td>창의성 · 감성</td><td>〈명화감상 연계〉 김홍도의 '서당도'</td><td></td><td></td><td></td><td></td></tr>
<tr><td>사회</td><td>기본생활 습관– 친구와 사이좋게 지내기</td><td>1가베 – 소개하기</td><td></td><td>1가베 – 숨바꼭질을 해요</td><td></td></tr>
<tr><td>과학</td><td></td><td></td><td>밀가루 점토</td><td></td><td></td></tr>
<tr><td>바깥놀이 활동</td><td></td><td></td><td></td><td>유치원 주변 산책하기</td><td></td></tr>
<tr><td rowspan="2">안전</td><td colspan="5">유치원 실내 안전</td></tr>
<tr><td>안전하게 놀이해요</td><td>수저, 포크 젓가락을 안전하게 사용해요</td><td>모자나 끈 달린 옷은 위험해요</td><td>살피면서 다녀요</td><td>함부로 만지면 안돼요</td></tr>
</table>

보육활동을 위한 월간 주제 개요를 설정하여 본 주제를 선정한 이유, 환경구성, 주제를 통한 주요개념 등을 적어 월간계획의 체계를 잡을 수 있다. 그리고 주간계획안에 보다 구체적으로 활동안을 언제, 어떤 영역에서 실시할지 계획한다. 마지막으로 주간에 활동한 내용을 영역별로 주요 경과와 유아들의 반응 등으로 평가를 작성하는 활동진행 상황을 정리할 수 있다.

표 12-6

활동 진행

생활 주제	3월 3주 - 유치원에서의 하루
	1) 이야기 나누기(주말 지낸 이야기) 월요일날 친구들과 주말 동안 무엇을 하며 지냈는지 이야기를 나누었다. 아이들이 생각보다 적극적으로 친구들 앞에서 주말에 무엇을 하며 지냈는지 이야기하였다. 아직 어려서 구체적으로 이야기를 하지 못해 옆에서 교사가 질문을 많이 해야 했지만 우리 새싹반 친구들이 친구들의 이야기에 흥미를 가지고 집중해서 이야기를 들으려고 노력하는 모습을 보였다. 또한 마이크를 가지고 앞에 나와 이야기하는 것에 큰 호기심을 보였다.  2) 명화감상 (김홍도의 서당도) 아이들과 김홍도의 '서당도'를 감상하였다. 아이들이 명화를 집중해서 감상하고 명화에 나오는 인물들의 표정과 동작을 살펴보며 어떤 상황인지 상상해 보고 이야기를 나누었다. 연계활동으로 서당도에 나오는 무서운 선생님의 모습과 혼나는 아이들, 구경하는 친구들을 앞에 나와 몸으로 표현해 보았다. 특히 무섭게 아이들을 혼내는 모습을 그림에 나오는 것처럼 표정까지 따라해 보니 앞에서 친구들의 모습을 보는

아이들도 집중해서 흥미를 가지고 관찰하였다.

3) 미술(세모 접기)

이번 주는 아이들과 세모 접기를 하였다. 아이들과 모임자리에서 색종이를 나누어 주고 선생님을 보며 세모를 접을 수 있도록 지도하였다. 아이들이 세모를 접을 수 있는 친구들이 많아서 쉽게 수업을 진행할 수 있었다. 아이들에게 풀 사용방법을 알려 주고 종합장에 예쁘게 붙일 수 있도록 이야기하니 풀 뚜껑을 잘 덮어 정리하고 색종이도 종합장 가운데에 잘 붙였다.

4) 과학(밀가루 점토)

밀가루, 색소, 물을 섞어 밀가루 점토를 만들어 보았다. 아이들과 활동하기 전에 재료를 탐색해 보고 어떤 활동인지 시범을 보여 소개하였는데 아이들이 가루였던 밀가루가 물을 섞어 나무젓가락으로 저어 점토가 되는 모습을 굉장히 신기해하고 호기심을 가졌다. 아이들에게 재료를 나누어 주기 전에 주의사항에 대해 이야기하였더니 바닥에 흘리는 친구 없이 모두 밀가루 점토를 만들 수 있었다.

5) 신체(그대로 멈춰라)

아이들과 '그대로 멈춰라' 노래에 맞추어 신나게 몸을 움직여 보았다. 교실이 작아서 아이들과 부 히지 않도록 충분히 이야기를 나눈 후 활동을 하였다. 우리 친구들과 즐겁게 몸을 움직이고 음악이 멈추면 동작을 멈추었다. 이 활동을 너무 재미있어 하여서 이번 주는 집에 가기 전에 한번 씩 그대로 멈춰라 신체활동을 하였더니 아이들이 즐거워하였다.

6) 미술(놀잇감 찍기)

아이들과 유치원 놀잇감을 탐색하여 보고 물감을 놀잇감에 묻혀 종이에 찍어 보는 활동을 하였다. 아이들이 다양한 모양의 놀잇감을 탐색하며 새싹반에 있는 블록이나 물건들에 큰 관심을 가졌다. 물감을 가지고 하는 활동이라 소그룹으로 나누어서 하였는데 시간은 오래 걸렸지만 아이들이 더욱 다양한 놀잇감을 많이 찍어 볼 수 있었다.

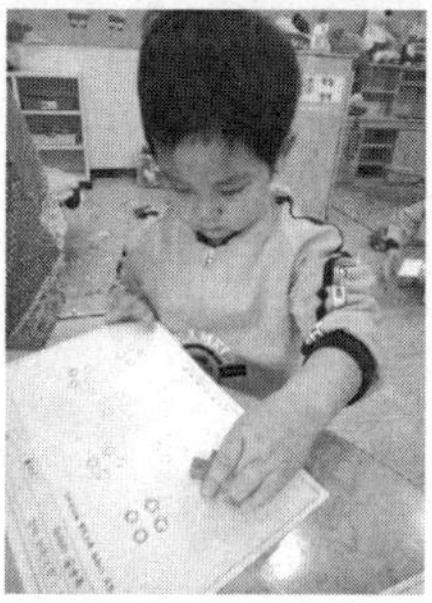

7) 미술(우리 반 이름 꾸미기)

다양한 모양의 스티커로 새싹반 이름을 예쁘게 꾸몄다. 아이들이 좋아하는 스티커를 이용하여 글씨에 붙이며 예쁘게 꾸미니 아이들이 즐겁게 활동에 참여하였다. 아이들이 글자에 관심을 가질 수 있도록 스티커 붙이기 뿐만 아니라 색칠하기, 찍기 등 다양한 활동을 제시하면 좋을 것 같다.

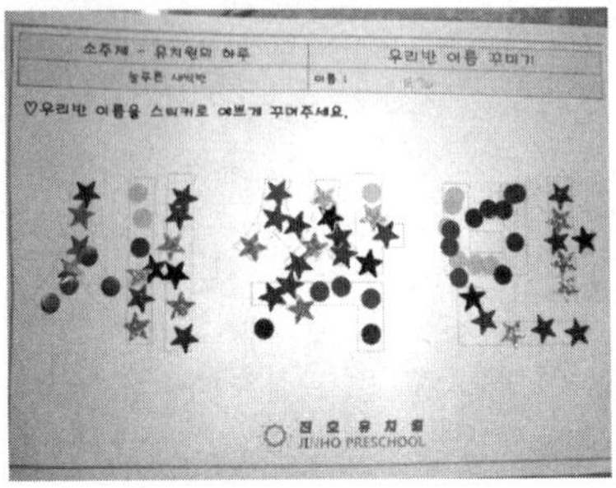

8) 미술 (우리가 먹는 간식을 만들어요)

찰흙으로 그 동안 새싹반에서 먹었던 떡볶이, 떡, 국수 같은 간식을 만들어 보았다. 아이들이 떡볶이는 조금 길게 떡은 동그랗게 만들어서 종이컵에 넣어서 말렸는데 아이들이 찰흙은 만져 본 적이 없어서 굉장히 신기해하였다. 만들기를 다한 후 찰흙이 말라 색이 변한 모습도 아이들에게 이야기해 주면 좋을 것 같다.

2) 만 4세 유아 활동

표 12-7

월간 주제 개요

<table>
<tr><th>생활주제</th><th colspan="2">우리 동네</th></tr>
<tr><td>주제 선정의 이유</td><td colspan="2">우리 동네에 서로 도움을 주고받을 수 있는 다양한 직업을 가진 사람들이 있음을 알고, 배려가 필요한 이웃에 대한 관심과 협력할 수 있도록 하는 '우리 동네 사람들'과 유아가 살고 있는 동네의 고유한 특성에 긍지와 자부심을 가지고 우리 동네를 아끼고 사랑하는 방법을 실천해 볼 수 있도록 이 주제를 선정하게 되었다.</td></tr>
<tr><td>환경 구성</td><td colspan="2">• 미술 – 우리 동네 사진관 / 우리 동네 캐릭터 꾸미기
• 과학 – 어디로 데려다 줄까요? / 자유로드롭
• 역할 – 119긴급 구조대
• 음악 – 행복한 우리 동네 / 사랑하는 우리 이웃
• 수 조작 – 할머니의 항아리
• 기본생활습관 – 쓰지 않는 전깃불은 꼭 꺼요.
• 창의 – 우리 동네 환경 캠페인 송 만들기
• 바깥활동 – 추억의 놀이 열 발 뛰기
• 사회 – 깨끗한 우리 동네 캠페인</td></tr>
<tr><td rowspan="2">주요 개념</td><th>예상한 주요개념</th><th>추가된 주요개념</th></tr>
<tr><td>• 우리 동네에 살고 있는 사람들에 대해 관심을 갖는다.
• 우리 동네 사람들의 다양한 모습에 대해 안다.
• 이웃 간에는 서로 지켜야 할 예절이 있음을 안다.
• 이웃끼리 서로 배려하는 태도가 필요함을 안다.
• 도움이 필요한 우리 동네 사람들에 대해 관심을 갖는다.
• 도움이 필요한 사람들을 도울 수 있는 방법에 대해 안다.
• 다른 사람에게 도움을 요청해야 할 상황이 있음을 안다.
• 마을을 지켜 주는 나무에 관심을 갖는다.
• 마을의 자랑거리인 나무를 소중하게 생각하고 보호하려는 태도를 기른다.
• 우리 동네 환경을 깨끗이 하는 방법을 안다.
• 우리 동네를 위해 할 수 있는 일을 실천한다.
• 쓰레기 줍기 캠페인 구호를 만든다.</td><td></td></tr>
</table>

표 12-8

주간계획안

생활주제		우리 동네		주제	우리 동네 사람들과 전통 문화	
목표		· 우리 동네 사람들과 하는 일에 관심을 갖는다. · 우리 동네의 이웃에게 관심을 가지고 배려하는 마음을 갖는다. · 우리 동네의 전통과 문화에 관심을 갖고, 우리 동네를 아끼고 사랑하는 방법을 찾아 환경 캠페인을 열어 본다.				
기본생활습관		쓰지 않는 전깃불은 꼭 꺼요.		언어전달	우리 동네 이름은 00동 입니다.	
날짜 / 요일		19(월)	20(화)	21(수)	22(목)	23(금)
소주제 / 활동		우리 동네 사람들이 하는 일 알아보기	숲체험 교실	배려가 필요한 이웃에 관심 가지기	우리 동네 전통과 문화에 관심 가지기	우리 동네를 아끼고 사랑하기
자유선택활동	역할 영역	119 긴급 구조대				
	언어 영역	무슨 말을 해야 할까?				
	수·조작	할머니의 항아리 구슬 감추기(오르다)				
	과학 영역	어디로 데려다 줄까요?				
대·소집단활동	이야기 나누기	동네에서 만나고 싶은 사람들	봄 숲에서 만나는 곤충 – 벌	나도 배려할 수 있어요.	마을을 지켜 주는 나무 할아버지	우리 동네 환경캠페인을 열어요.
	동화 동시·동극	〈문학작품 연계활동〉 동화 – 위층과 아래층	사라진 벌들을 찾아 나선 꿀벌 구조대	사랑하는 우리 이웃	영이네 할아버지	우리동네 행복 지킴이
	음악	새노래 – 행복한 우리 동네		새노래 – 사랑하는 우리 이웃	개사 – 우리 동네 환경 캠페인송	오르프 – 딱따구리
	미술	우리 동네 사진관	점토로 만든 우리 동네 숲		우리 동네 캐릭터 꾸미기	
	사회			〈기본생활습관〉 쓰지 않은 전깃불은 꼭 꺼요.		깨끗한 우리 동네 캠페인

	과학 · 가베	4가베 친구들	벌 관찰하기	과학실험 – 자이로드롭	4가베 – 누가 닮았지?	
	신체 · 게임	게임 – 동네 사람들을 소개해요.	벌에 쏘이지 않으려면	즐거운 체육 활동		
	창의성 · 감성		〈참여수업 영상 준비〉 풀잎반 소개송 만들기		〈환경캠페인 사전 활동〉 환경캠페인 현수막 만들기	창의 – 우리 동네 환경 캠페인 송 cf 찍기
	바깥놀이 활동				추억의 놀이 열 발 뛰기	
	안전	**교통신호와 교통안전 표시**				
		교통신호에 대해 알아보아요.	교통신호는 꼭 지켜요.	여러 가지 교통안전 표시	교통신호와 교통안전 표시 알아맞추기	교통신호와 교통안전에 관한 ox퀴즈

표 12-9

활동 진행

생활주제	5월 4주 - 우리 동네 사람들과 전통 문화
활동 내용	1) 게임 - 동네 사람들을 소개해요. 우리 동네에 살고 있는 다양한 사람들에 대해 이야기 나누어 보며, 우리 동네 사람들이 하는 일에 관심을 갖고 그에 따른 직업의 종류를 게임 활동을 통해 자연스럽게 알아가는 시간을 가졌다. 선생님, 경찰관, 소방관, 미용사, 택배 아저씨 등 각자의 위치에서 서로를 위해 힘써 주시는 많은 사람들이 있음을 인식하였다.   2) 숲 체험 - 봄 숲에서 만나는 곤충 '벌'/게임 - 말벌과 꿀벌 즐거운 숲 체험이 있던 날! 소풍가는 즐겁고, 가벼운 마음으로 춘덕산으로 발걸음을 옮겼다. 무척 더운 날씨를 예상했으나 선선한 바람과 시원한 그늘이 우리 풀잎반 친구들을 맞이해 주었고, 덕분에 더욱 신나는 마음으로 활동에 임할 수 있었다. 숲 선생님께서는 벌의 종류에 대해 이야기해 주시며 말벌과 꿀벌이 서로 어떤 역할을 하는지에 대해서 사진 자료와 함께 재미있게 설명해 주셨고, 이를 게임 활동에 접목시켜 즐겁게 활동해 보았다.   3) 음악 - 우리 동네 환경 캠페인송 우리는 살면서 자연의 고마움과 감사함에 대해 얼마나 많이 생각하면서 살아가고 있는 걸까? 자연의 고마움보다는 그것이 당연하다고 여기면서 살아가고 있지는 않을까? 이렇듯 환경오염의 심각성과 고마움을 전하기 위해 '행복한 우리 동네'

노래를 개사하여 아이들과 우리 동네 환경 캠페인송을 만들어 보았다.

4) 창의성 · 감성 – 환경 캠페인 현수막, 띠 만들기

환경을 보전하고 자연을 사랑하는 마음으로 우리 동네 환경 캠페인 활동을 계획 및 실시해 보았다. 캠페인 활동을 시작하기에 앞서 필요한 준비물인 현수막과 띠를 먼저 만들어 보았는데 띠 안에 적혀 있는 표어의 내용이 너무 길어 정해진 시간 내에 꾸미기를 완성하지 못한 친구들도 있었으나 서로 도와가며 마무리하였다.

5) 사회 – 우리 동네 캠페인

우리 동네를 주제로 활동하는 마지막 날! 풀잎반 친구들과 함께 깨끗한 우리 동네를 만들기 위해 '우리 동네 캠페인'을 열어 보았다. 직접 만든 현수막과 띠를 어깨에 둘러매고 더운 날씨 속에서 유치원 주변과 공원을 돌며 쓰레기도 줍고, 목청껏 구호를 외치며 캠페인송을 불러 보았다.

6) 미술 - 우리 동네 환경 포스터

이웃 간 교류도 없고, 인사도 잘 나누지 않는 삭막하기 그지없는 요즘 사회. 쓰레기가 바닥에 나뒹굴고, 항상 많은 차들로 넘쳐나는 도로까지… 우리 동네 환경을 개선하기 위해 필요한 방법에는 무엇이 있을까 아이들과 보다 진지한 자세로 이야기 나누어 보고, 다른 사람들에게 우리 동네 환경의 중요성을 알리기 위해 우리 동네를 생각하는 마음을 그림 속에 가득 담은 환경 포스터를 만들어 보았다. 아이들의 작품 하나하나가 가슴에 남음을 느낄 수 있었다.

3) 만 5세 유아 활동

다음은 만 5세 유아반에서 실제 이루어졌던 활동안이다. 월간주제인 “동식물과 자연”이라는 주제에 대해 어떤 활동을 계획하고 진행된 사항은 무엇인지 살펴볼 수 있다.

표 12-10

월간 주제 개요

<table>
<tr><th>생활주제</th><th colspan="2">동 · 식물과 자연 (동 · 식물과 우리의 생활)</th></tr>
<tr><td>주제 선정의 이유</td><td colspan="2">‘동물과 자연’ 주제는 항상 유아들이 많은 흥미를 가지고 있는 여러 가지 동물들을 자연이라는 커다란 주제 안에서 탐구하기 위해 선정되었다. 동물은 어렸을 때부터 유아들이 친숙하게 느끼고 좋아하는 대상이며 유아들이 주변에서 흔히 볼 수 있는 나무, 꽃, 풀 등에 대한 내용으로 식물의 유용함과 아름다움, 궁극적으로 자연을 사랑하고 감상하는 마음을 가지도록 하기 위해 주제를 선정하게 되었다. 또한 동물과 식물에 대한 탐구는 유아들에게 동물과 인간, 식물과 인간, 자연과 인간관계를 이해하는데 도움을 주어 궁극적으로는 자연과 생명체를 존중하는 태도와 자연과 더불어 살아가는 인간의 삶이 중요하다는 가치와 형성에 도움을 줄 것이다.</td></tr>
<tr><td rowspan="4">생활 소주제</td><td colspan="2">우리 주변의 동물과 식물</td></tr>
<tr><td colspan="2">동물과 식물의 생태</td></tr>
<tr><td colspan="2">자연 보호</td></tr>
<tr><td colspan="2">동식물과 함께 살아요.</td></tr>
<tr><td rowspan="2">주요 개념</td><th>예상한 주요개념</th><th>추가된 주요개념</th></tr>
<tr><td>· 동물이 우리에게 주는 즐거움을 안다.
· 동물을 소중하게 여기는 태도를 가진다.
· 우리 생활에 도움을 주는 여러 가지 동물에 대해 관심을 가진다.
· 동물이 우리에게 주는 유익함을 알아본다.
· 공기를 깨끗하게 하는 식물이 있음을 안다.
· 실내 공기를 깨끗하게 하는 방법에 관심을 가진다.
· 애완동물의 특성을 알며 애완동물을 기를 때 주의할 점을 안다.
· 들꽃의 아름다움을 느끼며 식물을 소중히 여기는 태도를 가진다.</td><td></td></tr>
</table>

표 12-11

주간계획안

생활주제		동·식물과 자연		주제	동·식물과 우리의 생활	
				일시	6월 2주	
목표		– 여러 가지 동·식물이 우리 생활에 주는 이로움을 안다. – 동·식물을 소중하게 여기고 보호하는 태도를 갖는다.				
기본생활습관		식사 후 잠자기 전 이닦기		언어전달	속담) 남의 떡이 더 커 보인다.	
날짜 / 요일		9(월)	10(화)	11(수)	12(목)	13(금)
활동 \ 소주제		우리와 함께 지내는 동물	숲 체험 교실	동물이 주는 이로움	식물이 주는 이로움	식물을 가꾸기 위해 우리가 할 수 있는 일
자유선택활동	쌓기 영역	동물집 만들기				
	언어 영역			도움을 주는 동물	상상나라로의 여행 (독후활동)	
	수·조작 영역					식물을 보호해요
	미술 영역		동물 가면 만들기			
대·소집단활동	이야기 나누기	애완동물 기를 때 주의할 점	나무 속에서 물이 움직여요	동물이 주는 즐거움	공기를 깨끗하게 만드는 식물	식물을 가꾸기 위해 우리가 할 수 있는 일
	동화 동시·동극	〈문학작품의 여행〉 브레멘의 음악대	동화) 행복한 의자나무	동화) 경민이의 작은 선물	동시) 식물은 다 맛있구나	동화) 아낌없이 주는 나무
	음악	〈문학작품 연계활동〉 동화를 듣고 악기 연주하기			새노래) 숲 속 풍경	신나는 오르프
	미술			미술) 캠페인 띠 만들기	미술) 숲 속 꾸미기(협동작품)	
	과학·가베	4가베) 같은 크기를 찾아라	과학) 나뭇잎에서 나오는 물 관찰		과학) 투석기 만들기	

	신체 · 게임	게임) 상어 피구	게임) 노린재와 나무	게임) 동물이 우리에게 주는 것 찾아오기	체육) 풍선을 하늘 위로	신체) 나무가 되어 보자
	창의성 · 감성	창의) 동물 이름 다시 지어주기		창의) 동물보호 캠페인송 만들기		창의) 아낌없이 주는 나무에게 편지쓰기
	사회 · 바깥놀이		기본생활습관) 식사 후 잠자기 전 이닦기	사회) 동물보호 캠페인		
	안전	길을 잃었을 때의 안전				
		길을 잃었어요.	길을 잃었을 때에는 어떻게 할까요?	여행 중 부모를 잃었어요.	쇼핑 중 부모를 잃었어요.	미아 방지 지침 방법

표 12-12

활동 진행

생활 주제	6월 2주 – 동 · 식물과 우리의 생활

1) 문학작품의 여행 & 연계활동 – 브레멘의 음악대 & 동화 듣고 악기 연주하기

동화 '브레멘의 음악대'를 듣고 다양한 악기를 이용해 '창의반 음악대'를 결정하였다. 유아들이 다양한 리듬악기 중에 하나씩 선택하여 연주방법을 익힌 후, 합주를 위해 자신의 순서와 리듬감을 배워 익혔다. 악기연주와 함께 노래도 개사하여 유아들의 동물 사랑마음을 함께 담아 보는 연주회가 되었다.

2) 숲 체험 – 나무 속에서 물이 움직여요.

이번 숲 체험 활동은 나무 속에 물이 있고, 그 물이 계속해서 움직이는 현상을 확인하는 시간이었다. 춘덕산에서 나무의 물관을 알아보는 과학실험을 하였고, 숲 선생님의 설명으로 나무의 '노린재'에 대해 알게 되었다. 나무에 대한 지식은 나무사랑의 효과로 확장되었다.

3) 미술 & 사회 – 캠페인 띠 만들기 & 동물보호 캠페인

'동 · 식물들이 우리에게 주는 이로움'에 대해 배운 후, '동 · 식물'의 보호방법을 알아보고, 이를 많은 사람들에게 알리기 위해 '동 · 식물 보호 캠페인' 활동을 계획하고 필요한 포스터와 띠를 만들어 캠페인을 준비하고 "동 · 식물을 보호해요!"라는 구호를 만들어 거리로 나가 외쳤다.

4) 게임 – 동물이 우리에게 주는 것 찾아오기

실생활에서 동물이 우리에게 주는 것이 무엇인지 알아보면서 단순히 음식만 주는 것이 아니라 가죽제품, 잠바, 이불, 털로 만든 붓 등임을 알았다. 그와 관련해 이로운 동물과 그들이 주는 물건 그림을 신체활동과 접목시킨 게임으로 실시하였다. 유아들이 배운 내용을 기억하고 동시에 신나는 게임활동으로 유아의 집중도를 높일 수 있었다.

5) 창의 – 아낌없이 주는 나무에게 편지쓰기

동화 '아낌없이 주는 나무'를 읽은 후 연계활동으로 편지쓰기를 해 보았다. 동화 속에서 나무는 주인공 소년에게 자신의 모든 것을 아낌없이 주는 내용을 통해 나무의 이로움과 함께 나무와 인간이 함께 돕고 살 수 있는 방법에 대해 고민해 볼 수 있는 시간이었다.

부 록

영유아보육법 시행규칙

영유아보육법 시행규칙

[시행 2012.3.1] [보건복지부령 제104호, 2012.2.3, 일부개정]

제1조(목적) 이 규칙은 「영유아보육법」 및 같은 법 시행령에서 위임된 사항과 그 시행에 필요한 사항을 규정함을 목적으로 한다.

[전문개정 2009.7.3]

제2조(보육정보센터의 직원) 「영유아보육법」(이하 "법"이라 한다) 제7조에 따른 보육정보센터(이하 "보육정보센터"라 한다)에는 보육에 관한 정보 제공 등의 업무를 수행하기 위하여 필요한 경우에는 보육전문요원 외에 전산원, 영양사, 간호사, 그 밖의 직원을 둘 수 있다. 〈개정 2011.12.8〉

[전문개정 2009.7.3]

[제목개정 2011.12.8]

제3조

[종전 제3조는 제39조의2로 이동 〈2012.2.3〉]

제4조(보육 실태 조사의 방법 및 내용) ① 법 제9조에 따라 보건복지부장관이 실시하는 보육 실태 조사는 가구 조사와 어린이집 조사로 구분한다. 〈개정 2010.3.19, 2011.12.8〉

② 제1항에 따른 가구 조사에는 다음 각 호의 사항이 포함되어야 한다. 〈개정 2010.3.19, 2011.12.8〉

1. 가구 및 영유아의 특성에 관한 사항
2. 어린이집 이용 현황
3. 어린이집 이용 시 만족도 및 요구사항
4. 그 밖에 향후 어린이집 이용계획 등 어린이집의 이용과 관련하여 보건복지부장관이 정하는 사항

③ 제1항에 따른 어린이집 조사에는 다음 각 호의 사항이 포함되어야 한다. 〈개정 2010.3.19, 2011.12.8〉

1. 어린이집의 환경 및 설비
2. 보육교직원의 실태에 관한 사항
3. 어린이집의 지역별 · 유형별 분포
4. 어린이집의 정원 · 현원에 관한 사항
5. 보육내용 및 보육비용에 관한 사항
6. 그 밖에 어린이집을 이용하는 영유아의 건강 · 영양 및 안전관리에 관한 사항 등 어린이집 운영에 관하여 보건복지부장관이 필요하다고 인정하는 사항

[전문개정 2009.7.3]

제4조의2(어린이집의 설치 전 상담) 법 제13조제1항 및 법 제14조제1항에 따라 어린이집을 설치하려는 자는 해당 지역의 보육수요 등 지역적 여건과 어린이집 설치기준 등에 대하여 관할 특별자치도지사 · 시장 · 군수 · 구청장(자치구의 구청장을 말한다. 이하 같다)과 미리 상담할 수 있다. 이 경우 관할 특별자치도지사 · 시장 · 군수 · 구청장은 이에 적극 협조하여야 한다. 〈개정 2011.12.8, 2012.2.3〉

[전문개정 2009.7.3]

[제목개정 2011.12.8]

제5조(어린이집의 설치인가 등) ① 법 제13조제1항 및 법 제14조제1항에 따라 어린이집의 설치인가를 받으려는 자는 별지 제4호서식의 어린이집 인가신청서(전자문서로 된 신청서를 포함한다)에 다음 각 호의 서류(전자문서를 포함한다)를 첨부하여 관할 특별자치도지사 · 시장 · 군수 · 구청장에게 제출하여야 한다. 〈개정 2011.4.7, 2011.12.8〉

1. 법인의 정관 및 출연금 등에 관한 서류(법인인 경우만 해당한다)
2. 단체의 회칙 또는 규약(단체인 경우만 해당한다)
3. 임대차계약서(부동산을 임차하는 경우만 해당한다)
4. 어린이집의 구조별 면적이 표시된 평면도와 어린이집 및 설비 목록
5. 어린이집의 원장의 자격을 증명하는 서류
6. 보육교직원 채용계획서
7. 어린이집 운영계획서(운영경비와 유지방법을 포함한다)
8. 경비의 지급 및 변제 능력에 관한 서류(설립자가 개인인 경우만 해당한다)
9. 인근 놀이터 이용계획서(영유아 50명 이상의 어린이집으로서 옥외놀이터나 옥내놀이터를 설치하지 아니하는 경우만 해당한다)
10. 「전기사업법 시행규칙」 제38조에 따른 전기안전점검확인서 및 「도시가스사업법 시행규칙」 제25조 및 「액화석유가스의 안전관리 및 사업법 시행규칙」 제29조에 따른 정기검사증명서
11. 「소방용기계 · 기구의 형식승인 등에 관한 규칙」 제5조에 따른 현장방염처리물품의 방염성능검사성적서 및 방염성능검사확인표시

② 제1항에 따른 신청을 받은 특별자치도지사 · 시장 · 군수 · 구청장은 「전자정부법」 제36조제1항에 따른 행정정보의 공동이용을 통하여 건축물대장 및 건물등기부 등본(부동산을 임차하는 경우는 제외한다)과 법인 등기사항확인서(법인인 경우만 해당한다)를 확인하여야 한다. 〈개정 2010.9.1〉

③ 제1항에 따라 인가신청서를 받은 특별자치도지사 · 시장 · 군수 · 구청장은 어린이집이 제9조에 따른 설치기준에 적합한지의 여부 및 해당 지역의 보육수요를 확인한 후 인가 여부를 결정하고, 인가를 하였을 때에는 별지 제5호서식의 어린이집 인가증을 신청인에게 발급하여야 한다. 이 경우 어린이집이 설치기준에 적합한지를 현장에서 확인하여야 한다. 〈개정 2011.12.8〉

④ 삭제 〈2011.4.7〉

⑤ 삭제 〈2011.4.7〉

⑥ 삭제 〈2011.4.7〉

⑦ 특별자치도지사 · 시장 · 군수 · 구청장은 어린이집의 설치 및 운영 현황을 매 반기가 끝난 후 1개월 이내에 특별시장 · 광역시장 · 도지사 · 특별자치도지사(이하 "시 · 도지사"라 한다)를 거쳐 보건복지부장관에게 보고하여야 한다. 〈개정 2010.3.19, 2011.12.8, 2012.2.3〉

[전문개정 2009.7.3]

[제목개정 2011.12.8]

제5조의2(어린이집의 변경인가 등) ① 제5조제3항에 따라 어린이집의 설치인가를 받아 어린이집을 운영하는 자는 어린이집의 대표자 또는 어린이집의 원장, 어린이집의 종류 · 명칭 · 소재지 또는 보육정원을 변경하려는 경우에는 법 제13조제2항에 따라 별지 제6호서식의 어린이집 변경인가신청서(전자문서로 된 신청서를 포함한다)에 다음 각 호의 서류(전자문서를 포함한다)를 첨부하여 특별자치도지사 · 시장 · 군수 · 구청장에게 제출하여야 한다. 〈개정 2011.12.8〉

1. 법인의 이사회 회의록(법인의 대표자가 변경되는 경우만 해당한다)
2. 경비의 지급 및 변제 능력에 관한 서류(대표자가 변경되고 변경되는 대표자가 개인인 경우만 해당한다)

2의2. 부채상환 이행계획서(어린이집 양도에 따라 변경되는 대표자가 개인인 경우로서, 어린이집 시설로 사용되는 토지 · 건물의 소유권 · 전세권 등에 대한 부채비율이 100분의 50 이상인 경우만 해당한다)

3. 변경되는 어린이집의 평면도(소재지 또는 보육정원의 변경 등으로 어린이집 시설이 변경되는 경우만 해당한다)
4. 어린이집의 원장의 자격을 증명하는 서류(어린이집의 원장이 변경되는 경우만 해당한다)
5. 시설 및 재산에 관한 사용 · 처분계획서(소재지가 변경되는 경우만 해당한다)
6. 보육 영유아에 대한 조치계획서(소재지가 변경되는 경우만 해당한다)
7. 어린이집 인가증
8. 임대차계약서(대표자 또는 소재지가 변경되는 경우로서 부동산을 임차하는 경우만 해당한다)
9. 어린이집 운영계획서(운영경비와 유지방법을 포함하며, 대표자가 변경되는 경우만 해당한다)
10. 인근 놀이터 이용계획서(대표자 또는 소재지가 변경되는 경우 중 영유아 50명 이상의 어린이집으로서 옥외놀이터나 옥내놀이터를 설치하지 아니하는 경우만 해당한다)
11. 「전기사업법 시행규칙」 제38조에 따른 전기안전점검확인서 및 「도시가스사업법 시행규칙」 제25조 및 「액화석유가스의 안전관리 및 사업법 시행규칙」 제29조에 따른 정기검사증명서(소재지가 변경되는 경우만 해당한다)
12. 「소방용기계 · 기구의 형식승인 등에 관한 규칙」 제5조에 따른 현장방염처리물품의 방염성능검사성적서 및 방염성능검사확인표시(대표자 또는 소재지가 변경되는 경우만 해당하되, 대표자만을 변경하면서 현장방염처리물품을 교체하지 않은 때에는 이에 대한 소방관서의 확인서로 갈음할 수 있다)

② 제1항에 따른 신청을 받은 특별자치도지사 · 시장 · 군수 · 구청장은 「전자정부법」 제36조제

1항에 따른 행정정보의 공동이용을 통하여 건축물대장 및 건물등기부 등본(소재지 또는 보육정원의 변경 등으로 어린이집 시설이 변경되는 경우만 해당한다)을 확인하여야 한다. 〈개정 2011.12.8〉

③ 특별자치도지사 · 시장 · 군수 · 구청장은 제1항에 따른 변경인가신청서를 받은 경우에는 변경사항을 확인한 후 변경인가 여부를 결정하여야 하고, 변경인가를 하였을 때에는 그 내용을 어린이집 인가증에 적어 신청인에게 발급하여야 한다. 〈개정 2011.12.8〉

[본조신설 2011.4.7]

[종전 제5조의2는 제5조의3으로 이동 〈2011.4.7〉]

[제목개정 2011.12.8]

제5조의3 삭제 〈2012.2.3〉

제5조의4(산업단지 내의 어린이집) 「산업집적활성화 및 공장설립에 관한 법률」 제28조의6제1항제1호에 따른 지식산업센터의 관리단, 같은 법 제31조제2항에 따른 산업단지관리공단 · 입주기업협의체 또는 같은 법 제45조의9에 따른 한국산업단지공단은 법 제13조에 따른 설치인가를 받아 「산업입지 및 개발에 관한 법률」 에 따른 산업단지(이하 "산업단지"라 한다)에 해당 기관 및 산업단지 입주기업체 · 지원기관의 근로자를 위하여 어린이집을 설치 · 운영할 수 있다.

[본조신설 2011.12.8]

제6조(공동직장어린이집의 설치) 법 제14조제1항에 따라 사업주 공동으로 직장어린이집을 설치 · 운영할 때에는 어린이집의 설치 · 관리 및 운영에 관한 업무를 협의하기 위하여 조합 또는 협의체를 구성할 수 있다. 〈개정 2011.12.8〉

[전문개정 2009.7.3]

[제목개정 2011.12.8]

제7조(직장어린이집의 위탁) 법 제14조제1항에 따라 직장어린이집을 설치할 수 없는 사업주가 지역의 어린이집과 위탁계약을 체결할 때에는 위탁기간 · 보육비용 등을 정하여 위탁계약을 체결하여야 한다. 〈개정 2011.12.8〉

[전문개정 2009.7.3]

[제목개정 2011.12.8]

제8조(보육수당의 지급) 법 제14조제1항 단서에 따른 보육수당은 연령별 정부보육료 지원 단가의 100분의 50 이상으로 한다. 〈개정 2010.7.9, 2011.4.7〉

[전문개정 2009.7.3]

제9조(어린이집의 설치기준) 법 제15조 및 제15조의2에 따른 어린이집 및 그 놀이터의 설치기준은 별표 1과 같다.

[전문개정 2011.12.8]

제10조(보육교직원의 배치기준) 법 제17조제2항에 따른 보육교직원의 배치기준은 별표 2와 같다. 〈개정 2011.12.8〉

[전문개정 2009.7.3]

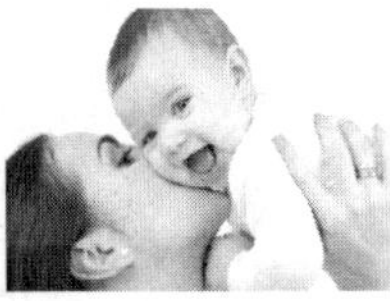

[제목개정 2011.12.8]

제11조(보육교직원의 임면) ① 어린이집의 원장은 법 제19조제2항에 따라 보육교직원의 임면사항을 14일 이내에 특별자치도지사 · 시장 · 군수 · 구청장에게 별지 제7호서식의 인사기록카드 사본을 첨부하여 보고하여야 한다. 〈개정 2011.12.8〉

② 제1항에 따라 보육교직원 임면사항을 보고받은 특별자치도지사 · 시장 · 군수 · 구청장은 신원조회 등을 통하여 보육교직원이 법 제20조 각 호의 결격사유에 해당되는지를 확인하여야 한다. 〈개정 2011.12.8〉

③ 제1항 및 제2항에 규정된 사항 외에 임면권자가 보육교직원을 임면할 때의 원칙은 별표 3과 같다. 〈개정 2011.12.8〉

[전문개정 2009.7.3]

[제목개정 2011.12.8]

제11조의2(어린이집의 원장의 사전직무교육) ① 영 별표 1 제1호바목에 따라 어린이집의 원장의 자격을 갖추기 위하여 받아야 하는 사전직무교육의 교육시간은 80시간 이상으로 한다.

② 제1항에 따른 사전직무교육의 내용, 계획 수립 및 평가에 관하여는 제20조제3항 · 제5항 및 별표 7 제2호 · 제3호를 준용한다. 이 경우 "보수교육" 및 "승급교육"은 "사전직무교육"으로 본다.

[본조신설 2011.12.8]

[시행일 : 2014.3.1] 제11조의2

제12조(보육 관련 교과목 및 학점 등) ① 법 제21조제2항제1호 및 제1호의2에 따라 보육교사 자격을 취득하기 위하여 「고등교육법」 제2조에 따른 학교(이하 "대학등"이라 한다)에서 이수하여야 하거나, 이와 같은 수준 이상의 학력이 있다고 인정된 사람이 이수하여야 하는 보육 관련 교과목 및 학점은 별표 4와 같다.

② 법 제21조제2항제2호에 따라 보육교사자격을 취득하기 위하여 교육훈련시설에서 이수하여야 하는 교육과정은 별표 5와 같다.

[전문개정 2009.7.3]

제13조(교육훈련시설의 지정 등) ① 법 제21조제2항제2호에 따른 교육훈련시설(이하 "교육훈련시설"이라 한다)은 보육교사의 양성 등을 위하여 대학등에 일정한 시설 및 교수요원을 갖추어 설치된 시설 중에서 시 · 도지사가 법 제6조에 따른 지방보육정책위원회(이하 "지방보육정책위원회"라 한다)의 심의를 거쳐 교육훈련시설로 지정한 시설을 말한다. 〈개정 2010.7.9〉

② 제1항에 따른 교육훈련시설로 지정받으려는 대학등은 별지 제8호서식의 교육훈련시설 지정 신청서(전자문서로 된 신청서를 포함한다)에 다음 각 호의 서류(전자문서를 포함한다)를 첨부하여 시 · 도지사에게 제출하여야 한다.

1. 법인의 정관 및 출연금 등에 관한 서류
2. 임대차계약서(부동산을 임차하는 경우만 해당한다)
3. 시설의 구조별 면적이 표시된 평면도와 시설 및 설비 목록

4. 교육훈련시설의 장과 교수요원의 자격 및 경력을 증명하는 서류
5. 교육훈련 계획서 및 예산서

③ 제2항에 따른 신청을 받은 시 · 도지사는 「전자정부법」 제36조제1항에 따른 행정정보의 공동이용을 통하여 법인 등기사항증명서와 건축물대장(부동산을 임차하는 경우는 제외한다)을 확인하여야 한다. 〈개정 2010.9.1〉

④ 제2항에 따른 지정신청서를 받은 시 · 도지사가 해당 시설을 지방보육정책위원회의 심의를 거쳐 교육훈련시설로 지정한 경우에는 별지 제9호서식의 교육훈련시설 지정서를 발급하여야 한다.

[전문개정 2009.7.3]

제14조(교육훈련시설의 설치기준 등) ① 교육훈련시설의 장은 학사 이상의 학위소지자로서 보육 또는 교육 업무에 10년 이상 종사한 경력이 있어야 한다. 〈개정 2010.7.9〉

② 교육훈련시설의 시설기준과 교육훈련시설이 갖추어야 하는 교수요원의 수 및 자격기준은 별표 6과 같다.

[전문개정 2009.7.3]

제15조(교육훈련시설의 변경사항) ① 교육훈련시설의 장, 대표자, 명칭 또는 소재지가 변경된 경우 교육훈련시설의 대표자는 별지 제10호서식의 교육훈련시설 지정사항 변경신청서(전자문서로 된 신청서를 포함한다)에 다음 각 호의 서류(전자문서를 포함한다)를 첨부하여 시 · 도지사에게 제출하여야 한다.

1. 교육훈련시설의 장의 자격 및 경력을 증명하는 서류(교육훈련시설의 장이 변경되는 경우만 해당한다)
2. 임대차계약서(소재지가 변경된 경우로서 부동산을 임차하는 경우만 해당한다)
3. 시설의 구조별 면적이 포함된 평면도와 시설 및 설비 목록(소재지가 변경되는 경우만 해당한다)
4. 교육훈련시설 지정서

② 제1항에 따른 신청을 받은 시 · 도지사는 「전자정부법」 제36조제1항에 따른 행정정보의 공동이용을 통하여 건축물대장(소재지가 변경되는 경우만 해당하며, 부동산을 임차하는 경우는 제외한다)을 확인하여야 한다. 〈개정 2010.9.1〉

[전문개정 2009.7.3]

제16조(교육훈련시설 지정의 취소) ① 시 · 도지사는 다음 각 호의 어느 하나에 해당하는 사유가 발생한 경우에는 교육훈련시설의 지정을 취소할 수 있다.

1. 교육훈련시설의 시설기준, 교수요원의 수 및 자격기준이 별표 6에서 정하는 기준에 미달한 경우
2. 교육훈련시설로 지정받은 후 1년 이내에 교육훈련을 실시하지 아니한 경우
3. 교육훈련 자격 미달자에게 교육을 실시하고 수료증을 발급하거나 교육수료 인정기준 미달자에게 수료증을 발급한 경우
4. 교육훈련시설을 1년 이상 휴지하거나 폐지하는 경우

② 시·도지사는 제1항에 따라 교육훈련시설의 지정을 취소하려면 청문을 하여야 한다.
[전문개정 2009.7.3]

제17조(어린이집의 원장 또는 보육교사의 자격의 검정) ① 법 제22조에 따른 어린이집의 원장 또는 보육교사의 자격 검정은 시험 없이 영 별표 1에 따른 어린이집의 원장 또는 보육교사의 자격기준에 따라 서류심사의 방법으로 한다. 〈개정 2011.12.8〉

② 보육교사에 대한 자격 검정을 한 결과 그 자격검정 대상자가 다음 각 호의 기준에 해당하는 경우에는 각각 합격으로 한다. 〈개정 2011.12.8〉

1. 대학등을 졸업한 사람 또는 이와 같은 수준 이상의 학력이 있다고 인정된 사람 : 별표 4에 따른 보육 관련 교과목을 12과목 이상, 35학점 이상 취득한 경우
2. 교육훈련시설의 교육과정을 수료한 사람 : 별표 5에 따른 교과목을 25과목 이상, 65학점 이상을 취득하고, 각 과목당 평가점수가 70점 이상인 경우
3. 법 제23조제2항에 따른 승급교육을 받은 사람 : 80시간 이상 교육을 받고 평가시험에서 80점 이상을 받은 경우

③ 제1항 및 제2항에서 규정한 사항 외에 어린이집의 원장 또는 보육교사의 자격 검정 절차 등에 관하여 필요한 사항은 보건복지부장관이 정한다. 〈개정 2010.3.19, 2011.12.8〉
[전문개정 2009.7.3]
[제목개정 2011.12.8]
[시행일 : 2014.3.1] 제17조제2항제1호

제18조(자격증의 발급 등) ① 법 제22조에 따라 어린이집의 원장 또는 보육교사의 자격을 검정받고 어린이집의 원장 또는 보육교사의 자격증(이하 "자격증"이라 한다)을 발급받으려는 사람은 별지 제11호서식의 자격증 발급신청서(전자문서로 된 신청서를 포함한다)에 다음 각 호의 서류(전자문서를 포함한다)를 첨부하여 어린이집의 원장 또는 보육교사의 자격 검정 및 자격증 발급에 관한 업무를 위탁받은 연구기관이나 법인 또는 단체(이하 "자격증업무 담당기관"이라 한다)에 제출하여야 한다. 〈개정 2011.12.8〉

1. 공통 제출서류 : 사진(6개월 이내에 촬영한 탈모 정면 상반신 반명함판) 2장
2. 보육시설의 장 : 자격증 사본, 경력증명서, 졸업증명서, 성적증명서 등 보육시설의 장의 자격을 증명할 수 있는 모든 서류
3. 보육교사 : 졸업증명서, 성적증명서, 보육실습확인서(1998년 3월 이후 졸업한 사람만 해당한다), 교육훈련시설 수료증(해당자로 한정한다), 보수교육 수료증(승급자만 해당한다), 경력증명서 등 보육교사 자격을 증명하는 모든 서류

② 제1항에 따라 자격증을 발급받은 사람이 그 자격증을 분실하거나 훼손하여 자격증을 재발급받으려는 경우에는 별지 제12호서식의 자격증 재발급신청서(전자문서로 된 신청서를 포함한다)에 다음 각 호의 서류(전자문서를 포함한다)를 첨부하여 자격증업무 담당기관에 제출하여야 한다.

1. 자격증(훼손된 경우만 해당한다)
2. 사진(6개월 이내에 촬영한 탈모 정면 상반신 반명함판) 2장

③ 제1항에 따른 자격증은 별지 제12호의2서식에 따른다.

[전문개정 2009.7.3]

[시행일 : 2014.3.1] 제18조제1항제2호

제19조(수수료) 법 제22조제2항에 따라 자격증을 발급 또는 재발급받으려는 사람이 납부하여야 하는 수수료는 1만원으로 한다.

[전문개정 2009.7.3]

제20조(보수교육의 실시) ① 법 제23조제2항에 따른 직무교육은 보육에 필요한 지식과 능력을 유지 · 개발하기 위하여 보육교직원이 정기적으로 받는 교육으로서 교육시간은 40시간 이상으로 한다. 〈개정 2011.12.8〉

② 법 제23조제2항에 따른 승급교육은 보육교사가 3급에서 2급 또는 2급에서 1급으로 승급하기 위하여 필요한 교육으로서 교육시간은 80시간 이상으로 한다. 〈개정 2011.12.8〉

③ 제1항 및 제2항에 따른 보수교육의 내용은 보육기초, 발달 및 지도, 영유아 교육, 영유아의 건강 · 영양 및 안전, 가족 및 지역사회 협력, 보육사업의 운영에 관한 영역이 포함되도록 하고, 그 구체적인 내용은 보건복지부장관이 정한다. 〈개정 2010.3.19〉

④ 제1항 및 제2항에 따른 직무교육 및 승급교육의 대상자, 교육평가, 교육비 등에 관한 구체적인 내용은 별표 7과 같다.

⑤ 시 · 도지사는 매년 2월 말일까지 보수교육의 수요를 파악하여 보수교육계획을 수립하여야 한다.

[전문개정 2009.7.3]

제21조

[종전 제21조는 제39조의3으로 이동 〈2012.2.3〉]

제22조 삭제 〈2012.2.3〉

제23조(어린이집의 운영기준) 법 제24조제1항에 따른 어린이집의 운영기준은 별표 8과 같다. 〈개정 2011.12.8〉

[전문개정 2009.7.3]

[제목개정 2011.12.8]

제24조(국공립어린이집의 운영위탁) ① 보건복지부장관, 시 · 도지사 또는 시장 · 군수 · 구청장은 법 제24조제2항에 따라 국공립어린이집의 운영을 위탁하려는 경우에는 미리 위탁의 기준, 절차 및 방법 등을 해당 기관의 게시판이나 인터넷 홈페이지 등을 이용하여 공고하여야 한다. 〈개정 2010.3.19, 2011.12.8〉

② 법 제24조제2항에 따라 국공립어린이집의 운영을 위탁받으려는 자는 별지 제15호서식의 어린이집 위탁신청서(전자문서로 된 신청서를 포함한다)에 다음 각 호의 서류(전자문서를 포함한다)를 첨부하여 보건복지부장관, 시 · 도지사 또는 시장 · 군수 · 구청장에게 제출하여야 한다. 〈개정 2010.3.19, 2011.12.8〉

1. 법인의 정관 및 출연금 등에 관한 서류(법인인 경우만 해당한다)
2. 단체의 회칙 또는 규약(단체인 경우만 해당한다)

3. 경비의 지급 및 변제 능력에 관한 서류(개인인 경우만 해당한다)
4. 어린이집의 원장과 대표자의 자격 및 경력을 증명하는 서류
5. 어린이집 운영계획서(운영경비와 유지방법을 포함한다)

③ 제2항에 따른 신청을 받은 보건복지부장관, 시 · 도지사 또는 시장 · 군수 · 구청장은 「전자정부법」 제36조제1항에 따른 행정정보의 공동이용을 통하여 법인 등기사항증명서(법인인 경우만 해당한다)를 확인하여야 한다. 〈개정 2010.9.1〉

④ 제2항에 따라 위탁신청서를 받은 보건복지부장관, 시 · 도지사 및 시장 · 군수 · 구청장은 보육정책위원회의 심의를 거쳐 수탁기관을 결정하여 위탁계약을 체결한 후 별지 제16호서식의 어린이집 위탁계약증서를 발급하여야 한다. 〈개정 2010.3.19, 2011.12.8〉

⑤ 제4항에도 불구하고 시 · 도지사 및 시장 · 군수 · 구청장은 지방보육정책위원회의 심의를 갈음하여 「사회복지사업법 시행규칙」 제22조의2제2항에 따른 수탁자선정심의위원회(이하 "수탁자선정심의위원회"라 한다)의 심의를 거쳐 수탁기관을 결정할 수 있다. 이 경우 해당 수탁자선정심의위원회는 지방보육정책위원회 위원의 자격을 갖춘 위원들로 구성되어야 한다. 〈신설 2010.7.9〉

⑥ 제4항 및 제5항 전단에 따른 보육정책위원회 또는 수탁자선정심의위원회의 심의항목에는 보육 관련 사업 운영실적, 수탁자의 공신력 및 재정능력, 어린이집 운영계획, 대표자 및 어린이집의 원장의 전문성 등이 포함되어야 한다. 〈개정 2010.7.9, 2011.12.8〉

⑦ 보건복지부장관, 시 · 도지사 및 시장 · 군수 · 구청장은 기존 수탁자의 제6항에 따른 보육 관련 사업 운영실적 등을 고려하여 보육정책위원회의 심사를 거쳐 그 기존 수탁자에게 어린이집의 운영을 재위탁할 수 있다. 〈개정 2010.3.19, 2010.7.9, 2011.12.8〉

⑧ 수탁자는 어린이집의 대표자 또는 어린이집의 원장이나, 어린이집의 명칭을 변경하는 경우 별지 제17호서식의 어린이집 위탁사항 변경신청서(전자문서로 된 신청서를 포함한다)에 다음 각 호의 서류를 첨부하여 보건복지부장관, 시 · 도지사 또는 시장 · 군수 · 구청장에게 제출하여야 한다. 〈개정 2010.3.19, 2010.7.9, 2011.12.8〉

1. 변경 사유서
2. 어린이집의 원장의 자격을 증명하는 서류(어린이집의 원장을 변경하는 경우만 해당한다)

⑨ 어린이집의 운영 위탁에 관한 구체적인 사항은 국립어린이집의 경우 보건복지부장관이 정하고, 공립어린이집의 경우 지방자치단체의 조례로 정한다. 〈개정 2010.3.19, 2010.7.9, 2011.12.8〉

[전문개정 2009.7.3]

[제목개정 2011.12.8]

제24조의2(국공립 어린이집 위탁체 선정관리 기준) 법 제24조제2항 각 호 외의 부분 후단에 따른 국공립어린이집 위탁체 선정관리 기준은 별표 8의2와 같다.

[본조신설 2012.2.3]

제25조(국공립어린이집 운영 위탁의 취소) 보건복지부장관, 시 · 도지사 또는 시장 · 군수 · 구청장은 수탁자가 다음 각 호의 어느 하나에 해당하는 경우에는 어린이집의 운영 위탁을 취소할

수 있다. 〈개정 2010.3.19, 2011.12.8, 2012.2.3〉

1. 법 제26조제1항에 따른 취약보육을 우선적으로 실시하지 아니하거나 법 제28조에 따른 저소득층 자녀 등의 우선 보육을 실시하지 아니한 경우
2. 법 제31조에 따른 건강진단 실시 또는 응급조치 등을 이행하지 아니한 경우
3. 법 제36조 및 「영유아보육법 시행령」(이하 "영"이라 한다) 제24조에 따른 보조금을 목적 외의 용도에 사용한 경우
4. 법 제36조 및 영 제24조에 따른 보조금을 거짓이나 그 밖의 부정한 방법으로 받은 경우
5. 보육대상 영유아를 방임하거나 학대하는 등 「아동복지법」 제29조에 따른 금지행위를 한 경우
6. 운영위탁 계약서의 계약 내용을 위반한 경우
7. 법 제45조에 따른 운영정지처분을 받은 경우
8. 법 제46조에 따른 자격정지처분을 받은 경우

[전문개정 2009.7.3]

[제목개정 2011.12.8]

제26조(어린이집운영위원회의 구성 · 운영) ① 법 제25조제1항에 따라 설치되는 어린이집운영위원회(이하 "운영위원회"라 한다)의 위원장은 해당 보육교직원이 아닌 위원 중에서 호선(互選)한다. 〈개정 2011.12.8〉

② 운영위원회의 회의는 공개하는 것을 원칙으로 한다.

③ 이 규칙에서 정한 사항 외에 운영위원회의 구성 · 운영에 필요한 사항은 보건복지부장관이 정한다. 〈개정 2010.3.19〉

[전문개정 2009.7.3]

[제목개정 2011.12.8]

제27조 삭제 〈2006.4.13〉

제28조(취약보육의 종류) ① 법 제26조제1항에 따른 취약보육은 다음 각 호의 보육을 포함한다.

1. 영아 보육: 만 3세 미만의 영아를 대상으로 보육서비스를 제공하는 것
2. 장애아 보육: 「장애인복지법」 제32조에 따라 장애인으로 등록된 영유아 등에게 보육서비스를 제공하는 것
3. 다문화아동 보육: 「다문화가족지원법」 제2조제1호에 따른 다문화가족의 영유아 등에게 보육서비스를 제공하는 것
4. 시간연장형 보육: 기준 보육시간 외에 시간을 연장하여 보육서비스를 제공하는 것

② 취약보육의 정원 책정 등 취약보육에 대한 구체적인 사항은 보건복지부장관이 정한다. 〈개정 2010.3.19〉

[전문개정 2009.7.3]

제28조의2(어린이집 이용대상의 관리) 어린이집의 원장은 법 제27조에 따른 어린이집 이용대상을 관리하기 위하여 별지 제19호서식의 이용 신청자 명부를 갖추어 둘 수 있다.

[본조신설 2012.2.3]

제29조(보육의 우선 제공) ① 법 제28조제1항제4호에서 "보건복지부령으로 정하는 장애등급 이상에 해당하는 자"란 다음 각 호의 사람을 말한다. 〈개정 2010.3.19〉

1. 「장애인복지법 시행규칙」 별표 1의 장애등급 중 1급 또는 2급에 해당하는 사람
2. 「장애인복지법 시행규칙」 별표 1의 장애등급 중 3급에 해당하는 지적장애인 또는 자폐성장애인으로서 다른 장애가 중복된 사람

② 법 제28조제1항제6호에서 "보건복지부령으로 정하는 자의 자녀"란 다음 각 호의 영유아를 말한다. 〈개정 2009.12.31, 2010.3.19, 2011.12.8〉

1. 「아동복지법」 제16조에 따른 아동복지시설에서 생활 중인 영유아
2. 부모가 모두 취업 중인 영유아
3. 삭제 〈2011.12.8〉
4. 자녀가 3명 이상인 가구의 영유아
5. 산업단지 입주기업체 및 지원기관 근로자의 자녀로서 산업단지에 설치된 어린이집을 이용하는 영유아

[전문개정 2009.7.3]

제30조(보육과정) 법 제29조제2항 및 제4항에 따른 표준보육과정은 별표 8의3과 같다. 다만, 영 제22조제1항제1호에 따른 공통의 보육 · 교육 과정의 내용은 보건복지부장관과 교육과학기술부장관이 협의하여 정하는 바에 따른다. 〈개정 2012.2.3〉

[전문개정 2009.7.3]

제31조(평가인증의 실시) ① 보건복지부장관은 법 제30조제7항에 따라 보육정책위원회의 심의를 거쳐 운영체계, 평가지표, 수수료 등 어린이집의 평가인증에 필요한 사항을 정한다. 〈개정 2010.3.19, 2011.12.8〉

② 제1항에 따른 평가지표에는 보육환경, 보육과정 운영, 보육교사와 보육 영유아 간의 일상적 상호작용, 영유아의 건강 · 영양 및 안전, 보육인력의 전문성, 어린이집 운영관리, 가족 및 지역사회와의 연계 등이 포함되어야 한다. 〈개정 2011.12.8〉

③ 법 제30조제1항에 따른 평가인증을 받으려는 자는 보건복지부장관에게 평가인증을 신청하여야 한다. 〈개정 2010.3.19〉

④ 평가인증의 절차 및 서식 등에 관한 구체적인 사항은 보건복지부장관이 정한다. 〈개정 2010.3.19〉

[전문개정 2009.7.3]

제32조(평가인증 수수료) 보건복지부장관은 법 제30조제2항에 따라 평가인증을 받으려는 어린이집이 납부하여야 하는 수수료를 매년 정하여 고시하여야 한다. 〈개정 2010.3.19, 2011.12.8〉

[전문개정 2009.7.3]

제32조의2(평가인증의 취소) 법 제30조제5항제4호에서 "평가인증을 유지하기 어렵다고 인정되는 경우로서 보건복지부령으로 정하는 경우"란 다음 각 호의 어느 하나에 해당하는 경우를 말한다.

1. 어린이집의 대표자 또는 보육교직원이 「아동복지법」 제29조를 위반하거나 「아동 · 청소년의 성보호에 관한 법률」 제2조제2호의 아동 · 청소년대상 성범죄 또는 제2조제3호의 아동 · 청소년대상 성폭력범죄를 저지른 경우
2. 어린이집을 폐지하거나 6개월 이상 운영을 중단하는 경우
3. 제31조제1항에 따른 평가지표에 따라 평가한 결과, 평가인증이 적합하지 아니하게 된 경우

[본조신설 2012.2.3]

제32조의3(평가인증의 유효기간) ① 법 제30조제7항에 따른 유효기간은 3년으로 한다. 다만, 평가인증을 받은 날부터 3년 내에 양도, 상속 또는 합병 등으로 어린이집의 대표자가 변경되는 경우에는 대표자가 변경되기 전까지의 기간으로 한다.

② 보건복지부장관은 제31조제1항에 따른 평가지표에 따라 평가한 결과가 우수한 경우 등 보건복지부장관이 정하는 사유에 해당되는 경우에는 3년을 초과하지 아니하는 범위에서 1회에 한하여 제1항에 따른 유효기간을 연장할 수 있다.

[본조신설 2012.2.3]

제33조(건강진단) ① 법 제31조제1항에 따라 어린이집의 원장은 보육하고 있는 영유아 및 보육교직원(가정어린이집의 경우 어린이집에서 함께 거주하는 사람을 포함한다)에 대하여 1년에 한 번 이상 건강진단을 실시하여야 한다. 다만, 보호자가 별도로 건강검진을 실시하여 검사 결과 통보서를 제출한 영유아에 대해서는 건강진단을 생략할 수 있다. 〈개정 2011.12.8〉

② 영유아의 건강진단 항목에는 신체계측, 시력검사, 구강검사 등 영유아 발달단계에 따라 필요한 항목이 포함되어야 한다.

③ 보육교직원의 건강진단 항목에는 결핵 등 전염성 질환이 포함되어야 한다. 〈개정 2011.12.8〉

④ 어린이집의 원장은 제1항에 따라 건강진단을 실시한 결과 치료가 필요한 영유아에 대해서는 그 보호자와 협의하여 필요한 조치를 하여야 한다. 〈개정 2011.12.8〉

⑤ 어린이집의 원장은 제1항에 따른 건강진단을 실시한 결과 전염성 질환에 감염된 것으로 밝혀지거나 의심되는 영유아 및 어린이집 거주자를 어린이집으로부터 격리시키고, 전염성 질환에 감염된 것으로 밝혀지거나 의심되는 보육교직원을 즉시 휴직시키거나 면직시키는 등의 조치를 하여야 한다. 〈개정 2011.12.8〉

[전문개정 2009.7.3]

제34조(급식 관리) 법 제33조에 따른 급식 관리의 기준은 별표 8 제3호나목과 같다.

[전문개정 2012.2.3]

제35조(보육료 지원대상) 법 제34조제1항에 따라 국가 또는 지방자치단체가 보육에 필요한 비용을 부담하여야 하는 가정의 소득수준 및 보조 범위는 재산 등을 고려하여 보건복지부장관이 매년 정한다. 〈개정 2010.3.19〉

[전문개정 2009.7.3]

제35조의2(재산의 소득환산액 산정방식) ① 영 제21조의6제1항에서 "보건복지부령으로 정하

는 바에 따라 재산을 소득으로 환산한 금액"이란 다음 각 호에 따른 금액을 말한다. 〈개정 2010.3.19〉

1. 영 제21조의6제3항제1호의 일반재산의 가액에서 다음 각 목의 금액(이하 이 항에서 "기본재산액등"이라 한다)을 차감한 금액에 제2항제1호에 따른 소득환산율을 곱한 금액. 다만, 해당 일반재산의 가액에서 기본재산액등을 차감한 금액이 0보다 적은 경우에는 이를 0으로 하고, 그 0보다 적은 차액은 영 제21조의6제3항제2호의 금융재산의 가액에서 차감한다.

가. 기본재산액: 기초생활의 유지에 필요하다고 보건복지부장관이 정하는 금액

나. 임대보증금, 금융기관 융자금과 그 밖에 보건복지부장관이 정하는 부채

2. 영 제21조의6제3항제2호의 금융재산의 가액에 제2항제2호에 따른 소득환산율을 곱한 금액. 다만, 제1호 후단에 따라 해당 금융재산의 가액에서 차감한 금액이 0보다 적은 경우에는 이를 0으로 한다.

3. 영 제21조의6제3항제3호의 자동차의 가액에서 할부잔액을 차감한 금액에 제2항제3호에 따른 소득환산율을 곱한 금액. 다만, 해당 자동차의 가액에서 할부잔액을 차감한 금액이 0보다 적은 경우에는 이를 0으로 한다.

② 영 제21조의6제3항 각 호의 재산 가액에 따른 소득환산율은 다음과 같다.

1. 영 제21조의6제3항제1호의 일반재산: 0.0417/3

2. 영 제21조의6제3항제2호의 금융재산: 0.0626/3

3. 영 제21조의6제3항제3호의 자동차: 1/3

[본조신설 2009.12.31]

[종전 제35조의2는 제35조의3으로 이동 〈2009.12.31〉]

제35조의3(보육서비스 이용권의 신청 및 발급) ① 영유아의 보호자는 법 제34조의3에 따른 보육서비스 이용권(이하 "보육서비스 이용권"이라 한다)을 발급 받으려면 특별자치도지사 · 시장 · 군수 · 구청장에게 보육서비스 이용권 발급신청서를 제출하여야 한다. 〈개정 2009.12.31〉

② 영유아의 보호자는 법 제34조제1항 및 법 제35조에 따른 비용을 지원받으려면 보육서비스 이용권을 어린이집에 제시하여야 한다. 이 경우 어린이집의 원장은 보육서비스 이용권이 이용자 본인에 의하여 정당하게 사용되고 있는지를 확인하여야 한다. 〈개정 2011.12.8〉

③ 국가와 지방자치단체는 영유아의 보호자가 제2항에 따라 보육서비스 이용권을 사용한 경우, 그 사용한 금액에 해당하는 비용을 해당 어린이집에 지급하여야 한다. 〈개정 2011.12.8〉

④ 제1항부터 제3항까지에서 규정한 사항 외에 보육서비스 이용권의 신청과 지급 및 사용에 필요한 사항은 보건복지부장관이 정한다. 〈개정 2010.3.19〉

[본조신설 2009.7.3]

[제35조의2에서 이동 , 종전 제35조의3은 제35조의4로 이동 〈2009.12.31〉]

제35조의4(보육서비스 이용권의 전자적 관리) ① 보건복지부장관은 보육서비스 이용권을 전자적으로 발급 · 관리한다. 다만, 전자적 발급 · 관리가 현저히 불편하다고 인정하는 경우에는 그러하지 아니하다. 〈개정 2010.3.19〉

② 보건복지부장관은 보육서비스 이용권의 전자적 관리를 위한 전산시스템을 구축 · 운영한다. 〈개정 2010.3.19〉

[본조신설 2009.7.3]

[제35조의3에서 이동 , 종전 제35조의4는 제35조의5로 이동 〈2009.12.31〉]

제35조의5(보육서비스 비용의 사전 예탁) ① 삭제 〈2012.2.3〉

② 특별자치도지사 · 시장 · 군수 · 구청장은 법 제34조제1항, 제34조의2 및 제35조에 따른 비용 지원을 하는 경우 영 제26조의2제2항에 따라 보건복지부장관으로부터 업무를 위탁받은 공공단체 또는 기관에 사전 예탁(豫託)하여 지원할 수 있다. 〈신설 2009.12.31, 2010.3.19, 2012.2.3〉

[본조신설 2009.7.3]

[제목개정 2012.2.3]

[제35조의4에서 이동 , 종전 제35조의5는 제35조의6으로 이동 〈2009.12.31〉]

제35조의6(비용 지원의 신청방법 · 절차) ① 법 제34조의4제1항에 따라 보육 등에 관한 비용 지원을 신청하려는 자는 보육료(양육수당) 지원신청서에 다음 각 호의 서류(전자문서를 포함한다)를 첨부하여 관할 특별자치도지사 · 시장 · 군수 · 구청장에게 제출하여야 한다. 〈개정 2009.12.31, 2010.3.19, 2010.9.1〉

1. 소득 · 재산 신고서 및 소득 · 재산을 확인할 수 있는 서류[해당 시 · 군 · 구(자치구를 말한다) 소속 공무원이 그 내용을 확인할 수 없는 경우나 신청서의 기재사항과 공부상의 내용이 다른 경우만 해당한다]
2. 법 제34조의4제2항에 따른 금융정보, 신용정보 또는 보험정보(이하 "금융정보등"이라 한다)의 제공동의서(가구원의 동의서를 포함한다)
3. 비용 지원을 신청하려는 자의 신분을 확인할 수 있는 신분증명서나 서류(주민등록증, 운전면허증, 장애인등록증, 여권, 그 밖에 보건복지부장관이 정하는 서류를 말한다)
4. 가족관계증명서

② 특별자치도지사 · 시장 · 군수 · 구청장은 제1항에 따라 비용 지원의 신청을 받으면 보육비용 신청대장을 작성하고, 「전자정부법」 제36조제1항에 따른 행정정보의 공동이용을 통하여 신청인의 외국인등록사실증명서 및 소득 · 재산관계 서류 중 토지등기부 등본 또는 건물등기부 등본을 확인하여야 한다. 다만, 신청인이 외국인등록사실증명서의 확인에 동의하지 아니하는 경우에는 해당 서류를 첨부하게 하여야 한다. 〈개정 2010.9.1〉

③ 제1항에 따라 신청을 받은 특별자치도지사 · 시장 · 군수 · 구청장은 신청서를 접수한 날부터 30일 이내에 비용 지원 신청자에게 비용 지원 대상자 해당 여부 및 지원 내용을 알리고 그 내용을 보육비용 지원신청대장에 기록하여야 한다. 다만, 소득 · 재산 등의 조사에 시간이 걸리는 등 특별한 사유가 있는 경우에는 60일 이내에 알릴 수 있다.

④ 제1항부터 제3항까지의 규정에 따른 신청 및 통지의 방법과 절차, 그 밖에 필요한 사항은 보건복지부장관이 정한다. 〈개정 2010.3.19〉

⑤ 제35조의3제1항에 따른 보육서비스 이용권 발급신청서, 이 조 제1항에 따른 보육료(양육수

당) 지원신청서, 소득 · 재산 신고서 및 금융정보등 제공동의서, 이 조 제3항에 따른 복지대상자 지원신청 결과(지원변경 · 중지) 통보서는 사회복지관련 사업 및 서비스와 관련하여 보건복지부장관이 정하여 고시하는 공통서식에 따른다. 〈신설 2009.12.31, 2010.3.19〉

[전문개정 2009.7.3]

[제35조의5에서 이동 , 종전 제35조의6은 제35조의7로 이동 〈2009.12.31〉]

제35조의7(확인 조사) ① 보건복지부장관은 법 제34조의5제1항에 따라 비용 지원 신청자 및 지원이 확정된 자의 비용 지원대상 자격확인에 필요한 조사 · 질문을 하기 위하여 매년 다음 각 호의 사항을 포함한 연간 조사계획을 수립하여야 한다. 〈개정 2010.3.19〉

1. 조사의 기본 방향
2. 조사 · 질문의 범위 · 내용 · 시기 · 절차 및 자료 확보를 위한 협조체계의 구축 방안
3. 그 밖에 비용 지원 신청자 및 그 가구원의 소득 · 재산의 확인에 필요한 사항

② 특별자치도지사 · 시장 · 군수 · 구청장은 제1항에 따른 연간 조사계획에 따라 관할 지역의 연간 조사계획을 수립하고 조사를 하여야 한다.

[전문개정 2009.7.3]

[제35조의6에서 이동 〈2009.12.31〉]

제35조의8(부채상환 이행계획서의 이행 권고) 특별자치도지사 · 시장 · 군수 · 구청장은 법 제41조에 따라 제5조의2제1항제2호의2에 따른 부채상환 이행계획서를 제출한 자가 이를 이행하지 아니하는 경우에는 이행을 권고할 수 있다.

[본조신설 2011.12.8]

제36조(어린이집의 폐지 · 휴지) ① 법 제43조제1항에 따라 어린이집을 폐지하거나 일정기간 운영을 중단(중단기간은 1년 이내로 한다)하려는 자는 폐지 또는 운영 중단 2개월 전까지 별지 제18호서식의 어린이집 폐지 · 휴지 · 재개 신고서(전자문서로 된 신고서를 포함한다)에 다음 각 호의 서류(전자문서를 포함한다)를 첨부하여 특별자치도지사 · 시장 · 군수 · 구청장에게 제출하여야 하고, 그 사실을 보육교직원 및 부모 등 보호자에게 알려야 한다. 〈개정 2011.12.8〉

1. 보육 영유아에 대한 전원조치(轉園措置) 계획서
2. 어린이집의 재산에 관한 사용 · 처분계획서(부동산을 임차한 경우는 제외한다)
3. 어린이집 인가증 또는 신고증(어린이집을 폐지하는 경우만 해당한다)
4. 보육교직원의 인사기록카드(어린이집을 폐지하는 경우만 해당한다)

② 특별자치도지사 · 시장 · 군수 · 구청장은 제1항에 따른 폐지 또는 휴지 신고를 받은 경우에는 법 제43조제2항에 따라 보육 영유아에 대한 전원조치가 이루어지는지를 확인하여야 한다.

[전문개정 2009.7.3]

[제목개정 2011.12.8]

제37조(어린이집 운영의 재개) 어린이집의 운영을 일정기간 중단하였던 자가 법 제43조제1항에 따라 어린이집의 운영을 재개하려는 경우에는 별지 제18호서식의 어린이집 폐지 · 휴지 · 재개 신고서(전자문서로 된 신고서를 포함한다)를 특별자치도지사 · 시장 · 군수 · 구청장에게

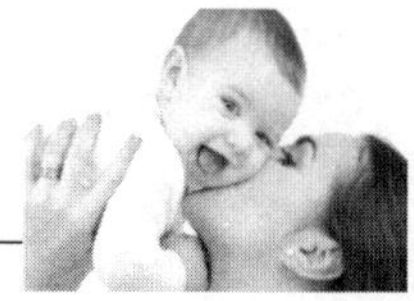

제출하여야 한다. 〈개정 2011.12.8〉

[전문개정 2009.7.3]

[제목개정 2011.12.8]

제38조(어린이집에 대한 행정처분) ① 법 제45조제1항에 따른 어린이집에 대한 행정처분의 세부기준은 별표 9와 같다. 〈개정 2011.12.8〉

② 제1항에 따른 행정처분이 운영정지에 해당하는 경우 특별자치도지사 · 시장 · 군수 · 구청장은 위반행위의 동기 · 내용 및 횟수 등을 고려하여 제1항에 따른 운영정지기간을 2분의 1의 범위에서 가중하거나 감경할 수 있으며, 가중하는 경우에는 운영정지의 총기간이 1년을 초과할 수 없다.

③ 삭제 〈2012.2.3〉

[전문개정 2009.7.3]

[제목개정 2011.12.8]

제38조의2(과징금 징수절차) 영 제25조의3제5항에 따른 과징금의 징수절차에 관하여는 「국고금관리법 시행규칙」을 준용한다. 이 경우 납입고지서에는 이의신청 방법 및 기간 등을 함께 적어 넣어야 한다.

[본조신설 2011.12.8]

제39조(어린이집의 원장 및 보육교사에 대한 행정처분) ① 특별자치도지사 · 시장 · 군수 · 구청장은 지방보육정책위원회의 심의를 거쳐 법 제46조 및 제47조에 따른 어린이집의 원장 및 보육교사의 자격정지기간을 결정하여야 한다. 〈개정 2011.12.8〉

② 제1항에 따른 어린이집의 원장 및 보육교사에 대한 행정처분의 세부기준은 별표 10과 같다. 다만, 특별자치도지사 · 시장 · 군수 · 구청장은 위반행위의 동기 · 내용 및 횟수 등을 고려하여 제1항에 따른 자격정지기간을 2분의 1의 범위에서 가중하거나 감경할 수 있으며, 가중하는 경우에는 자격정지의 총기간이 1년을 초과할 수 없다. 〈개정 2011.12.8〉

③ 어린이집의 대표자는 어린이집의 원장의 자격이 정지된 기간 동안 그 직을 대리할 어린이집의 원장을 두어야 하고, 어린이집의 원장은 보육교사의 자격이 정지된 기간 동안 그 업무를 대행할 보육교사를 채용하여야 한다. 〈개정 2011.12.8〉

[전문개정 2009.7.3]

[제목개정 2011.12.8]

제39조의2(보육정보센터의 운영위탁) ① 법 제51조의2제1항제1호 및 영 제26조의2제1항에 따라 보육정보센터의 운영을 위탁받으려는 보육 관련 법인 · 단체 등은 별지 제19호서식의 보육정보센터 위탁신청서(전자문서로 된 신청서를 포함한다)에 다음 각 호의 서류(전자문서를 포함한다)를 첨부하여 보육정보센터를 관할하는 보건복지부장관, 시 · 도지사 또는 시장 · 군수 · 구청장에게 제출하여야 한다. 〈개정 2010.3.19, 2011.12.8, 2012.2.3〉

1. 법인의 정관 및 출연금 등에 관한 서류(법인인 경우만 해당한다)
2. 단체의 회칙 또는 규약(단체인 경우만 해당한다)
3. 대표자의 경력사항

4. 보육정보센터의 장의 자격 및 경력을 증명하는 서류
5. 법인 · 단체 등의 보육 관련 업무실적을 증명하는 서류
6. 법인 · 단체 등의 조직 및 운영 현황에 관한 서류
7. 향후 3년간 보육정보센터의 운영계획서(예산서를 포함한다)

② 제1항에 따른 신청을 받은 보건복지부장관, 시 · 도지사 또는 시장 · 군수 · 구청장은 「전자정부법」 제36조제1항에 따른 행정정보의 공동이용을 통하여 법인 등기사항증명서(법인인 경우만 해당한다)를 확인하여야 한다. 〈개정 2010.9.1〉

③ 보건복지부장관, 시 · 도지사 또는 시장 · 군수 · 구청장은 제1항에 따라 위탁신청서를 받은 경우에는 법 제6조에 따른 보육정책위원회의 심의를 거쳐 수탁기관을 선정하여야 한다. 〈개정 2010.3.19〉

④ 보건복지부장관, 시 · 도지사 또는 시장 · 군수 · 구청장은 제3항에 따라 선정된 수탁기관(이하 이 조에서 "수탁기관"이라 한다)과 위탁계약을 체결한 후 별지 제20호서식의 보육정보센터 위탁계약증서를 발급하여야 한다. 〈개정 2010.3.19, 2012.2.3〉

⑤ 수탁기관은 법인 · 단체 등의 대표자 또는 보육정보센터의 장, 법인의 정관이나 단체의 회칙 또는 규약의 변경사유가 발생한 경우에는 별지 제21호서식의 보육정보센터 위탁사항 변경신청서(전자문서로 된 신청서를 포함한다)에 다음 각 호의 서류(전자문서를 포함한다)를 첨부하여 보건복지부장관, 시 · 도지사 또는 시장 · 군수 · 구청장에게 제출하여야 한다. 〈개정 2010.3.19, 2012.2.3〉

1. 변경 사유서
2. 대표자 경력사항(대표자가 변경되는 경우만 해당한다)
3. 보육정보센터장의 자격 및 경력을 증명하는 서류(보육정보센터장이 변경되는 경우만 해당한다)
4. 법인의 정관이나 단체의 회칙 또는 규약(정관 · 회칙 또는 규약이 변경되는 경우만 해당한다)
5. 보육정보센터 위탁계약증서

[전문개정 2009.7.3]
[제3조에서 이동 〈2012.2.3〉]

제39조의3(보수교육 실시의 위탁 절차 등) ① 삭제 〈2012.2.3〉

② 삭제 〈2012.2.3〉

③ 법 제51조의2제1항제3호 및 영 제26조의2제1항에 따라 보수교육의 실시를 위탁받으려는 자는 교육에 필요한 시설과 교육과정을 갖추고 별지 제22호서식의 보수교육 위탁신청서(전자문서로 된 신청서를 포함한다)에 다음 각 호의 서류(전자문서를 포함한다)를 첨부하여 시 · 도지사에게 제출하여야 한다. 〈개정 2012.2.3〉

1. 교육과정 운영계획서
2. 보수교육의 실시에 필요한 교수요원의 자격 및 경력을 증명하는 서류

④ 제3항에 따른 위탁신청서를 받은 시 · 도지사는 매년 3월 31일까지 지방보육정책위원회의 심의를 거쳐 보수교육 수탁기관을 결정하여 위탁계약을 체결한 후 별지 제23호서식의 보수

교육기관 위탁계약증서를 발급하여야 한다. 〈개정 2012.2.3〉

[전문개정 2009.7.3]

[제목개정 2012.2.3]

[제21조에서 이동 〈2012.2.3〉]

제40조(도서·벽지 및 농어촌 지역 등의 어린이집) ① 법 제52조에 따라 어린이집의 설치기준 및 보육교직원의 배치기준을 달리 적용할 수 있는 지역은 다음 각 호와 같다. 〈개정 2010.3.19, 2011.12.8〉

1. 「도서·벽지 교육진흥법」 제2조에 따른 도서·벽지
2. 행정구역상 면 지역
3. 그 밖에 보건복지부장관이 정하는 농어촌 지역

② 특별자치도지사·시장·군수·구청장이 법 제52조에 따라 제1항에 따른 도서·벽지·농어촌 등의 지역에 대하여 지방보육정책위원회의 심의를 거쳐 달리 적용할 수 있는 어린이집의 설치기준 및 보육교직원의 배치기준의 종류는 다음 각 호와 같다. 〈개정 2011.12.8〉

1. 어린이집의 규모에 관한 사항 중 최소 보육인원에 관한 사항
2. 보육교사 1명당 담당 영유아 수

[전문개정 2009.7.3]

[제목개정 2011.12.8]

제41조(어린이집연합회의 조직 및 기능 등) ① 법 제53조에 따른 어린이집연합회(이하 "연합회"라 한다)의 회원자격은 어린이집의 원장, 어린이집의 대표자와 그 밖에 정관이 정하는 사람으로 한다. 〈개정 2009.12.31, 2011.12.8〉

② 연합회는 업무를 효율적으로 수행하기 위하여 연합회에 어린이집의 종류별로 다음 각 호의 분과위원회를 둘 수 있다. 〈개정 2009.12.31, 2011.12.8, 2012.2.3〉

1. 국공립어린이집 분과위원회
2. 사회복지법인어린이집 분과위원회

2의2. 법인·단체등어린이집 분과위원회

3. 직장어린이집 분과위원회
4. 가정어린이집 분과위원회
5. 부모협동어린이집 분과위원회
6. 민간어린이집 분과위원회

③ 연합회는 다음 각 호의 기능을 수행할 수 있다. 〈신설 2009.12.31, 2011.12.8〉

1. 보육에 관한 자료 수집 및 홍보
2. 영유아의 권익보호
3. 보육교직원의 복리 증진
4. 그 밖에 어린이집 간의 국제교류 등 연합회의 목적 달성에 필요한 사항

④ 연합회의 회원 자격, 임원의 수, 임기 및 선출방법과 그 밖에 연합회 운영에 필요한 사항은 연합회의 정관으로 정한다. 〈신설 2009.12.31〉

[전문개정 2009.7.3]
[제목개정 2009.12.31, 2011.12.8]
제42조 삭제 〈2009.12.31〉
제43조 삭제 〈2009.12.31〉
제44조 삭제 〈2009.4.1〉

부칙 〈 제104호, 2012.2.3〉

이 규칙은 2012년 2월 5일부터 시행한다. 다만, 제30조 단서의 개정규정은 2012년 3월 1일부터 시행한다.

참고 문헌

강문희 외 4인(2000). 유아교육기관의 운영관리. 서울 : 학지사.

강문희 외 9인(2002). 21세기 유아교육. 서울 : 학지사.

강상희(2002). 발도르프교육학의 기초 인지학연구. 연세대학교 대학원 박사학위논문.

고지천(2005). 한국영유아보육정책의 이슈와 전망. 한국영유아보육학회. 춘계학술대 회 토론 자료.

고후순(1995). 프뢰벨 유아교육 사상. 경성대학교 출판부.

곽노의 외 4인(2003). 비교유아교육론. 경기 : 양서원.

곽노의 외(2000). 유아교육과정. 서울 : 문음사.

곽온(2004). 우리나라 영유아보육사업의 개선방안. 단국대학교 대학원 석사학위논문.

교육부(1999). 유아를 위한 세계이해 교육활동 지도자료. 교육부.

교육부(1999). 유아를 위한 세계이해 교육활동 지도자료. 교육부.

구명자(2005). 영유아 보육서비스의 욕구조사. 단국대학교 대학원 석사학위논문.

권미경, 도남희, 황성은(2012). OECD 회원국의 보육서비스- 보육유형, 보육교직원, 보육비용을 중심으로. 육아정책연구소.

김경희(2005). 영유아 보육시설의 운영 실태와 개선방안에 관한 연구. 단국대학교 대학원 석사학위논문.

김광운 외(1997). 영유아보육론. 서울 : 중앙적성출판사.

김동규(1990). 북한의 교육학. 서울 : 문맥사.

김두범, 김미경, 김현희, 최광희(2005). 영유아보육프로그램. 서울 : 창지사.

김명숙(2001). 보육서비스가 취업모의 보육시설이용 만족도에 미치는 영향에 관한 연구. 경기대학교 대학원 석사학위논문.

김숙령(2000). 유아수학교육. 서울 : 학지사.

김순환, 김언아, 김용희, 김정원, 김희진, 박은혜, 엄정애, 이경미, 이경선, 이순영, 이영애, 김혜경, 유희정(2004). 영유아프로그램. 서울 : 창지사.

김아영 외(2000). 교육심리학. 서울 : 학문사.

김연진 외 3인 공저(2011). 보육학개론. 서울 : 태영출판사.

김영모 외(2000). 아동보육프로그램의 기본모형. 서울 : 한국복지정책연구소.

김영모, 표갑수(1988). 선진국 아동보육제도와 보육프로그램. 한국복지정책연구소 출판부.

김영연(2002). 유아음악교육론. 서울 : 학지사.

김영옥, 김종숙(2002). 경제사회 변화와 보육정책의 방향. 한국여성개발원.

김영희, 송명숙, 최미숙(2004). 0~3세 영유아를 위한 프로그램의 이론과 실제. 경기 : 양서원

김영희, 송명숙, 최미숙(2004). 0-3세 영유아를 위한 프로그램의 이론과 실제. 경기: 양서원.

김익균(2001). 보육행정론. 파주 : 양서원.

김인실(2001). 유아 음악교육의 이론과 실제. 서울 : 형설출판사.

김정임(2003). 발도르프 유아교육원리에 대한 고찰. 교육과학연구.

김지은, 김경희, 김현주, 김혜금, 김혜연, 문혁준, 신혜원, 안선희, 안효진, 임연진, 조혜정, 김지현(2006). 보육과정. 서울 : 학지사.

김지현(2006). 보육과정. 서울 : 학지사.

김진영, 김정원, 전선옥(2000). 유아 · 부모 · 교사를 위한 부모교육. 서울 : 창지사.

김진영, 백혜리, 최윤정(2002). 유아를 위한 교수-학습 방법론. 경기 : 양서원.

김춘희(1997). 영아보육의 현황과 발전방향에 관한 연구. 연세대학교 대학원 석사학위논문.

김태희(2007). 어린이집프로그램 편성 · 운영 실태분석. 경북대학교 대학원 석사학위논문.

김현아(2005). 유아교육기관의 생태유아교육학급 운영실태조사. 총신대학교 교육대학원 석사학위논문.

김현아(2005). 유아교육기관의 생태유아교육학급 운영실태조사. 총신대학교 교육대학원 석사학위논문.

김혜경(2001). 유아음악교육2000. 서울 : 창지사.

김혜경, 유희정(2004). 영유아프로그램. 서울 : 창지사.

김희진, 김언아, 홍희란(2005). 영아를 위한 프로그램의 이론과 실제. 서울 : 창지사.

김희진, 김언어, 홍희란(2004). 영아를 위한 프로그램의 이론과 실제. 서울: 창지사.

나혜영(2004). 취업모 고용지원정책에 관한 연구. 인하대학교 대학원. 석사학위논문.

문무경(2006). 스웨덴의 육아정책: 유아교육과 보육, 학교교육의 통합을 중심으로. 육아정책개

발센터.
문무경(2007). 영국의 육아정책. 유아정책개발센터, 세계육아정책동향 4.
문무경, Peter Moss Bennett, 하민경(2013). 선진 육아정책 동향분석 및 활용방안 연구.
민혜진(2000). 프랑스와 스웨덴의 유아교육 및 보육에 관한 고찰. 동덕여자대학교.
박은혜 외 3인(2003). 세계의 유아교육제도. 경기 : 양서원.
박은혜(2003). 유아교사론. 서울 : 창지사.
박찬옥, 지성애, 김미경, 이부미, 채영란, 김현경, 김순자(2011). 서울: 창지사
배병준(1997). 보육정책의 이해. 경기 : 양서원.
백혜리, 노은호, 황성원, 조미환, 박종옥, 이순영, 곽혜경, 최효영(2006). 보육과정. 서울 : 창지사.
보건복지부(2000). 보육사업의 이해와 시설설립.
보건복지부(2001). 보육제도개선안. 한국보건사회연구원.
보건복지부(2014). 2014년 보육사업안내.
보육시설평가인증사무국(2006). 보육시설평가인증지표.
사광옥(2005). 보육시설 평가인증제 실시방안 연구. 청주대학교 대학원 석사학위논문.
서문희(2004). 최근 보육제도 및 정책의 변화와 과제. 한국보건사회연구원 보건복지포럼.
서문희, 백선희(2004). 보육제도 개선을 위한 정책과제대안. 한국보건사회연구원.
서문희, 양미선, 송신영(2011). 우리나라의 보유실태와 외국 사례-공립보육시설, 보육비용 지원, 양육수당을 중심으로. 기획재정부, 육아정책연구소.
서문희, 최혜선(2010). 보육정책의 성과와 과제. 육아정책연구소.
서영숙, 김경혜(2005). 영유아보육론. 파주 : 양서원.
서영숙, 서혜전, 정영희, 양영아, 안소영, 이종현, 남미선(2012). 보육과정. 경기: 공동체
서영숙, 천혜정, 윤매자(2006). 보육실습. 서울 : 학지사.
서영숙, 서혜전, 정영희, 양영아, 안소영, 이종현, 남미선(2007). 보육과정. 경기: 공동체.
서울시 보육정보센타 http : //children.seoul.go.kr
성영혜, 김연진(1997). 아동복지. 서울 : 동문사.
손애리, 이병희, 김상우, 송병호, 이필상, 김문섭(2006). 치료교육교사를 위한 교육실습의 이론과 실제. 서울 : 동문사.
심성경, 김경의, 변길희, 김나영, 최대훈, 박주희(2008). 영유아를 위한 교수매체의 이론과 실제. 서울: 학지사.
안미순(2001). 한국의 영유아 보육사업에 관한 연구. 단국대학교 대학원 석사학위논문.
안영진 역(2004). 프로젝트 스펙트렘 1 : 다중지능이론에 의한 아동의 다양한 능력 개발 프로젝트. 서울 : 창지사.
양승희 외 2인 공저(2011). 보육과정. 서울 : 동문사.

양옥승 외 9인(1998). 세계의 보육제도. 경기 : 양서원.

양옥승(2000). 유아교육 보육기관 평가인증제 개발 연구. 아동학회지 제21권 제4호.

21세기 유아교육의 전망. 미래유아교육학회.

여성가족부(2004). 영유아보육법 시행령.

여성가족부(2005). 2005 보육시설 평가인증지침서.

여성가족부(2005). 개정 영유아보육법.

여성가족부(2005). 보육시설 평가인증을 위한 조력 프로그램 개발 연구.

여성가족부(2005). 표준보육과정.

여성가족부(2006). 세계여성의 정책동향. 여성부국제협력팀.

여성가족부(2007). 해외정책동향. 유아정책개발센터.

오미경(1995). 북한의 유아교육제도 분석. 덕성여자대학교 대학원 석사학위논문.

오성삼, 구병두, 이풍길, 박성열(1998). 실기교육방법론. 서울: 학지사

유소정(2005). 보육정책 활성화방안에 관한 연구. 건국대학교 대학원 석사학위논문.

유안진, 김연진(1998). 부모교육. 서울 : 동문사.

유희정(2002). 보육발전 기본계획 시안 개발. 한국여성개발원.

유희정, 강정희(2002). 영유아보육서비스 다양화 및 보육인프라인 확충방안연구. 한국여성개발원 연구보고서.

윤선영(2002). 발도르프 유아교육의 첫걸음. 서울 : 문음사.

윤애희 외(2004). 보육에 대한 이해와 실습. 서울 : 교육아카데미.

윤준수(2004). 우리나라보육정책의 변천과정에 관한 연구. 광운대학교 대학원 석사학위논문.

윤희경, 신혜영, 임미혜, 김애옥, 나은숙, 이분려, 장미아(2006). 발달에 적합한 영유아보육. 경기 : 양서원.

윤희경, 임미혜, 김애옥, 이분려, 장미아, 고영희(2003). 현장중심 유아 교수-학습 방법. 서울 : 창지사.

이기숙(2001). 유아교육과정. 경기 : 교문사.

이나영(2005). 보육시설유형에 따른 평가인증제에 관한 보육시설 종사자들의 인식. 동국대학교 대학원 석사학위논문.

이명조(2000). 21세기 유아교육의 전망. 2000년 미래 유아교육학회 국제학술대회.

이명조(2005). 영유아 발달과 교육. 경기 : 양서원.

이명호(2003). 창의적 아동미술교육. 서울 : 창지사.

이성우(2006). 우리나라 영유아보육정책 변천에 관한 연구. 한서대학교 대학원 석사학위논문.

이소희(2003). 아동보육론. 서울 : 양지.

이소희(2003). 영유아복지론. 서울 : 현학사.

이소희(2005). 보육학개론. 경기 : 양서원.

이숙재, 이봉선(2001). 영유아의 발달과 교육. 서울 : 창지사.

이순형 외 9명(2005). 보육학개론. 서울 : 학지사.

이순형, 권기남(2008). 영유아 교수방법론. 서울: 학지사.

이순형, 이혜승, 이성옥, 황혜신, 이소은, 권혜진, 이영미, 정윤주, 한유진, 성미영, 권기남(2006). 보육학개론. 서울 : 학지사.

이순형, 이혜승, 이성옥, 황혜신, 이소은, 권혜진, 이영미, 정윤주, 한유진, 성미영, 권기남, 이은화, 조부경(2000). 발달적 접근법에 의한 유아교육기관 장학론. 경기 : 교문사.

이연섭외 1인(2000). 유아의 언어교육. 서울 : 창지사.

이연승 외(2005). 「보육시설 평가인증 지표의 이해」비디오.

이연승 외(2005). 2005년도 여성부지원 연구 보고서 : 보육시설 평가인증을 위한 조력프로그램 개발 연구. 여성가족부.

이영, 김미령(1990). 발달적 접근방법에 의한 종일제 영유아프로그램. 파주 : 양서원.

이영, 김온기, 우현경(2006). 영아놀이. 서울: 다섯수레.

이원영, 배소연(2000). 유아기 자녀를 둔 어머니들의 부모교육 내용에 대한 요구. 한국아동학회지. 212.

이윤진, 송신영(2009). 핀란드의 육아정책. 육아정책개발센터, 세계육아정책동향 7.

이은해 외 5인(2005). 평가지표 및 지치서 개발. 여성가족부 보육지원과.

이은화, 김영옥(2000). 부모교육. 서울 : 동문사.

이은화, 배소연, 조부경(2003). 유아교사론. 서울 : 양서원.

이은화, 조부경(2000). 발달적 접근법에 의한 유아교육기관 장학론. 경기 : 교문사.

이자현(2005). 프뢰벨 가베 놀이학습이 미 취학아동 미술교육에 미치는 영향에 관한 연구. 한양대학교 대학원. 석사학위논문.

이정은(2005). 미국과 영국의 아동색채 교육프로그램분석. 이화여자대학교 대학원 석사학위논문.

이차숙(2005). 유아언어교육의 이론과 실제. 서울 : 학지사.

이칭찬, 이의길(2007). 교육방법 및 교육공학. 서울 : 태영출판사.

이현섭, 조옥희, 정정숙, 박현숙, 석은조(2006). 보육학개론. 서울 : 학지사.

이현숙, 조윤미, 홍용희, 홍희란, 황혜현(2002). 이화유치원교육과정. 경기 : 교문사.

임숙자(2002). 보육서비스의 질과 보육시설 서비스 만족에 관한 연구. 동국대학교 대학원 석사학위논문.

임양미, 송정, 김혜금, 최명희, 이혜선. 경기도 다문화 보육프로그램 개발 및 적용방안(2011). 경기도가족여성연구원.

임이혜(2002). 영유아보육프로그램. 서울 : 동문사.

임재택(1997). 보육시설의 운영관리. 보육교사연구원대학협의회.

임재택(2005). 생태유아교육개론. 경기: 양서원.

임재택, 박재환(2002). 유아교육과정. 경기: 양서원.

임재택, 하정연(2004). 부산대학교 부설 어린이집 프로그램: 생태유아 교육프로그램. 한국유아교육학회 2004 정기총회 및 학술대회.

전남련 · 김재환 · 권경미(2008). 보육과정. 경기: 양서원.

정미라, 조희연, 안재진(2009). 프랑스의 육아정책. 육아정책개발센터.

정옥분(2004). 영유아발달의 이해. 서울: 학지사.

정용부(2012). 유아교과교재연구 및 지도법. 서울: 학지사.

정용부, 오성숙(2006). 유아교육현장에서의 수업기술 향상을 위한 교과교재연구 및 지도법. 서울 : 학지사.

정정란(2006). 보육실습 일지. 서울 : 학지사.

정효정(1996). 영유아보육 사업 발전을 위한 보육정책의 방향. 한국영유아보육학회지.

조성연 외 9인(2005). 영유아보육론. 서울 : 학지사.

조정숙, 박찬옥(2002). 영 · 유아프로그램. 한국방송통신대학 출판부.

조정현(2006). 보육시설에서의 부모교육프로그램. 중앙대학교 대학원 석사학위논문.

주신이(2001). 우리나라 보육제도의 현황과 개선방안에 관한 연구. 숙명여자대학교 대학원 석사학위논문.

주정일(1990). 한국탁아사업의 어제, 오늘, 내일. 한국행동과학연구소.

주정일, 이소희(1990). 아동복지. 경기 : 교문사.

중앙 보육 정보센타 http : //www.educare.or.kr

최미연 외 5인(2000). 영유아보육의 이해. 서울 : 창지사.

최민수(1996). 북한의 취학전 교육에 관한 연구. 중앙대학교 대학원 박사학위논문.

최양미(1997). 프뢰벨과 몬테소리의 교육이론 비교연구. 유아교육연구.

최윤정(2005). 국가 수준 유치원 교육과정의 국제비교연구. 유아교육연구. 제25권 제4호.

최종도(1973). 정부의 탁아사업시책. 어린이집협회.

한국보건사회연구원(2005). 보육교사 자격증 발급 기준 연구. 여성가족부.

한백연(2001). 보육시설 안전환경에 대한 인식. 대구가톨릭대학교 대학원 석사학위논문.

한성심, 서지영, 김현자(2006). 영유아 보육과정. 서울: 태영출판사.

한유미(2005). 스웨덴의 아동보육제도. 서울: 학지사.

홍강혜(2011). 생태유아교육에 대한 어린이집 교사의 인식 및 실천연구. 창원대학교 대학원 석사학위논문.

홍인혜(2005). 영아보육 및 유아교육정책 변천에 관한 연구. 성신여자대학교 대학원 석사학위논문.

황옥경, 권대도, 김수영, 임영심, 임춘금, 정정희(2005). 보육과정. 서울: 동문사.

황인숙(2006). 보육시설 평가인증제도에 관한 조사 연구. 동국대하교 대학원 석사학위논문.

NAEYC(1998). Accredtiation Criteria & Procedures. Washington, D.C. : NAEYC.
NAEYC(2001).Accreditation.http : //www.naeyc.org./accreditation.
NCAC(2001).RecommendedChangestotheQIAS.http : //www.ncac.gov.au
OECD(2004). Teacher matter: Attracting, developing and retaining effective teachers. France, Paris.
OECD(2012). Fanily Database www.oecd.org/social/family/database.
Richard Byers(2004). 영국의 통합교육 교육과정 개발. 국제세미나 자료집. Vol.-No.11

http://children.seoul.go.kr
http://kidshome.snu.ac.kr
http://www.educare.or.kr
http://www.mogef.go.kr/dev/dept/main.jsp?dept_code=8

저자 소개

✍ 김연진

숙명여자대학교 아동복지학과 졸업
숙명여자대학교 대학원 아동복지학과 졸업(아동복지학 전공)
숙명여자대학교 대학원 박사학위 취득(아동복지 전공)
영국 Kingsway College 수학
숙명대 · 경희대 · 외대 · 중앙대 · 숭실대 교육대학원 강사
현) 상지영서대학 유아교육과 교수
저서) 영유아언어교육(공저, 태영출판사) / 부모교육(공저, 태영출판사)/보육학개론(공저, 태영출판사) / 유아교육개론(공저, 창지사) / 유아아동발달(공저, 동문사) / 영유아 영양건강(상조사) / 유아정신건강(상조사) / 놀이치료(상조사) / 아동복지의 이해(공저, 태여출판사) / 영유아를 위한 유아건강교육의 이론과 실제(공저, 태영출판사) / 영아발달의 이해(공저, 태영출판사) / 영유아교육기관 운영관리(공저, 태영출판사)

✍ 이상희

숙명여자대학교 아동복지학과 졸업
숙명여자대학교 교육대학원 졸업(유아교육 전공)
숙명여자대학교 대학원 박사학위 취득(아동복지 전공)
전) 남서울대학교 아동복지학과 교수
더 하트심리연구소 소장
현) 두원공과대학 아동복지학과 교수
저서) 치료놀이Ⅱ, Ⅲ(공저, 형설출판사) / 애착결속을 다지는 지혜(공역, 시그마프레스) / 행복한 엄마와 자녀관계 증진 / 프로그램(태영출판사) / 보육학개론(공저, 태영출판사) / 아동복지의 이해(공저, 태영출판사) / 영유아교육기관 운영관리(공저, 태영출판사)

✍ 고영자

숙명여자대학교 교육대학원 졸업(유아교육 전공)
인하대학교 대학원 박사학위 취득(아동학 전공)
전) 진호유치원 원장
현) 서울신학대학교 유아교육과 교수
저서) 교사를 위한 유아 음악극 지도의 실제 (아름솔 출판) / 유아를 위한 창의적 동작교육의 이론과 실제(아름솔 출판) / 따라하기 쉬운 손유희 모음집 (아름솔 출판) / 영유아를 위한 유아건강교육의 이론과 실제(공저, 태영출판사) / 영유아교육기관 운영관리(공저, 태영출판사)

영유아 보육과정

초판발행 2015년 8월 25일
3판발행 2017년 3월 5일

2017. 3.

저 자 김연진 · 이상희 · 고영자
발행인 김현태
발행처 태영출판사

주 소 (08301) 서울 구로구 구로동 104-10 동남오피스텔 201호
전 화 02 · 839-3757, 839-3752
팩 스 02 · 837-3754
등 록 2005년 5월 30일 제12-421호
http://www.taeyeongbook.co.kr
E-mail tys2005@hanmail.net
ISBN 978-89-6302-167-6 93370
정 가 19,000원

NAVER
태영출판사

* 잘못 만들어진 책은 교환해 드립니다.